主　编　李育民

近代中外条约关系通史

第 5 卷

不平等条约关系的动摇与转折

(1912—1927)

李　斌　著

中 华 书 局

目　录

导　言

中英鸦片战争后,列强通过战争和胁迫手段强加于中国的一系列不平等条约,严重危害中国的主权和利益,阻碍了中国社会的发展。修订、废除不平等条约,是民国时期最重要的外交任务,也是中外条约关系发生转折和动摇的关键。由于中国社会各界参与面广,不平等条约关系发生动摇和转折的过程也深刻影响了近代中国社会的发展变化。

1911 年辛亥革命爆发后,为避免列强的军事干涉,得到列强的承认,革命军政府、南京临时政府、袁世凯北京政府都宣布承认前清政府与列强签订的不平等条约,维护外国人在华权益。但随着国家主权意识的增强,无论政府还是民众,都强烈要求废除不平等条约。中日"二十一条"交涉是引发民众抵制不平等条约的一个重要节点。以第一次世界大战为契机,北京政府宣告废止中德、中奥条约,将修订其他部分不平等条约的条款作为参战条件,继而在巴黎和会、华盛顿会议上提出全面修订和废止不平等条约的要求,又借民众废约力量,制定了修订和废除不平等条约的政策。

在修约策略上,中国代表通过巴黎和会和华盛顿会议这两个国际会议舞台,既提出全面废除不平等条约要求,也提出国别修约、废约要求。在此前后,北京政府与各国集体谈判协定关税问题和废除领事裁判权问题,还与相关无约国签订平等条约,与条约期满国签订新的平等条约,这些都是动摇不平等条约体系的重要环节。至 1928 年正式垮台前,北京政府先后签订了一系列平等条约,废除了部分不平等条约和条款。

与此同时,中国共产党、南方国民政府都提出废除不平等条约的主张,并以此动员民众反帝反军阀,以实际行动交涉收回列强在华部分条约特权。早期中国共产党人李大钊、陈独秀、毛泽东、蔡和森、恽代英等在五四运动时期就开始提出反对强权世界、反对帝国主义的思想主张。中国共产党第一次代表大会制定的纲领即有反对帝国主义的内涵。中共二大提出了反对帝国主义的主张。1923 年,中共三大正式提出将"取消帝国主义列强与中国革命所订的一切不平等条约"作为目前的第一项任务。此后,反对帝国主义、废除不平等条约,成为中国共产党维护国家主权独立和领土完整的重要内容。在中国共产党的帮助下,中国国民党接受了废除不平等条约的主张,在宣言中宣布"力图修改不平等条约,恢复我国国际上自由平等之地位"。国民党一大召开后,废除不平等条约成为第一次国共合作的重要纲领。大革命时期,掀起了废除不平等条约的轰轰烈烈的运动,反帝废约的民族主义运动与革命运动结合起来。广州国民政府、武汉国民政府以反帝和废约为号召,取得北伐的胜利,并收回了汉口、九江英租界及其他部分权益。

反对中日"二十一条"交涉、五四运动、"五卅"运动、国民会议运动、国耻纪念日运动、抵货运动、国货运动、非基督教运动、收回教育权运动等,既是爱国运动的重要内容,又推动了废除不平等条约运动的发展。诚如有学者指出的,中国的民族主义精神是通过一系列斗争和运动得以阐发的,废约运动是其中的一个基本环节,它凝结了民族主义的各种涵义,昭示了民族主义的发展趋向;它集聚了全国的民族意识,在完整的意义上体现了中华民族具有近代意义的觉醒,反对、废除不平等条约成为全国民族意识的集聚点和全国联合的黏合剂;它彰显了民族运动的伟力,在对外和对内方面均产生了持久的巨大震撼力,影响和推动了中国政治的发展变化。①

中国社会各阶级、各阶层废除不平等条约的要求是一致的,其差异只在于先修内政再废约反帝,还是先废约反帝再修内政,或是二者同时并举,或是主张谈判修约,或是主张宣布废止条约。部分社会精英对废约的主张前后不太一致,但始终是以国家利益为根本前提的。政府外交、国民外交、革命外交,三者相辅相成,推动了中国近代史上声势浩大的废除不平等条约运动,也使得修废不平等条约成为时代的重要主题。民国时期的中外条约交涉,成为人人关心的时事。这一时期,中国外交问题主要是围绕"废除不平等条约"及其衍发的各种外交事件进行。当时社会各界都认为,各种中外冲突和矛盾、中国社会的深重灾难,其罪魁祸首正是不平等条约,因此,废除不平等条约是解决各种矛盾的基本前提条件。不仅政府与各国进行修约与废约交涉,国民外交也以

---

① 李育民:《废约运动与中国近代的民族主义》,《中国近代史上的民族主义——第二届中国近代思想史国际学术研讨会论文集》,2006 年 8 月。

废除不平等条约为直接目的。五四运动、"五卅"运动等爱国运动,是反对帝国主义和修废不平等条约的重要助推力。

在废除不平等条约的理论方面,外交家及主张废约的政党、团体、个人,基本上都能以国际法为依据,分析帝国主义利用不平等条约侵害中国权益、危害中国人民利益的具体体现。这为北京政府收回部分条约权益奠定了良好的法理基础。

此外,中国参加国际公约,运用国际公约条款和法理,也为修改某些不平等条约、条款提供了一定的依据。"准条约"的发展变化,也在一定程度上影响了不平等条约关系。

中国希望通过废除不平等条约实现国家的主权独立和统一,而民族主义运动极大地打击了列强,也影响了列强对华政策,特别是英、美不断考虑调整对华政策,以回应中国的民族主义情绪。中苏《解决悬案大纲协定》签订后,要求彻底清除帝国主义在华势力的民族主义运动形成了全国性高潮,为此,西方列强对北京政府的修约要求也不得不做一些表面上的考虑。因此,中苏条约交涉在内外两方面都对北京政府的修约外交产生了直接和间接的影响,从而进一步激发了中国人民反帝的信心和决心,为中国的民族民主运动推波助澜。又由于国民政府在北伐初期联俄废约,列强为防止中国倒向苏联,便迎合中国民族主义激情,做出修约的承诺,但提出苛刻的条件,并想方设法加以拖延和阻止。国民党"四一二"清党之后,列强认为南方政府国民党内部实际上以温和派为主,因而对华持观望态度。

在民众力量的推动下,南北力量既竞争又合力,动摇了不平等条约体系。南京国民政府成立后,基本上继承了北京政府的外交遗产,签订了几个北京政府外交部一直交涉却未完成的中外平等条约。总之,南北政府的竞争、列强之间在华利益的较量、列强对华政策的变化等,对中国废除不平等条约来说,都是双刃剑。总的看,尽管各种关系错综复杂,经过政府决策和外交家们不懈的坚持和努力,虽然没有完全达到预期的成效,但仍动摇了不平等条约体系。

中华民国北京政府(1912—1928年),是指北洋军阀在政治格局中占主导地位的中国中央政府。1928年6月8日,国民党军队进入北京,北洋军阀政府在中国的统治结束。由于南京国民政府于1927年4月18日成立后，主要列强国家在对华政策上，采取与南北政府交叉交涉的策略，同时，南北政府都试图在外交上特别是在修订、改订不平等条约外交上取得成就，因此，本卷论述的时间为1912—1927年。又由于大部分中外条约的交换、签订发生在1928年以后，为交代清楚条约的来龙去脉，故而不少内容又简要述至1927年以后。

本卷主要论述中华民国北京政府时期中外条约关系的变化，并通过分析，揭示不平等条约发生动摇和转折的复杂原因、曲折历程和重要影响等。首先，分析民国政府初创时期继承条约遗产的政策和影响。其次，阐释北京政府制定和确立废止不平等条约关系方针的背景、过程和影响。再次，分析北京政府开展订立双边平等条约的交涉、谋求修约和废约多边交涉的历程和结果；分析中国共产党、广州国民政府、武汉国民政府的废约主张，阐述民族主义运动对中外条约关系变化的影响，并揭示列强对华政策对中国修废不平等条约的影响；分析中国参加国际公约对不平等条约体系的影响、"准条约"的发展变化与条约体系变化的关系。最后，论述外交体制变化、国际法观念发展对修废不平等条约的影响，阐释各界对修废不平等条约理论的探讨及运用，进而揭示不平等条约在这一时期发生动摇和转折的理论基础和实践。

第一章　辛亥革命与民初中外条约关系

从 1842 年英国强迫中国签订第一个不平等条约《南京条约》开始，清政府先后与英国、法国、美国、俄国、日本、德国等 18 个国家签订了不平等条约，这些国家在中国享有协定关税、领事裁判权和最惠国待遇等特权，在中国有租界、租借地及势力范围，有驻军等，严重损害中国主权和权益。随着国家主权观念和条约意识的不断增强，清政府开始主动向列强提出修改不平等条约。中日甲午战争后，为偿付对日巨额赔款，清政府依据条约"十年届满"条款，尝试与英国、俄国、德国、法国修订条约，以增加关税、缓解财政困难，并要求西班牙修改中西《和好贸易条约》，与俄国修改《伊犁条约》，却因接踵而至的内外交困，无以实行。但这是中国政府修改不平等条约、收回权益意识的重要开端。1911 年 10 月 10 日武昌起义爆发，辛亥革命推翻了清政府的统治。在自身羸弱、难以立足之际，无论是湖北军政府还是南京临时政府、北京政府，都在对外宣言中表示承认和遵守中外条约。这是历届政府成立之初试图依据国际法取得列强承认的重要外交举措，也是对待条约遗产的态度和政策。但民国初期，北京政府在宣布遵守中外条约的同时，极力在条约内维权，避免丧失更多国家权益，实际上，这也是条约观念发生变化的一种体现。

第一节 条约遗产的继承问题

中外条约体系庞杂，涉及到政治、经济、文化、社会等各个方面，不但包括协定关税、治外法权、不平等的割地、赔款、片面最惠国待遇、租界及租借地、沿海及内河航行权、宗教和教育特权、驻军和使馆特权等，也包括平等的正常交往的协议及晚清政府参加的国际公约。根据传统国际法，新政府除与有关外国另有协议外，会自动接受旧政府代表本国签署的对外条约权利义务，但因革命或政变而发生的继承会有例外，新政府"可能愿意离开前政府为该国所订下的道路"，如退出条约或退出国际组织的规则。① 因此，国民政府可以根据有关权利义务的性质及其自身政策和利益的需要而决定对中外条约的态度，可以限制或废除列强在华不平等条约特权。但当时国弱民困，革命政府又面临列强的威胁，不敢采取宣布废止中外条约的政策。从另一方面看，这种不得已宣布遵守中外旧约的政策，为新生的民国政府获得了较好的政治环境，为日后逐步收回权益、维护国家主权、动摇不平等条约关系奠定了政权基础。

辛亥革命前，以孙中山为首的革命者即倡议废止不平等条约。1906 年，汪精卫根据孙中山之意，撰写《驳革命可以召瓜分说》一文，提出"满洲政府，外交丑劣，与各国结种种不平等之条约，宜筹撤改者，则固新政府之责任"。② 当时不少革命者将废除不平等条约的希望寄托到未来的共和政府。但由于革命党当时的中心任务是推翻清政府，因此，为争取帝国主义各国对革命的支持，在 1908 年的《同盟会革命方略》中宣布继承晚清条约遗产，对外人既得权利一体保护。

---

① ［德］奥本海著，［英］詹宁斯·瓦茨修订，王铁崖等译：《奥本海国际法》第 1 卷第 1 分册，中国大百科全书出版社，1995 年，第 150 页。

② 精卫：《驳革命可以召瓜分说》，《民报》第 6 号，1906 年 7 月。

武昌起义前后，驻汉口的英、德、法等国领事都请求本国政府派军舰保护侨民的生命与财产安全，并阻止革命军渡江攻击汉口。除了汉口、上海的帝国主义者调兵遣将，对革命党人进行军事威胁外，各国海军还以护侨、保护领馆为由，先后在南京、福州、烟台等地登陆。至 1911 年 11 月中旬，各国停泊内河的军舰已达 51 艘，总兵力达 1.9 万人。同时，列强还借口保持北京、天津、山海关间交通，援引《辛丑条约》规定，陆续在京奉铁路京榆段增加兵力至七千余名。[①] 在列强的威胁下，革命军政府及其后的南京临时政府、袁世凯北京政府，尽管都认识到中外不平等条约的危害，但为避免发生冲突，都宣布遵守中外条约。

由于军政府宣布保护外人生命财产，各国没有干涉革命的实际行动。英国是第一个以战争强迫中国签订不平等条约的国家，非常关注中国的政局变化。武昌起义爆发之初，英国外交大臣葛雷向驻华公使朱尔典发出训令，指出："我国遇英人性命财产危险之时，应用全力保护，然无论如何办法，总不能稍使越此范围之外。"[②] 10 月 13 日，朱尔典把英国驻武汉领事葛福的报告转给英国外交大臣，告知湖北军政府的照会内容，并说明其中并没有损伤英国及英人利益之处。16 日，朱尔典表示："此次革军举动，秩序井然。并于外人利益非常尊重，与从前此等乱事，大不相侔。"[③] 1911 年 10 月 18 日，英法等五国驻武汉领事联名布告中立。

德国比较谨慎，担心中国形成割据的局面，影响德国在华利益，因此最初支持清政府，希望中国尽快结束内乱。由于英美等国采取中立的立场，德国转而放弃支持清政府，采取观望态度。德国代理外交大臣齐谋门表示，革命是中国内部的事，德国无意干涉中国内政。[④] 但是，德国又担心其他列强乘中国混乱渔利，因此强调："如果发生不可避免干涉的情况时，按照帝国政府的意见，这一干涉只能由与中国有利害关系的一般列强经过协商后

---

① 石源华：《中华民国外交史》，上海人民出版社，1994 年，第 23 页。
② 中国史学会编：《辛亥革命》（八），上海人民出版社，1957 年，第 266 页。
③ 中国史学会编：《辛亥革命》（八），第 291 页。
④ 孙瑞芹译：《德国外交文件有关中国交涉史料选译》第 3 卷，商务印书馆，1960 年，第 233 页。

共同实行。在任何情况下我们希望避免个别国家单独行动,借此获得特殊利益。"① 日本、俄国等国的阴谋印证了德国的担心,但德国并无实际办法予以阻止。

与英、美、法不同,日本、俄国为最大限度地攫取在华利益,对革命军政府提出苛刻的条件,希望进一步搅乱中国的混乱局面,并准备用实际行动干涉中国政局。1911 年 11 月 23 日,俄国首相和日本驻俄大使在谈话中一致认为:"日俄两国所获得的特殊利益,全系取自现存的满清朝廷。与其坐视事变自然消长,不如援助现存的满清朝廷,或将有利于维持日、俄两国的利益。"② 日本自中日甲午战争后,为进一步扩张在华利益,一直施行扰乱中国社会的政策。1911 年 12 月 2 日,日本驻华公使伊集院彦吉曾向日本外相内田康哉建议:"对革命党自中清武昌到南清广东给予援助,以防其气势挫折,藉使不致产生与北清中央政府融和妥协之念,务必谋使之持久对峙。"③ 日本视武昌起义爆发为攫取中国利益的绝好时机,随即开始酝酿新的对华不平等条约特权。

俄国也用实际行动乘机扩大在华利益,甚至图谋分裂中国。俄国代理外交大臣向沙皇上奏称:"在目前情况中,为我国利益起见,对中国问题,应尽可能与东京内阁交换意见,以便不错过加强我国在中国地位的适宜时机。"④ 俄国驻华公使廓索维慈则公开表示,希望中国的混乱和无政府状态不断扩大,从而引起中国的解体和削弱,以便加强对中国的扩张,防止一个强有力的中国政府加强对蒙古、满洲和新疆的统治。

显然,在这种情形下,遵守中外条约,保护外人生命财产,是避免列强干涉的基本策略。武昌起义成功之后,革命党人建立了湖北军政府。为推动革命的开展,同盟会早在 1906 年制定的《革命方略》中的"对外宣言",为湖北军政府和南京临时政府沿用。湖北军政府和南京临时政府在对外政策方面基本执行了同盟会的既定方针。但总体上说,民国初建以后无论政府还是

---

① 孙瑞芹译:《德国外交文件有关中国交涉史料选译》第 3 卷,第 233 页。
② 石源华:《中华民国外交史》,第 23 页。
③ [日]古屋奎二:《"蒋总统"秘录》第 3 册,台北"中央"日报社,1977 年译印,第 626 页。
④ 张蓉初译:《红档杂志有关中国交涉史料选译》,生活·读书·新知三联书店,1957 年,第 337 页。

民众，废除不平等条约、收回国权的意识和要求越来越强烈。

为避免帝国主义列强的干涉，湖北军政府对外人在华利益采取了保护政策。军政府在《刑赏令》中明确规定"伤害外人者斩"，对保护租界和守卫教堂的则给予奖赏。1911 年 10 月 12 日，军政府外交司长胡瑛照会驻汉口各国领事，宣布军政府的外交政策在于维护和平，并将采取以下措施保护外人在华生命财产安全："一、承认所有清国前此与各国缔造之条约；二、承担赔偿外债责任，仍由各省按期如数摊还；三、一律保护居留军政府占领地域内之各国人民财产；四、一体保护所有各国之既得权利。"同时，为防止列强支持清政府，军政府又声明："清政府与各国所立条约，所许之权利，所借之国债，其事件成立于此次知照后者，军政府概不承认；各国如有助清政府以妨害军政府者，概以敌人视之；各国如有接济清政府以可为战事之物品者，搜获者一概没收。"①并声明"师以义动"，并无丝毫排外之性质掺杂其间。

10 月 14 日，夏维松、胡瑛等人分别拜会各国领事，请求各国承认革命军为交战团体，且不得干涉中国革命。17 日，各国驻汉口领事团复照军政府，表示各国将"严守中立"。②18 日，英、法、俄、德、日五国领事正式联名布告中立。

上海于 11 月 3 日举义后，上海军政府发布《军政府通告》，明确宣布举义的目的是"改良政治，使中国列入列强之内，而致世界和平"，要求在华外人严守中立，不得协助清政府。③在对待列强条约特权方面，当时军政府各方都指出，军政府理应收回特权，但鉴于时事所需，不得不遵守条约。例如云南军都督府认为，此时"不宜多起交涉，重大事件虽断不可退让，其余自应暂归旧贯，留待后图。此亦不得不然之势"。④在对待帝国主义侵华的桥头堡——租界问题上，表示要"急图挽救"，设法收回租界行政、警察权，

---

① 曹亚伯：《武昌革命真史》，上海书店，1982 年，第 67—68 页。
② 李廉方：《辛亥武昌首义记》，湖北通志馆，1947 年，第 129 页。
③ 《军政府通告》，《民主报》1911 年 11 月 5 日。
④ 《云南军都督府关于中华民国对于租界应守之规则札》，1912 年 1 月 12 日，中国第二历史档案馆编：《中华民国史档案资料汇编》第 2 辑，江苏人民出版社，1991 年，第 10 页。

争回租界司法权。但为避免与列强起军事冲突，仍然承认晚清时代赋予各国的特权，要求华人在租界内不可率行抵抗或鲁莽从事，并作出具体规定：军民不可自行进入租界缉捕逃犯或搜查华洋住宅铺户，不可携带军械进入租界行走，不可检查停泊在港内之中立国商船、外国兵舰及他种船只，不可自行扣留各国轮船夹带的违禁品物等。其他通商各埠凡有外国租界者，也应仿照上海租界管理规则，一体遵照。①

湖北、上海军政府都以实际行动表明了继承条约遗产的态度，对南京临时政府和袁世凯北京政府的外交方针及对条约遗产的态度有重要影响。外交部主事吴成章等在1913年编的《外交部沿革纪略》中，就条约遗产的继承问题指出：清帝逊位之初，民国改外务大臣为首领时，曾假用内阁名义正式通告英美等十六国驻京公使，声明暂留办事，一律遵守条约，而颁布总统令的目的亦在于保持和平，"信守条约，勿相侵越"。② 民国肇造以来，迭经宣布遵守、继承从前条约，才使得民国政府度过最艰难的初创时期。

第二节　南京临时政府的条约方针

孙中山非常重视外交，认为革命的成功，在于武力和外交。事实上，孙中山本意是谋求废除列强条约特权的。武昌起义爆发之际，孙中山正在美国，随后由美赴英，希望得到英国的支持。由于当时英、美、法、德四国银行已经同意借款给清政府，用作对付革命军的军费，孙中山于1911年11月11日到达伦敦后，劝阻各国不要借款给清政府。孙中山在法国对新闻媒体说明新政府的大政方针，一方面表示欢迎外国资本投资中国路矿工程和技术，同时又表达要制定"不能听西商独受其利"的新海关税则等愿望。这反映出革命党的矛盾状态，其根本目标是谋求国家和民族的独立统一、富强民主，

---

① 《云南军都督府关于中华民国对于租界应守之规则札》，1912年1月12日，中国第二历史档案馆编：《中华民国史档案资料汇编》第2辑，第9—11页。
② 《外交部主事吴成章等编〈外交部沿革纪略〉（民国部分）》，1913年8月15日，中国第二历史档案馆编：《中华民国史档案资料汇编》第3辑《外交》，江苏古籍出版社，1991年，第6页。

但在实力微弱之际，又希望寻求列强的支持以对抗清政府，或得到各国承认。这也是革命政府和民国政府成立时都宣布维护中外旧约的重要原因。

资产阶级革命派和南京临时政府对待不平等条约的这一取向心路是复杂的。在争取各国承认和对待旧有条约问题上，宋教仁、胡汉民、汪精卫、魏宸组等曾有过具体讨论。宋教仁提出，趁改约谈判之时，力争平等之权，"凡沿海各埠所行之一切不平等制度，皆宜废绝"。① 他还指出，根据国际惯例，"有条约者，据约以折冲，条约所不及者，则新开交涉，另订补充之约"。② 胡汉民指出："北京政府和各国有几十年关系，我们这次新政府刚才成立，他们还没有承认，虽说中山在外多年，同英、法各国感情不错，但是个人不是国家，各国在中国既经夺取的权利，北京政府尚在继续，我们倘宣布取消，他就完全帮助北方，我们恐怕站不住了。"胡汉民还认为："承认或废除是我一方面的事，修正是两方面的事。彼没有承认我们，我们就没有资格正式提出，就是提出，彼亦未必接受或不作答复，中山尤其注意到此。"汪精卫则表示："我们此时没有真实力量，所以对于北方政府以及对于各国外交，不得不容忍迁就。"③ 他还表示，革命建国以后，将照各国通例，"对于外国及外国人，于国际法上以国家平等为原则，于国际私法上以内外人同等为原则，尽文明国之义务，享文明国之权利"。④

为避免列强的武力干涉和争取各国的承认，南京临时政府不得不宣布继承晚清条约遗产。1912 年 1 月 1 日，中华民国正式成立。1 月 5 日，南京临时政府发布对外宣言书，其中对外交方针作了全面阐述，声明称，临时政府成立以后，当尽文明国应尽之义务，以期享文明国应享之权利。宣言书再次宣布对外基本政策：第一，凡是革命以前所有前清政府与各国缔结的条约，民国政府都承认有效，直至条约期满而止，但革命发生后其所缔结的条约则无效；第二，对革命以前清政府所借的外债及所承认的赔款，民国亦"承认

---

① 宋教仁：《二百年来之俄患篇》，《宋教仁集》上册，中华书局，1981 年，第 178 页。
② 宋教仁：《滇西之祸源篇》，《宋教仁集》上册，第 156 页。
③ 张国淦：《孙中山与袁世凯的斗争》，张国淦编：《北洋军阀史料选辑》上册，中国社会科学院出版社，1981 年，第 146 页。
④ 精卫：《驳革命可以召瓜分说》，《民报》第 6 号，1906 年 7 月。

偿还责任，不变更其条件"，但其在革命军兴以后所借外债则不予承认，且其前经停借、事后过付者亦不承认；第三，凡革命以前各国家和人民取得的在华权利，民国政府照旧尊重，但其在革命军兴以后发生的则不予承认；第四，尊重并保护各国在华人民之生命财产。宣言还表达了民国政府愿与世界各国和平交往的愿望："深望吾国得列入公法所认国家团体之内，不徒享有种种利益与特权，并且与各国交相提挈，勉进世界文明于无穷。"[1] 这一宣言内容与湖北军政府 1911 年 10 月 12 日照会相似，希望以承认晚清外交格局和中外条约体系、列强在华条约特权换取列强承认新政府。

另一方面，虽然孙中山就任临时大总统的对外宣言书对列强采取了妥协态度，但并非完全无条件承认，而是在宣言书中留有余地，为今后提出修订不平等条约和收回国权打下伏笔。《临时大总统宣言书》提出："临时政府成立以后，当尽文明国应尽之义务，以期享文明国应享之权利。满清时代辱国之举措，务一洗而去之。"[2] 并表示，条约期满而止，清政府在革命起事以后缔结的条约、外债、让与的权利，均不承认。同时，还具体提出废除一些不平等条约特权。胡汉民曾对南京临时政府的对外宣言书作出评价，认为第一条明确"有效期至条约期满而止"，第五条和第六条有"不是完全承认的意思"。总体看，革命领导者并非没有意识到中国仍受不平等条约的严重束缚，但是当时进行修约交涉的条件尚未成熟，南京政府和袁世凯政府也均无提出这一要求的勇气。[3]

为得到各国承认，南京临时政府于 1912 年 1 月 11 日向各国发出照会。17 日，又再次呼吁各国承认中国新政府，照会指出："民国政府已稳固建立。为求有助于我们同外国的往来，并更好地履行我们的国际义务，早日承认将是得策的。"[4] 但各国没有答复这一请求。2 月 2 日，孙中山正式照会各国，声明各国以后与中国交涉事宜应向南京政府磋商办理。

---

[1] 《中华民国临时大总统孙文对外宣言书》，1912 年 1 月 5 日，程道德等编：《中华民国外交史资料选编（1911—1919）》，第 4—5 页。

[2] 《临时大总统就职宣言书》，《临时政府公报》第 1 号，1912 年 1 月 29 日。

[3] 李育民：《中国废约史》，中华书局，2005 年，第 236 页。

[4] ［美］李约翰著，张瑞芹、陈泽宪译：《清帝逊位与列强》，中华书局，1982 年，第 305 页。

第三节　北京政府守约外交与约内维权

中华民国成立之初，内外交困，而得到列强的承认和支持有利于稳定局势。列强为确保其在华条约特权，以不承认民国政府相威胁。因此，恪守中外条约，取得列强支持和承认是民国初期重要的外交任务和方针。袁世凯继任总统后，也把守约作为基本外交方针。同时，列强也企图通过笼络袁世凯维护在华条约利益和特权。1911 年 11 月 15 日，英国外交大臣葛雷在给朱尔典的电报中表示："希望革命的结果在中国建立一个政府，有足够的力量能无所偏地对待各国，并能维持国内秩序和保持对发展贸易有利的条件。这样的政府会得到我们所能给予的一切外交支持。"① 日本则不仅提出种种苛刻条件，还在袁世凯和革命军中两边活动，以获取最大利益。1911 年 11 月 18 日，日本驻华公使会晤袁世凯，明确表示愿意全力支持袁世凯。但日本同时又暗中"援助"革命军，借此给双方施压，以图从中渔利。而袁世凯也并不打算一味依从列强，他就任国民政府大总统后，一方面宣布遵守中外条约，一方面又尝试尽力维护中国权益。

一、 列强对于承认中华民国的苛刻条件

1912 年 2 月 15 日，中国参议院改选袁世凯为临时大总统。3 月 10 日，袁世凯在北京宣誓就职。在复杂的外部形势下，袁世凯于 1912 年 2 月 23 日发布保护外侨的布告。② 3 月 11 日，北京外务部致中国驻外代表电，说明："所有满清前与各国缔结各项国际条约，均由中华民国政府担任实行上之效力。凡已结未结及将来开议各项交涉案件，均即由驻在之临时外交代表继续接办等情。电令各外交代表，照会各驻在国政府，并由外交部直电荷兰万国

---

① Richard W. Brant, ed., *British and Foreign State Papers*, London, Published by His Majesty's Stationery Office, 1913, p. 107.

② 《新举临时大总统布告　各督抚及各军队电》，1912 年 2 月 23 日，《临时公报》第 1 卷第 8 期，1912 年 2 月 25 日。

保和会，预为立案。"① 4 月 5 日，临时参议院决定政府迁往北京。4 月 8 日，中国国会正式在北京开幕，参众两院先后组成。6 月间，继任国务总理兼外交总长陆征祥向美日等国提出承认民国的请求。7 月 12 日，北京政府颁布临时大总统令，要求全国人民遵守中外约章，"切实遵守，勿得稍有违犯"。② 10 月 6 日，袁世凯正式当选总统，拟定致各国政府秘密照会，即对外政策演说稿，声明："所有前清政府及中华民国临时政府与各外国政府所订条约、协约、公约，必应恪守，及前政府与外国公司所订之正当契约，亦当恪守。又各外国人民在中国按国际契约及国内法律，并各项成案例已享之权利并特权、豁免各事，亦切实承认，以联交谊，顺保和平。"③

在袁世凯政府已然宣布继承条约遗产的外交政策下，日本、俄国等国家仍然极力刁难，不仅没有及时承认中华民国政府，而且乘机提出苛刻条件。

根据中国的请求，美国于 7 月 20 日照会英、法、俄、德、日、意、奥等国政府，表示美国民意都主张立即承认，美国政府不便久违民意，并询问各国是否愿意立即承认民国政府。但各国复电都反对立即承认民国政府。

列强为勒索中国权益，乘民国政府需要得到承认之机，提出承认民国政府的条件，其中最重要的，是要求新政府承认中外原有条约。

日本为阻止其他列强承认中国新政府，要求中国承诺遵守一切中外条约，保证列强享有条约特权。1912 年 2 月 21 日，日本政府发表备忘录，声称："在新制度下，各外国人仍继续保持其在中国所享有之一切权利、特权及豁免权，至为重要。此等权利、特权及豁免权，其主要者虽均有条约可为依据，但以中国及各外国之国法规定或过去之惯例为依据者亦复不少。故各国在宣布承认时，为慎重起见，应使新政府对此等权利、特权及豁免权等明确表示正式承认。同时，应使新政府郑重言明：对于中国过去所负担之一切

---

① 《外务部以统一政府成立通电各外交代表并万国保和会》，1912 年 3 月 11 日，《东方杂志》第 8 卷第 11 号，1921 年 6 月 15 日。

② 《临时大总统令》，1912 年 7 月 12 日，《政府公报》第 74 号，1912 年 7 月 13 日。

③ 《袁世凯政府根据帝国主义要求拟定的对外政策演说稿（致各国政府秘密照会）》，1913 年 10 月 6 日，外交学院编：《中国外交史资料选辑》第 1 辑，外交学院出版社，1958 年，第 133 页。

外债，新政府将继续承担责任。"① 要求各国完全保持步调一致。2 月 23 日，日本分别向列强提出承认民国政府的先决条件，即"须得到承认一切权利利益及特权之保证。同时应向新政府取得借用外债之预约"。② 2 月 27 日，日本提出，中国新政府若要得到列强承认，外侨保持目前在中国所享受的权利、特权、豁免极为重要。③ 日本还提出各国应向中国新政府取得关于中国外债的一个正式保证，并在各国先后承认中华民国的情况下，仍坚持其要求。9 月 30 日，日本向北京外交团提出一份声明，要求中国尊重所有前清政府时期及临时政府、公司私人所订一切条约合同以及其他约定。除美国外，各国对日本的声明表示赞同。

俄国除要求北京政府承认中俄旧约等，更是利用"承认"袁世凯政府的问题对中国进行新的勒索。1912 年 1 月 23 日，俄国外交大臣向沙皇通报："由北京方面传来清朝退位及命袁世凯在中国组织新政府的消息，提出了列强对此一新政府的承认问题。我国代办已用私人谈判方式表明，列强驻北京代表中最关心中国事务者认为承认袁世凯政府的条件是保证外国人在中国的权利。"④ 并要求中国承担以下"义务"：承担有关满洲及毗连满洲的内蒙古的铁路建筑，公布有关中国军队的数目及布置，承认俄国在满洲的地位，承认"东清铁路公司有权不仅如中国人所确认的独自管理铁路事业，在铁路地带还有全部的行政权"。⑤ 俄国乘机提出修改中俄《伊犁条约》："假使我们能使中国在修改此一条约时能保存其基本特征，利用这些特征使条约成为我国在中国关外地方政治活动的武器，那么我们不仅保证了在此一地区的商业利益，并且在相当程度上预先解决我们所愿意提出的蒙古问题，即使蒙古成为中华帝国中的自治区域。此一问题的最后解决太为复杂，并且只专门涉及俄国的、纯政治的利益，是违反中国领土不可侵犯性的原则的，可能搁置到最

① 《日本政府备忘录》，1912 年 2 月 21 日，邹念之编译：《日本外交文书选译·关于辛亥革命》，中国社会科学出版社，1980 年，第 397—398 页。
② 王芸生编著：《六十年来中国与日本》第 6 卷，生活·读书·新知三联书店，1980 年，第 5 页。
③ 《日本驻德大使珍田向德外交大臣基德伦面递口头照会》，1912 年 2 月 27 日，孙瑞芹译：《德国外交文件有关中国交涉史料选译》第 3 卷，第 250 页。
④ 张蓉初译：《红档杂志有关中国交涉史料选译》，第 365—366 页。
⑤ 张蓉初译：《红档杂志有关中国交涉史料选译》，第 367 页。

后时机，因为中国人如不和我们获致协议，是不能在蒙古重建其政权的，而我们将操纵恢复此一政权的条件。"① 俄国还密谋与日本串通攫取中国权益。1912 年 7 月 8 日，日俄签订第三次密约，私自划定在内蒙古的特殊利益范围。1913 年 4 月 21 日至 23 日，俄、法公使在各国驻京公使会上提出承认中华民国的四项条件：不承认蒙藏为中国领土；要求川滇特别权利；要求付清本年赔款；要求清偿到期欠款。② 而这些条件是中国完全不会接受的。

英国也提出种种借口，要求中国承认其条约特权。1912 年 7 月 5 日，英国外交部致中国驻英公使刘玉麟两份说帖，首先要求中国保证各省遵守约章，"中国一日不能责令其各省尊重约章，则所谓保护之证据即一日不得谓之为满意"，长此而往，"英政府之承认中国共和一事，必致延缓"。③ 其次是要求惩办英国认为不遵守条约且排外的云南爱国人士李根源，"务请将该员降调"，否则英国政府对于中国共和政府，"殊不能承认"。④ 在袁世凯和北京政府外交部表示继承晚清外交遗产、遵守中外条约的情况下，英国仍以要求北京政府承认原有中英不平等条约、遵守原有条约关系为承认中华民国的前提条件。

海牙和平会议对承认中华民国也提出要求。9 月 16 日，海牙和平会议发表关于承认中华民国问题公决五条：（一）各省能否停止内战；（二）从前条约是否继续遵守；（三）蒙藏及山东问题能否解决；（四）人民生计能否独立；（五）地方有无自治能力。⑤

德国经过利弊权衡，认为应该抢先承认中华民国。1913 年 4 月 5 日，德国外交大臣雅哥致电国内："延迟承认将使我们受到支持特殊利益国家要求的嫌疑。美国单独承认中国将增加其在华的威信而使我们不利。我因此认为

---

① 张蓉初译：《红档杂志有关中国交涉史料选译》，第 367—368 页。

② 《俄、法公使在各国驻京公使会上提出承认中华民国的四项条件》，1913 年 4 月 21 日—23 日，王建朗主编：《中华民国时期外交文献汇编》第 1 卷，中华书局，2015 年，第 431 页。

③ 《英国外交部关于承认中国新政府之前须解决的若干问题致中国驻英公使刘玉麟说帖》，1912 年 7 月 5 日，中国第二历史档案馆编：《中华民国史档案资料汇编》第 3 辑《外交》，第 41 页。

④ 《英国外交部关于承认中国新政府之前须解决的若干问题致中国驻英公使刘玉麟说帖》，1912 年 7 月 5 日，中国第二历史档案馆编：《中华民国史档案资料汇编》第 3 辑《外交》，第 41 页。

⑤ 《海牙和平会议关于承认中华民国问题公决五条》，1912 年 9 月 16 日，"中华民国"史事纪要编辑委员会编：《中华民国史事纪要（1912 年 7—12 月）》，台北"中华民国"史料研究中心，1976 年，第 263 页。

得计的是我们决定承认中国。"① 德国政府于 4 月 26 日以同样的意思答复 4 月 22 日日本的口头照会。

1912 年 3 月 16 日，美国参议院通过祝贺中华民国成立案。② 5 月 2 日，美国总统威尔逊致电袁世凯，承认中华民国。③ 美国驻华代办向中华民国总统递交国书，正式承认中华民国。在此之前，4 月 8 日、9 日，巴西、秘鲁分别承认中华民国。5 月 2 日、4 日，墨西哥、古巴分别承认中华民国。

此后，其他国家先后承认中华民国。10 月 6 日，西班牙、瑞典、法国、比利时、丹麦、葡萄牙、日本、俄国、荷兰、德国、英国、奥国、意大利十三国致北京政府外交部照会，宣布承认中华民国。④ 10 月 8 日，瑞士、挪威承认中华民国。

二、 艰难的条约内维权

各国先后承认中华民国的基本前提条件是，新政府必须承认所有的中外旧约、维护各国在华条约特权、保护外人在华生命财产安全。事实上，在实行守约外交的同时，北京政府外交当局也在思考和筹划将来修改条约的问题。外交部设置了条约研究会，作为附属机关专研条约之用。⑤ 与此同时，北京政府在艰难中竭力于条约内维权。

中华民国成立初期，英、俄、日等国乘中国政局不稳，阴谋分裂中国，民国政府坚决维护国家主权，拒不承认列强的要求。1912 年 4 月 22 日，袁世凯在关于民国政府不设理藩专部令中决定：蒙、藏、回、疆各地同为中华民国领土，蒙、藏、回、疆各民族为中华民国之民，不再有藩属名称；现在统一政府业已成立，原理藩部事务由内务部接管，在地方制度未经划一规定

---

① 《德国外交大臣雅哥致皇帝侍从参事屈乐尔公使（时在浑堡）电》，1913 年 4 月 5 日，孙瑞芹译：《德国外交文件有关中国交涉史料选译》第 3 卷，第 260 页。

② 《美国参议院通过祝贺中华民国成立案》，1912 年 3 月 16 日，王建朗主编：《中华民国时期外交文献汇编》第 1 卷，第 413 页。

③ 《美国大总统承认民国国电》，1912 年 5 月 2 日，《政府公报》第 355 号，1913 年 5 月 3 日。

④ 《英法等十三国承认中华民国致北京外交部照会》，1913 年 10 月 6 日，王建朗主编：《中华民国时期外交文献汇编》第 1 卷，第 441 页。

⑤ 《外交部主事吴成章等编〈外交部沿革纪略〉（民国部分）》，1913 年 8 月 15 日，中国第二历史档案馆编：《中华民国史档案资料汇编》第 3 辑《外交》，第 9 页。

以前，所有蒙、藏、回、疆应办事宜，仍照之前的规定办理。① 这一决定体现了维护国家主权和领土完整的愿望，在其后的对华交涉和边疆危机中，北京政府始终没有承认列强企图分裂中国领土的协议，粉碎了英、日、俄等国的阴谋。

民国初年，俄国试图将外蒙古从我国分裂出去，北京政府依据中俄《布连斯奇条约》极力维护外蒙古主权。

外蒙古自古以来就是中国领土的一部分，清政府时期更是加强了对外蒙古的治理。在 1727 年的中俄《布连斯奇条约》中也规定蒙古是中国的领土。但俄国一直在蒙古进行扩张活动，特别是乘辛亥革命时期，进一步加快攫取在外蒙的各种特权。为扩大俄国在蒙古的影响，沙俄从 1906 年到 1911 年，向蒙古地区派遣各种调查团，并培植亲俄势力。1907 年 7 月 30 日，俄日两国签订第一次密约。1910 年 6 月 21 日，俄日密谋达成第二次密约，从而为俄国加快在外蒙的侵略和扩张活动提供了条件。

在沙俄的怂恿和支持下，1911 年 7 月，以哲布尊丹巴活佛为首的蒙古王公和活佛在库伦召开秘密会议，密谋脱离中国事宜。8 月 3 日，俄国内阁总理大臣提出俄蒙谈判要符合俄方的愿望，以便在接下来同中方的谈判中占据有利态势。② 8 月 28 日，俄国公使照会清政府，要求清政府立即停止在外蒙移民、练兵和整顿吏治等，否则将采取军事行动加以干涉。实际上，俄国已向库伦增派了数百名军队。清政府在答复中强调，蒙古问题属于中国内政，与俄国政府无关。但在俄国的反复威胁下，清政府被迫接受俄方的无理要求。10 月 13 日，尼拉托夫电告廓索维慈："俄国应该利用满清政府由于南方革命运动所面临的困难，使中国承认俄国在蒙古的既得权益。"③ 12 月 3 日，外蒙宣布建立以活佛哲布尊丹巴为首的"独立"政权，俄国乘机控制了外蒙的军事、财政和经济等。

为了维护国家的统一，无论是南京临时政府还是袁世凯北京政府，都没

---

① 《袁世凯总统关于共和政府不设理藩专部令》，1912 年 4 月 22 日，《临时公报》1912 年 4 月 22 日。
② 傅孙铭等：《沙俄侵华史简编》，吉林人民出版社，1982 年，第 373 页。
③ 朱文原：《辛亥革命与列强态度》，台北正中书局，1981 年，第 166 页。

有承认外蒙所谓的"独立"，也针对俄国的阴谋予以回击。孙中山就任中华民国临时大总统后，声明蒙古族为中华民国五大民族之一。北京政府多次要求外蒙王公活佛取消"独立"。1912 年 6 月，俄国照会中国政府，提出三个谈判条件：中国不得在外蒙驻兵；中国不得向外蒙移民；外蒙实行自治，中国不干涉其内政。① 北京政府指出，这三个条件意味着剥夺中国对外蒙古的主权，拒绝谈判。

为维护领土主权，1912 年 8 月 14 日，北京政府外交部公布中国在满、蒙、藏主权的五项声明："一、满、蒙、藏为中国领土，凡关于满、蒙、藏各地之条约，未经民国承认者，不得私订，已订者亦均无效。二、满、蒙、藏各地矿产，无论何人，不得私自抵押，向各国借款。各国亦不得轻易允许遽行开采。三、民国对于满、蒙、藏各地，有自由行动之主权，各国不得干预。四、民国政府对于各国侨民力任保护，各国不得藉保护侨商之名增加军队及分派警察等事。五、蒙、藏反抗民国，为国法所不许，外人不得暗中主使一切。"②

为使外蒙古放弃追随沙俄的分裂阴谋，1912 年 8 月 19 日，北京政府颁布蒙古待遇条例：（一）各蒙古"均不以藩属待遇"，行政上"与内地一律"，中央对于蒙古行政机关不用"理藩、殖民、拓殖等字样"。（二）各蒙古王公原有之管辖治理权一律照旧。（三）内外蒙古汗、王公、台吉、世爵各位号"予照旧承袭"，在本旗所享之特权亦照旧无异。（四）唐努乌梁海五旗、阿尔泰乌梁海七旗系属副都统及总管治理，"就原来副都统及总管承接职任之人，改为世爵"。（五）蒙古各地胡图喇嘛等原有封号概乃其旧。（六）各蒙古之对外交涉及边防事务归中央政府办理，但中央政府认为关系地方重要事件的，"得随时交该地方行政机关参议，然后施行"。（七）蒙古王公、世爵俸饷从优支给。（八）察哈尔之上都牧群、牛羊群地方，"除已开垦设治之处仍旧设治外，可为蒙古王公筹划生计之用"。（九）蒙古人通晓汉文并合法定

① 《俄驻京公使就协商外蒙事向北京政府提出三项条件》，1912 年 6 月，王建朗主编：《中华民国时期外交文献汇编》第 1 卷，第 664 页。
② 《北京政府外交部关于中国在满、蒙、藏主权的五项声明》，1912 年 8 月 14 日，王建朗主编：《中华民国时期外交文献汇编》第 1 卷，第 669 页。

资格的，"得任用京外文武各职"。[①]袁世凯于8月先后两次致电库伦哲布尊丹巴，晓之以情、动之以理，试图劝阻哲布尊丹巴走自治、独立之路。

但北京政府宣布的政策没有阻止沙俄和外蒙的阴谋。1912年11月3日，沙俄和外蒙当局在库伦签订"俄蒙协约"，其主要内容包括：（一）俄国政府扶助蒙古保持现已成立的自治秩序，帮助蒙古编练国民军；不准中国军队入蒙境，不准华人移民蒙古。（二）俄国人在蒙古享有特权，而其他外国人则不能享有超过俄国人的权利。（三）如蒙古政府要与中国或其他外国订立条约，不经俄国政府允许，不能违背或更变协约的规定。[②]同日，双方签订"俄蒙协约专款"，规定俄国人在蒙古各地享有自由居住移动、经营工商业、免税贸易、租买土地、开设银行、设立邮政、领事裁判权等权益。12日，双方订立开矿合同，准许俄国人在蒙古自由开采矿藏。民国政府在"俄蒙协约"签订之前，就全力劝阻外蒙当局，声明外蒙为中国领土，中国政府概不承认俄、蒙之间达成的任何协议。11月7日，中国外交部发表了同样内容的声明。8日，刘镜人拜会俄国外交大臣沙查诺夫，建议重新谈判一项协议。但沙查诺夫坚持必须以此协约为基础。11月19日，新任外交总长陆征祥向俄国公使建议，如果俄国否认"俄蒙协约"，中俄可重新协商蒙古问题。但俄国完全置之不理。11月，外交总长陆征祥发表关于外蒙问题的八条声明，强调：蒙古领土主权完全属于中华民国；蒙古与他国所订协约一概无效；此后蒙古若未得民国政府同意，所缔之约亦皆不能发生效力。

俄国不顾中国各界的强烈反对，得寸进尺。1912年11月30日，俄国公使向中国提出要求：俄蒙协约有效；蒙古行政改革的借款由俄国供给；俄国人在蒙古行动自由；俄蒙间修筑铁路，中国不得干涉。中国政府拒绝接受这些要求。12月7日，北京政府提出修改条件五款，重申中华民国在外蒙的完全主权，要求俄国政府尊崇中华民国政府办理或主办关于蒙古商务上及其他事项对外的一切交涉主权。

[①]《北京政府颁布蒙古待遇条例》，1912年8月19日，王建朗主编：《中华民国时期外交文献汇编》第1卷，第669—670页。

[②]《蒙人之自治与俄人私订条约》，陈崇祖编：《外蒙近世史》第1篇，商务印书馆，1922年，第30—31页。

外交总长陆征祥与俄国公使的谈判历时半年之久，开谈判会议三十余次。1913 年 5 月 20 日，拟定中俄蒙事协议六款，主要内容有：（一）俄国承认蒙古为中国领土完全之一部分。（二）中国同意不更动外蒙古历来就有的地方自治制度，许其有组织军备和警察之权，并许其有拒绝非蒙古籍人向其境内移民之权。（三）俄国除了领事馆卫队外，不派兵进入外蒙古，不向外蒙古移民，除了领事外不设置其他官员代表俄国。（四）中国愿用和平的方法施用主权于外蒙古。（五）中国政府因重视俄国的调处，允许在外蒙地方给予俄国人根据 1912 年 11 月 3 日俄蒙双方订立的通商章程所规定的商务利益。（六）俄国如要与外蒙官员订立国际性条约，要由中俄两国直接商议。①参议院认为协议表明中国只有外蒙名义上的主权，拒绝批准。

孙宝琦担任外交总长后，为避免提交国会，双方议定一份声明文件，共五款内容，另有附件四款。10 月 3 日，北京政府外交总长孙宝琦具报中俄协议经过情形之呈文。这个声明文件的内容与被参议院否决的协定内容基本相同。声明文件规定："一、俄国承认中国在外蒙古之宗主权。二、中国承认外蒙古之自治权。三、中国承认，外蒙古人享有自行办理自治外蒙古之内政，并整理本境一切工商事宜之专权。中国允许不干涉以上各节，是以不将兵队派驻外蒙古及安置文武官员，且不办殖民之举。惟中国可任命大员，偕同应用属员暨护卫队，驻扎库伦。此外，中国政府办可酌派专员驻扎外蒙古地方，保护中国人民利益，但地点应按照本文件第五款商订。俄国一方面担任除各领事署卫队外，不于外蒙古驻扎兵队，不干涉此境之各项内政，并不在该境有殖民之举动。四、中国声明，承受俄国调此，按照以上各款大纲以及 1912 年 10 月 21 日俄蒙商务专条，明定中国与外蒙古之关系。五、凡关于俄国及中国在外蒙古之利益暨各该处因现势发生之各问题，均应另行商订。"②声明另件规定："一、俄国承认外蒙古土地为中国领土之一部分。二、凡关于外蒙古政治、土地交涉事宜，中国政府允与俄国政府协商，外蒙古亦得参与其事。三、正文第五款所载随后商订事宜，当由三方面酌定地点派委

---

① 《中俄蒙事协议六款》，1913 年 5 月 20 日，王建朗主编：《中华民国时期外交文献汇编》第 1 卷，第 696 页。

② 王铁崖编：《中外旧约章汇编》第 2 册，生活·读书·新知三联书店，1959 年，第 948 页。

代表接洽。四、外蒙古自治区域应以前清驻扎库伦办事大臣、乌里雅苏台将军及科布多参赞大臣所管辖之境为限。惟现在因无蒙古详细地图，而该各处行政区域又未划清界限，是以确定外蒙古疆域及科布多、阿尔泰划界之处，应按照声明文件第五款所载，日后商定。"① 为就一些具体问题进行协商，中国政府根据这一声明的第五款，于 1914 年 1 月 27 日照会俄国政府派代表进行会晤。俄国政府迟至 8 月 13 日才复照中国，同意中俄"蒙"三方于 9 月 8 日在恰克图举行会议。

中俄反复交涉，正式开会 48 次，其他会晤协商亦达数十次。由于民国初建，内外交困，又逢日本强迫中国接受"二十一条"，袁世凯政府难以有更多精力顾及与俄国的交涉。1915 年 6 月 7 日，《中俄蒙协约》达成。该协约共 22 条，确认了俄蒙协约、商约和中俄声明的内容，并承认外蒙当局有与外国订立关于工商事宜国际条约的专权。②

三、 尝试修改税则

修改税则是民初维权的一次尝试，民国初年，政府依据中外商约，积极提出修改税则要求。

1902 年中英商约所订续修通商进口税则即将十年期满。1912 年 8 月 14 日，北京政府外交总长依据中英商约，向经签押于续修通商进口税则之英、德、俄、法、美、日、荷、奥、意、比、西、葡、瑞等十三国驻华公使声明中国修改税则的要求照会。照会指出，此项税则根据《辛丑条约》应增至切实值百抽五，至今又满十年之久，各货价值多有增减，应及时修改，"以符切实值百抽五之原约"。③ 但各国对中国外交部的照会以各种理由搪塞，不予回复。

北京外交总长为催促各国早日答复中国修改税则声明，于 1913 年 10 月

---

① 王铁崖编：《中外旧约章汇编》第 2 册，第 948 页。
② 王铁崖编：《中外旧约章汇编》第 2 册，第 1116—1120 页。
③ 《北京政府外交总长就声明修改通商进口税则致驻京各国公使照会》，1912 年 8 月 14 日，王建朗主编：《中华民国时期外交文献汇编》第 1 卷，第 606 页。

14 日致驻京各国公使照会，再次提出修改税则要求。[1] 日、意、俄、德都表示要着实考虑后才能答复。12 月 20 日，美国驻京公使复照北京政府外交总长，对中国税则拟将切实值百抽五"深愿表示同情"。[2] 12 月 23 日，英国驻京公使复照北京政府外交总长，表示英国政府同意修改进口税则。[3] 英驻华公使朱尔典也正式照会孙宝琦，"允将该税则修改"。比驻华公使也正式照会孙宝琦，表示，如各国皆同情，比国亦不反对中国政府所欲开商修改。[4] 荷兰驻华公使照会孙宝琦，称本国政府"甚愿以诚心研究之，以求其成"。[5]

北京政府外交部于 1914 年 1 月 15 日，就修改税则事致电驻各国公使暨代办，希望向驻在国切实陈说修改税则事。[6] 1 月 17 日，北京政府外交总长分别致驻京俄、日、法、瑞（典）、丹、意、葡、德等国使节照会，希望各国政府同意早日商议修改通商进口税则。

法国驻京公使向北京政府提出无理要求。1914 年 1 月 18 日，法国复照北京政府外交部："俟革命损失赔偿公平完美了结之后，始可继议此事。"[7] 1 月 23 日，北京政府外交部驳复法国照会，指出修改税则为法理之事，至于革命损失如何赔偿将来必有结果，与修改税则截然两事，不可混为一谈。[8]

俄国驻京公使在 1914 年 4 月 1 日的复照中，又提出陆路关税问题，要求"北满洲陆路各税关，仍按照 1902 年现行税则征收。该税则内未列入之

---

①《北京政府为催促早日答复中国修改税则声明致驻京各国公使照会》，1913 年 10 月 14 日，王建朗主编：《中华民国时期外交文献汇编》第 1 卷，第 606 页。

②《美驻京公使为修改税则事致孙宝琦的照会》，1913 年 12 月 20 日，王建朗主编：《中华民国时期外交文献汇编》第 1 卷，第 606 页。

③《英驻京公使就中国修改税则事致孙宝琦的照会》，1913 年 12 月 23 日，王建朗主编：《中华民国时期外交文献汇编》第 1 卷，第 607 页。

④《比贾使致外交总长孙照会》，1914 年 1 月 8 日，北京政府外交部编印：《外交文牍·修改税则案》，第 5 页。

⑤《和贝使复外交总长孙照会》，1914 年 1 月 15 日，北京政府外交部编印：《外交文牍·修改税则案》，第 5 页。

⑥《北京政府外交部就修改税则事致驻各国公使暨代办电》，1914 年 1 月 15 日，王建朗主编：《中华民国时期外交文献汇编》第 1 卷，第 607—608 页。

⑦《法国驻京公使为有条件修改税则事致孙宝琦照会》，1914 年 1 月 18 日，王建朗主编：《中华民国时期外交文献汇编》第 1 卷，第 608 页。

⑧《孙宝琦驳复法国驻京公使的照会》，1914 年 1 月 23 日，王建朗主编：《中华民国时期外交文献汇编》第 1 卷，第 608—609 页。

俄货亦应加入","货品由满洲经海参崴运入中国内地,或由内地经海参崴运往满洲者,均按通过货品而论"。此外,"中国政府应允认俄中蒙三方会议时,中国政府不得要索蒙古政府退让中蒙贸易捐税权分之主义"。① 这些无理要求,完全是进一步侵害中国主权。

北京政府外交部在 4 月 14 日给俄国的照会中予以驳复,指出:通商进口税则施行已届十年,修改税则的目的在于使各商所纳税额与实际约定之税率相符,决无水路税则可允修改,北满陆路各关独照旧则抽收之理。至于外蒙收税问题,现在讨论三方会议尚非其时,亦不在修改税则范围内,俄方不应强行牵合以为条件。② 外交部在同日给驻俄公使刘镜人的函中强调:"修改税则纯属条约上应办之事,决无可附条件之余地。"③ 谴责俄国政府无理取闹、藉此要求报酬、扩张其在蒙古北满之势力,要求刘镜人加以拒绝和驳斥。但俄国政府始终坚持要获得"交换条件"。6 月 16 日,俄驻京代理公使致北京政府外交总长复照,重申有条件修改税则事。④ 7 月 1日,北京政府外交部再次驳复俄国无理照会,强调"此次中国提议修改税则,纯系履行条约所应为之事,绝不能牵入条件,要求酬报"。⑤

意大利则乘机要求租界权,"如能由外交部允许在汉口若有扩充各国租界或一国之界","则应给义国同等之权利"。⑥ 对此,北京政府亦严加驳斥拒绝。

日本以中国修改税则会增加日本商人负担为由,于 6 月 8 日向北京政府外交部提出无理要求和条件,强调"进口货物求与内国货物均沾一律之待遇者,征之列国通商条约,已成普通之事实也。且关于本条件所载进口货物之

---

① 《俄库使复孙宝琦照会》,1914 年 4 月 1 日,王建朗主编:《中华民国时期外交文献汇编》第 1 卷,第 609页。

② 《孙宝琦致俄格署使照会》,1914 年 4 月 14 日,王建朗主编:《中华民国时期外交文献汇编》第 1 卷,第 610 页。

③ 《外交部致驻俄刘公使函》,1914 年 4 月 14 日,王建朗主编:《中华民国时期外交文献汇编》第 1 卷,第 611 页。

④ 《俄驻京代理公使为重申有条件修改税则事致孙宝琦的复照》,1914 年 6 月 16 日,王建朗主编:《中华民国时期外交文献汇编》第 1 卷,第 615-616 页。

⑤ 《孙宝琦驳复俄驻京代理公使的照会》,1914 年 7 月 1 日,王建朗主编:《中华民国时期外交文献汇编》第 1 卷,第 617 页。

⑥ 《孙宝琦驳复意使 5 月 23 日来文的照会 》,1914 年 5 月 28 日,王建朗主编:《中华民国时期外交文献汇编》第 1 卷,第 612 页。

待遇，无论若何情形，凡外国货于条约上既有之权利，均应仍旧继续"。① 6月16日，北京政府外交部驳斥日本照会，声明日方另提条件实属无理，所开条件及附属各项碍难承认。②

由于俄国和日本的阻挠，又因日本向中国提出"二十一条"要求，中日展开"二十一条"交涉，致使修改税则一事一直延而未议。1915年11月30日，北京政府外交部又致日、俄两国公使照会，要求两国无条件同意修改税则事。③但日、俄仍然置之不理。

此后，因袁世凯称帝、护国战争、护法战争及参加第一次世界大战等，修改税则一事被搁置。至巴黎和会，中国代表在提出希望条件和修订中外不平等条约要求时，将修改税则提交于和会。但由于会议的复杂性，中国的相关要求未被议及。至华盛顿会议，中国代表团又一次向大会提出撤废关税特权、中国关税自主，撤废列强在华关税特权问题才再次提上议事日程。

四、　尝试收回上海会审公廨

上海会审公廨本属于中国政府，其所实行的会审制度，是领事裁判权的扩大。民国初年，中国即尝试收回上海会审公廨。

武昌起义之后，驻沪领事团乘机非法接收并予以控制，使它变成由外国领事管辖的司法机构。从组织上看，会审公廨完全脱离了中国政府的管辖。谳员由领事团任命，其俸金亦由领事团拨给，廨内一切用人行政，均由外人把持。④ 领事团还对公廨内部机构进行改组。1914年，将公廨隶属于工部局警务处，1922年又作为公董局的附属机构。⑤ 管辖权限大大扩充，民事案件已无任何限制，刑事案件则无论什么重案皆可判决，惟死刑须报告领事团核

---

① 《日本驻京代理公使为有条件修改税则事致孙宝琦的复照》，1914年6月8日，王建朗主编：《中华民国时期外交文献汇编》第1卷，第613—614页。

② 《孙宝琦驳复日本代理公使的照会》，1914年6月16日，王建朗主编：《中华民国时期外交文献汇编》第1卷，第614—615页。

③ 《孙宝琦为要求无条件同意修改税则事致俄日驻京公使的照会》，1915年11月30日，王建朗主编：《中华民国时期外交文献汇编》第1卷，第618页。

④ 李育民：《中国废约史》，第245页。

⑤ 邓克愚：《帝国主义在上海侵夺我国司法权的史实》，上海市文史馆、上海市人民政府参事室文史资料工作委员会编：《上海地方史资料》二，上海社会科学院出版社，1983年，第142页。

准。管辖的地域范围已超出公共租界，扩张到越界筑路区和外国商船上的案件，而领事的会审权也扩及到所有纯粹华人案件。列强非法侵夺会审公廨，不仅扩大了在华领事裁判权特权，而且还扩展、延伸了租界特权。因此，遭到中国政府和人民的强烈反对，在此后的废约斗争中，收回会审公廨亦成为其中的一个重要内容。① 民国初年，新建立的民国政府不敢触动帝国主义的在华特权，但对于会审公廨却主张"急图挽救，外交部自当向各领事交涉使必争回，然后选派妥员接管，徐图改革"，并规定"交涉未妥之前，我军民不可从旁抗辩，致生枝节"。②

条约研究会于 1912 年开始筹划收回上海会审公廨，并曾拟定章程十七条，"于设官观审等项，依据条约，剔厘明详"。但由于各国尚未承认民国政府，无从提出。1913 年 12 月，袁世凯政府再议收回，外交总长曹汝霖向外交团领衔公使朱尔典面交照会："现在中国正式政府成立，已经各国承认，所有公共租界公廨承审人员自应规复旧制，由本国自行遴员接充办理，以符原章。"同时提出改革谳员任命办法，即将此前由沪道札委，改为由外交部"慎选熟谙欧美法律，精娴西文，品学兼优之司法官，呈请大总统任命，直接由部监督。遇有交涉事宜，仍会同特派交涉员办理，而不受节制"。③ 随后，外交部提出，此次收回上海会审公廨交涉，要以审查条约上与主权上有无窒碍为第一要义，租界内发生之洋人控华人案件，按约应归公堂会审，而所谓会审者，按照中英《烟台条约》，不过允许洋员观审而已。由于公堂谳员长期昧于条约，每遇外人违约之干预，未能力争，"以致今日公堂原有完全之裁判权，亦被破坏。此次亟宜剀切申明约文恢复权限确实办法"。④

公使团经过讨论，于 1914 年 6 月 11 日复照北京政府，特别指出，上海交涉员杨晟于 1913 年 12 月 9 日、28 日致领衔总领事公函，应允俟公廨交还之际，将经领事团改革之处妥为保存，要求中国政府承认实行这些改革办

---

① 李育民：《中国废约史》，第 246 页。

② 《云南军都督府关于中华民国对于租界应守之规则札》，1912 年 1 月 12 日，中国第二历史档案馆编：《中华民国史档案资料汇编》第 2 辑，第 9—10 页。

③ 《上海会审公廨之史的回顾（四）》，《大公报》1926 年 10 月 4 日。

④ 《外交部关于拟改特派江苏交涉员陈贻范呈送上海会审公堂章程的报告》，1914 年，中国第二历史档案馆编：《中华民国史档案资料汇编》第 3 辑《外交》，第 82—83 页。

法，具体包括：（一）会审公廨之承审员四人应由中国政府委任，由领事团认可，承审员长应有高等审判厅长之职，与共享平等之权；承审员应与有关各国所派之会审员等会同办事，中国政府应认外国会审员在堂时作为领事团会审员。（二）五年以上刑事案件全归公廨办理，公廨有死刑审定权；死刑执行应在租界之外，由华官监视行刑，验尸之事由承审员与会审员办理。（三）凡隶公廨之监狱，应归工部局之巡警管理；所有公廨之命令及传讯票、拘拿票，亦归工部局之巡警管理，取消过去有关廨役之陈法；华人民事案件，应准律师到堂，其办法"遵民国元年四月之则例而行"。（四）关于民事案件的上诉，华洋民事案件，保留原来上诉至观察使和领事的旧制；华人之间的民事案件，"以交涉员及公廨原审会审员之本国领事为上控之地"。如道尹与领事，以及交涉员与领事意见不一，"亦以原审公廨会同判决之词为定"。（五）凡办公与财务各事，"应交与外国之检查员及其所属之书吏管理"；该检查员管理廨内所用之人，并妥行监督廨内之度支；"该检查员各办公事之人，应由领团荐举，由中国政府任用"。①

　　按照上述条件，上海会审公廨的实权"完全为外人所操"，北京政府表示拒绝。7 月 22 日，北京政府外交部致领衔英国公使朱尔典照会，提出修改意见：关于第一条，主张公廨廨员由中国政府委任。华人之间的民事案件，归公廨廨员审判，"照中国现行法律暨诉讼法办理，无庸外国陪审员出庭"。关于第二条，主张租界内刑事案件，全归公廨受理。但按照中国法律，所有应判十年以上监禁以及命盗案件判至死刑者，须请司法部核准。其核准应处死刑之犯，送交内地中国官执行，验尸可由廨员会同外国陪审员执行。关于第三条，基本上同意对方的意见。关于第四条，同意保存由道尹和领事审理上诉案件的旧制，但两者意见如不一致，公推一第三国领事"会同公断"。因为若以原审公廨会同判决之词为定，"即与上诉制度本意，殊不相符"。关于第五条，主张公廨庶务以及出纳事宜应责成主簿及其所属书记管理。该主簿书记未规定国籍，与公使团的方案不同，但同意由领事团推举，由中国政府委派。照会声明，上海会审公廨内所有改良之处，如"按照本国政府修正各节，均可承认实行"。①

公使团对于此次照会，大体同意，但不赞成会审公廨承审官由中国任命后通知领团，以及上诉会审加入第三国领事两条。中方对于承审官决不允由外人同意后任命，但同意变更上诉方法，即"可先交该廨易员复审，其陪审洋员，除因特别情形，事实上不能换人外，亦须另委原陪审员以外之人陪审。若原被告对于复审判决不服，仍须上诉，道尹与领事对于此次上诉，未能合意，即以复审判决之词为定"。②双方相持甚久，终无结果。1915 年 11 月 23 日公使团照会中国，提出以扩展租界为交还会审公廨的交换条件，中国拒绝接受，交涉陷于停顿。

修订税则和收回会审公廨交涉，是中国谋求收回列强条约特权的开端，而其过程和结局则反映出列强对不平等条约的态度。列强以各种理由拖延或拒绝，完全不愿改变条约关系现状，不愿放弃在华条约权益，这预示着中国反对不平等条约的斗争面临着极为艰难的境况。

---

① 《外交部致领衔英使朱尔典照会》，1914 年 7 月 22 日，中国第二历史档案馆编：《中华民国史档案资料汇编》第 3 辑《外交》，第 79—81 页。

② 《外交部致领衔英使朱尔典照会》，1914 年 8 月 4 日，中国第二历史档案馆编：《中华民国史档案资料汇编》第 3 辑《外交》，第 81—82 页。

第二章　一战期间条约关系的变化

第一次世界大战期间，中外条约关系有三个交织的特点。一是因日本的侵略野心强迫中国接受"二十一条"，诱导中国签订军事协定，阻碍中国战后顺利收回德国原在山东的权益，在中外不平等条约史上又留下屈辱的一页。二是因国人对国权观念的日渐清晰，中国政府以参加第一次世界大战为契机，提出废止部分条约特权，废止中德、中奥条约，在修废不平等条约上迈出重要的一步。三是中国平等条约观念不断增强，不再给予其他国家条约特权，并与无约国谈判订立平等条约。总体上看，第一次世界大战期间，中外条约关系发生新变化，中国开始积极寻求修废不平等条约的途径。

第一节　中日条约关系的畸形发展

第一次世界大战前后，日本利用战争机会，进一步扩大对华侵略，不断攫取在华利益，逼迫中国签订新的不平等条约。日本还借机侵夺德国原在中国山东的权益，并与英、法、俄签订有损中国利益的秘密条约，中日条约关系不但没有得到修正，反而因日本的野心进一步畸形发展，并成为中国日后收回条约权益的巨大阻力。但日本对华的侵略，激发了中国人民的民族情感，强烈要求废除中日不平等条约，进而要求废除一切中外不平等条约，为不平等条约体系的动摇奠定了民众基础。

一、 日本攫取德国原在华权益

日本首先以战争为由，通过新的不平等条约攫取德国在华权益。

第一次世界大战爆发前，日本明目张胆地表示要扩大在东亚的权利。1914 年 8 月 2 日，日本外务省发表关于欧战之最初宣言，声明"以日英协约目的或濒危境，日本以协约义务，必至执必要之措置"，[①] 为日后增兵山东、胁迫中国接受"二十一条"埋下伏笔。

袁世凯政府担心日本乘第一次世界大战扩大对华侵略。为尽可能阻止日本的侵略，1914 年 8 月 3 日，袁世凯向美、德等国使节表示，希望使租借地和租界中立化。8 月 6 日，袁世凯颁布大总统令，宣布中立；[②] 中国政府颁布局外中立条规二十四条。[③] 同日，外交部向美国和日本政府提出请求，要求欧洲各国不得在中国的领土领海及租借地内作战，"甚望日廷主张限制战区，保全东方。劝告交战各国，勿及远东"。[④] 8 月 7 日，北京政府致电驻京各使，"按照本国所有现行法令条约以及国际公法之大纲，恪守中立义务"。[⑤] 但中国的努力没能阻止日本的侵华计划和步伐。日本一边口头表示对中国绝无野心，一方面以条约和战事行动密谋侵略中国，谋划强迫中国签订新的不平等条约。

日本与英、俄、法等列强签订有关中国的密约，成为中国日后撤废列强在华不平等条约特权的重要障碍。1914 年 8 月 10 日，驻日公使陆宗舆致电

---

① 王芸生编著：《六十年来中国与日本》第 6 卷，第 34 页。

② 《中华民国大总统令》，1914 年 8 月 6 日，《东方杂志》第 11 卷第 3 号，1914 年 9 月 1 日。

③ 《局外中立条规》，1914 年 8 月 6 日，《东方杂志》第 11 卷第 3 号，1914 年 9 月 1 日。

④ 王芸生编著：《六十年来中国与日本》第 6 卷，第 39 页。

⑤ 《北京政府外交部为宣言局外中立事致驻京各使照会》，1914 年 8 月 7 日，王建朗主编：《中华民国时期外交文献汇编》第 1 卷，第 874 页。

北京政府外交部，告知英俄两使与加藤密谋协商：（一）英俄在华利权，日本按约尽力保护；（二）与英俄利权无关之中国各地，任日本自由行动，不加干涉。日本陆军省召集五个师团，"有两联队已乘船赴我南方，占青岛后，拟及福建。又一部分军人颇唆孙文、陈其美倡乱"。[1] 同时，日本驻华公使小幡警告中国，不得直接与德国交涉收回胶州湾权益。8 月 17 日，日本以英日同盟条约和所谓的维护东亚和平为借口，向北京政府外交部声明，限期德国军舰退出青岛。8 月 18 日，英国声明谅解日本的行动。

日本的阴谋阻止了中国收回德国在华权益。1914 年 8 月 15 日，日本向德国提出最后通牒，要求"德国立即撤退在日本和中国海面上的全部军舰，不能撤退者立即解除武装；德国在 9 月 15 日以前将全部胶州租借地无偿无条件地交给日本，以备将来交给中国"。[2] 在日本递交最后通牒之前，德国驻华代办已向民国政府表示德国考虑将胶州湾租借地直接归还中国，但以后要给予补偿。德国接到通牒后，于 8 月 19 日与中国外交部接洽，愿将胶州湾租借地直接归还中国。但袁世凯惧于日本的威胁，不敢接受德国的建议。8 月 20 日，德国驻京使馆致北京政府外交部照会，告知日本拟在山东海口登陆，攻击德国胶澳租借地及青岛，这一行为有损害中国中立之立场，请中国政府禁止外国军队经过中国中立之领土。交通部长梁士诒向美国使馆交涉，希望美国出面向英、德两国建议，由德国先将该租借地交给美国，然后再由美国转交中国。由于美国不愿卷入这场纠纷，没有采纳这个建议。8 月 23 日，日本对德宣战。宣战之后，日本方面要求民国政府把山东境内黄河以南的地区划为中立外区域，并要求中方撤退胶济沿线及潍县一带的驻军。民国政府反复与日方磋商，争取缩小中立外区域，但日本拒不配合中国要求。

民国北京政府为避免卷入战争，于 9 月 3 日照会各国，宣称根据 1904 年日俄战争的先例，中国政府在龙口、莱州和连接胶州湾附近各地不负完全中立责任，"但以上所指各地方内所有领土、行政权及官民之生命财产，各

---

[1]　王芸生编著：《六十年来中国与日本》第 6 卷，第 41 页。
[2]　王芸生编著：《六十年来中国与日本》第 6 卷，第 42 页。

交战国仍均应尊重"。① 9 月 5 日，外交部又照会日、英、德各交战国公使，重申保护胶济战区内的中国人民的生命财产。但日本对中国的照会置若罔闻，完全无视中国主权，也置之前的承诺于不顾。

自 9 月 3 日开始，近两万名日军自龙口登陆，所到之处，对居民百般骚扰，种种暴行层出不穷。9 月下旬，日军占据潍县车站，由此沿着胶济铁路直逼山东首府济南。9 月 26 日、27 日、30 日，民国外交部接连向日本提出抗议，谴责日军破坏中国的中立和侵占胶济铁路。民国政府也向英国提出抗议，因为它是日本的盟国，应对日本的行动负责。10 月 2 日，日本公使日置益复照民国北京政府外交部：胶济铁路是由德国公司经营的，是德国产业，是胶州湾租借地不可分割的一部分，因日本与德国宣战，故日本的行为不必向中国通报。② 外交次长曹汝霖与日本公使会谈，表示不同意日本对胶济线的占领，同时提出非正式调停案：（一）中国政府不允将胶济铁路出卖或让与日本以外的第三国；（二）战后日德对胶济铁路有何协议，中国政府不执异议。日置益在会谈后电告其政府，指出中国政府害怕与日本发生军事冲突，因此可尽力对中国军队加以控制。10 月 2 日，北京政府参政院向政府提出外交质问书，指出日军的种种违法行为，督促外交部切实保障国权。③

德国于 1914 年 10 月 4 日同意将胶济路全部让给中国接管，待战后解决。中国政府就此同日本商议，日本拒绝承认这种接管。为使日本撤离军队，1915 年 1 月 7 日，民国政府正式照会日英两国公使，声明取消特别中立区域，要求日英撤走在此区域内的军队。9 日，日置益复照，对此不予承认。民国政府外交部于 16 日再次照会日本，进一步说明理由并驳斥日本。④ 但两天之后，日本就提出了"二十一条"要求，取消战区一事更无结果。8 月 6 日，由中国总税务司安格联代表中国与日本全权公使日置益签订《恢复青岛海关协定》，其中规定："千八百九十九年四月十七日中、德两国代表

---

① 《北京政府致各国公使照会》，1914 年 9 月 3 日，王建朗主编：《中华民国时期外交文献汇编》第 1 卷，第876 页。

② 《日使答复外交部占据铁路之抗议》，1914 年 10 月 2 日，《东方杂志》第 11 卷第 5 号，1914 年 11 月 1 日。

③ 《参政院提出外交质问案》，1914 年 10 月 2 日，《东方杂志》第 11 卷第 5 号，1914 年 11 月 1 日。

④ 王芸生编著：《六十年来中国与日本》第 6 卷，第 66—67 页。

在北京关于设立青岛海关之协定及千九百五年十二月一日中、德两国代表在北京关于该项之修正，在本协定主义上必要之处有'德国'文字者，易以'日本'文字。"①

二、 日本逼迫中国接受"二十一条"

日本乘第一次世界大战之机，逼迫中国接受"二十一条"，进一步扩大在华条约权益，也为日后的侵华战争打下基础。

日本对华"二十一条"要求是其长期侵华阴谋的一部分内容，是其侵华进程中的重要步骤。在日本对华提出"二十一条"要求前后，日本各方先后提出《对外方针政策决定》《对华外交政策纲领》《日中交涉事项觉书》《中国问题处理纲要》《对支那问题意见书》等文稿，最后形成《对支那政策文件》，具体筹划了在中国如何进一步推进或巩固其侵略势力的方针，并一步一步地付诸实施。1914 年 8 月 23 日，日本以对德宣战为借口，出兵中国山东。紧接着，又展开了更为强劲的对华侵略攻势。1914 年 11 月 3 日，日本驻华公使日置益奉急召回国述职，与外相商讨对华政策。经过熟商和密谋，12 月 3 日，日本外相加藤高明训令日置益，火速向中国提出"五号问题"即"二十一条"。1915 年 1 月 18 日下午，日本驻华公使日置益强行向袁世凯递交臭名昭著的"二十一条"文书，要求袁世凯政府绝对保密，尽速答复。

"二十一条"共分五号二十一款。为详细了解日本的不合理要求及对中国日后收回权益的危害之处，兹列出其主要内容：

第一号，要求中国政府允诺："日后日本国政府拟向德国政府协定之所有德国关于山东省，依据条约或其他关系，对中国政府享有一切权利利益让与等项处分，概行承认。""凡山东省内并其沿海一带土地及各岛屿，无论何项名目，概不让与或租与他国。""中国政府允诺，日本国建造由烟台或龙口接连胶济路线之铁路。""中国政府允诺，为外国人居住贸易起见，从速自开山东省内各主要城市，作为商埠，其应开地方，另行协定。"

第二号，要求中国承认日本国在南满洲及东部内蒙古享有优越地位，要

---

① 王铁崖编：《中外旧约章汇编》第 2 册，第 1123—1124 页。

求"将旅顺大连租借期限并南满洲及安奉两铁路期限，均展至九十九年为限"；"日本国臣民在南满洲及东部内蒙古，为盖造商工业应用之房厂，或为耕作，可得其须要土地之租借权或所有权"；"日本国臣民得在南满洲及东部内蒙古任便居住往来，并经营商工业等各项生意"；"中国政府允将在南满洲及东部内蒙古各矿开采权，许与日本国臣民，至于拟开各矿，另行商订"。还要求日本在南满洲享有筑路借款、课税抵押借款优先权。此外提出政治要求："如中国政府在南满洲及东部内蒙古聘用政治、财政、军事各顾问、教习，必须先向日本国商议。"以及要求吉长铁路管理经营权。

第三号，主要是汉冶萍公司权益，要求"两缔约国互相约定，俟将来相当机会，将汉冶萍公司作为两国合办事业，并允如未经日本国政府之同意，所有属于该公司一切权利产业，中国政府不得自行处分，亦不得使该公司任意处分"。"中国政府允准，所有属于汉冶萍公司各矿之附近矿山，如未经该公司同意，一概不准该公司以外之人开采，并允此外凡欲措办无论直接间接对该公司恐有影响之举，必须先经公司同意。"

第四号，要求"所有中国沿岸港湾及岛屿，概不让与或租与他国"。

第五号是针对中国政治军事经济命脉的要求："（一）在中国中央政府，须聘用有力之日本人，充为政治、财政、军事等各顾问。（二）所有在中国内地所设日本病院、寺院、学校等，概允其土地所有权。（三）向来日中两国屡起警察事件，以致酿成胶葛之事不少，因此须将必要地方之警察，作为中日合办，或在此等地方之警察官署，须聘用多数日本人，以资一面筹划改良中国警察机关。（四）由日本采办一定数量之军械（譬如在中国政府所需军械半数以上），或在中国设立中日合办之军械厂，聘用日本技师，并采买日本材料。（五）允将接连武昌与九江、南昌路线之铁路，及南昌、杭州、南昌、潮州各路线铁路之建造权，许与日本国。（六）在福建省内筹办铁路、矿山，及整顿海口（船厂在内），如需外国资本之时，先向日本国协议。（七）允许日本国人在中国有布教之权。"[1]

中国人民最为反感的是第五号，袁世凯政府也最为忌讳第五号。这些要

---

① 王芸生编著：《六十年来中国与日本》第 6 卷，第 74—76 页。

求明显不符合列强提出的在华"利益均沾"原则，因此，中日交涉内容传出后，遭到美国等国家的反对。

中日双方紧张交涉，各自反复提出修正案。4 月 26 日，日本提出最后修正案。5 月 1 日，中国提出最后修正案。

日本为逼迫中国接受其最后修正案条件，作了周密的军事部署，并安置日侨。中国政府陷于极其被动的局面。5 月 5 日，外交部致电驻英使馆，称："日政府昨开御前会议，拟发哀的美敦。奉天、长春日本人均已迁入铁路界内，北京日本人、日使亦令出京。时机危急，似欲实行武力。"并询问此次举动"是否先商英政府同意，万一日与我宣战，英政府持何态度"，探询英政府对于日本国能否出面调停。① 5 月 6 日，外交部致电驻英使馆："三月十一日英外部次长答复议员责问，谓中日会议不能用外交方法了结，而有侵犯之中国主权情形，势必与日筹商公允办法，以达日英协商之目的云。现在日本国不愿再以外交解决中日问题，英政府有何与日筹商公允办法之举，希以个人名义向外部探询电复。"②

实际上，英国一直包庇日本，为日本强迫中国接受其不平等条约要求创造了条件。5 月 7 日，驻英公使施肇基致电外交部："基先向英国外部详告，以日要求曾否先商同意，万一宣战，英如何态度。彼言日政府仅将要求通知本国及他国，并未相商。"③ 日驻京公使日置益向北京政府外交部递交最后通牒及附件"觉书解释"，以军事威胁中国必须在 48 小时内答复并接受日本的最后修正案。在日本的威逼下，中国被迫接受日本的最后修正案和最后通牒。5 月 25 日，中日双方在北京正式签订了关于山东省的条约和关于南满、东部内蒙古的条约，还有换文十三件。条约和换文基本上是按照日本最后修正案的要求而定，只有一些非实质性的增删。因为这些条约和换文在民国四年达成，所以被统称为"民四条约"，即《民国四年五月二十五日中日两国

① 《外交部关于二十一条交涉经过与驻英美使馆往来文电》，1915 年 1 月—6 月，中国第二历史档案馆编：《中华民国史档案资料汇编》第 3 辑《外交》，第 571 页。
② 《外交部关于二十一条交涉经过与驻英美使馆往来文电》，1915 年 1 月—6 月，中国第二历史档案馆编：《中华民国史档案资料汇编》第 3 辑《外交》，第 571 页。
③ 《外交部关于二十一条交涉经过与驻英美使馆往来文电》，1915 年 1 月—6 月，中国第二历史档案馆编：《中华民国史档案资料汇编》第 3 辑《外交》，第 571—572 页。

政府所订之条约及换文》。这一条约包含《关于山东省之条约》《关于南满洲及东部内蒙古之条约》及其他十三项换文。6 月 1 日，袁世凯正式批准换文。8 日，中日双方在东京交换文书。

袁世凯政府极力强调"二十一条"交涉及中日"民四条约"签订乃因国力衰弱和日本威胁所致，希望得到人民的谅解。5 月 26 日，外交部发各省将军、镇守使、巡按使、特派员、交涉员电文，简要陈述"二十一条"交涉经过及结果。电文说明外交部在交涉中始终维护国家主权，"于我主权、领土、内政及列国成约，幸无损失，即失之胶澳，尚有交还之望。虽南满方面损失较巨，然日俄战争以后，日人在南满势力既已不可收拾，喧宾夺主已越十年，租借本根据成约，内地杂居亦久成事实，而欲于此积弱之时，求恢复已失之权利，断非口舌所能办到"。[1]外交部在电文中揭示最终接受日本的最后通牒，是因为受到日本的军事威胁和压迫，"政府外察大势，内审国情，不得不权衡利害，勉为趋避"，望国民共谅政府始终维持之苦衷。[2]6 月 14 日，袁世凯特向各级文武官吏发出"密谕"一道，告诫各省文武长官，不要忘记 5 月 9 日这个奇耻大辱的日子。"密谕"除了强调他拒绝承认侵犯中国主权最为严重的第五号条款的"功劳"外，也承认这次交涉损失权利颇多，还表示要痛定思痛、力图振作。[3]袁世凯又授意丁佛言撰写《中日交涉失败史》一书，预备有朝一日中国强大时公开发表。

此外，袁世凯政府及时对外发布"二十一条"交涉经过，寻求国际理解和支持。日本方面，于 5 月 10 日向全世界发布"二十一条"交涉声明，企图在国际上为自己开脱罪责。中国方面，自中国决定接受日本最后通牒起，即筹划公布中日交涉始末。[4]

1915 年 5 月 13 日，北京政府外交部向各国宣布中日交涉始末，声明中国是被迫接受日本的要求，而且如果门户开放、利益均沾等原则因此而受到

① 章伯锋、李宗一主编：《北洋军阀（1912—1928）》第 2 卷，武汉出版社，1990 年，第 823 页。

② 章伯锋、李宗一主编：《北洋军阀（1912—1928）》第 2 卷，第 823—824 页。

③ 王芸生编著：《六十年来中国与日本》第 6 卷，第 260—261 页。

④ ［澳］乔·厄·莫理循著，［澳］骆惠敏编，刘桂梁等译：《清末民初政情内幕——〈泰晤士报〉驻北京记者袁世凯政治顾问乔·厄·莫理循书信集》下卷，知识出版社，1986 年，第 429 页。

影响，并非中国所致，中国不能负责。宣言书指出："盖中国政府区区拥护之精神，仅仅与保全自国主权之完全、各国在华条约上之权利及机会均等之主义而已。但无效果，深为惋惜。于五月七日下午三时，日本公使竟将最后通牒递送前来。日本政府最后通牒内污蔑中国，兹中国政府希望上列交涉经过情形，可以作为一种明切和平完全之答复。至当时中国政府答复日本最后通牒应用何种方法，曾以保存国民多数旅华外人不致遭无辜之殃，并保存各友邦利权不致伤失为念，为此中国不得不勉从最后通牒所开各节。如列强对于保持中国独立及领土完全暨保存现状与列强在中国工商业计划相等主义所订之各条约，因此次中国承认日本要求而受事实上修改之影响者，中国政府声明非中国所致也。"[1] 这一声明，成为日后中国在巴黎和会以及华盛顿会议上讨论山东问题的重要证据之一，也是向国民说明交涉经过及为日本所胁迫的情形和结果，其重要性是不言而喻的。5 月 26 日，外交部向参政院报告中日交涉始末情形。[2]

美国意识到日本的阴谋，试图防止日本不断扩大在华利益，因此不承认中日条约。1915 年 5 月 11 日，美国分别照会中国和日本，指出："美国政府不能承认中日两国政府间已订或将订的任何有损美国及其公民在中国的条约权利、中华民国的政治或领土完整、或一般称之为门户开放政策的关于中国的国际政策的协定或成约。"[3] 5 月 15 日，美国政府还令驻华公使向中国政府声明：如果中日条约中有任何改变外国人在华地位的条款，应通知美国，以便"美国政府得分享按照最惠国待遇而得享受的任何特权"。[4]

总之，日本为提出"二十一条"做足外交攻势和铺垫。日本不仅内部精心策划，而且在中国毫不知情的情况下，与英国等国就中国问题达成所谓的谅解。交涉过程中，日本始终强迫中国进行秘密谈判，不得向外泄露任何相

---

① 《北京政府外交部关于中日交涉始末宣言书》，1915 年 5 月 13 日，程道德等编：《中华民国外交史资料选编（1911—1919）》，第 213 页。

② 《外交总长报告参政院中日交涉始末情形》，1915 年 5 月 26 日，《东方杂志》第 12 卷第 7 号，1915 年 7 月 10 日。

③ Papers Relating to the Foreign Relations of the United States（hereafter FRUS），with the address of the President to Congress Dec. 7，1915，Washington：Government Printing Office，1924，p. 146.

④ The Secretary of State to Minister Reinsch，May 15，1915，FRUS，with the address of the President to Congress Dec. 7，1915，p. 147.

关内容。此外，日本还采取种种不可告人的手段，对中国和英、美、法、俄等国都进行威逼利诱，实施"大棒"加"胡萝卜"的政策。在中国力争废止"二十一条"的巴黎和会和华盛顿会议上，日本又与英国等国达成秘密协议，阻止中国废约。

中国政府则对"二十一条"做了最大可能的抵制。面对日本的无理要求，愤慨和震惊之余，中国政府开始了艰难的对日交涉。交涉期间，双方在秘密谈判桌上唇枪舌剑，进行了大小三十多次正式或非正式谈判。由于中国坚持自己的最低让步限度，日本未能完全如愿以偿，遂向中国发出最后通牒。在日本的威逼之下，中国不得不委曲求全，接受日本的最后通牒。中日"二十一条"交涉，使中国又增加了一个新的不平等条约，再次刺激了中国人民的民族情感，进一步激发了中国人民对不平等条约的憎愤。从反对中日交涉"二十一条"到巴黎和会要求拒签对德国和约，都是"二十一条"引发的废除不平等条约重要诉求。

三、 日本胁迫中国签订中日共同防敌军事协定

因日本在中日"二十一条"交涉中未能满足其全部目的和野心，又于1918 年以战争期间防止敌人为由，引诱胁迫中国签订中日共同防敌军事协议。而北京政府担心日本找借口在中国领土上与俄国人或德国人作战，不得不屈从日本。

俄国建立了苏维埃政权后，新政府主张立即退出战争并同德国单独媾和。这不仅对欧洲战场发生重大影响，也直接牵涉到远东的国际局势。日本自 1907 年以后与俄国密切合作侵略中国，先后缔结四次密约。俄国革命成功后，日本失去了一个侵华伙伴，不得不采取新的政策。日本欲乘机进兵西伯利亚，以此为借口，与中国搞所谓的"共同防敌"，以便在中国划出行军区域，并直接控制西伯利亚、北满和外蒙。

1917 年 9 月 24 日，中国驻日公使章宗祥与日本外务大臣后藤新平进行了关于山东问题的换文。1914 年日本占领青岛和控制胶济线后，于 1917 年在青岛设立日本行政总署，在张店、济南等地设立行政分署。1918 年 2 月 6

日，日本军参谋次长田中义一会见中国驻日公使章宗祥。他恐吓说，德国阴谋从西伯利亚侵入东方，而且在新疆甘肃鼓动回教徒闹事，这对中日两国的国防都是严重的威胁。他建议两国在国际方面采取共同的行动。此后日本驻华使馆也一再就此问题向中国政府探询。① 22 日，中国外交部答复："华境内事，中国自行处理，华境外事，宜可与日本共同处理。"② 但驻日公使章宗祥主张采取日本提出的处理俄事不宜分别华境内外事。③ 这一建议为此后的交涉及签订有损中国权益的协约埋下祸根。这也正是五四运动中章宗祥被攻击的原因。

在交涉过程中，中方提出：从速和平解决山东问题和东三省的悬案；中俄接壤，非必要时万不可用兵，第一步只能作实行准备；若订协议需要有效期限。日本方面虽然表示对中国没野心，但完全无视中国解决东三省悬案的要求。至于山东问题，日方愿磋商，后来在谈判济顺、高徐铁路时双方进行了有关换文。

1918 年 3 月 25 日，中日双方就共同防敌问题进行了换文，5 月 16 日签订中日《陆军共同防敌军事协定》，19 日签订中日《海军共同防敌军事协定》。

这两个协定的主要内容是：鉴于敌国势力蔓延于俄国境内，危及远东，中日两国陆海军采取共同防敌的行动；在军事行动区域内，中国地方官吏对于日本军队应尽力协助；为共同防敌在中国境内的日本军队俟战争终了时由中国境内一律撤退；在军事行动区内，设置谍报机关，互相交换地图和情报；陆海运输通讯要彼此共谋利便。其中《陆军共同防敌军事协定》规定："为军事输送使用东清铁路之时，关于该铁路之指挥、保护、管理等，应尊重原来之条约，其输送方法临时协定之。"④ 两协定都规定："本协定及附属

---

① 《驻日本章公使致北京外交部电》，1918 年 2 月 6 日，王建朗主编：《中华民国时期外交文献汇编》第 1 卷，第 1378—1379 页。

② 《外交部致驻日章公使电》，1918 年 2 月 22 日，王建朗主编：《中华民国时期外交文献汇编》第 1 卷，第 1379 页。

③ 《驻日本章公使致北京外交部电》，1918 年 2 月 23 日，王建朗主编：《中华民国时期外交文献汇编》第 1 卷，第 1379—1380 页。

④ 《中日陆军共同防敌军事协定》，1918 年 5 月 16 日，王建朗主编：《中华民国时期外交文献汇编》第 1 卷，第 1394 页。

本协定之详细事项，中、日两国均不公布，按照军事之秘密事项办理。"①

根据协定，中日两国政府都对协定内容予以保密。但中国政府与日本谈判这一协议的消息早已传出。为阻止条约的订立，留日学生罢课归国，组织救国团。5 月 21 日，北京大学等学校的学生到总统府请愿，要求废止中日共同防敌条约。全国各地民众纷纷表示反对卖国的西原借款和中日军事协定。但直至 1919 年 2 月 28 日中国南北和议开会，北京政府的议和代表才应南方代表的要求，公开中日军事协定的具体内容。

驻美公使顾维钧和驻英公使施肇基都认识到中日军事共同防敌协定的严重危害性，特别是不利于将来在战后和会上提出收回国家权利。1918 年 5 月 27 日，顾维钧在致外交部电中指出："今中日各协约既属会防德势东侵，实与英、法、美等各国共同战德，关系至切，美尤注意。若对各该政府秘而不宣，以日本之富强，固属无庸顾念，在我贫弱，必时有孤立之危。将来我在和会须提议问题，以对日者更多，能否略收效果，全视欧美各国对我感情。各国若以我国目前甘于日联，而届时不助我主张公道，则我权利万难争回。即如日兵可进驻东三省一节，欧战终时，设不如约撤退，各国既以我自认协约为中日两国事，而不愿过问，我又无力与抗，是我不啻因加入欧战，而反大损失。东邻外交狡谲，逼我商订协约，换文时复迫我先发，一似事由我生，以杜第三国诘问。"顾维钧还提出联络美国抵制日本侵略。② 顾维钧的顾虑，在巴黎和会上果然得到印证，中日军事共同防敌协定成为中国废除不平等条约特权和收回国权的重要障碍之一。顾维钧的建议在巴黎和会上也得到采用，即联美制日。同日，施肇基也致电外交部，建议将中日军事协定告知各驻外公使，以免以讹传讹，妨碍大局。③

北京政府外交部采纳顾维钧、施肇基等人的意见，于 1918 年 5 月 29 日致电美、英、法、意等驻京公使，告知中日军事共同防敌协定的主要内

---

① 《中日海军共同防敌军事协定》，1918 年 5 月 19 日，王建朗主编：《中华民国时期外交文献汇编》第 1 卷，第 1395 页。

② 《收顾维钧电》，1918 年 5 月 27 日，王建朗主编：《中华民国时期外交文献汇编》第 1 卷，第 1398—1399 页。

③ 《驻英公使施肇基为了解中日军事协定事致北京外交部电》，1918 年 5 月 27 日，台北"中研院"近代史研究所编印：《中俄关系史料·出兵西伯利亚（1917—1919）》，1962 年，第 175 页。

容。8月2日，日本政府发表出兵西伯利亚宣言。8月24日，北京政府发表出兵海参崴宣言。随后，日本进军满洲，侵华本质昭然若揭。但北京政府仍然对日本将来撤兵抱有希望，外交次长陈篆会见美国驻京代办马克谟，加以解释。

中日军事共同防敌协定虽然是中日两国协商签订，但实际上也是不平等条约。因为日本是乘第一次世界大战之机，以防敌为名，引诱中国签订。随着1918年11月11日德国与协约国订立停战协定，中日与德奥之间的战争状态实际上已经结束，中日军事协定应该随之取消。但日本为达到其侵占中国权益的目的，主张延期。1919年2月5日，中日两国军事当局商定：战争状态终了是指中日两国批准欧洲战争和平会议所订结之和平条约，中日两国陆军由俄境及驻在同地方协约各国陆军撤退之时而言。经中国代表团在巴黎和会和华盛顿会议争取和交涉，1921年1月27日，中日取消军事协定；1月28日，中日取消军事协定换文。

四、 日本与列强缔结侵害中国利益的密约

欧战期间，日本利用欧洲列强无暇东顾，在中国肆无忌惮地扩大权益，打破了晚清以来形成的列强在华均势，引起其他列强的疑忌和不满。日本以最后通牒迫使北京政府签订了中日"民四条约"，为得到其他列强的承认，确保其取得在华特殊地位，利用当时有利于日本的国际环境，与其他列强缔结了侵害中国利益的密约或协定，这成为日后中国要求废除中日不平等条约的重要障碍。

日本与俄国一直在中国展开激烈的竞争，同时又秘密签订侵犯中国主权和利益的协定。1916年7月3日，由沙俄外务大臣沙佐诺夫与日本驻俄公使本野二郎在俄国首都圣彼得堡签署了第三次《日俄协定》和第四次《日俄密约》。主要内容是："两国将互不加入对抗缔约国之任何措置或政治联合；两国将协商办法，相互协助或合作，以保卫彼此在远东之领土权利或特殊利益；两国承认双方重要利益须要中国不落在任何第三国之政治势力之下；缔约国之一与第三国宣战，另一缔约国一经请求，即须援助，非得彼此同意，

不得单独讲和；两国相当人员另行制定军事协助之条件及方法，密约以 5 年为期，相互严守秘密等。"① 此次协定和密约系军事同盟性质，沙俄承认日本国"二十一条"交涉而在中国获取的地位，日本承认俄国在中国的领土权利和特殊权益；两国约定反对第三国在政治上控制中国，并以德国和美国为假想敌国。②

日本为牵制中国，积极开展外交攻势。1917 年 1 月，德国宣布无限制使用潜艇后，日本秘密与英、法、俄、意四国交涉，以日本承认中国参战为条件，换取四国承诺战后由日本继承德国在山东省的各种权益。日本与英法达成关于承认日非法攫取山东利权的"秘密谅解"。1917 年 2 月 16 日，英国驻日大使葛林致日本外务大臣本野照会表示："英国帝国政府欣然允许日本政府之请求，保证将来在媾和会议中，援助日本要求割让德国在山东及在赤道以北各岛屿之领土权利，并经谅解，日本政府亦以同样精神，援助英国要求在赤道以南之德国岛屿。"③ 3 月 1 日，法国大使复日本外务大臣，表示："同意援助日本帝国政府割让德国战前在山东及各该岛屿之领土权。"④ 英法等国背着中国对于日本攫取中国山东权益的秘密谅解，在法理上对中国毫无约束力，却为中国代表团在巴黎和会遭受外交失败埋下了祸根。

日本对华提出"二十一条"交涉后，美日关系进一步恶化。为获得美国的谅解，8 月 23 日，日本特使、前外相石井菊次郎赴美，称日本对于中国毫无侵略野心。自 9 月 6 日起，石井与美国国务卿兰辛开始谈判，至 11 月 2 日结束，双方会谈 12 次。日本的重点是争取美国承认日本在南满的特殊利益和在东亚的领导权，即所谓"日本门罗主义"；美国的重点则在于要日本信守门户开放的原则，尊重中国领土完整，不再提起加州日侨问题，两国海军合作，根绝日德和解和美日战争的可能。⑤ 11 月 2 日，日美两国经反复磋商，签订《兰辛—石井协定》，两国政府承认领土相接近国家之间发生特殊

① 王芸生编著：《六十年来中国与日本》第 7 卷，生活·读书·新知三联书店，1981 年，第 32—34 页。
② 石源华：《中华民国外交史》，第 118 页。
③ 王芸生编著：《六十年来中国与日本》第 7 卷，第 71—72 页。
④ 王芸生编著：《六十年来中国与日本》第 7 卷，第 73—74 页。
⑤ 王纲领：《欧战时期的美国对华政策》，台湾学生书局，1988 年，第 112 页。

之关系，美国政府承认日本在中国有特殊之利益。[①] 11 月 6 日和 8 日，日、美分别照会中国政府，并附《兰辛—石井协定》。11 月 9 日，北京政府分别复照日美两国，声明："中国政府对于各友邦皆取公平平等之主义，故于各友邦基于条约所得之利益无不一律尊重。即因领土接壤发生国家间特殊关系，亦专以中国条约所以规定者为限。并再声明，嗣后中国政府仍保持向来之主义，中国政府不因他国文书互认，有所拘束。"[②] 日本针对中国的种种外交策略和外交活动，攫取了新的在华条约特权，为阻止中国战后废除不平等条约和收回条约权益埋下伏笔。

第二节　参战与北京政府预筹修约

世界大战爆发后，中国于 1914 年 8 月 6 日宣布中立。由于各自利益所及，后来英、法、俄、美、日分别建议中国参战，或阻止中国参战。中国政府内部，则就是否参战争执不下。中国参战成为重要的内政外交问题。中国经多方博弈和权衡，最终加入协约国参战。同时，随着国家主权意识的增强，中国将参战作为提升国际地位的重要机会，很多人主张中国乘此收回国权，修改或废除相关不平等条约。自此，中国在对德奥宣战和提出参战要求时，都特别注意提出取消不平等条约或修正不平等条款。

日本最初尽力阻止中国参战，以防止中国收回德国在山东的权益。1915 年 11 月，英、法、俄三国曾分别同中国与日本商议中国参战一事，但因遭到日本的断然反对而放弃。1916 年 12 月 19 日，美国总统威尔逊提议和平解决欧洲大战问题。中国政府收到美国建议后表示愿意同美国合作。由于德国采取无限制潜水艇袭击政策，美国驻华公使芮恩施反复劝说中国与德国断交，他特别指出，中国若参战，就可以参加战后的和会，"可使中国忘掉无

---

①　石源华：《中华民国外交史》，第 122 页。
②　王芸生编著：《六十年来中国与日本》第 7 卷，第 107 页。

穷尽的竞争，在将来和会得一发言权"。① 美国的承诺给中国很大的吸引力。2 月 9 日，北京政府外交部照会德国驻华公使，就德国潜艇封锁公海一事提出抗议。同日，外交部复照美国驻华公使，表示愿与美国政府毅然附合，取一致行动。

随着主权意识和修约意识的增强，中国内部参战的意愿越来越强烈。1917 年 2 月 14 日，北京政府国务院和外交部致电驻日公使章宗祥，表达了中国的参战意愿，提出"允我酌加关税，及将庚子赔款缓解或延长年期"的条件。2 月 28 日，陆征祥与协约各国驻华公使商谈中国参战条件。3 月初，北京政府制订了加入协约国条件节略：逐步提高中国关税至切实值百抽七点五，裁厘后加至值百抽一二点五；永远撤销德奥方面庚子赔款，暂缓十年偿付协约国方面赔款，不另加利息；废止《辛丑条约》及附属文件中有碍中国防范德人行动的有关军事部分的条款。这是中国政府首次公开提出修约要求。为了促成中国对德宣战，日、英、法三国部分同意中国所提条件。②

北京政府此时的参战主张遭到南方革命政府的反对，但仍加快了参战步伐。3 月 10 日、11 日，北京参众两院先后通过对德绝交案。3 月 14 日，总统黎元洪发布布告，宣布与德国断绝外交关系。

以顾维钧为代表的一些人虽不反对参战，最初却因担心丧失国家权益而反对加入协约国。4 月 12 日，顾维钧致电北京政府，力陈加入协约国有四害，主要是担心被日本、英国和法国所利用，他最后主张"不以德战则已，战必以助美为宜"，并分析了联美的四大有利之处，说明可借美国之力抵制日本之野心，将于战后在国际上大有作为。③ 显然，顾维钧等人所考虑的，是将来收回条约权益问题。

中国参战，对中国日后逐步废除不平等条约和收回国权是一次很好的机会，但中国始终顾忌日本的态度。而日本以其本国利益为考量，担心中

---

① 王纲领：《欧战时期的美国对华政策》，第 101 页。

② 王芸生编著：《六十年来中国与日本》第 7 卷，第 82—83 页。

③ 《顾维钧电》，1917 年 4 月 12 日，王建朗主编：《中华民国时期外交文献汇编》第 1 卷，第 1307 页。

国参战影响日本在华利益，特别担心日本在山东利益受损，因此对中国参战态度反复。

早在1916年上半年，日俄两国曾在东京和彼得格勒举行谈判，7月3日，日俄达成新的协定和密约，重申两国过去的协议内容，再次确认日本在华地位。

英国是日本的盟国，因此曾支持日本阻止中国参战。1917年1月9日，英国外交部请求日本提供海军援助。日本提出的交换条件是，在未来的和会上，当处理德国在山东的权益时，英国保证支持日本的要求和支持日本对赤道以北德属岛屿的占领。1917年2月14日，英国以备忘录形式向日本表示接受其要求。17日，英国又向法国、俄国和意大利通告了英国对日本作出的保证。

日本认为支持中国参战还可能得到从军事、外交上控制中国政府的机会，并削弱美国对中国的影响。在得到众多列强对其占有山东的支持之后，日本从1917年2月起就积极鼓动中国参战。

中国人民在战争中生命财产受到损害，加速了中国参战的决心和步伐。1917年3月初，一艘法国邮船被德国潜艇击沉，乘客中有中国劳工五百多人。3月3日，北京政府内阁召开会议，决定同德国断交，并决定把此决议和中国希望的具体条件秘密通知日本政府，随后民国政府也把这些要求通知协约国驻北京公使。8月2日，国务会议决定对德奥宣战。14日，北京政府发表对德奥宣战布告。9月22日，广州国会非常会议决议承认对德宣战。9月26日，广州军政府发表对德宣战布告。

在协约国方面，自中国发表对德奥宣战布告后，8月14日，日、美、意、英、荷等国驻京公使就中国政府对德奥宣战的复照声明："所有贵国与德奥两国订立之条约，无论关于何种事项者，均一律废止，至一九零一年九月七日所订之条款，及其他同类之国际协议，有涉及中国与德奥两国之关系者，并从废止。"[①] 协约各国于又9月8日照会中国外交部，表示愿意缓付庚子赔款五年，承诺允许中国增加关税至切实值百抽五，允许中国军队为行使

---

① 《外交部致和使照会》，1917年8月14日，《政府公报》第571号，1917年8月18日。

对德奥人民的监视进驻天津、大沽间的中立区域。

中国宣布参战后，日本鼓动协约国以各种理由指责中国参战不力。在日本策动下，1917 年 10 月 30 日，协约各国驻华公使向北京政府外交部提出说帖十二条，对于中国参战不力提出了警告，威胁将影响"中国将来加入和平会议"的利益。日本这一喧嚣，在于阻止中国收回相关权益。事实上，中国虽然没有参加欧洲的战争行动，但给协约国运去大批粮食，向法国派了一个军事调查团。而且在宣布参战之前，中国就已经向欧洲和中东派遣劳工，先后派出约 17 万人，做出了巨大牺牲。

中国参加第一次世界大战，开启了中国人民废除不平等条约斗争的时代闸门。1917 年 8 月 14 日，中国宣布与德奥处于战争状态，同时声明废除1861 年中德《通商条约》、1880 年中德《续修条约善后章程》、1869 年中奥《通商条约》，以及《辛丑条约》和其他国际协约中有关德奥的内容。对于德奥在华侨民，又于 8 月 17 日颁布了一套管理敌对国国民民刑案件的临时章程。[①] 中国的这些声明和决定，初步打开了外国在华权利的缺口，对中国以后进行单方面废除其他列强的特权起了先例作用。[②]

第三节　与无约国订约新政及平等订约观念的萌芽

北京政府与无约国平等订约，坚持不再签订不平等条约，不再给予外国不平等条约特权，是对中外不平等条约体系的一大冲击。虽然中波（兰）、中希于 1929 年才签订条约，中捷于 1930 年才签订条约，但在北京政府时期已做了反复的谈判与交涉，为南京国民政府谈判签约奠定了基础。

早在清末，希腊驻法国公使即向中国驻法公使孙宝琦表示愿与中国订约。1913 年底，希腊驻奥地利公使向中国驻奥地利公使沈瑞麟请求订约通使。外交部于 1914 年 1 月 19 日回复沈瑞麟，先是简单梳理清政府与各国签

---

① 李育民：《中国废约史》，第 301 页。
② Wesley R. Fishel, *The End of Extraterritoriality in China*, Berkeley & Los Angeles: University of California Press, 1952, p. 35.

订不平等条约的历程，指出清廷因未了解西方各国通例，与各国订立通商条约，"动辄以最惠国相待之条载入约内，致令各项办法，轶出通商范围之外，流弊滋多，至今为梗"。接着说明中国今后与各国订约的前提是不能妨碍中国主权。[①]

民国初年，中华民国政府为争取各国承认，表示遵守中外原有条约，但实际上已开始积极谋划与新订约各国签订平等条约。1918 年 10 月 10 日，徐世昌就任北京政府总统致驻京各国公使答辞，礼仪性地表示："本大总统自必恪守前规，竭力维护，俾旧有之邦交日益巩固，且对丁协商各国，仍当继续尽力协助，冀获完全之胜利，俾永久和平早日成立。至我国全国统一，原属本国第一要义，亦全国民生之所依倚，本大总统必当力求治理，以付各友邻期望之美意。"[②] 但他没有像之前历届总统一样表示恪守"所有前清政府及中华民国临时政府与各外国政府所订条约、协约、公约"。

1919 年 4 月 27 日，北京政府颁布大总统令，宣布对于无约国的新政策，与无约国均须缔结对等条约，不予协定税则及领事裁判权。该令称："此后所有无约各国愿与中国彼此订约者，当然以平等为原则，其脱离母国而另建立新邦者，亦当然不能承认其祖国昔时条约上各种权利。各该国人民现多侨居中国境内，所有课税诉讼等事，悉应遵守中国法令办理。倘第三国有要求代为保护利益之事，应即根据成案，一律拒绝。"[③] 此后，与无约国签定条约，基本上都建立在平等互惠的基础上，也不再批准旧税率和领事裁判权。[④]

为维护中国的主权，纠正侨居境内的无约国人民混同有约国人民享有在华特权的混乱现象，北京政府于 1919 年 5 月 23 日颁布了《审理无约国人民刑事诉讼章程》，规定无约国人民刑事诉讼由中国地方法庭审理，无约国犯人由中国新监执行管收及监禁，适用中国法律等。6 月 13 日，又颁布《侨居境内无约国人民课税章程》，规定无约国人民运货进口及入内地销售，应遵

---

① 《复驻奥沈公使函》，1914 年 1 月 19 日，台北"中研院"近代史研究所档案馆藏北洋政府外交部档案，馆藏号：03—23—020—01—002。

② 《大总统答词》，1918 年 10 月 10 日，《政府公报》第 973 号，1918 年 10 月 12 日。

③ 《大总统令》，《政府公报》第 1160 号，1919 年 4 月 28 日。

④ Zhang Yongjin, *China in the International System*，*1918-1920*，Macmillan Academic and Professional Ltd，1991，p. 140.

照《中国国定关税条例》完纳海关课税及内地一切税厘杂捐等。6 月 22 日，颁布《管理无约国人民章程》，对于无约国人民的入境护照、入境条件、违禁物品检查、租赁房屋、内地游历、租赁产业、发行报刊、政治结社等作了详尽规定。

北京政府颁布和实施这些法规，遭到有约各国的反对，特别是反对中国国定税则适用于其人民从无约国或前有约国运来的进口货。北京外交团认为，按照最惠国条文，有约各国有权要求中国对其人民的进口货，只能征收条约上特殊规定的税率，不管该货来自何国；所以中国国定税则只能适用于原在无约国国内制造及由无约国人民从该国运来的货物。对此，北京政府外交部驳称："如依贵外交团所拟办理，则有约国由协定关税则所得之特权，将全部施及无约国，是恐与条约原意相反；而中国政府颁行之国定税则，将更无意义之可言。"[1]

1919 年 9 月，上海海关接到北京政府训令："凡无约国及与吾国断绝一切条约关系诸国进口之各货，不得适用其他各国在沪协定修订之新税则"，并强调这是实行"最后收回厘订国定税则全权之初步"。[2]

另一方面，北京政府的这一措施促使一些与中国有通商贸易关系的无约国急切希望与中国订立商约。在 1919—1920 年间，先后有捷克、希腊、暹罗、智利、波兰、立陶宛等国与北京政府进行缔约谈判，但由于他们都要求片面的最惠国待遇和领事裁判权，遭到北京政府的拒绝。北京政府反复声明，中国正从事新式法院的建立，并在巴黎和会上要求废除领事裁判权；对于此类请求即便是予以考量，也将成为极大的矛盾。[3] 在中国和无约国都有需求的情况下，北京政府外交部与相关无约国谈判签订条约，基本上都遵循了中国不再给予外国不平等条约特权的原则，这也是北京政府平等条约观念产生和发展的重要体现。

---

① ［美］波赖著，曹明道译：《最近中国外交关系》，正中书局，1935 年，第 74 页。
② ［美］波赖著，曹明道译：《最近中国外交关系》，第 75 页。
③ ［美］波赖著，曹明道译：《最近中国外交关系》，第 74—75 页。

第四节　中德、中奥旧约的废止

中国通过参加第一次世界大战，逐步废止中德、中奥在华不平等条款，直至废止中德、中奥不平等条约。

北京政府首先提出废止德、奥在华条约特权。1917 年 3 月 8 日，北京政府国务院、外交部致电驻日公使章宗祥，声明中国提出三项希望条件：第一，庚子赔款，"德奥方面永远撤销"，协约方面之赔款，"十年内展缓偿还"，不另加利息。第二，中国政府希望"承认中国即时将进关税额增加五成，并由中国政府陆续改正关税价表，改正后即按实价值百抽七五征收"。第三，"天津周围二十里内中国军队不能驻扎，又使馆与沿铁路各军队等类，希望解除"。① 中国则担负对协约国提供原料和劳工的责任。中国的要求最终得到七个协约国的赞同。

随着中国对德、奥绝交和宣战，废止中德、中奥旧约的步伐不断加快。

首先是宣布对德绝交，取消德奥在华条约特权。1917 年 3 月 11 日，中国政府收到德国对中方 2 月 9 日抗议的复照，德国态度强硬，拒不取消其潜艇无限止袭击的战略。3 月 10 日、11 日，众议院和参议院先后通过了与德国断交的议案。外交部于 3 月 14 日照会德国公使，宣布与德国断绝外交关系。

北京政府对德绝交后，对于德国在华权益，采取了分别处理条约特权和合法权利的方针。北京政府首先取消了德国在华驻兵权，命令各地方机关将所有德国在华驻军一律解除武装，或拘留，或准予离境，准备收回汉口、天津德租界，改设特别区，没收在上海、厦门、广州港停泊的德国船舶多艘，禁止挂德国旗帜的船只通航于中国内河。1917 年 3 月 16 日至 20 日，直隶、湖北两省筹备接收德国租界。② 中国同意由荷兰驻华使节受理有关德人的各种案件："现在中德断绝邦交，所有因中德条约发生之领事裁判权，按照国

① 王芸生编著：《六十年来中国与日本》第 7 卷，第 88—89 页。
② 《直隶特派交涉员致外交部电》，1917 年 3 月 16 日；《湖北督军致外交部电》，1917 年 3 月 18 日；《内务部致外交部咨》，1917 年 3 月 20 日，北京政府外交部编印：《外交文牍·参战案》，1921 年，第 47—50 页。

际公法原则，不能委托他国代为行使。本国政府兹为优待旅华德侨起见，除关于本国刑律所载一部分之刑事犯罪，应由中国法庭审理外，所有德人民刑诉讼事件，向由德国驻华领事审理者，即由驻中国贵国领事审理。"① 3 月 28 日，内务部公布《管理津、汉德国租界暂行章程》，改设特别区。正式宣战后，内务部公布《处置敌国人民条规》十条及《处置敌国人民条规施行办法》十二条。外交部公布《审理敌国人民民刑诉讼暂行章程》五条。② 北京政府又通令各省，注意绝交与宣战的区别，要求对于所有德国侨民予以相当保护，并颁布《保护德国商人教士的章程》及附则。

中国对德绝交后，对德宣战问题因中国与协约国所谈条件难以一致，一直没有对德宣战。北京政府与协约各国政府间关于中国参战条件的谈判进展不顺利，引起中国朝野的不满。3 月 14 日，北京政府外交总长伍廷芳宣布对德绝交，并将《加入协约国条件节略》提交协约各国驻华公使馆，提出三项建议，表示愿意担负供给原料与劳工两项责任。但协约各国对中国提出的要求不予承诺，谈判暂告失败。③

1917 年 8 月 2 日，国务会议决定对德奥宣战。14 日，北京政府发表宣战布告，声明："所有以前我国与德奥两国订立条约之合同、协约及其他国际条款、国际协议，属于中德、中奥间之关系者，悉依据国际公法及惯例，一律废止。我中华民国政府仍遵守海牙和平会议条约及其他国际协议关于战时文明行动之条款，罔敢逾越。"④ 在北京政府对德、奥宣战的同时，1861 年中德《通商条约》、1880 年中德《续修条约善后章程》、1869 年中奥《通商条约》、1901 年《辛丑条约》及其他同类国际协约中涉及中德、中奥关系的部分随即被废止。同日，大总统令各官署查照现行国际公法惯例，办理对德奥战后一切事宜。

1917 年 8 月 14 日，北京政府颁布《审理敌国人民民刑诉讼暂行章程》，

---

① 《外交部致和贝使节略：函达审理德人刑事诉讼暂行章程由　附审理德人刑事诉讼暂行章程》，1917 年 3 月 31 日，北京政府外交部编印：《外交文牍·参战案》，第 53—54 页。

② [美] 波赖著，曹明道译：《最近中国外交关系》，第 16—20 页。

③ [美] 波赖著，曹明道译：《最近中国外交关系》，第 21—23 页。

④ 《内务部编"德奥俘虏管理纪要——收容俘虏的原委及时期"（节选）》，1919 年，王建朗主编：《中华民国时期外交文献汇编》第 1 卷，第 1377 页。

明确规定："敌国人民之民刑诉讼，在战争期内均由中国法院审判之"，对于绝交以来由荷兰领事公堂受理的涉及德国人民各案件，应由中国法院行使其完全法权，由此完全废除了德奥两国享有的领事裁判权。① 8 月 18 日和 9 月 5 日，荷兰驻华公使两次照会北京政府外交部，抗议颁布《审理敌国人民民刑诉讼暂行章程》。8 月 22 日和 9 月 15 日，北京政府外交部分别复照，声明："因中德及中奥条约之废止，所有驻华德奥领事审理侨华德奥人民之权，完全收归中国法院。则各国人民，对于侨华德奥人民，向来须赴驻华德奥各领署控诉事件，其应赴该管中国法院控诉，自属理论上当然之结果"，中国的管理规定并无违反各国条约之意等。②

租界与领事裁判权息息相关，收回租界是废止领事裁判权的重要内容之一。1917 年 8 月 14 日，北京政府命令地方当局，扣留驻在北京使馆区的奥匈兵员及在中国港内的所有奥匈船只，没收在北戴河的德国营房及大沽口的奥国营房，接收了天津奥租界，改设特别区。同时，又颁布《天津、汉口特别区行政管理局简章》，对德绝交后，在原德租界设置的特别区一度直接归外交部暂辖，将其纳入地方行政管理系统。③

1917 年 8 月 17 日，北京政府又颁布了《处置敌国人民条规》及《实施办法》《应注意办理事件》等法规。同日，北京陆军部也以通电形式颁布了《保护敌国人民出境办法》《临时检查办法》《俘虏收容所规则》《解除奥国军人武装办法》《处置敌国武器办法》《处置敌国兵营办法》等条规，对于有关处置办法作了具体规定。

荷兰于 1917 年 8 月 18 日对中国处理德华银行问题提出"严重抗议"。28 日，北京政府外交部答称："德华银行是否纯属私家财产性姑不具论，惟银行一业于市面金融至有关系，与他项营业不同。此次我国与德奥两国立于战争地位，所有敌国银行自应停止其营业，由政府派员接收保管"；"今中

---

① 《外交总长致驻京和贝使照会·附件 大总统令》，1917 年 8 月 14 日，北京政府外交部编印：《外交文牍·参战案》，第 62—63 页。

② 《外交总长致驻京和贝使照会》，1917 年 9 月 15 日，北京政府外交部编印：《外交文牍·参战案》，第 73—74 页。

③ 《内务总长上大总统呈》，1917 年 8 月 14 日，北京政府外交部编印：《外交文牍·参战案》，第 61 页。

国如此办法，实与各国先例相符，按诸海牙条约，亦无违背之处"，声明不能承认"来照抗议各节"。① 10 月 3 日，荷兰又对中国处理中德债务问题提出抗议。24 日，北京政府外交部复照声明："中德自宣战后，所有以前与敌国所订各项合同条约，已均归无效。""其按期应付敌国银行之各项借款息金，本国政府当然一概停付。"②

北京政府对德、奥宣战后，又就参战条件与协约国展开谈判。9 月 7 日，英、法、日、意、葡、俄、比诸国共同照会北京政府，同意缓付庚子赔款五年，但俄国只愿放弃其经常部分的三分之一；答应中国增加关税至切实值百抽五，允许中国军队为行使对德奥人民的监视"得进天津、大沽间的中立区域"等。③ 同时要求北京政府公布对无约国的一般税则，禁止中国人民与敌国通商，拘留协约国使馆指定的外国敌人，"籍没并完全清算德奥匈商店"，"改组前德奥匈租界为公共租界"，中国尽量与协约国实行正式的"完全合作"等。④ 1917 年 12 月 25 日，财政部、农商部及税务处拟具《国定关税条例》，拟收回德、奥协定关税权。⑤

北京政府利用参战机会，逐步收回德、奥在华特权，是中国在巴黎和会中取得的一个重要成果。废止中德、中奥旧约，是不平等条约关系发生动摇的先声，是中国废除不平等条约非常重要的一环，极大地鼓舞了中国人民废除不平等条约的信心。

① 《外交总长致驻京和贝使照会》，1917 年 8 月 18 日，北京政府外交部编印：《外交文牍·参战案》，第 71 页。
② 《外交总长致驻京和贝使照会》，1917 年 10 月 24 日，北京政府外交部编印：《外交文牍·参战案》，第 75—76 页。
③ ［美］波赖著，曹明道译：《最近中国外交关系》，第 32 页。
④ ［美］波赖著，曹明道译：《最近中国外交关系》，第 32 页。
⑤ 贾士毅：《关税与国权》，商务印书馆，1927 年，第 47 页。

第三章　北京政府废除不平等条约的努力

辛亥革命后，因国内外形势的需要，革命军政府、南京临时政府、中华民国政府都宣布遵守已有条约，继承前清条约遗产，维护外人在华权益。但随着政权的稳定，随着国家主权意识的不断增强，也由于中国外交家的职业水平和职业道德不断提高，中国废除不平等条约的呼声越来越高，从而开启了修废不平等条约的大幕。中外不平等条约的动摇与转折，与民国时期兴起的举国废约运动密不可分。这是主客观、国内外多重因素交互作用的结果，举国废约要求的高涨凝聚起强大的后盾力量，革命势力的迅猛发展及其激烈的废约言行是刺激因素，相对有利的国际环境提供了外在机遇，历届政府本身的需要和努力为废约运动提供了内在可行性。[①] 在有利于修约、废约的国内外环境下，北京政府积极谋求中外平等条约关系，逐步形成修约、废约的外交方针，通过修废不平等条约和条款，达到渐次收回国权的目的。

---

① 李斌、陈光明：《北洋政府修约外交背景论析》，《益阳师专学报》2002 年第 2 期。

第一节 国内外形势的变化与修约时机的成熟

随着国家主权意识的不断增强和对提高国家国际地位的向往，中国政府及国人废除不平等条约的决心倍增。第一次世界大战后，国内外形势总体上对中国修废不平等条约有利。中国人民对巴黎和会的失望，更激起了要求废除不平等条约的民族主义情感。而国际法的新发展、苏俄对华宣言的传播，都让国民看到了中国废约的曙光。

一、 民族主义情感激发了中国人民修正和废除不平等条约的信心

19 世纪末 20 世纪初，伴随着西方社会契约论的传入，"国民"一词逐渐流行中国，尤其在中日甲午战争后，帝国主义掀起了瓜分中国的狂潮，以康有为、梁启超为首发起的戊戌维新运动，大大提升了中国国民的主权意识和国家观念。20 世纪初期，整个社会思潮由少数大地主阶级的"师夷自强"、资产阶级改良派的"革新图治"，发展到全社会的"救亡图存"，人们的参政议政意识急剧增强。这种参政议政意识在当时主要体现于民众舆论的兴起和爱国运动的发展。民众舆论开始积极关注政治外交、关注废除不平等条约，处处充溢着浓厚的对外色彩。对在中国影响深远、危害极烈的不平等条约的揭露和批判自此涌现。在清末收回利权运动、抵制美货运动中，各种拒约、抵制和要求废除不平等条约的团体如雨后春笋般出现，废约呼声随之提升。带有浓郁民族主义气息的社会舆论到北京政府时期更是猛不可挡。北京政府时期，各种刊物所载揭露不平等条约危害、阐明收复国权的必要性和急迫性、指出收复途径之文，比比皆是。尤其在一战期间，日本趁西方列强暂时无暇顾及中国之机，胁迫中国签订丧权辱国的"二十一条"，"把中国的民族意识激发到了一个新的高潮"。① 修废不平等条约成为不可逆转的时代要求。这既为北京政府以后的修约外交凝聚起强大的民众后援推动力量，同时又对

---

① ［美］费正清著，张理京译：《美国与中国》，商务印书馆，1987 年，第 159 页。

北京政府的修约外交起到或促进、或支持、或监督的作用。

二、 中国参加第一次世界大战，为提出修改、废除有关不平等条约的要求提供了契机

要收回国家有关权益，就必须要寻找提高国家国际地位的机会。第一次世界大战爆发后，中国因是否参战的问题，引起了总统黎元洪和国务总理段祺瑞的激烈斗争，即"府院之争"。

一批知识分子和政府官员从收回国家权益的角度主张参战。驻美大使顾维钧等人通过对局势的反复分析后，主张参战，因为"为使山东问题获得解决，为在战争结束时提高中国的国际地位，中国必须参加协约国"，极力主张站在美国一边。[①] 陈独秀也主张将参战作为提高国家地位的重要手段，他于 1917 年 4 月 1 日撰文呼吁各方抛弃恩怨私仇，共同寻求国家出路的突破口。[②] 5 月 1 日，上海政商军学各界通电请政府从速对德宣战，因为"解决外交，贵在神速，当断不断，必受其殃"，不加入则"坐失千载一时之良机"。[③] 显然，主张参战的人士将提高国际地位和废除不平等条约作为中国参战的重要目的。

在协约国和美国保证"尽力赞助中国在国际上享得大国当有之地位及其优待"的承诺下，中国经过内部的多次反复争论，于 1917 年 8 月 2 日对德奥宣战。8 月 14 日，北京政府发布《大总统布告》，正式宣布对德、奥宣战。当时的国会议员刘彦指出："宣战布告及照会中，仅仅以废止一切条约为言者，盖解除不平等之条约义务，为我国对德宣战中之重要目的，且欲灭日本占领山东之根据也。"[④] 中国参战打开了废约之门，向世界发出废除不平等条约的第一声，也是中国开始追求"大国地位"的重要体现。虽然协约国的条

①　中国社会科学院近代史研究所译：《顾维钧回忆录》第 1 分册，中华书局，1983 年，第 152 页。

②　陈独秀：《俄罗斯革命与我国民之觉悟》，《陈独秀文章选编》上册，生活·读书·新知三联书店，1984 年，第 198 页；《新青年》第 3 卷第 2 号，1917 年 4 月 1 日。

③　中国社会科学院近代史研究所、中国第二历史档案馆史料编辑部编：《五四爱国运动档案资料》，中国社会科学出版社，1980 年，第 121 页。

④　刘彦：《中国近时外交史》，《民国丛书》第一编 27 册，上海书店据商务印书馆 1921 年版影印，1989 年，第 627 页。

件远远没满足中国的要求，但这无疑是清末以来第一次正式提出修订、宣布废止不平等条约，助长了中国人民对战后修约、废约的期望。

为了在战后提高国际地位，为修改不平等条约做好准备，北京政府外交部和驻外公使积极谋划相关事宜。驻美公使顾维钧尤其注重发挥参战在收回国家权益方面的重要作用。他组织成立了一个专门小组进行研究。顾维钧认为："现在正是时机，中国应该在即将召开的和会上向各国鸣此不平，以争回某些失去的权利。中国所不满的不仅仅是欧洲列强帝国主义政策，而且还有十九世纪后使中国蒙受苦难的日本侵略。日本侵略的最近事例便是日本对华提出的臭名昭著的二十一条要求，以及于提出最后通牒后强迫中国缔结的中日条约。"他列出诸如此类的各种问题，指定小组开展研究，并连续发出由小组和他在公使馆内研究写出的报告书，力劝政府尽早对此加以考虑。① 顾维钧小组对中国代表团参加巴黎和会做了极有价值的前期准备工作。段祺瑞内阁采纳了顾维钧的建议，外交委员会以他所寄发的各份报告作为基础，研究中国准备向和会提出的各种问题。其他驻外公使也有同样主张，如驻法公使颜惠庆提出，中国必须坚持保证维护中国领土完整、签订和平条约，中国在和会上与其他国家有同等的权利。②

中国人民参战的初衷是希望提高国家地位，尽可能地废除不平等条约，但是，由于日本的干涉，反而引发了系列内争，导致政局动荡，严重影响了中国的国际形象，使得参战并没有达到多数国人最初的美好愿望。陈独秀在1924 年 8 月 13 日所撰《欧战十周年纪念之感想》中遗憾地写道："因参战而起政潮，解散国会，复辟，南北分裂，督军割据。"③ 澳大利亚的骆惠敏在致梁士诒信函中也指责中国没有完全利用参战机会："世界上没有哪个国家曾在这次欧洲战争中，得到比中国更大的机会提高自己的国际地位。然而，瞧瞧这四年战争期间，中国在物质和精神方面已经低落到什么地步。"④ 混乱的

---

① 上海市档案馆译：《颜惠庆日记》第 1 卷，中国档案出版社，1996 年，第 518 页。

② 上海市档案馆译：《颜惠庆日记》第 1 卷，1996 年，第 518 页。

③ 《陈独秀文章选编》中册，第 559 页。

④ ［澳］乔·厄·莫里循著，［澳］骆惠敏编，刘桂梁等译：《清末民初政情内幕——〈泰晤士报〉驻北京记者袁世凯政治顾问乔·厄·莫里循书信集》下卷，第 745 页。

政治形势削弱、约束了中国战后的废约努力，影响了日后废约的效果。但另一方面，废约历程的艰难更激发了中国政府及国民的废约意识和决心。

三、 国际法及国际关系理论的发展，激励了中国提出修约要求的愿望

第一次世界大战后，各国希望建立一种和平的国际关系，国际法也因此出现了新的发展，战时国际法和平时国家法都有改观，鼓舞了中国修约的信心和决心。

1917 年 11 月 7 日，俄国爆发了十月社会主义革命，新生的苏俄政府颁布了《和平法令》，宣布国家不分大小，一律平等，废除国际间不平等条约，强调民族自决和国家主权平等的原则。苏俄新政策也是国际法发展中的重要内容。有人指出："伴随着俄国的 1917 年十月革命，一个新的因素——布尔什维克的法律概念开始渗透到国际法发展的主流中。"① 苏俄新政府发布"和平法令"，提出新的外交政策，特别是发表对华宣言，宣布废除中俄原有不平等条约，成为中苏谈判修约的重要依据。在国民要求废约呼声高涨之际，苏俄向中国伸出了废除不平等条约的橄榄枝，激发了国民力争政治自由和提高国家地位的信念。国民对苏俄对华宣言的积极反应，推动了废约运动的发展。1918 年 2 月 15 日《申报》登载了苏维埃政府宣布废除不平等条约的消息，俄国政府声明："凡以前之政府所缔结之一切国际条约，限于一千九百十八年一月末以后概行作废。"②

美国总统威尔逊发表的和平十四条件，对中国鼓舞极大。1918 年 1 月，威尔逊发表和平十四条件，成为议和的基本原则和确立战后国际关系的准则。十四条件除了提出外交公开、民族自决等之外，还倡议建立国联，主张"其宗旨为各国交互保障其政治自由及土地统辖权。国无大小，一律享同等

---

① Wilhelm G. Grewe, *History of Nations World War Ⅰ to World War Ⅱ*, in R. Bemhardt ed., EPIL, vol. 2, Amsterdam, 1995, p. 847.

② 《外电》，《申报》1918 年 2 月 15 日。

之利权"。① 虽然列强并未真正按照十四条件的准则处理国际关系，但却从国际关系和国际法的角度把尊重各国的平等权、独立权的命题在世界范围内提了出来。这不仅为将国际法的主权原则推行到东方国家提供了依据，而且还鼓舞了弱小国家争取民族独立、废除不平等条约的斗争，② 对中国来说更是一次利用国际法提出修约、废约的机会。

威尔逊提出的十四条件，在中国引起了极大的反响，人们一度认为公理战胜了强权。中国外交家们视此为修约的重要依据，认为可依据威尔逊的十四项条件及此后国际会议历次宣示的原则提出修约要求。顾维钧指出："十四项原则已经不仅是欧洲使馆人员研究思考的严肃课题，而且成为亚洲、尤其是非洲被压迫民族的一线希望。"③ 中国对威尔逊十四条件反响热烈，希望列强能将它们从中国侵夺的国家权益交还给中国。

巴黎和会是国际法发展的一个契机。《国闻周报》载文指出："对于国际公法，颇有增益，其最大之贡献，为国际联盟之组织。"④ 国际联盟的成立，是弱小国家寻求维护主权的重要依据。《国际联盟盟约》序言规定："维持各国间公开、公正、荣誉之邦交。"第十条规定："联盟会员国担任尊重并保持所有联盟各会员国之领土完整及现有之政治上独立，以防御外来之侵犯。"第十九条规定："大会可随时请联盟会员国重新考虑已经不适用之条约以及长此以往将危及世界和平之国际局势。"第二十条规定："（一）联盟会员国各自承认凡彼此间所有与本盟约条文相抵触之义务或谅解均因本盟约而告废止并庄严保证此后不得订立类似协议。（二）如有联盟任何一会员国未经加入联盟以前负有与本盟约条文抵触之义务，则应采取措施以摆脱此项义务。"⑤ 这是国际法的重大发展，也是中国修约、废约斗争中重要的法理依据之一。中国外交家们反复以《国联盟约》第十九条为依据，提出修订、废止不平等条约的要求。如，根据《国联盟约》的上述规

① 《附录　美总统威尔逊和平十四条件》，中国社会科学院近代史研究所《近代史资料》编辑室主编：《秘笈录存》，中国社会科学出版社，1984 年，第 29 页。

② 李育民：《中国废约史》，第 255 页。

③ 中国社会科学院近代史研究所译：《顾维钧回忆录》第 1 分册，第 166 页。

④ ［美］哈得孙著，王赣愚译：《欧战后国际公法之演进》，《国闻周报》第 5 卷第 25 期，1928 年 7 月 1 日。

⑤ 世界知识出版社编：《国际条约集（1917—1923）》，世界知识出版社，1961 年，第 66、270、273—274 页。

定，明确提出废止中日"民四条约"，指出"该约之结缔全出于日本之侵略手段，危害中国土地完整，干犯中国之主权，实与国际联盟约法之精神相抵触，中国既经加入国际联盟即有将该约提交联盟议会，重加审核，设法取消之义务"。[①]

四、 参加巴黎和会为中国提出修订不平等条约要求提供了平台

1919 年 1 月 18 日，巴黎和会在法国凡尔赛宫正式开幕，北京政府怀着废除不平等条约、收回国权的美好愿望参加巴黎和会。巴黎和会"产生了一种令人鼓舞的中国人民的民族觉醒"，"全国各阶层的人都受到了影响"。[②] 中国人都相信巴黎和会将给予中国绝好的机会，"欲乘欧洲议和，将日本侵害中国之痛苦，诉之和会，以谋解决，并希望各国历来享受中国不正当之权利，予以取消"。[③] 尽管和会未能满足中国的要求，但是和会既为中国打开了一扇通向世界的窗口，又为中国国民参与内政外交提供了平台。参加巴黎和会是中国政府向世界提出废约要求的第一步，也是政府外交和民众意志的结合，体现了民族的觉醒。

巴黎和会的召开激发了国民对内政外交，特别是对废除不平等条约的关注，部分知识分子开始以国际视野审视中国在和会中的境遇。巴黎和会期间，各派政治家和社会各界名流纷纷围绕巴黎和会献计献策，对列强，特别是对日本的侵略行径进行了深刻的剖析和强烈的谴责，体现出对国家命运的关心。康有为给出席巴黎和会的陆征祥写了一封长函，提出中国应争取废除庚子赔款、收回胶州湾等租借地、废除"二十一条"、改订关税、收回治外法权等等。[④] 各政党都派出代表前往巴黎，其中许多代表是各政党的首脑人物，如国民党的汪精卫、张静江、李石曾及该党其他要人。[⑤] 1918 年 12 月

---

① 朱经农：《废止一九一五年中日条约及其附属文件之研究》，《东方杂志》第 18 卷第 18、19 号合刊，1921 年 10 月 20 日。

② ［美］罗·S·芮恩施著，李抱宏等译：《一个美国外交官使华记》，商务印书馆，1982 年，第 285 页。

③ 刘彦：《最近三十年中国外交史》，沈云龙主编：《近代中国史料丛刊三编》第 16 辑 154 册，台北文海出版社，1986 年，第 119 页。

④ 李新、李宗一主编：《中华民国史》第二编第二卷（1916—1920 年）上，中华书局，1987 年，第 388 页。

⑤ 中国社会科学院近代史研究所译：《顾维钧回忆录》第 1 分册，第 190 页。

28 日，梁启超亲自赴巴黎协助中国代表团。他在宪法研究会举行的饯行会上表示："欧洲和议关系于吾国利害者至巨，由国民分子的义务而言，则凡有利于吾国而为鄙人力之所能逮者，必当竭诚有所贡献。"[1] 张君劢、蒋方震、丁文江等人曾表示准备远离政治，但此时也与梁启超同行赶赴巴黎。

为研究在巴黎和会上应提之议案，北京政府 1918 年 12 月于总统府设置外交委员会。徐世昌在成立会上发表演说，称巴黎和会在国际上"将开一新纪元"，我国"不能不希望于此次和议之结果"。[2] 为收回国权，早在 1918 年夏，中国驻美使馆成立了一个专门小组，收集各种资料，"包括美英等国不时出版的各种计划草案，对之进行研究、分析，以确定中国应采取何种政策以及应支持这些计划草案中的那些部分"。[3] 北京政府与驻欧美各国代表频繁往来通电，研究加入和会的各种策略，最后确定在和会上要达到四个主要目标：收回战前德国在山东省内之一切利益，不由日本继承；取消"二十一条"之全部或一部；取消外人在华之一切特殊利益；结束德奥两战败国在华之政治及经济特权。中国在和会上没能享受战时协约国所承诺将给予的"大国地位"，中国全权代表席位只有两席，陆征祥等人从日、法傲慢的态度中预感到，中国将在会中处于不利地位，从而感叹弱国无外交。尽管如此，出席和会的中国代表陆征祥、顾维钧、施肇基、魏宸组、王正廷等人，并没放弃力争收复国权的努力，他们提出要求修约的《希望条件说帖》，即废弃势力范围、撤退外国军队巡警、裁撤外国邮局及有线无线电报机关、撤销领事裁判权、归还租借地、归还租界、实现关税自主，其中主要是要求废弃中外条约体系中的不平等因素。这是北京政府，也是自不平等条约产生以来，中国首次全面地提出修约要求。

虽然中国在和会中提出的具体要求多未能达到目的，"但中国所受之不平等待遇，已因和会之经过，而引起全球人士之注意"，[4] 以争取国权的姿态

---

① 《宪法研究会之梁公饯别会》，《晨报》1918 年 12 月 21 日。

② 《总统在外交委员会之演说》，《晨报》1918 年 12 月 20 日。

③ 中国社会科学院近代史研究所译：《顾维钧回忆录》第 1 分册，第 162 页。

④ 张忠绂：《中华民国外交史》，《民国丛书》第一编 27 册，上海书店据正中书局 1945 年版影印，1989 年，第 284 页。

跻身国际舞台，为日后收回国权及参与国际活动提供了新的平台。

由巴黎和会引发的五四爱国运动，给中国政府和中国代表极大的压力，也带来了极大的支持。经过利弊权衡，分析得失，中国代表毅然拒签对德和约。这不但打击了日本的嚣张气焰，还使日本不能合法继承德国在山东的权利，为日后收回山东主权和废除"二十一条"留下余地。同时，国民的强硬态度及北京政府的最终举措，改变了中国在世界各国中的"软弱"形象。王正廷指出，中国在巴黎和会虽未取得成功，但因为会议激起了中国民众反对不平等条约的民族意识，"国民觉知强权虽亦不能全灭公理，宜力图自决，起为废约运动"。经过巴黎和会，列强不得不正视中国的废约要求，认为"中国外交主体在于国民全体，非复政府中少数人所能愚弄"，而"中国民族既有自决之心，足为外交后盾，未可再加轻侮"，而且中国政府对外交，尤其是对于废除不平等条约"已有一定方略"。因此，各国对中国"未能再以胁迫从事"，"一变其强权压迫之态度，而为亲善诱惑之态度"。[①]这可谓是中国外交上之一大转机，而嗣后修改不平等条约及挽回主权之运动遂得逐渐收效。在中国废约要求的压力下，列强对华外交政策出现了重要的变化。

五、 苏俄对华新政为国内外重新审视中外不平等条约关系提供了参照

在中国举国上下对巴黎和会大为失望的时候，苏俄为打破外交上的孤立，调整对外政策，于1919年7月25日发表"第一次对华宣言"，即《俄罗斯苏维埃联邦社会主义共和国对中国人民和中国南北政府的宣言》。宣言由加拉罕以苏俄政府副外交人民委员的名义发表，故又称《加拉罕宣言》。宣言称，苏维埃工农政府将废除原帝俄与日本、中国和以前各协约国所缔结的一切秘密条约，放弃沙皇政府从中国攫取的满洲和其他地区，并"拒绝接受中国因1900年义和团起义所负的赔款"，"永远结束前俄国政府与日本及协约国共同对中国采取的一切暴行和不义行为"。宣言强调："以前俄国政府历次同中国订立的一切条约全部无效，放弃以前夺取中国的一切领土和是国

---

①　王正廷：《近二十五年中国之外交（续）》，《国闻周报》第 4 卷第 28 期，1927 年 7 月 24 日。

境内的租界，并将沙皇政府和俄国资产阶级从中国夺得的一切，都无偿地永久归还中国。"① 1920 年 9 月 27 日，苏俄政府发出"第二次对华宣言"，即《俄罗斯苏维埃联邦社会主义共和国对中国政府的宣言》，再次重申对华政策。苏俄的两次对华宣言迎合了中国国民的废约心理及提高国家地位的期望，也符合中国维护国家权益的要求。

大部分中国民众对以废约为主要内容的苏俄对华宣言予以高度的评价和称赞。苏俄政府的对华政策，与帝国主义的侵略掠夺政策及行为形成了鲜明的对比，这对于饱受列强奴役的中国人民来说，无异于雪中送炭。具有民族意识的国民认识到这是中国废除不平等条约的一个契机。1920 年 4 月，苏俄第一次对华宣言在中国报刊上发表后，各阶层人民无不表示热烈欢迎和拥护，全国舆论界和各团体纷纷致以复文或发表言论，并要求北京政府予以重视。

中国多数舆论都希望中国以苏俄对华宣言为契机，废除不平等条约，提高国家地位。全国报界联合会表示"对于俄罗斯社会主义联邦苏域共和国人民表示最诚恳的谢意"，并希望中俄两国人民致力于铲除国际的压迫及国家的、种族的、阶级的差别。② 5 月 1 日，《新青年》"劳动纪念节专号"出版，全文刊登苏俄第一次对华宣言，并登载了各群众团体和舆论界对该宣言的反应。天津《益世报》认为，因为宣言是针对中国国民及南北当局而发的，所以，无论当局者是否认识到宣言对中国的重要性，至少国民都应当坚决接受宣言。③《北京晨报》从"劳农政府的能力""劳农政府对我们的态度""欧美各国对劳农政府的方针"三点分析，要求北京政府"立即答复劳农政府，承认讲和"，④ 希望北京政府与苏俄建交、谈判废止中俄不平等条约。上海《救国日报》认为，中国是否接受苏俄对华宣言，对国家而言是一大转机，"中华民国国民的转机，世界真正的和平，就在此一举"，希望北京政府不要怀

---

① 程道德等编：《中华民国外交史资料选编（1919—1931）》，北京大学出版社，1985 年，第 168—169、174 页。

② 中国社会科学院近代史研究所编：《五四运动文选》，生活・读书・新知三联书店，1959 年，第 375 页。

③ 中国社会科学院近代史研究所编：《五四运动文选》，第 384 页。

④ 中国社会科学院近代史研究所编：《五四运动文选》，第 398—399 页。

疑苏俄的合法性，也不要听信所谓过激派的宣传而害怕与拒绝苏俄，要"赶快拿出主人翁的资格来表示意见"。《救国日报》提议中苏尽快谈判废约，以收回国家权益，若能实现，则"其他的各友邦也只好顺应世界的潮流"，英日同盟、军事协定、门户开放、势力范围、收回治外法权、退还庚子赔款等一系列问题都可迎刃而解，[①] 表达了希望政府坚决果断废除不平等条约的强烈愿望。

在舆论界对于宣言极表赞誉的同时，全国各界各团体也纷纷表达了称赞和支持之意，并表达对政府反应迟钝的不满。全国各界联合会致信俄国劳农政府，表达感激之情和与苏俄人民携手的愿望："今读俄国通牒，一种正谊人道之主张流露言表。凡世界各国人民中之宝爱正谊人道者，当无不表示赞同。吾人更信中国人民除一部分极顽朽之官僚、武人、政客外，皆愿与俄国人民携手。"[②] 全国各界联合会进一步表达对不平等条约的深恶痛疾及反对不平等条约的决心："频年以来，北京政府为仰日本之军械、金钱之援助，竟与彼国军阀私订种种不平等条约，吾人甚为痛心。刻下已经觉悟之中国人民，正准备与一部分极顽朽之官僚、武人、政客奋斗，无论如何牺牲，均所不辞。"[③] 1920 年 4 月 11 日，全国学生联合会表示："我们自当尽我们所有的能力，在国内一致主张与贵国正式恢复邦交"，并希望"造成一个真正平等、自由、博爱的新局面"。[④]

各团体、各报纸的言论基本上都表达了对宣言的高度赞赏，称其为"空前的壮举"，对苏俄表示"美满的谢意"，愿意以国民的意愿"收回一切劳农政府归还的权利"，"正式与俄罗斯社会主义苏域共和国修好"；并且"与俄国国民提携，致力于废除国际的压迫及国家的、种族的、阶级的差别"。[⑤] 总之，中国学生、教师、商人、实业家、工人、妇女的各种团体，对苏俄对华宣言都回应以强烈的感激，"并且所有这些组织不顾各自的不同政见都一致

---

① 中国社会科学院近代史研究所编：《五四运动文选》，第 385 页。
② 中国社会科学院近代史研究所编：《五四运动文选》，第 373 页。
③ 中国社会科学院近代史研究所编：《五四运动文选》，第 374 页。
④ 中国社会科学院近代史研究所编：《五四运动文选》，第 375 页。
⑤ 中国社会科学院近代史研究所编：《五四运动文选》，第 397—398 页。

公认，苏联的这一举动是一个新时代的开始"。① 宣言不仅给知识分子，而且给工商业者留下了深刻的印象。全体国会成员，不论其政治信仰如何，也都加入了这种狂热。截止 4 月初，已有三十余个重要组织就此问题直接与苏俄政府进行了通讯联系。②

国民强烈的废约愿望，既为北京政府提供了舆论和民意支持，又推动了北京政府的废约步伐。

十月革命后，苏俄立即主动接近北京政府，并呼吁恢复中俄外交关系。但北京政府担心俄国的共产主义会危及中国政治，认为"布尔什维克主义对于中国是一大危险"，③ 与美、英等协约国保持一致的对俄态度和政策，将苏俄看作是中国的危险敌人。1920 年 3 月 26 日，北京政府正式收到苏俄对华宣言。对于苏俄对华宣言，驻海参崴高等委员李家鏊电称："此事恐有人以欺骗手段施诸中国，危险莫甚，即使俄国人民，确与中国有特别感情，然必须将来承认统一政府时，各派代表，修改条约，方为正常，想中国政府，亦必酌量出之，弗为所愚。"④4 月 29 日，国务院电令各省委员，认为苏俄对华宣言"果否可凭，尚属问题；现正熟加考察，如是该政府实能代表全权，确有前项主张，在我自必迎机商榷，冀挽国权"。⑤

苏俄根本上是要维护其国家利益，不愿真正放弃在华特权，但要打破列强的封锁和孤立，又希望通过拉拢中国以减轻压力。苏俄一方面对华宣传反帝废约，对华宣称放弃旧约，但利用收回使馆的机会，对列强宣称自己仍是《辛丑条约》签约国之一。苏俄乘中国内部分裂，利用张作霖、冯玉祥的矛盾牵制北京政府，还同时与南方革命政府，与奉天、新疆等地方当局交涉，从中牟取在华利益最大化。⑥ 1922 年 8 月，苏俄政府派遣越飞使团来华。越

---

① ［美］本杰明·I·史华慈著，陈玮译：《中国的共产主义与毛泽东的崛起》，中国人民大学出版社，2006 年，第 16 页。

② ［美］周策纵：《五四运动史》，岳麓书社，1999 年，第 307 页。

③ ［澳］乔·厄·莫里循著，［澳］骆惠敏译，刘桂梁等译：《清末民初政情内幕——〈泰晤士报〉驻北京记者袁世凯政治顾问乔·厄·莫理循书信集》下卷，第 837 页。

④ 陈志奇辑编：《中华民国外交史料汇编》第 2 册，台北渤海堂文化事业有限公司，1996 年，第 954 页。

⑤ 陈志奇辑编：《中华民国外交史料汇编》第 2 册，第 954 页。

⑥ 唐启华：《被"废除不平等条约"遮蔽的北洋修约史（1912—1928）》，社会科学文献出版社，2010 年，第 232—233 页。

飞系苏俄政府副外交人民委员。他来华一是谋中苏复交，二是与孙中山商谈合作。从此中苏关系从南北两方同时进行。

在全面谈判中，中苏在中东铁路和外蒙古问题上发生严重分歧。关于中东铁路，北京政府认为根据苏俄第一次对华宣言，应无偿归还一切权益，越飞则否定《加拉罕宣言》有此内容。关于外蒙古，北京政府要求恢复对外蒙古的主权管辖，越飞则认为应按 1915 年《中俄蒙协约》规定，外蒙古实行自治，宗主权归中国。由于双方意见无法统一，谈判至 12 月便告中辍。

1923 年 1 月 26 日，越飞在上海与孙中山签署了著名的《孙文越飞宣言》。5 月，越飞电告孙中山，苏联拟提供 200 万金卢布，供孙中山用于统一全国的军事。9 月 2 日，加拉罕抵达北京。4 日，加拉罕向报界发表声明，亦称"第三次对华宣言"。宣言再次谴责沙皇俄国对于中国人民的掠夺与侵略政策，强调苏联对华政策的原则是同中国人民建立友谊；并重申 1919 年和 1920 年两次对华宣言的原则和精神"仍然是我们对华关系的指导基础"，表示愿意实行"完全尊重主权，彻底放弃从别国人民那里夺得的一切领土和其他利益"等。[①] 随后，苏联政府派遣鲍罗廷赴中国广州，担任国民党顾问，参与推动国民党改组和第一次国共合作。11 月，共产国际又派遣远东局书记维经斯基赴中国上海，担任共产国际驻华代表。加拉罕、鲍罗廷、维经斯基分驻北京、广州、上海，南北呼应。

《孙文越飞宣言》的公开发表使北京政府担忧苏联政府是否会弃北而就南，而苏军肃清内乱后已将大量军队驻扎于中苏边境，也使北京政府恐惧苏军是否会用武力夺取中东路。"临城劫车案"发生后，各国联合干涉，大有重演八国联军侵华之势，北京政府急需寻找友国，以摆脱外交的孤立状态。[②] 3 月 26 日，北京政府任命王正廷为中俄事务督办，作为对苏重开谈判的准备。

苏俄同时还与奉系张作霖谈判。1924 年 9 月 20 日，奉张与苏俄签订

①　《中国年鉴》，商务印书馆，1924 年，第 865 页。
②　石源华：《中华民国外交史》，第 225 页。

《中华民国东三省自治省政府与苏维亚社会联邦政府之协定》。此前，顾维钧多次就奉俄交涉协定事会晤苏联驻华大使加拉罕，表示抗议。

1924 年 6 月 13 日，外交总长顾维钧会晤加拉罕，强调："中国于内政上或有纷歧，而对于外交则属一致，往事可征。故本总长对于能得奉省了解一层颇为乐观。至与奉省另缔协定一层，实不以为然。""与奉省另缔协定一事，不能赞成。"苏联方面则认为："除关于黑龙江及松花江航行事件外，并无甚出入，即关于黑、松两江航行事件亦将与条约相同。至关于中东铁路之修改，实无关轻重。"① 7 月 7 日，外交总长顾维钧再次会晤加拉罕，指出："奉省在内政上无论有何设施，其对外态度，必自不同。奉省决未否认北京之外交权力，近顷派员赴奉之行，可以证明。代表倘一日不能杜绝与奉省另缔协约之门径，即一日不能解除履行协定之困难，即现时余仍未失望。倘苏联政府之政策仍以与奉天另缔协定为可以赞成，则迟缓实行中俄协定之咎，不能归诸中国政府。"② 8 月 10 日、8 月 12 日，顾维钧又会晤加拉罕，表示：凡有趋向与地方订约之举动，均足使中央政府难以履行中俄协定，而尤以协定内一切事件，须待中央政府与地方当局间之了解而后能实行者更为困难。如苏俄方面一日继续存有缔结另约之希望，则中国政府一日不能易于履行协定。③

1925 年 1 月 19 日，张作霖呈送奉俄协定致外交部函，声称"在前中俄协定，虽经北京签字，唯关于东路航权各部分尚多遗漏。当由东省另订东俄协定以资补救"。④

苏俄对华攻势，使英、美等列强担心中国倒向苏俄，给列强在对付中国修约要求增加压力，开始有限地考虑与中国接洽修约事宜，在中国修约、废约要求中不得不根据形势变化做出一定的姿态。如，英国在归还汉口、天津

---

① 《外交总长顾维钧关于奉俄协定事会晤苏联大使加拉罕问答》，1924 年 6 月—8 月，中国第二历史档案馆编：《中华民国史档案资料汇编》第 3 辑《外交》，第 844—845 页。

② 《外交总长顾维钧关于奉俄协定事会晤苏联大使加拉罕问答》，1924 年 6 月—8 月，中国第二历史档案馆编：《中华民国史档案资料汇编》第 3 辑《外交》，第 845—846 页。

③ 《外交总长顾维钧关于奉俄协定事会晤苏联大使加拉罕问答》，1924 年 6 月—8 月，中国第二历史档案馆编：《中华民国史档案资料汇编》第 3 辑《外交》，第 846 页。

④ 《临时执政府秘书厅关于张作霖呈送奉俄协定致外交部函》，1925 年 1 月 19 日，中国第二历史档案馆编：《中华民国史档案资料汇编》第 3 辑《外交》，第 847 页。

租界时，就明确表明考虑了苏俄的因素。而随着南北战事日趋激烈，北京政府驱逐苏联大使，以及南京国民政府放弃废约政策，并表现出对各国的友好，苏联的威胁随之减弱，列强对中国南北修约又都持观望态度。这导致北京政府的修约陷于停滞状态，只有如归还租界类的地方事务进展相对较好。[①]

事实上，无论是巴黎和会、华盛顿会议容许中国提出修约、废约希望条件说帖，还是后来与中国交涉实行关税自主、撤废领事裁判权，或是条约期满修约，列强都考量了苏俄对华政策的影响。

六、　中国南北政府废除不平等条约的共同愿望推动了修约、废约外交进展

民国时期，无论是北京政府还是南方革命政府，实质上都极力推行修约、废约外交。北京政府非常清醒地意识到国家所处的艰难地位，希望通过外交改变国际地位。外交部在 1921 年的"外交方针意见书"中指出："中国近十年来，内政更张，新旧过渡，百端困难。对于外国，既欺威名，又无实力，削权受辱，莫今为甚。蒙藏藩篱，已不可保，舐糠及米，敌求无厌。俄日益亲，西北一带，窥伺愈急，藉端恫吓之案，年辄数见。办理外交者，赤手空拳，徒仗唇舌，莫为后盾，国民失望，责言交至，长此不变，虽有仪、秦，亦将束手。前清因循误事，置外交于被动地位，际兹民国初立，自宜悉改前愆，勿蹈覆辙，似应速定外交政策，坚忍进行，不独国际往来可获利益，吾国庶政亦可乘此改良，不致为外力所牵制。"[②] 而改变中国内外交困境况、提升中国国际地位的第一步，就在于修订甚至废止不平等条约，使国家获得独立自主发展的机会。

1919 年 1 月 18 日至 6 月 28 日，英、美、法、意、日等 27 个"一战"战胜国于巴黎召开"和会"。中国社会各界对巴黎和会的期望，不仅仅是希望通过会议表达废除不平等条约的愿望，同时也希望向世界表明中国对外统一的现状。派出代表参加和会，不但可以向世界显示各自政府的地位，而且

---

① Gwatkin's minute, Jul. 23，1927，FO371/12426［F6421/37/10］.

② 《外交部存"外交方针意见书"稿》，1921 年，中国第二历史档案馆编：《中华民国史档案资料汇编》第 3 辑《外交》，第 20—21 页。

可在和会上发出自己的声音，提出废除不平等条约的要求，向世人表明中国废除不平等条约的态度和决心，在国内能赢得人心。因此，南北双方都力争派代表参与和会。

南方护法政府特别希望能派出代表参与和会，以表明南北一致对外的局势。护法军政府外交总长伍朝枢在 1918 年 9 月 29 日给骆惠敏的信中写道："中国的参战政策是由目前在军政府内的某些人所倡议的。可是参战的果实却全为北京政府所取得。""我们一方即使在目前处境下，也非常情愿以我们的有限资源为协约国的事业做出贡献。我们深愿以整个中国的名义去做。我们不愿只为自己所可能得到的利益而向协约国讨好。我们只愿为包括北方和南方在内的整个中国，为它的最高利益和它将来在世界各国中的外交地位，作出自己的贡献。"[①] 显然，南方政府希望有机会向世界展示自己的地位，也希望向世界展示中国人一致对外的良好形象。

为表示中国内政的统一和一致对外，北京政府也同意南方护法政府派出代表。在南北和谈中，岑春煊向李纯提出遣派代表出席巴黎和会的事，认为从大局着眼，南北双方应共同派出代表参与和会。他指出："北派若干人，南亦派若干人，此双方合派人员北方一律正式任命发表；同时，南方亦一律正式任命发表，如须国会通过亦可。如此办法，对内则法律、事实既能兼顾，彼此体面亦较两全；对外则参与和会，南北确能一致行动，发言自有价值。"[②] 鉴于南方护法政府在争取到合法席位前，做出一些不利于中国统一形象的举动，北京政府更意识到一致对外的必要性。在华盛顿的顾维钧指出，当时广州军政府的代表王正廷在美国为反对北京政府而活动，称北京政府为北方政权，称顾维钧为北方政权的发言人；广州军政府还派出郭泰祺和陈友仁代表南方政府发言，声称北方政府不能代表中国民意，实际上是一个军阀政府，不是全体中国人民的代表。[③] 因此，顾维钧也向北京发出电报，建议南北一致对外。

---

① ［澳］乔·厄·莫里循著，［澳］骆惠敏编，刘桂梁等译：《清末民初政情内幕——〈泰晤士报〉驻北京记者袁世凯政治顾问乔·厄·莫理循书信集》下卷，第 763 页。
② 沈云龙：《徐世昌评传》，台北传记文学出版社，1979 年，第 412 页。
③ 中国社会科学院近代史研究所译：《顾维钧回忆录》第 1 分册，第 179 页。

西南各省督军、省长，各省和平期成会，致电北京政府总统和国务院，指出："此次和议者，以南北一家，非同敌国。媾和仅求解除战事及互订双方利害条件，即为已足，对内贵在统一，蠲除一切痛苦，斯有乐利可期，对外贵在取消丧失主权各约，保持国际地位，方有富强可望。"①

中国各界对和会寄予极大的希望，主张南北政府共同派代表参加和会，以有利于中国在和会上解决相关问题。在中国代表团团长陆征祥离开北京前往巴黎之前，中国政界人士纷纷向他建议"中国在巴黎需要显示出全国统一对外"。②

中国代表团成员中的三名南方代表是王正廷、伍朝枢和陈友仁。欧战停火时，王正廷正在美国，他是由广州政府为了取得美国政府的承认派往那里的。作为中国南北两方商谈的结果，王正廷被任命为中国出席巴黎和会的五名代表之一。王正廷虽然不为顾维钧等人看好，但是，他积极为废除不平等条约出谋划策，为中国代表团向巴黎和会提出正式文件起草了初稿，特别是有关"二十一条"的文件。③

尽管内政动荡，但中国始终是一个事实上的统一国家，各国始终承认北京政府为中国合法政府。在广州国民政府北伐前，大多数民众都将废除不平等条约、提高国际地位的希望寄托于北京政府。由于南北双方最终在派代表参加和会的问题上没有出现大的分歧和矛盾，中国在巴黎和会上向世界各国展示了团结统一的姿态，双方一致向和会表达了废除不平等条约的愿望，并做出了不懈的努力，取得了一定的成效。南方国民政府高举废约旗帜以后，得到国内民众的大力支持，也促使部分列强如英国、美国等考虑改变与中国的条约关系，放弃某些条约特权。

①　《全国和平期成会之东电》，《申报》1919 年 10 月 2 日。
②　中国社会科学院近代史研究所译：《顾维钧回忆录》第 1 分册，第 177 页。
③　[澳] 乔·厄·莫里循著，[澳] 骆惠敏编，刘桂梁等译：《清末民初政情内幕——〈泰晤士报〉驻北京记者袁世凯政治顾问乔·厄·莫理循书信集》下卷，第 786—790 页。

第二节　确立废除不平等条约的方针

民国时期，历届政府为维护国家主权和权益，虽然采取了不同的外交政策和策略，但最终目标是废除不平等条约和废止列强在华条约特权。武昌起义爆发后，为得到列强的承认和支持，无论是湖北军政府还是南京临时政府、北京政府，都宣布遵守中外条约、保护外人在华权利。但总的来说，北京政府此后即以维护国家主权为总原则，并确立废除不平等条约的总方针，只是修订和废止不平等条约的策略、方式方法不同。

从民国初年提出修改关税税则，到参加第一次世界大战预筹修约，到对德奥绝交和宣战宣布废止中德、中奥不平等条约，到巴黎和会、华盛顿会议提出全面修约说帖、提出撤废不平等条约条款、交涉废止中日不平等条约，到与无约国签订平等条约、与几个条约期满国签订平等新约，再到提出修约照会，谋求实现关税自主、废弃列强在华领事裁判权等，北京政府外交部坚持一个原则，即不再与列强签订新的不平等条约，不再给予列强新的条约特权，逐步废弃列强在华条约特权，废除中外不平等条约。第一次世界大战结束后，北京政府确定三条修订不平等条约的原则：对战败国与革命国废除旧约，订定平等新约；对有约国要求修约；对无约国订定平等条约。虽然北京政府的修约、废约方针执行得异常艰难，但从根本上动摇了列强在华不平等条约的基础。

首先，废除协定关税、废除领事裁判权、废除片面的最惠国待遇，是北京政府修订、废止不平等条约要求中最为迫切的。在巴黎和会、华盛顿会议内外及其后提出修订税则案和废除领事裁判权案，召开关税特别会议、法权会议，都是北京政府废除不平等条约外交方针的具体体现。

因为近代中国身负战争赔款之重，又深受列强经济掠夺之害，因此实现关税自主是最为急迫的要求。自 1912 年 8 月 14 日，北京政府外交总长依据 1902 年中英商约所订续修通商进口税则提出修改税则要求后，每年都向列强提出这一具体要求。巴黎和会后，提出了关税自主的要求。外交部在 1921 年的"外交方针意见书"中指出，"税则主义，不外两种，一为自由，一为保护"，但中国为工商业弱国，需要采取保护主义，"即在外货流通，抵制之法，须从税则着手，应于实行免厘加税外，另与各国商订税则专章"。①

领事裁判权严重损害中国独立自主主权，侵害中国人民切实利益，因此也是迫切需要废除的不平等条款。1912 年，条约研究会筹划收回上海会审公廨，拟定章程 17 条。1913 年 12 月，袁世凯政府再议收回，外交总长曹汝霖向外交团领衔公使朱尔典面交照会，随后，外交部提出收回上海会审公廨交涉，要以"审查条约上与主权上有无窒碍为第一要义"。此后，多次向列强提出与领事裁判权相关的修约要求。外交部在 1921 年"外交方针意见书"中提出对内对外的开放政策，而为弥补开放政策的不足，需采取一些措施，又明确提出废除领事裁判权问题。②1925 年 6 月 21 日，驻莫斯科代表李家鏊致电外交部，指出"五卅"惨案的解决在于着手收回领事裁判权。他提出"以收回领事裁判权为着手，继以优恤死伤、惩办凶手等为了结此案之办法。再以定期改订条约为收回主权之先声，并力图内政改良，以副中外之期望"。③无论是 1919 年中玻订约，还是 1928 年中波订约，两国均提出了领事裁判权的要求，但都被中国拒绝，均未给予对方领事裁判权，也未给予其他特权。

最惠国条款是各国相互援引，在中国攫取特权的依据，也是中国废除不平等条约的重要障碍。各国商约关于最惠国条款适用之范围甚广，如：外交官、领事官之待遇，旅行居住事项，实业及制造业事项，职业及修学或学术上之研究事项，取得动产及不动产事项，租借房屋、工厂、货栈、店铺等事项，转移或处分动产或不动产时所应纳之租税事项，缴纳税租杂费课金事项，出入运货事项，禁止及限制输入输出事项，经营商工业人民及商业旅行人之待遇及课税事项，船舶之吨税、通过税、码头税、引港税、灯塔税及其

---

① 《外交部存"外交方针意见书"稿》，1921 年，中国第二历史档案馆编：《中华民国史档案资料汇编》第 3 辑《外交》，第 24 页。

② 《外交部存"外交方针意见书"稿》，1921 年，中国第二历史档案馆编：《中华民国史档案资料汇编》第 3 辑《外交》，第 23—24 页。

③ 《驻莫斯科代表李家鏊致外交部电》，1925 年 6 月 21 日，中国第二历史档案馆编：《中华民国史档案资料汇编》第 3 辑《外交》，第 273 页。

他各种税捐事项，定期邮船之待遇事项，沿岸贸易及内河航行事项，军事征发及强募军事公债事项，商业、实业、银行业各公司所享之权利事项，遗产事项等。北京政府外交部指出："我国对于旧约中普通片面无条件最惠国条款，实为不平等条款之一，创巨痛深，断难许其继续存在。所为难者，一年以来，我国与各国进行修约，若日本若比国若西班牙，莫不以最惠国条款为前提，即现订新约各国，若波兰若捷克若土耳其，亦皆以最惠国条款为订约之障碍。"① 外交部要求讨论：究竟上列各问题何者可允以最惠国待遇？如何可使新约中虽有最惠国条款而其适用范围不及于旧约中之不平等权利？外交部指出，必须制定能匡正补救列强以最惠国待遇为借口拒绝修订不平等条约的外交方针，否则，"修约各国皆怀抱一种藉最惠国条款以保存其旧约规定之思想，允之则使改约之精神全归消灭，不允则改约一事势将不易解决也"。② 无论是理论上，还是在实际修约交涉中，列强利用最惠国待遇，相互攀比，是阻碍中国修订不平等条约的重要手段。因此，废除单方面的最惠国待遇，是废除不平等条约的重要通道。

其次，确立与无约国订立平等条约的方针。1919 年的 4 月 27 日，北京政府颁布大总统令，宣布以后所有无约国与中国签订条约，必须遵循平等原则。同年，内阁决定，从今以后无约国签订的任何条约，都必须建立在完全平等的基础上，也不会再批准旧税率和领事裁判权。③ 1922 年、1923 年后，中国与各国订约不再给予最惠国待遇，改为照国际公法享受应得之待遇。中国政府还拒绝了玻利维亚、波兰、智利、捷克斯洛伐克、希腊、立陶宛和波兰等国提出给予其领事裁判权的要求。

再次，确立全面修订和废除不平等条约的方针。段祺瑞 1924 年 11 月 24 日就任临时执政后，发表"外崇国信"的宣言，以信守中外条约作为各国承认执政的条件。段祺瑞曾对日本记者说："今吾人正欲努力于对外的，增高

---

① 《外交部关于如何对待最惠国条款意见稿》，1927 年，中国第二历史档案馆编：《中华民国史档案资料汇编》第 3 辑《外交》，第 1026 页。

② 《外交部关于如何对待最惠国条款意见稿》，1927 年，中国第二历史档案馆编：《中华民国史档案资料汇编》第 3 辑《外交》，第 1027 页。

③ Zhang Yongjin, *China in the International System，1918-1920*，p. 140.

国家之信用，如孙文所说之废除不平等条约等空言，余殊不能赞同。"① 12月 9 日，美、比、英、法、意、日、荷七国公使照会北京政府外交部，表示承认段祺瑞任临时执政，"惟要求尊重既有条约，不能任意变更，作为交换条件"。23 日，段祺瑞又授命沈瑞麟以外交总长的名义答复，"声明尊重前政府与各国所订一切条约"，"惟亦望列强早日实行太平洋会议议决案"。② 虽然段祺瑞执政府发表承认中外条约的宣言，但实际上外交部一直在竭力开展修订不平等条约的工作，朝着最终中止不平等条约的既定方针努力。

北京政府修约的代表性方针，体现在 1925 年 6 月 24 日对华盛顿会议列强之修约照会中。照会指出，中外不平等条约历史已久，对中国危害甚烈，也严重影响中外关系，影响中国人民对列国的感情，早已不合时宜，有违国际法，"亟宜将中外条约重行修正，俾合于中国现状暨国际公理平允之原则"。中国以前签订各条约，原本是无奈之举，为应付特殊时势，延续至今，各种情形已完全变更，"而外人所享政治经济之非常权利，依然永久存在，既于现情不合，不特关系双方之各种事情，因为陈旧条约所束缚，彼此均有不便不利之处"。而且各种不平等情状及非常权利的存在，成为人民愤恨的重要原因，甚至发生冲突，影响中外友好关系。照会指出，中国参加第一次世界大战，也是因为国际法有维护公平正义之义，中国希望藉此废除不平等条约，改变国家国际地位，但事实却让中国人民无比失望，"欧战既胜，公共目的已达，而中国本身国际地位，毫无进步，且就某方面论，或反不若战败之国家"。照会强调："中国政府深信非常权利一经消除，不特各国权利利益，更得良好之保障，且中外友谊必能日臻进步。为彼此利益计，甚望贵国政府重念中国人民正当之愿望，对于中国政府以公平主义修正条约之提议，予以满足之答复，庶几中外友谊立于更加巩固之基础。"③ 北京政府向各国发出修订不平等条约照会后，各驻外公使都积极向各国媒体阐释中国修约政策的正确性、合理性及必要性。

---

① 《段执政与日记者谈话》，《申报》1924 年 12 月 9 日。
② 陈志奇辑编：《中华民国外交史料汇编》第 4 册，第 1750 页。
③ 《北京政府要求修改不平等条约致公使团照会》，1925 年 6 月 24 日，程道德等编：《中华民国外交史资料选编（1919—1931）》，第 230—231 页。

北京政府提出的修约方针，理由充足，义正词严。但中国修约方针始终受制于列强的态度和实际行动，执行艰难，成效不甚如意。1925 年 9 月 4 日，华盛顿会议八国复照北京修约照会，称："对于中国政府修正现有条约之提议，愿予以考虑，但视中国政局表证愿意且能履行其义务之程度为标准。"① 虽然列强以各种理由敷衍中国，但修约照会在某种程度上是南北双方在废除不平等条约上的较量，促使英国、美国，特别是英国调整对华政策，对中国废除不平等条约要求表示同情和支持。英国是第一个用战争强迫中国签订不平等条约的国家，英国的态度为动摇不平等条约打开了一个重要的缺口。这使北京政府在修订期满条约中的压力相对有所减少。

此外，实施"到期修约"的方针。在提出修约照会后，北京政府一方面与各国集体筹开关税会议与法权会议，一方面制定并执行"到期修约"方针，陆续与条约到期国商议修约。1926 年 7 月 14 日，外交部中法修约说帖指出，我国现正筹备修改不平等条约，如果任由中法条约届期而不修订，将成为其他条约到期国攀比的恶例，"于修改条约前途大有妨碍"。② 1926 年 7 月 21 日，外交部关于中法修约提出阁议说帖，指出："迩年以来修改不平等条约为政府固定之方针，惟修改之途径有二：一为向各国合并提议，一为各国单独磋商。上年六月廿四日本部虽经对于英、美、法、日、比、义、和、葡八国提出修改条约之照会，而各国九月四日复照对于修改条约一层，尚无切实办法。除由本部抱定宗旨继续进行外，在共同商改未达目的以前，对于期满例应修改之条约章程，自应依照普通国际条例提出修改，与我国上年提出修改之照会似可并行不悖。"③ 8 月 31 日，驻比公使王景岐在致外交部电中汇报说，他连日向报界发表意见，指出中国自前清即倡议与列强商议修改不平等条约，但五十年过去了，各国互相推诿，即使是时至巴黎和会、华盛顿会议召开，中国委曲求全，"然友邦终不谅其苦衷，将侵略性质之条约慨

① 《英馆照会》，1925 年 9 月 4 日，台北"中研院"近代史研究所档案馆藏北洋政府外交部档案，馆藏号：03—23—101—02—009。

② 《外交部中法修约说帖》，1926 年 7 月 14 日，中国第二历史档案馆编：《中华民国史档案资料汇编》第 3 辑《外交》，第 545 页。

③ 《外交部关于中法修约提出阁议说帖》，1926 年 7 月 21 日，中国第二历史档案馆编：《中华民国史档案资料汇编》第 3 辑《外交》，第 545—546 页。

然取消，致不平等条约长此存在"，"为自卫自存计，只得忍待于各国到期之约宣告失效，以图渐解束缚"。①

　　废止到期条约，是中国废约历程中的另一重要方针。北京政府宣布废止到期中比条约，是中国废约的高潮之一，在国内外引起巨大反响，也是北京政府废除不平等条约理论的一次集中展示。1926 年 4 月 16 日，外交部声明1865 年 11 月 2 日所订中比《通商条约》将于 1926 年 10 月 27 日届满 60 年，"中国政府决定终止旧约并愿举行谈判，以便在平等互惠的基础上缔结新条约"。② 经交涉，中比修约无果，北京政府于 11 月 6 日宣布废止中比条约，开创了中国废约史的新篇章，迫使英、美、法等国重新考虑对华政策。

　　在修约和废约问题上，对不同国家区别对待的方针，无疑反映了北京政府外交上的妥协性和软弱性。但从外交策略而言，对不同的国家采取不同的外交方针，进取与退让、强硬与妥协等等，应是可取的。但对当时中国的废约交涉而言，这一方针有致命的弊端，它使得那些强国清楚地知悉中国的软弱，更肆无忌惮地坚持条约特权，从而在相当程度上增加了废约的阻力。北京政府外交上的软弱和妥协，又是它自身弱点的反映，诸如国力薄弱、内部政局不稳、政治黑暗等等。此外，由于南方革命力量的兴起，北京政府失去了一个全国性政权应有的权威和信誉，为列强所轻视，并提供给它们一个延宕和搪塞的借口，导致其不敢在中外条约问题上开罪那些在中国有着重要影响的强国。中日修约时，日本的"非公式"态度，并扬言北京政府不能代表中国，"如欲讨议各项根本问题，非有南方代表参加不可"等等，均说明了这一点。③

　　总体上看，北京政府修订和废除不平等条约的方针，既根据实际情况适时提出修改或废止某些不平等条款，又整体提出修改、废除不平等条约要求。而且在一揽子解决办法行不通时，根据不平等条约对国家主权损害程度大小，首先或着重提出修订或废除某些不平等条款、条约。具体而

① 《驻比公使王景岐致外交部电》，1926 年 8 月 31 日，中国第二历史档案馆编：《中华民国史档案资料汇编》第 3 辑《外交》，第 967—968 页。
② 中国社会科学院近代史研究所译：《顾维钧回忆录》第 1 分册，第 335 页。
③ 李育民：《中国废约史》，第 632 页。

言，北京政府修约方式主要有两种，一种是与各国集体协商，一种是与个别国家单独谈判协商。在中国参加第一次世界大战条件中提出修订部分不平等条约，在巴黎和会、华盛顿会议上提出全面修约要求，都是与各国集体谈判修约的重要历程和环节，但没有达到理想的效果。与个别国家谈判修约，实际上也一直在开展，如与无约国订约及与德、奥订约，不再给予不平等条约特权；与苏俄谈判订约效果虽然不甚圆满，但收回了大部分中俄旧约权益；与日本、法国修约谈判虽成效不大，但也体现了北京政府修约、废约的努力。

第三节　巴黎和会与要求全面修约的开始

1918年11月11日协约国与德国签订停战协定，第一次世界大战结束。1919年1月18日，协约国在法国巴黎凡尔赛宫召开解决战后问题的会议，共27个国家参加。会议分为三种，第一种是全体大会，各国代表都参加，但规定美、日、意、英、法各得五席，大多数国家仅得两席，还有少数国家得到三席。第二种是最高会议，分为五大国首脑和外长组成的"十人会"和由美国总统威尔逊、英国首相劳合·乔治、法国总统克里蒙梭、意大利总理奥兰多组成的"四人会议"。第三种会议是专门会议，参加者为各相关国家的代表。中国克服日本的阻挠，以参战国的资格参加了和会，在大会中有两席。

一、　提出总体修约要求

北京政府首先酝酿并提出修约总体要求，为在巴黎和会上提出修改不平等条约作积极的准备。

1918年12月8日，徐世昌在总统府内设立了外交委员会，任命汪大燮为委员长。外交委员会的宗旨是为政府提供参加和会的政策、方针、措施等建议，并商议相关外交事务。次年2月9日，成立了国际联盟同志会，以梁启超为理事长，从事对于国联的研究。2 月 16 日，张謇等人又发起成立国民外交协会。这些官方或半官方的机构十分活跃，拟出种种方案，为北京政府的决策出谋划策。[①]

外交委员会拟定中国提出和会的议案，于 1919 年 1 月 8 日由国务院致电陆征祥，议案主要内容如下：（一）凡中国政府与各国政府或私人所订条约或合同，"有许一国、或一国以上、或私人之特别利益，特别享受之权利，以及各种势力范围，而为他最惠国所不能享者，提议修改之"。如租借地、租界，均应收回。以外资外债建造已成、未成或已订合同之各铁路，"既统一之，其资本及债务，合为总债，以各路为共同抵押品，由中国政府延用外国专门家，辅助中国人员经理之。俟中国还清该总额之日为止，各路行政，及运输事宜，仍须遵守中国法律，概由交通部指挥之"。凡与各国订立关系铁路之合同中，"有许与铁路附属地，及类似附属地之一切权利，概废止之"。"凡矿权及农工业权，已订立契约，与某一国政府、或私人，而于某区域内有垄断性质，并有妨中国主权，或门户开放主义者，一并取消之。"各国在中国所设邮电机关，"有碍中国主权，及邮电统一者，概撤废之"。（二）撤废领事裁判权。（三）关税税则，"应比照各国商约，互惠主义，由中国自由规定"。（四）《辛丑条约》所规定各国屯驻中国全国境内之军队警察，"订明若干年撤去之"，此外，各国在中国境内之军队警察，"除租界外，应撤去之"。（五）《辛丑条约》于所定分年应交之各国赔款，"此后概请停止"，"惟该款仍由中国海关专款存储，以为振兴教育之用"。[②] 这一议案要求全面修改一切有违中国利益的条约、合同，完全不同于民国初期政府宣布继承一切中外旧约的方针。

北京政府为制衡日本、收回德国原在山东的权益及修订不平等条约，希望在和会上得到美国的支持。外交部指示驻美公使顾维钧试探美国的态度。经过研究分析，从 1918 年夏天开始，顾维钧连续向北京政府发回报告，提议中国应该在和会上理直气壮地提出山东问题，不必顾虑被迫签订的中日条

① 石源华：《中华民国外交史》，第 153 页。
② 刘彦：《帝国主义压迫中国史》下册，上海太平洋书店，1928 年，第 167—169 页。

约。在赴巴黎之前，顾维钧向威尔逊总统递交了一份备忘录：（一）中国和其他国家的关系应建立在平等原则基础上；（二）中国的主权与独立应受到签约国之尊重；（三）《辛丑条约》即使不完全废除，也应予以修正。此外，备忘录还强调了两点：一是撤走北京外国使馆卫队和北京至山海关沿线外国驻军；二是鉴于中国财政困难，也为对中国做到公平相待，进口税率应立即提高到 12.5%，作为废除厘金的交换条件。由于废除厘金需要一定时间，应先将外国物品进口税切实提高到 5%。① 威尔逊接见顾维钧时，表示了"美国的同情态度"。② 顾维钧根据驻美公使馆小组的研究结果，为中国代表团草拟了一项计划，包括"二十一条"和山东问题、归还租借地、取消在华领事裁判权、归还在华各地租界、撤走外国军队、取消外国在华设立的邮电机构、恢复中国关税自主等。③

　　1919 年 1 月 18 日，巴黎和会开幕。会议设立了由美、英、法、意、日五个强国的首脑和外长组成的最高会议，即"十人会"，后改组为美、英、法、意四国首脑组成的"四人会"，重大问题实际上均由他们决定。会议主席为法国总理克里蒙梭，美国务卿兰辛、英首相劳合·乔治、意总理奥兰多和日本全权代表西园寺公望担任副主席。中国派出五十二人的代表团，首席代表为外交总长陆征祥，其他几位为驻美公使顾维钧、驻英公使施肇基、驻比公使魏宸组，以及南方军政府代表王正廷。由于会议将中国划为第三类国家，只能有两个代表名额，以致五位中国代表只得轮流出席。

　　谋求国家独立自主是中国举国的期盼，也是中国参加巴黎和会的主要目的。中国代表团根据国务院的基本要求，于 4 月中旬向大会提交《中国代表提出希望条件说帖》，说帖指出："中国自二十世纪初，在政治、行政、经济方面都有改革和进步，民国以来，进步尤为卓著。"但由于不平等条约等国际障碍，自由发展被限制。这些障碍中，"有本为昔日从权待变之办法，今事过境迁而因循未改者，亦为近日不合法律公道之举动所迫成者"。如果这种情况长此不变，必致滋生龃龉之端。中国"冀依主权国所不可少

① 中国社会科学院近代史研究所译：《顾维钧回忆录》第 1 分册，第 168—169 页。
② ［美］波赖著，曹明道译：《最近中国外交关系》，第 43 页。
③ 中国社会科学院近代史研究所译：《顾维钧回忆录》第 1 分册，第 170—171 页。

之土地完整、政治独立、经济自由诸原则"，纠正以上问题，消除发展障碍。[①] 说帖分放弃势力范围、撤退外国军队警察、裁撤外国邮局及有线无线电报机、撤销领事裁判权、归还租借地、归还租界、关税自主权等七项。内容主要如下：

第一，舍弃势力范围。希望有关系各国重视中国主权及相互通商利益，声明在中国没有势力范围，也没有提出此项要求之意，并声明"从前所订一切条约、协议、换文、合同，凡因之而授予领土上之专有利益以及优先或独得之让与及权利、特权足以发生势力范围而妨及中国之主权者，或可解释为有授予之意者，并愿与中国磋议修改"。

第二，撤销外国军队、巡警。立即撤退所有无法律根据而驻在中国的外国军队；"凡根据该两款而驻在中国之使馆卫队暨外国军队，即自平和会议日起，一年以内悉行撤退"。关于巡警，主要是要求撤去设于南满没有条约依据的日本巡警。

第三，裁撤外国邮局及有线无线电报机关。中国邮局已能完全自我胜任，根据独立国之通例，国内不应有他国邮政机关。外国有线、无线电报机关，"应由中国政府给价收回"。"自 1921 年 1 月 1 日起所有外国邮局一律撤去，此后非经中国政府明白允许，不得再在中国领土上设立有线、无线电报机关。"

第四，撤销领事裁判权。在领事裁判权实行撤废之前，中国要求有约诸国立为下列两项之许可：一是华、洋民刑诉讼，被告为中国人，则由中国法院自行讯断，无庸外国领事观审参预；二是中国法院发布之传拘票、判决书，得在租界或外国人居宅内执行，无庸外国领事或司法官预行审查。中国则承诺在 1924 年底以前，颁行五种法典，在前有各府城设立审判厅。各国则承诺将其领事裁判权及设在中国之特别法庭一并放弃，并在领事裁判权实行撤销以前，执行以下办法：一是华、洋民刑诉讼，被告为中国人，则由中国法庭自行审判，无庸外国领事或代表参与讯断；二是中

① 《附录　中国代表提出希望条件说帖》，中国社会科学院近代史研究所《近代史资料》编辑室主编：《秘笈录存》，第 154 页。

国法庭所出之传、拘票及判决者，得在租界或外国人居宅内执行，无庸外国领事预先审查。

第五，归还租借地。租借地都在形势扼要之处，为国防之障碍，有如在一国之中另立多国，危及中国领土之完整，也有损各国在华工商业门户开放之原则。中国政府承诺各国舍弃租借地，中国在保护界内业主权利及治理等方面，必当恪尽义务。

第六，归还租界。"中国近来于地方自治大有进步，如租界收回，尽可担负切实治理之责任。"中国深望各国将租界归还中国。"在实行归还以前，中国政府愿租界内治理之章程稍加更改，裨中国居民可得平允之待遇，亦可为最后归还之准备。"此项更改之处，与有约各国人民之权利毫无损害，如：中国人民在租界内得购置地亩，与外国人民无异；中国人民居住租界者，得有选举工部局董事及被选举之权；租界外之中国主管法庭所发之传、拘票及判决，应在租界内执行，不得由外国官长审查；凡租界内华人互控案件，不得由外国会审官参与审断。

第七，关税自由权。"依据万国联合会之宗旨目的，中国应有改定税则之权利。"此两年内，中国愿与各国磋商，就各国所最注意之货品，按照下列条件另订新税则：凡优待之处，必须彼此交换；必须有区别，奢侈品课税须最重，日用品次之，原料又次之；日用品之税率不得轻于 12.5%，以补1902 至 1903 年商约所订废止厘金之短收；新条约中所指定期限，期限届满时，中国不特可自由改订货物之价目，并可改订税率。中国还承诺以废止厘金为交换条件。①

希望条件体现了中国要求全面废除不平等条约的愿望，是正当的，其理由也是充足的。但大会认为，说帖不在和平会议权限以内，建议留待日后成立的国际联盟处理。1919 年 5 月 6 日，和会议长正式通知中国，会议充量承认中国所提问题的重要性，但不能认为在和平会议权限以内。

---

① 《附录 中国代表提出希望条件说帖》，中国社会科学院近代史研究所《近代史资料》编辑室主编：《秘笈录存》，第 124—149 页。

二、 拒签对德和约

收回德国原在山东的权益，废止中日"民四条约"，是中国最迫切的要求。因此，北京政府在巴黎和会上积极提出交涉山东问题，最终因山东问题没有得到解决而拒签对德和约。

最初，北京政府并未直接提出山东问题，而是将此问题包括在各项希望条件范围之内，因为如果和会允许此议案，山东问题自然解决。由于该提案被日本探悉有统一铁路之项目，"百计图谋，设法由中国自动取消"。不久，国内交通总长曹汝霖、铁路协会梁士诒等人极力反对铁路统一案，称："英美两国主张我国之铁路统一，将由列强协同管理，没收我国铁路，外交委员会之统一案，即堕英美之阴谋。"① 国务院不得不再次致电陆征祥，要求他们暂时不提出该山东问题。陆征祥等按照国务院的训令，把山东问题列为我国提出和会之希望条件之一。②

日本利用欧战之隙，胁迫中国签订了 1915 年 5 月 25 日中日"民四条约"及 1918 年的中日军事协定，制造了悬而未决的"山东问题"。由于这一问题与欧战爆发有关，北京政府坚持把它作为国际性问题，而非单纯中日间的问题提出于国际性会议，以求公断裁决。在巴黎和会召开前，日本多方阻挠中国提出山东问题于和会，但中国仍把山东问题作为最主要的问题提出。当和会决定根据所谓的中日条款及换文把德国原在中国山东的一切权利转让给日本时，中国代表坚持保留山东条款。日本驻华公使小幡酉吉忽然向北京政府施加压力，提议由中日互换文件，声明日本将来交还山东之意。但中国代表团识破其阴谋，力主避免中日直接交涉，要求"政府镇静行事，不必多此一举"，指出日本的行动为"釜底抽薪之挑逗手段"，企图使中国自乱外交步骤。当中国争取保留之权仍被和会拒绝后，中国代表乃毅然拒签对德和约，使日本不能合法继承德国原在中国山东的权益。

1919 年 1 月 27 日上午，和会"十人会"讨论德国殖民地处理问题。下

---

① 刘彦：《帝国主义压迫中国史》下册，第 167—169 页。
② 李育民：《中国废约史》，第 270—271 页。

午，中国代表顾维钧和王正廷列席最高会议。日本代表牧野伸显在会上提出德国应无条件地向日本让与其在太平洋上赤道以北的岛屿和在中国山东的一切权益。他还提到日本已同英、法、俄、意就上述要求达成秘密谅解，这四个国家都支持日本的要求。28 日最高会议继续开会，听取中国代表的意见。顾维钧指出：出于历史、地理、文化等方面的原因，根据和会所承认的民族领土完整的原则，胶州租借地、铁路和德国在山东的其他权益应当直接交还中国。牧野当即争辩说，胶州湾自被日本占领后，事实上已为日本领属，更何况中日两国对于胶州租借地和铁路问题已有成约。

1919 年 1 月 28 日，五国会议讨论太平洋岛屿问题。日本向高等会议提交青岛问题，日本要求青岛各权利完全让与日本。因关系中国领土，美国主张中国代表出席会议。顾维钧、王宠惠出席此次会议。顾维钧陈述山东问题，着重从以下两方面展开论述：（一）山东因历史、人种、宗教、风俗、语言、国防等关系，与别种岛屿不同，应令德国将所租青岛及胶济铁路及附属权利，完全直接归还中国。（二）所有中日在欧战期内所订条约、换文、合同等，因中国加入战团，情形变更，该项条约等均为临时性质，须交大会决定等。① 各国代表对顾维钧的陈述表示同情，日本深为不满。

日本向中国提出抗议。2 月 2 日，日本驻华公使小幡酉吉会见中国代理外交总长陈箓，认为中国代表顾维钧未得日本同意，告诉新闻记者中国方面愿意随时将中日之间关于山东问题的秘密协定公布，违反了外交惯例，漠视日本的体面。② 2 月 10 日，中国外交部发表声明，强调"顾本国之利益，为正确之主张，为今日国家独立自存应有之义，他国绝无干涉之理"。③

2 月 14 日，中国代表向大会提出一份关于山东问题的议案，第一部分，一是说帖陈述德国在山东所享各项权利之性质与范围；二是陈述日本以兵力占据之历史；三是要求前项权利全部归还之理由；当初是应由大会直接归还之理由。第二部分有附件十九件，当初中日为中立问题往来之公牍与二十一款

① 《法京陆专使电》，1919 年 1 月 28 日，中国社会科学院近代史研究所《近代史资料》编辑室主编：《秘笈录存》，第 72 页。
② 王芸生编著：《六十年来中国与日本》第 7 卷，第 268 页。
③ 王芸生编著：《六十年来中国与日本》第 7 卷，第 272 页。

之原文，1915 年中日条约换文，1918 年 8 月间所订合同及换文等。第三部分为专备山东铁路及中国海线图各一张。[①] 中国代表要求将胶济租借地、胶济铁路和德国在山东的其他权益一并直接交还中国。该提案陈述了这个问题的来龙去脉和中国要求直接归还的正当理由。提案还附上中德、中日之间关于山东问题交涉的近二十份文件。后来中国代表又向大会提交废除"民四条约"的议案，指出该条约破坏了中国领土的完整和政治的独立，它是日本胁迫中国的结果。

山东问题与 1915 年中日签订的条约密切相关。因此，中国代表向会议提出了《废除 1915 年中日协定说帖》，这是中国所要达到的主要目标。在说帖中，中国代表从各个角度详尽阐述了废除该约的理由。最后作如下概括：（一）因该约全因欧战发生，而条约中所拟定之事件，其解决之权利，完全属诸和会。和会可以废除 1915 年协定。（二）因该约违反各协约国所坚持之信条，即所谓公道正义。（三）该约破坏中国领土与政治独立，而这是英、法、俄、美与日本所担保的。（四）该约系日本先以恐吓，继以最后通牒逼迫中国签订。（五）"该约并未定局"。[②] 顾维钧指出："该条约系中国于日本提出最后通牒后被迫签订的。至于 1918 年 9 月换文，只是该条约的继续。和平时期的条约，如系以战争威胁迫签，则可视为无效，这是公认的国际准则。"[③]

至 4 月中旬，列强又对山东问题进行讨论。这期间中国代表曾向美、英、法、意等国恳求支持。如 1 月 30 日，中国代表陆征祥拜会法国总理，法国总理表示在青岛问题上法日之间已有成约，所以法国不能支持中国的要求。3 月 26 日，顾维钧拜会美国总统，讨论胶州铁路问题，顾维钧强调该铁路对中国生存和东亚和平的重要性。美国总统表示此事可在和约上作出规定。1919 年 3 月 8 日，中国代表团向大会提交《中国提出德奥和约中应列条件说帖》，声明中国希望使各国从前用威吓手段或用实在武力向中国获得之

---

① 《法京陆专使电》，1919 年 2 月 14 日，中国社会科学院近代史研究所《近代史资料》编辑室主编：《秘笈录存》，第 93 页。

② 《附录　中国代表提出废除 1915 年中日协定说帖》，中国社会科学院近代史研究所《近代史资料》编辑室主编：《秘笈录存》，第 198 页。

③ 中国社会科学院近代史研究所译：《顾维钧回忆录》第 1 分册，第 199 页。

领土与权利产业仍归还中国，并除去其政治、经济、自由发展之各种限制。

日本代表则主要对潜在对手美国进行活动。1 月 29 日，日本代表拜访美国国务卿兰辛，指出若和会同意将胶州直接交还中国，日本将唯美国是问，因为这是由于美国不支持日本之故。不久，日本代表在和会的国际联盟委员会上提出一个"种族平等"的提案，其目的是使搞种族主义的美英为难。4 月 11 日，日本提案在该委员会上遭到否决。日本便趁机制造日本将因此拒绝参加国联的空气。为了缓和日本的敌对情绪，美国改变了在山东问题上的态度。本来美国全权代表会议在 4 月 10 日决定了完全同意将山东直接交还中国的规定列入和约，但在 15 日的五国外长会议上，美国代表兰辛提出了将胶州交由五强托管的建议。美国的这一让步仍遭到日本的反对。21 日，日本代表拜会美国总统威尔逊时，强调山东问题必须按日本的主张办理。

日本代表在 4 月 22 日的会议上，声称中日两国 1915 年所订的条约和 1918 年的合同与换文并未因中国对德宣战而废止。当劳合·乔治重申其建议时，日本代表立即提出严厉警告，说日本政府已有训令，如果山东问题不能获得圆满解决，日本将不在和约上签字。威尔逊在发言中说，关于胶州问题，中国与日本在 1915 年订立了条约和交换了换文，后来在 1918 年 9 月又有新的换文，这些文件都同意了日本在山东的权利，特别是后者，中国方面使用了"欣然同意"一词，而且英法等国也与日本订立协定，同意了日本的有关条件，所以中国对德宣战不能取消中日间的成约。威尔逊还强调所谓条约的神圣性。劳合·乔治提出两种解决办法，一是按照中日条约的规定处理，一是按照英法等国同日本的协议由日本继承德国在山东的权利。中国代表答复说这两个方法都对中国不利，中国不能承认。会议结果决定由英、法、美三国专家组成小组，就劳合·乔治的建议进行研究。

巴黎和会上，英、法都因与日本有密约而支持日本。驻法公使汇报说，法国自胶州问题决定后，"法外交总长密嘱其机关报，有不可随便登载中国方面与日本有关系之新闻，日本究竟强国云云。往往于我有利之新闻为法检查员禁载，尤可略见一斑"。① 英法代表在 4 月 25 日 "四人会议" 上都表示有支持日本在山东权利的义务，英国代表还打算同日本商谈条件。4 月 30 日，日本同意口头声明：日本的政策是将山东半岛的完全主权交还中国，只保留原来给予德国的经济利益，并在青岛建立一个居留地。5 月 6 日，和会大会宣读对德和约草案，中国代表提出正式抗议，声明对关于山东条款持保留态度。北京政府认为，若不签字，"不惟有负各国调停之苦心，抑且不啻自绝于国际联盟之保障，各国将来更难过问"。② 5 月 24 日，国务院通电各省，说明其理由。此后北京政府外交部连连电告代表团：国内局势紧张，人民要求拒签，政府压力极大，签字一事由陆总长自行决定。③ 中国代表团曾在 5 月 26 日正式通知大会主席，要求保留的权利。虽经再三努力，仍遭到拒绝。

《凡尔赛条约》（对德和约）于 6 月 28 日签字。其中第一百五十六条至第一百五十八条规定日本继承德国在山东的权益。中国代表团一再让步都没取得任何成效，只好拒绝在和约上签字，同时发表声明："媾和会议，对于解决山东问题，已不予中国以公道，中国非牺牲其正义公道爱国之义务，不能签字。"④ 拒签当天，陆征祥、王正廷、顾维钧、魏宸组电告政府，引咎辞职。

7 月 10 日，北京政府发布大总统令，解释中国拒绝签字于巴黎和会对德和约的原因。中国代表虽然没有在对德和约上签字，但在 9 月 10 日签订了《圣日耳曼条约》（对奥和约）。该条约涉及中国的条款，除了没有山东问题外，其他各条类似于对德和约的规定。由于中国在对奥和约上签了字，中国仍为国际联盟创始国。

1919 年 9 月 15 日，北京政府发布大总统布告，声明中国对德国战事状态结束。说明中国 1917 年对德宣战，"主旨在乎拥护公法，维持人道，阻遏

---

① 《法京陆专使电》，1919 年 5 月 6 日，中国社会科学院近代史研究所《近代史资料》编辑室主编：《秘笈录存》，第 150 页。

② 《巴黎会议关于胶澳问题交涉纪要》，第 7—8 页。（出版信息不详）

③ 中国社会科学院近代史研究所译：《顾维钧回忆录》第 1 分册，第 206 页。

④ 王芸生编著：《六十年来中国与日本》第 7 卷，第 353 页。

战祸，促进和平。自加入战团以来，一切均与协约各国取同一之态度"。现在欧战告终，各国对德战事状态已告终，"我国因约内关于山东三款未能赞同，故拒绝签字。但其余各款，我国固与协约国始终一致承认。协约各国对德战事状态既已终了，我国为协约国之一，对德地位当然相同。兹经提交国会议决，应即宣告我中华民国对于德国战事状态，一律终止"。①

三、 中国参会的影响

中国拒签对德和约后，在国内外引起强烈反响。荷兰有舆论认为："中国不签字，在事实上虽不能大有改变，但此反响之来，足证宣示国民反抗山东问题之烈。中国亦知与日本直接磋商不能有如何结果，故不愿就。"② 美国国内舆论对中国表示同情，认为威尔逊总统在山东问题上对日本让步，以期日本加入国际联盟，实属铸成大错。中国拒绝签字比保留为善，且有助于中国之国际地位的提升。③ 施肇基于 1919 年 7 月 9 日向外交部汇报，英国《泰晤士报》登载消息称，中国拒绝签署对德和约，殊非实际上有难堪之处，而实因预防将来之矛盾起见，认为中国对于此次和约不满意之处，缘于"关于中国各条文字句太泛茫无规定，恐有伸缩之虞。将来日本倘恃其较强之武力，任意解释条文，足以制中国之死命。盖此种事端，中国已有经验，故列强对于中国此次不签字之举，虽信其出于误会，然亦大可原谅"。④ 8 月 17 日，施肇基再次报告，《孟才士打卡丁报》8 月 15 日的社论题目为《中国与日本》，其中有日本内田子爵对日本人的告诫：此次欧战，日本加入战团非为民主主义起见。社论指出，日本加入战团，一是为蚕食中国疆土，力求日本领土之拓张；二是为乘机要挟协约国扶助日本在华之野心，因此有英日、法日密约的签订。日本已声明将来将山东归还中国，但所谓归还者，尚带有

---

① 《专电》，《申报》1919 年 9 月 16 日。

② 《驻和唐公使电》，1919 年 7 月 1 日，中国社会科学院近代史研究所《近代史资料》编辑室主编：《秘笈录存》，第 226 页。

③ 《驻美容代办电》，1919 年 7 月 7 日，中国社会科学院近代史研究所《近代史资料》编辑室主编：《秘笈录存》，第 226 页。

④ 《英京施专使电》，1919 年 7 月 9 日，中国社会科学院近代史研究所《近代史资料》编辑室主编：《秘笈录存》，第 227 页。

最重要的条件：其一，是"须将青岛之商务区域完全交与日本"；其二，是"山东各铁路仍归日本管辖"。社论还指出："现在华人对于日本之感情甚恶，若各处抵制日货风潮，不过全体恶感之见端耳。窃以为和会擅将中国利益让与他人，将来报复恐不能幸免。盖强国与弱国交涉，每置公道于脑后，吾欧实为厉阶。"[①] 这一分析，对欧美国家偏袒日本有指责之意，并开始同情中国的要求。

北京政府采取较灵活的政策提出对奥条件，签署对奥和约，既为修订新的中奥条约作了准备，又为以后加入国联和修约外交奠定了基础。1919 年 3 月 8 日，中国代表团向德奥提出要求条件说帖，声明中国政府的意愿在收回因胁迫而损失之领土与权利产业，并除去政治、经济上自由发展之限制，德奥应批准《万国禁烟公约》。中国所提对德国初步和约中应列入之条件，除山东问题另行处理外，中国的这些要求被列为"对德和约"第一百二十八条至第一百三十四条。对奥和约应列条件除青岛及钦天监仪器问题外，内容与前者略有区别，包括取消义和团事件奥国所得之一切权利与赔款、奥国租界由中国无条件收回、战时被遣送之奥侨及被处分之财产奥国政府不得过问、中奥未订新约前在华奥国人照无约国人民看待、从前中奥两国所有一切条约因宣战俱归无效等。[②] 奥国政府就中国所提五款要求逐一提出修正，中国代表对奥国修正案提出强烈抗议，并拒绝接受。中国的要求最终被列入"对奥和约"之第十三条至十七条。9 月 10 日，中国代表陆征祥在巴黎签署了对奥和约。

中国的废约要求虽遭到和会拒绝，但这是中国第一次在国际舞台上公开提出修改不平等条约的要求，开创了修约外交的新局面。尽管列强未与理会，但毕竟作了一些许诺，威尔逊还对陆征祥、顾维钧表示："我以为将来联合会中协助中国之计，应先将各国对于中国所有不平等之权利，如领事裁判权及势力范围等，设法取消。我并可为诸公告者，此次各国，对于中国实有同情。即英法两国，对于山东问题议决之办法，虽不能不如此，而于将来

---

① 《英京施专使电》，1919 年 8 月 17 日，中国社会科学院近代史研究所《近代史资料》编辑室主编：《秘笈录存》，第 228—229 页。

② 刘彦：《帝国主义压迫中国史》下册，第 202—203 页。

联合会中颇有愿为协助之意。即日本牧野亦有关于领事裁判权等办法，愿与他国一致之言。"① 这对顾维钧等人提出修约要求是一种鼓舞。此外，这是中国政府第一次正式全面提出废约要求，由此启动了中国的修约、废约交涉，开创了中国废约斗争史上的新局面。②

巴黎和会所建立的凡尔赛体系是一个帝国主义的国际秩序，充满了勾心斗角的矛盾和斗争。这些矛盾和斗争，对中国的废约斗争产生了重要的影响。中国拒绝签字之后，对其他小国产生了直接的激励作用，罗马利亚与捷克—克罗地亚也不签字，等待本国指示，这显然是受中国的鼓舞。③ 其他国家的努力，又鼓舞了中国的废约斗争，如匈牙利的条约中"有废除不平等条约的条款，这一项对中国很重要"。④

在与日本的争执中，1918 年前的中日密约、其他国家与日本签订的关于中国的密约全部被披露出来，这不仅使日本的侵华野心暴露无遗，而且激起了中国人民的极大愤慨。中国拒签对德和约，使得日本获得的权利缺乏合法性，从而为中国此后收回德国在山东的权益奠立了基础。而日本坚持条约特权的顽固态度，使得山东和"二十一条"等问题成为中日间的悬案，从而更激发了中国人民废除不平等条约的斗志，开启了随之而来的以此问题为中心的废约交涉。

不论从国内还是从国际上来看，巴黎和会是中国反对、废除不平等条约斗争史上的一个转折点。民众的意见显示了它的力量和作用，政府交涉与国民外交开始了初步的结合。在民气的激励下，中国参会代表表现出前所未有的勇气，最终以民意为依归做出抉择，毅然拒绝签字。巴黎和会中国代表之一的王正廷，曾对此作了分析，认为中国百余年外交大失败之后，在巴黎和会上表现出"第一次之进步"，产生了前所未有的效果。在国内，"国民觉知强权虽强亦不能全灭公理，宜力图自决，起为废约运动"。列强也"知中国民族既有自决之心，足为外交后盾"，对中国刮目相看。列强感到，中国

① 王芸生编著：《六十年来中国与日本》第 7 卷，第 340—341 页。
② 李育民：《中国废约史》，第 307 页。
③ 上海市档案馆译：《颜惠庆日记》第 1 卷，第 912 页。
④ 中国社会科学院近代史研究所译：《顾维钧回忆录》第 1 分册，第 215 页。

"终究非可轻侮，未可蔑视"，"未能再以胁迫从事"，开始改变对华政策，"一变其强权压迫之态度，而为亲善诱惑之态度"。此"可谓外交上之一大转机。而嗣后修改不平等条约及挽回主权之运动，遂得逐渐收效"。①

---

① 王正廷：《近二十五年中国之外交（续）》，《国闻周报》第 4 卷第 28 期，1927 年 7 月 24 日。

第四章　新约议订与平等条约关系的发展

北京政府为达到废除不平等条约的目的，或采用集体谈判的修约方式，或采用国别对待策略与各国单独磋商交涉，修订旧约或签订平等新约。在这一过程中，北京政府意识到"以中国一个处于被压迫的弱国地位，与多个甚至十数个压迫中国的国家于一室谈判修改不平等条约，无异于虎口索食"，①而且不仅不能"以夷制夷"，反而导致"众夷制华"的局面，不如国别谈判来得主动，因而又采取与相关国家单独交涉订约、修约的策略，以达到修废不平等条约的目的。对待要求与中国签订条约的无约国，北京政府坚决不再给予片面特权。1921 年 5 月，外交部曾训令驻美、英、法等国公使，与驻在国接洽，进行废除领事裁判权的直接谈判。北京政府分别与英国进行了关于西藏、片马、威海卫的交涉，与法国进行归还广州湾的交涉，与日本进行归还胶澳租借地的具体办法和索回旅大交涉。1927 年 1 月 12 日，北京政府派遣代表至有关各国驻华公使馆，提出收回天津各国租界问题，并与英国展开了谈判。北京政府还与苏俄交涉，与多个无约国谈判订约，这些交涉在很大

①　石源华：《中华民国外交史》，第 258 页。

程度上动摇了不平等条约体系。

第一节　《中德协约》的议订

中国因参战宣布废止中德、中奥条约，一战结束后，中国与德、奥处于无约国状态。中德、中奥订立新约，成为各自的需求。1919 年 1 月 18 日，中国代表团以战胜国身份向巴黎和会大会提交《中国提出德奥和约中应列条件说帖》，表示："中国政府之意愿，大要在使从前用威吓手段或用实在武力，而向中国获得之领土与权利产业，仍归还中国，并除去其政治、经济、自由发展之各种限制。"① 对德具体条件为九款，主要内容是：（一）中、德两国间之条约，因战事而废止。"其中以胶澳租借权利暨关于山东省之路矿权之让与，以及他项权利优先权为尤著。"中国"立意于收回胶州租借地之后，立即开放青岛及山东省内他处合宜地方，俾外人贸易居住"。（二）以后新订通商修好条约，应以中德平等交换之原则为根据，德国应舍弃最惠国之待遇。（三）德国脱离 1901 年 9 月 7 日订立的《辛丑条约》。（四）德国割让其在中国境内之公产。（五）赔偿中国人民之损失。（六）保留要索战事赔款之权利。（七）缴还战俘之收容及养赡费用。（八）归还天文仪器及他项美术物品。（九）担任批准 1912 年 1 月 23 日之《万国禁烟公约》。② 条件中提出的各项要求，都与不平等条约有着直接或间接的关系。

巴黎和会大体上按中国的条件作出决议，基本上满足了中国的条件。除山东问题另行处理之外，其余各条件列入"对德和约"的第一百二十八条至第一百三十四条，其中规定：德国将《辛丑条约》连同补充之一切附件、照会及文件所规定之特权及利益放弃，还与中国，并将 1917 年 3 月 14 日以后按照该议定书规定的任何赔偿要求同样放弃；除山东问题的规定之外，德国

---

① 《附录　中国提出德奥和约中应列条件说帖》，中国社会科学院近代史研究所《近代史资料》编辑室主编：《秘笈录存》，第 110 页。

② 《附录　中国提出德奥和约中应列条件说帖》，中国社会科学院近代史研究所《近代史资料》编辑室主编：《秘笈录存》，第 110 页。

将在天津及汉口之德国租界，或在其他中国领土内所有属于德国政府之房屋、码头及浮桥、营房、炮台、军械及军需品、各种船只、无线电报之设备及其他公产等让与中国，但不包括外交官或领事官所使用的住宅或办公处所；将 1900 年至 1901 年德国军队由中国取去之所有天文仪器，"自本条约实行后 12 个月期间内归还中国"；德国取消得自中国政府现有汉口及天津租界之契约，中国在汉口、天津德国租界内已完全恢复行使主权等等。①

在日本及其盟国的阴谋下，德国放弃的权利并未完全归还中国，列强对中国应收回的某些权利仍作了限制和剥夺。例如，第一百三十条规定，中国政府未经《辛丑条约》有关各国外交代表同意，"不应采用任何办法以处理在北京所谓使馆内德人之公私财产"；第一百三十二条规定，德国取消汉口、天津租界后，将其开放为各国公共居留及贸易之用，"并不影响协约及参战各国人民在此等租界所持产业之权利"；第一百三十四条规定，"德国将其在广州沙面英国租界内之国有财产放弃以与英国政府，并将其在上海法国租界内之德国学校财产放弃以与中法两国政府"。②

巴黎和会在山东问题上则完全否定了中国的要求，《凡尔赛条约》第一百五十六条规定："德国将按照 1898 年 3 月 6 日与中国所订条约，及关于山东省之其他文件所获得之一切权利、所有权名义及特权，其中关于胶州领土、铁路、矿产及海底电线为尤要，放弃以与日本。"所有青岛至济南铁路之德国权利，其中包含支路，"连同无论何种附属财产、车站、工场、铁路设备及车辆，矿产，开矿所用之设备及附属之权利、特权及所有权，亦为日本获得，并继续为其所有，各项负担概行免除"。第一百五十七条规定，在胶州领土内之德国国有动产及不动产，以及关于该领土内德国因直接或间接负担费用、实施工程或改良而得以要求之一切权利，"均为日本获得，并继续为其所有，各项负担概行免除"。③

---

① 《协约及参战各国对德和约（凡尔赛条约）》，世界知识出版社编：《国际条约集（1917—1923）》，第 131—132 页。

② 《协约及参战各国对德和约（凡尔赛条约）》，世界知识出版社编：《国际条约集（1917—1923）》，第 132 页。

③ 《协约及参战各国对德和约（凡尔赛条约）》，世界知识出版社编：《国际条约集（1917—1923）》，第 137 页。

为订立平等新约，避免丧失权益，1919 年 3 月 12 日，北京政府各相关部门派代表在税务处商讨与德、奥订定通商条约事宜。17 日，各部门共同提出《筹备德奥商约事请先将主旨决定由》说帖，交国务院。23 日，国务院会议决定：德奥前订各约作废，以对等地位另订条约，撤废领事裁判权，取消协定关税。25 日，外交部将此决议电告陆征祥，指出，从前中国与各国缔结条约，多为片面的不平等条约，其中尤其以领事裁判权、关税协定为害最为严重，中国现今要与德、奥重新建交，自应另订公平条件，最应注意的关键点在于"领事裁判权之撤废，则内地必准令杂居；欲关税协定法之取消，则厘金必允予减免，此二者必须熟权利害，斟酌至当"。① 拒签巴黎和会对德和约后，北京政府饬令外交部，须于 8 月 14 日开始，召集院、部及有关各机关，派员组织临时委员会，讨论对德善后办法。7 月中旬，颜惠庆派使馆秘书张允恺与德国方面接触。

由于中国拒绝在对德和约上签字，从法律上讲两国战争状态尚未解除，于是北京政府通过另一种方式解决这一问题。根据出席巴黎和会代表的意见，1919 年 9 月 15 日，北京政府颁布大总统布告，宣布中德战争状态告终。9 月 18 日，又颁布大总统令，明确宣布，鉴于对奥和约中国已经签字，"对德奥战争状态业已完全解除，惟宣战后对德奥人民所订各项章程，非有废止或修改之明文，仍应继续有效"。② 10 月初，陆征祥派代表团成员外交部参事刘崇杰到德国接触。

1920 年初，德国向北京政府提交中德订约节略一件，其主要内容是：希望中德恢复和平邦交，德国政府愿照新的主义与中国订约，特别是注重商务；在双方未订新约前，德国政府请中国政府本着互相主义规定临时办法，如：取消处置敌国人民及其私产之条规，并停止执行战时条例，准许两国商民自由往来贸易、函电；德国政府进出口商务，按照中国政府上年 8 月 1 日新税则纳税；对在德华侨，德国政府允照最优国对待，等等。外交部对德国所提要求进行研究后，对德国提出的海关税则问题非常不满。随后，外交部

---

① 《电法京陆专使》，1919 年 3 月 25 日，台北"中研院"近代史研究所档案馆藏北洋政府外交部档案，馆藏号：03—23—042—01—020。

② 《大总统令》，《政府公报》第 1301 号，1919 年 9 月 19 日。

对德国提出说帖，强调税务一项，中国无论与何国订约，均须按照中国国定税率办理。3月9日，颜惠庆与德国外交部官员克里平非正式晤谈，克里平表示暂时同意尊重中国关税自主，并承认中国对外国人的法律管辖权。

为尽快与中国订立新约，1920年7月，德国政府代表卜尔熙抵达北京。9月8日，双方在北京举行谈判仪式，王景岐宣布中国要求：德国全盘承担《凡尔赛条约》义务，德国应同意放弃领事裁判权、废止最惠国地位、如《凡尔赛条约》第一百三十条所述放弃北京使馆区操场产权、赔偿中国拘禁德国军人及部分平民之俘虏收容费用。

德国在与中国交涉订立新约的过程中，仍秉承一战时期的宗旨，愿意将德国原在山东的一切权益归还中国。1921年5月20日，德国政府代表卜尔熙就恢复中德友好关系致外交总长颜惠庆照会，称愿意恢复中德之友谊及通商关系，将德国在山东的一切权益归还中国，声明："允认取消在华之领事裁判权，抛弃德国政府对于德国驻京使署所属操场上之全部权利于中国，认明威塞条约一百三十条第一项中所载之（公产）字样系赅括该地而言。并准备将中国各处收容德国军人之费，偿还中国政府。"①

1921年5月20日，《中德协约及其他文件》（《中德协约》）在北京签订。《中德协约》取消了德国在华享有的特权，是近代以来中国与西方大国签署的第一个平等新约。《中德协约》包括声明和协约等，主要内容包括：（一）德国声明抛弃因与中国订立1898年3月6日条约及其他关于山东省文件而获得的一切权利、产业权、特权，取消在华协定关税权、领事裁判权以及在北京使馆区享有的特权。（二）两国互派正式外交代表，互享国际公法所承认的一切权利。（三）两国人民互有游历、居住和经营工商业的权利，惟以第三国人民得游历、居住及经营工商业之地为限，其生命财产均在所在地法庭管辖之下，须遵守所在地之法律，其应纳之税捐租赋，不得超过所在国本国人民所纳之数。（四）两国各有关税自主权，惟人民所办两国间或他国所产之未制已制货物，其应纳进口出口或通过之税，不得超过所在国本国

①《德国政府代表卜尔熙关于恢复中德友好关系致外交总长颜惠庆照会》，1921年5月20日，中国第二历史档案馆编：《中华民国史档案资料汇编》第3辑《外交》，第952页。

人民所纳之税率等。①

同日，双方还通过互换公函，对于赔偿、财产清理以及在华德人的司法待遇作了规定。

1924 年 6 月 6 日，中德在北京互换《解决德华银行事务换文》。6 月 7 日，中德互换《解决中德战争赔偿及债务问题换文》，对于中德间的所有索偿要求作了最后解决。至此，中德间的战争赔偿、财产清理及债务诸问题都得以最终解决。②

随后，德国发表山东问题声明：因战事及《凡尔赛条约》规定，失去将山东权利产业归还中国之能力。德国的声明强化中国对山东问题之立场，对日后中日谈判大有益处。总体而言，中国拒签巴黎和会对德和约，不仅对山东问题有利，对中德单独谈判签订新约也大为有利。

《中德协约》规定德国不能在中国享有片面最惠国待遇、治外法权、协定关税，是完全平等互惠的条约，成为日后中外订约的范本，在很大程度上动摇了列强在华条约特权地位。

第二节　中奥《通商条约》的签订

中国在巴黎和会对奥提出的和约条件，与对德和约大致相似。1919 年 3 月 8 日，中国在巴黎和会上提出对奥要求，具体内容如下："中奥两国间之条约，因战事而废止；以后新订通商修好条约，应以中奥平等交换之原则为根据，奥国舍弃最惠国之待遇；奥国脱离《辛丑和约》；奥国割让其在中国境内之官产；赔偿中国人民之损失；保留要索战事赔偿之权利；缴还战俘收容及养赡之费用；担任将海牙所订万国禁烟公约画押批准。"③

巴黎和会大体上按照中国提出的条件，拟定了和约草案，但随后横生枝

---

① 王铁崖编：《中外旧约章汇编》第 3 册，生活·读书·新知三联书店，1962 年，第 167—175 页。
② 王铁崖编：《中外旧约章汇编》第 3 册，第 442—449 页。
③ 《附录　中国提出德奥和约中应列条件说帖》，中国社会科学院近代史研究所《近代史资料》编辑室主编：《秘笈录存》，第 112 页。

节。奥匈帝国解体后新成立的奥地利，自称为"新立之国，非前奥匈帝国脱胎"而来，又提出和约修正案。① 修正案对于有关中国的五款，"变更亦多"，除一款修改尚少外，"其余四款，殆有推翻根本之意。以视原文，出入颇巨"。主要有：（一）《辛丑条约》所定赔款，应按照相应比例，将该赔款一部分分与奥地利。（二）将来对于奥地利人之待遇，"不逊于国际联合会各国人民普通享有之待遇"。（三）奥租界各种公产的所有权利让与中国，但"须得公平之赔款"，并按相应比例将该赔款一部分分与奥地利，且外交官、领事官居住或办公所有房屋暨前奥匈海军军队所驻营房等，"不在前项让与之列"；北京使馆界内的奥匈帝国之公私财产，未经《辛丑条约》订约各国允许，以及预先通知奥地利，"中国政府不能有所处置"。（四）收回天津奥租界地面完全主权之后，中国政府宣言愿"开放该地，任各国居住经商"；并宣言不因该租界之租约废止而改变奥人在该租界的产业权。（五）奥地利人在中国所有动产、不动产，均应保全。如已变卖，应将赔款给与业主；其奥地利人在华之被拘禁及遣送，以及奥船在华之被收没，中国应考虑赔款。②

中国代表对奥国方案严词驳斥，阐明中国的立场：如允将庚子赔款一部分分归奥地利，"则其他承受奥匈帝国领土，如义、罗、赤、波等国，势必援例要求一律分给"。而且，"敌国犹允，共事国更难谢绝，是取消赔款一层将徒为虚名，无裨中国"。"即是对大中华民国恢复最惠国办法，与中国要求取消中奥条约之用意全然相反。"对奥地利其他各项要求，也一一反驳，并提出"原案各款大纲与德约相同，经五国同意在前，并非苛待奥国，故望一律主张否认，仍坚持原案"。③ 大会最后仍维持中国原提草案。

在交涉对奥和约的过程中，意大利突然提出"接租"天津奥租界的要求，理由如下：（一）津租界意大利最小，不敷居住。奥租界毗连意租界，有桥直达华界，意得之，可兴商务。（二）奥界多水坑，如不料理有碍卫生，意得之，可予以整顿。（三）意大利不欲强租奥界，愿请五国公平估价，由

---

① 李育民：《中国废约史》，第 304 页。

② 钱泰：《中国不平等条约之缘起及其废除之经过》，台北"国防研究院"，1959 年，第 125 页。

③ 《法京顾专使电》，1919 年 8 月 14 日，中国社会科学院近代史研究所《近代史资料》编辑室主编：《秘笈录存》，第 248 页。

奥约赔意款项下扣除。① 此议经五国专门委员讨论，多数反对，意大利遂撤回请求，但提请中国注意几事，即商办重勘奥、意东面交界线，以及奥界卫生和筑坝预防水患等事，经和会转达中国代表。中国代表团极为重视，复函表示："奥租界完全归还中国后，即行举办……中国政府必予以完美之考量。"此事关系到对已收回租界的管理，陆征祥等人认为："此后奥租界管理情形，当为各国所注意。如办理得法，非但可免义人之借口，且于我将来交涉收回租界问题，亦可稍树地步。"② 因此，中国政府应迅速筹划，积极进行。

1919 年 9 月 10 日，中国在《圣日耳曼条约》（对奥和约）上签字。1920 年 6 月 18 日，中国政府批准对奥和约，中奥间废除旧约，两国处于无约状态。奥地利成了第一个放弃在华条约特权的国家。中国签字后，中奥两国恢复和平状态，中国也就成了国联成员国。③

奥国于 1921 年 9 月主动请求订新约。9 月 15 日，驻奥公使黄荣良前往奥外交部商议新约。奥国政府表示，"将勉励促成尽快议定新约"。但因奥国国内的各种原因，直至 1924 年 1 月 25 日才开始议定新约的第一次会议。

北京政府外交部对奥谈判也始终坚持维护主权原则，要求废弃旧约条款，特别是坚持废弃协定关税、领事裁判权、最惠国待遇等条款。北京政府财政部、农商部对关税自主一项尤为重视。1922 年 11 月 17 日，农商部询问外交部，奥国商约是否已在商订中，上海国货维持会请于订约时务必达到国定税则的目的。24 日，外交部答复："吾国现与他国缔结新约，皆取平等相互主义，凡旧约积弊，如协定税则及领事裁判权、最惠国条款等项，均拟概予剔除，以维主权。此次与奥订立商约，亦仍依此宗旨接洽商订。"④ 1924 年 5 月 6 日，外交部电令驻奥公使黄荣良，强调："关税及领事待遇等款，

———————

① 《法京陆专使电》，1919 年 7 月 12 日，中国社会科学院近代史研究所《近代史资料》编辑室主编：《秘笈录存》，第 232 页。

② 《法京陆专使电》，1919 年 7 月 26 日，中国社会科学院近代史研究所《近代史资料》编辑室主编：《秘笈录存》，第 234 页。

③ 李育民：《中国废约史》，第 306 页。

④ 《农商部咨》，1922 年 11 月 17 日；《咨覆农商部》，1922 年 11 月 24 日，台北"中研院"近代史研究所档案馆藏北洋政府外交部档案，馆藏号：03—23—048—03—018、019。

部拟草案均为近订新约主旨，势难迁就。"同时指出，依国际惯例，奥政府"去年在津设领，近复在沪设领"之行为，如果非经双方约定是不能认可的，但中国政府为顾全友谊起见，"特别通融照允"。外交部还指出，由于中奥没有订立商约，"领事职务及待遇均无根据，诸多未便，即希向奥政府声明催订商约，以期设领等问题得早解决"。① 7 月 22 日，外交部分函司法、财政、农商各部，希望各部就各自主管的事项，尤其是奥外交部所提修改之司法裁判问题、财产问题、商标问题等，签注意见。24 日，外交部又函财政部，要求对德国所提财产问题迅予核复。9 月 15 日，司法部复函，表示无任何意见。23 日，财政部复函，分别对奥约草案及黄荣良所提财产问题签注详细意见，表示赔偿军费可与协约国一致，但对欧战期间代垫救济及保护遣送奥侨款项、驱逐舰船款两案，仍请据理力争。24 日，农商部复函，认为约稿大致妥协，但希望外交部对税则平等及商标注册等问题再酌核办理。外交部汇整各部意见，于 29 日拟定《中奥订约议案》，提出阁议。

中奥新约谈判进展顺利，且基本上实现了中国平等订约的要求。1925 年 10 月 19 日，中奥《通商条约》在维也纳签订，共 21 条。根据此条约，奥国在中国不再享有领事裁判权。其中，条约规定两缔约国有互派外交官员之权，此项官员在驻在国得互相享受国际法所承认之一切权利及豁免权："此缔约国在彼缔约国容许他国领事官员驻扎之口岸、商埠，有派驻总领事、领事、副领事、代理领事之权。总领事、领事、副领事及代理领事于未执行职务之前，须请求所驻国政府发给证书，所驻国政府如有正当理由，得将证书收回。两缔约国之总领事、领事、副领事及代理领事，得互相享受依照国际法所有之豁免权及国际习惯上之优礼待遇。此缔约国在彼缔约国境内如任命经营工商业人民为领事官员，此等人民只得任为名誉领事官员。"条约规定，两国人民之民刑诉讼案件均在所在地法庭管辖之下，即"该人民等为行使及防卫自己权利起见，有向所在地法庭声诉之自由，并得与所在国本国人民一体委任律师及代理人"，奥国政府对于旅奥华人"予以完全之保护"，中国政

---

① 《电驻奥黄公使》，1924 年 5 月 6 日，台北"中研院"近代史研究所档案馆藏北洋政府外交部档案，馆藏号：03—23—049—01—002。

府对于奥国在中国之人民"亦应与以同样之待遇"。对关税问题规定，关税税则等事件完全由各该国之内部法令规定，"惟所有两国间或他国所产未制或已制之货物，由两国人民输运进出口者，所缴货税不得超越所在国本国人民应纳之数。凡此缔约国所产之未制或已制各货物输入彼缔约国时，应互相享受平等之待遇"。① 中国对奥国赔偿军费问题未多做坚持；对遣返奥侨费用及驱逐舰定价两案，同意暂时搁置，以换文得奥国承认后磋商。在关税、法权及最惠国特权方面，则始终坚持原则。

综观中奥《通商条约》条文，去除了旧约给予奥国的片面特权，体现了中国坚持的相互平等主义原则。1926 年 8 月 3 日，驻比公使王景岐致函外交部，认为中奥《通商条约》所订各节甚为妥当，"但有效时间定为十年，似嫌过长"。因为近来各国经济变迁，一日千里，难以预料，他建议："嗣后与各国订立商约，如能不预定有效时间，仅订一方如欲废约时，得于事前若干个月预先知照，如此则我国得体察本国经济状况，因时修改，似较有伸缩之余地。否则即定有效时间，亦务求缩短为便。"② 9 月 2 日，外交部复函，肯定了王景岐的这一意见。③

外交部指出，1919 年中国坚持平等订约原则以来，各国大多持观望态度，《中德协约》《中俄协定》仅属原则大纲，内容简略，寥寥数条。而此次中奥《通商条约》二十一款，规定详密，将《中德协约》之原则进一步具体落实，成为日后中国与各国议定新约之先例与蓝本。1926 年 9 月，国际联盟第七届大会在日内瓦召开，适逢中奥《通商条约》生效，中国代表朱兆莘在大会演说中指出，中国久受不平等条约之害，切望旧约已满期或将满期者，重加修正，悉以中奥新约为标准。孟森在《申报》评论 1926 年中国外交时指出："其间有订成较为平等之一国条约，则为中奥通商之约。"④

外国之评论方面，美国外交史家波赖称中奥《通商条约》是北京政府修

---

　① 王铁崖编：《中外旧约章汇编》第 3 册，第 570—573 页。
　② 《收驻比使馆 8 月 3 日函》，1926 年 8 月 21 日，台北"中研院"近代史研究所档案馆藏北洋政府外交部档案，馆藏号：03—23—052—01—001。
　③ 《函驻比王公使》，1926 年 9 月 2 日，台北"中研院"近代史研究所档案馆藏北洋政府外交部档案，馆藏号：03—23—052—01—003。
　④ 孟森（心史）：《一年间之外交》，《申报》国庆纪念增刊，1926 年 10 月 10 日。

约的第一项新条约，该约主要体现在法权、关税等方面的平等。① 英国外交部密切考察中奥《通商条约》，远东司某司员认为条约"显示了中国对什么是'平等条约'的概念。它完全互惠，除了对雇用律师之条款"。②

中德、中奥签订新约后，德奥两国在华条约特权被正式取消，尤其是明确规定取消领事裁判权。但是，由于整个不平等条约体系仍然存在，许多问题相互牵连，"因此德奥两国在实际上仍享有某些条约特权。如关税问题，由于仍然实行通用税率，即在其他国家未取消限制中国关税主权的条约之前，德奥仍能间接享有片面协定关税的条约特权"。③

第三节　中俄废约会谈与《解决悬案大纲协定》出台

晚清以降，俄国在华取得许多条约特权及广大的势力范围。辛亥革命前后，俄国又进一步扩张在蒙古的特权。1917 年俄国爆发革命后，中俄条约关系发生了变化。首先是北京政府意识到收回主权的重要性，积极利用俄国政局变动时机维护我国权益。其次是十月革命爆发后，列宁主张"按照人类平等的原则，而不是按照败坏伟大民族声誉的农奴制特权的原则对待邻国"，④实行了新外交政策，其《和平法令》宣布废除秘密外交，"无条件地废除这些条约的全部规定"。⑤ 接着，苏俄又发表声明，公布秘密外交文件。苏俄政权成立不久，便通知中国，"放弃沙皇政府在满洲夺取的一切，恢复中国在最重要的商业运输线中东铁路沿线地区的主权"。⑥ 新生的苏俄政权宣布新的对外方针和对华政策，推动了中国修订和废除不平等条约的步伐。

---

① ［美］波赖著，曹明道译：《最近中国外交关系》，第 242 页。

② Gwatli's minute, Aug. 3, on Viscount Chilston（Vienna）to FO, Jul. 14, 1926, FO371/11691 [F2898/2898/10].

③ 李育民：《中国废约史》，第 314 页。

④ 《列宁选集》第 2 卷，人民出版社，1972 年，第 611 页。

⑤ 《和平法令（节录）》，1917 年 11 月 8 日，薛衔天等编：《中苏国家关系史资料汇编（1917—1924）》，中国社会科学出版社，1993 年，第 2 页。

⑥ 《契切林在第五次苏维埃代表大会上的报告（节译）》，薛衔天等编：《中苏国家关系史资料汇编（1917—1924）》，第 7—8 页。

一、　废止中俄《伊犁条约》谈判

1881 年，曾纪泽与俄议定《伊犁条约》，给予俄商在陆路通商上种种特权，但在该约第十五条规定，十年后可以商议酌改。这为日后修约提供了机会。1911 年 2 月 12 日，第三次十年限满，清政府提议修约，中俄双方展开交涉。但因辛亥革命爆发，中俄修约交涉中止。

1917 年俄国十月革命后，北京政府早期追随协约国，不承认苏俄政府，中俄仍然维持旧条约关系。但因受旧约影响，中俄在外贸征税方面产生诸多不便，新疆省长兼督军杨增新屡次要求废除俄商减免税特权，请外交部向俄使提议修改《伊犁条约》。1918 年 11 月 27 日，杨增新致函北京政府，指出《伊犁条约》第四届又将期满，所有条约内俄商贸易暂不纳税之条，亟应及时修改，以挽利权，并建议在巴黎和会中提议先行废止免税条款。12 月 3 日，外交部复电指出，中俄早应修改条约，但俄国暂无正式政府，拟于将来时机合适时设法修改。1919 年 4 月 16 日，新疆交涉员张绍伯呈请外交部，指出《伊犁条约》将届满十年修约之期，提议修改，并特别声明应废除免税条款，另订税则。6 月 27 日，杨增新再次向外交部提议将废止不纳税条款提出于巴黎和会，或是请外交部正式与俄国严重交涉，废止暂不纳税字样，及早改订税则条款。6 月 28 日，国务院和外交部回复杨增新，说明向巴黎和会凭空提议交涉中俄条约中的税则条款问题，难有收效，拟于条约十年期满时向俄方提出修约照会。[①]

1919 年 7 月 26 日，陆征祥致电外交部，提请注意中俄旧约修改等事。8 月 20 日，外交部设立俄约研究会，拟专门研究中俄旧约修改事宜。1919 年 11 月 27 日，杨增新再次致电总统府、国务院、外交部及其他各部，提示切勿错过 1920 年十年修改之期。12 月 3 日，杨增新又致电总统府、国务院、财政部等，指出："现在俄国无统一政府，订约固属难事。然此时若不提议，又需十年方能修改，可否与俄使及俄鄂（木斯克）政府交涉，将此条先行作

---

① 《国务院公函》，1919 年 6 月 28 日，台北"中研院"近代史研究所档案馆藏北洋政府外交部档案，馆藏号：03—18—037—01—011。

废，先令俄商照内地通商章程完税。如必待俄政府统一再行提议，则明年修改期限内，恐未必能实行改订新约，未免有误事机。"① 总统府、国务院、财政部等咨询外交部如何办理，外交部决定由俄约研究会专门讨论研究中俄修约事宜。

1920 年 4 月 1 日，杨增新致电北京政府，又一次建议中俄修约，废弃俄国免税之例，另议俄货进口税则。4 月 29 日，外交部、财政部联名电复杨增新："俄新党本以国际平等为主义，似可乘此时机，派员商办，概将俄货照民国六年十二月公布规定税率条例标准征税。如未能办到，或为交换之协定，俾中俄两国货物，各纳同一之税率，以符平等之义。"② 此后，杨增新命塔城道尹与苏俄交涉，并指示要坚持废除俄商在新疆暂不纳税之例，照国际通例平等纳税。5 月 27 日，新疆当局与苏俄中亚当局签订《伊宁会议定案》十款，并附《伊宁会议议定书》十款及补款一条。该议定案规定："俄国商务兼交涉机关或普通俄民由俄运货来伊或由伊运货回俄，均须依照新疆统税章程与中国税关纳税。""两国人民因贸易发生争端时及所有民刑诉讼各事，均以住在国法律裁判执行之。"③ 杨增新还将此临时通商办法，扩展到喀什、迪化，饬令俄商一律纳税。7 月 1 日设立税关，8 月 2 日开始对俄商征税。1921 年 11 月初，新疆督军杨增新建议，希望新疆贸易征税适用于其他国家通商。他指出，新疆地方与苏俄签订的《临时通商条件》虽可挽回前清条约之失，但是中国对于苏俄政府既未正式承认，而此项条件与国际正式条约有关，"且英商免税之事经行已久，势难以此项条件施之英商而推行，拟请政府电知赴美代表，将新疆对于外人征收关税一事在太平洋会议中提议，以符国际通例而复国权"。④ 财政部同意杨增新的建议，遂拟一电稿致华盛顿会议中国代表，15 日由外交部致电中国代表团，说明新疆督军请于华盛顿会议中

---

① 《收新疆省长兼督军（杨增新）咨》，1920 年 1 月 11 日，1919 年 12 月 3 日发，台北"中研院"近代史研究所编印：《中俄关系史料·一般交涉（1920）》，1968 年，第 5—6 页。

② 《北京来电》，1920 年 5 月 2 日，台北"中研院"近代史研究所编印：《中俄关系史料·一般交涉（1920）》，第 295 页。

③ 王铁崖编：《中外旧约章汇编》第 3 册，第 77—78 页。

④ 《收财政部函》，1921 年 11 月 15 日，台北"中研院"近代史研究所档案馆藏北洋政府外交部档案，馆藏号：03—39—020—01—012。

提出对外一律征税，以收复国权。① 1921 年 12 月 19 日，外交部再次向国务会议提出修改《伊犁条约》，但建议等候适当时机再行发表修约提议。② 虽然这一时期未能及时修改《伊犁条约》，但无疑体现了北京政府修订不平等条约的意识不断增强，也为后来中苏交涉修约、订约提供了思路。

苏俄发表对华宣言，成为中俄谈判修订条约的重要契机。

苏俄政府早在 1919 年 7 月 15 日，就发表了《俄罗斯苏维埃联邦社会主义共和国对中国人民和中国南北政府的宣言》（即第一次对华宣言）。宣言指出，在苏俄军队进入远东之际，苏俄政府愿意向中国人民表示友好的诚意，与中国政府开诚相见，谈判解决两国间的问题。宣言宣布废除沙俄与中国及与其他帝国主义国家所缔结的不利于中国的秘密条约，放弃沙俄在中国东北等地用侵略手段取得的土地，废除沙俄在中国的租界和领事裁判权，放弃庚子赔款的俄国部分，放弃俄国在中东铁路方面的一切特权等。总之，"苏维埃政府废弃一切特权，废弃俄国商人在中国境内的一切商站"。③ 但该宣言有两种文本，一是经伊尔库茨克递送到北京的法文本，有中东铁路无偿归还中国的规定；一是载于 1919 年 8 月 26 日《消息报》的俄文本，没有中东铁路无偿归还中国的规定，这引起了以后中苏谈判的争议。

1919 年 9 月 27 日，苏俄政府再次由加拉罕署名发表第二次对华宣言，全称为《俄罗斯苏维埃联邦社会主义共和国对中国政府的宣言》。该宣言重申和发展了第一次对华宣言的原则，宣布："俄罗斯苏维埃联邦社会主义共和国政府宣布，以前俄国政府历次同中国订立的一切条约全部无效，放弃以前夺取中国的一切领土和中国境内的俄国租界，并将沙皇政府和俄国资产阶级从中国夺得的一切，都无偿地永久归还中国。""两国政府采取一切必要措施，迅速建立正常的贸易和经济关系。随后根据缔约双方遵照最惠国的原则，另行缔结有关贸易经济的条约。"宣言要求中国政府不给俄国反革命的

---

① 《收财政部函》，1921 年 11 月 15 日，台北"中研院"近代史研究所档案馆藏北洋政府外交部档案，馆藏号：03—39—020—01—012。

② 《发国务院咨呈》，1921 年 12 月 24 日，台北"中研院"近代史研究所编印：《中俄关系史料·中俄通商》，1972 年，第 638 页。

③ 《对于俄罗斯劳农政府通告的舆论》，《新青年》第 7 卷第 6 号，1920 年 5 月 1 日。

个人、团体或组织以任何支持，不准他们在中国境内活动；提出俄国公民在中国居住不享有治外法权；两国另行签订使用中东铁路办法；中国立即与旧俄驻华代表断绝关系；苏俄政府放弃中国因义和团起义而付偿的任何赔款。① 10 月 2 日，苏俄政府复将说帖交张斯麐转给北京政府，并就两国复交谈判提出了具体建议。

1920 年 3 月 3 日，苏俄西伯利亚及远东对外事务全权代表照会中国驻伊尔库茨克领事馆，向中国领事递交"1917 年 7 月 26 日第 1872 号照会"。3 月 26 日，北京政府外交部收到上述照会（即苏俄政府第一次对华宣言）。其中有苏方"广义派政府愿将中国东部铁路及租让之一切矿产、森林、金产及他种产业，由俄皇政府与克伦斯基政府及高瓦（即霍尔瓦特）、赛门洛夫（即谢苗诺夫）、苛而恰克（即高尔察克）等匪徒与从前俄军官、商人及资本家等侵占得来者，一概无条件归还中国，毫不索价"。② 但在后来的修约谈判交涉中，苏方始终不承认原文中有此项内容，而中方却认为这是苏方日后的删改。早在 1919 年 12 月 2 日，中国驻海参崴总领事邵恒睿即致电外交部，称俄报载多数党政府公布，欲将中东路让还中国，并将中俄约章修正。

1921 年 12 月，苏俄政府派使团到北京谈判。1922 年 1 月 8 日，北京政府发布大总统令，宣布俄商在中国的商品贸易按照现行海关进出口税纳税。总统令首先说明中俄条约已过期无效，但因俄国正式政府尚未成立，故无从提议。总统令还声明执行现行海关进出口税则的决定："政府为利便两国商务起见，现经决定在中俄未改订新约以前，所有关于中俄条约及通商章程内规定之三分减一税法暨免税区域，免税物品各种办法，自本年四月一日起，应即毋庸继续履行，嗣后俄商由俄国运来货物，及在中国运出洋土各货，应完进出口税项，均照现行海关进出口税则完纳，以昭公允。"③ 3 月 29 日，苏俄向北京政府外交部就总统令提出抗议，反对中国取消 1881 年中俄陆路通商条约。4 月 15 日，外交部回复称：中俄《改订陆路通商章程》已届第四

---

① 《苏俄政府第二次对华宣言》，复旦大学历史系中国近代史教研组编：《中国近代对外关系史资料选辑（1840—1949）》下卷第一分册，上海人民出版社，1977 年，第 17—20 页。

② 何汉文编著：《中俄外交史》，中华书局，1935 年，第 306—308 页。

③ 《大总统令》，1922 年 1 月 8 日，《政府公报》第 2104 号，1922 年 1 月 9 日。

次期满，边界商务情形与以前大不相同，早该修订条约，但俄国因政变的原因无从与中国开议修约，中国不得不采取必要办法取消该章程。①

中俄《改订陆路通商章程》既已废止，华盛顿会议亦通过中国海陆各边界划一征收关税办法，因此，废止英商在新疆免税的特权也势在必行。英国驻北京公使艾斯敦（Beilby F. Alston）向伦敦请示时说："英商无法抗议中国的总统令。"② 英国外交部指示驻华公使，英国虽然目前不必承认违反英国利益的单方面修约，但因华盛顿会议通过承认中国海陆各边界划一征收关税的原则，"故英商不能坚持在新疆的免税特权"。③ 自 1922 年 4 月 1 日起，新疆开始对俄、英商征税。

1923 年 9 月 4 日，苏俄发表第三次对华宣言，声明采取新的对华政策："俄国的工农革命推翻了沙皇政府，同各国人民的关系中，现在正在制订完全尊重主权、彻底放弃从别国人民那里夺得的一切领土和其他利益的政策。苏联对中国的政策也是这样。"④ 虽然苏方在后来的中苏订约谈判中没有兑现对华宣言的承诺，但苏俄对华宣言对中国社会产生了直接或间接的重要影响，无论是政府或是民间，都增强了废约意识，对西方列强对华政策也产生了一定的冲击。

二、 取消俄人在华领事裁判权

中国伊犁地方当局就两国边界通商及俄败兵、难民回国等问题，与苏俄进行交涉，对废止沙俄在华不平等条约产生了积极作用。1920 年 5 月 27 日，双方签订《伊宁会议定案》，就上述问题达成协议。其中第五条规定："两国人民因贸易发生争端时及所有民刑诉讼各事，均以住在国法律裁判执行之。"⑤ 这样，苏俄首先在新疆放弃了领事裁判权。

---

① 《劳农代表致外交部节略第 317 号》，1922 年 3 月 29 日，《中俄会议参考文件》第一类"中俄间问题往来文件"十八，台北文海出版社，1966 年，第 121—125 页。

② Alston to FO, D. Jan. 24, 1922, R. Jan. 28, FO371/8023 [F410/410/10].

③ Alston to FO, D. Jan. 24, 1922, R. Mar. 20, FO371/8023 [F1127/410/10].

④ 复旦大学历史系中国近代史教研组编：《中国近代对外关系史资料选辑（1840—1949）》下卷第一分册，第 20—21 页。

⑤ 王铁崖编：《中外旧约章汇编》第 3 册，第 78 页。

1920 年 9 月 21 日，北京政府内务部致函外交部，颁布管理俄侨办法及对汉口、天津俄国租界接管办法。① 外交部通告各省督军、省长、三都统：停止俄领待遇后，一切保护及管辖俄国在华人民等事宜由各当地特派员或交涉员行使其职权；俄国租界由特派员代为管理；中俄人民诉讼及俄人犯罪等事件均归我国法庭审理，由司法部另订详细办法续达；其余事项暂照旧有办法办理。② 9 月 25 日，直隶交涉员与俄领事接洽，27 日接收天津俄租界。28 日，湖北交涉员与俄接洽接收汉口俄租界。

北京政府接收俄国租界及各地俄国领事馆，实质上已收回俄侨之领事裁判权。北京政府这一维护主权的行动冲击了条约体系，协约国列强试图加以阻止，以维护条约特权。但北京政府外交部面对列强质问，并不为所动。1920 年 9 月 23 日，北京政府发布大总统令，宣布停止旧俄使领待遇，但照旧切实保护俄国侨民及其生命财产；对于俄国内部政争仍持中立政策，并视协约国之趋向为准；对俄国租界暨中东铁路用地，以及各地方侨居之俄国人民一切事宜，由主管各部暨各省区长官妥当办理。③

列强对中苏交涉深感不安。1920 年 9 月 24 日，美国公使就中苏接洽事询问颜惠庆。9 月 29 日，英国代办会晤颜惠庆，咨询俄人在华权利事。10 月 11 日，外交团领衔公使致中国政府外交部节略，请中国与外交团商订暂时管理俄人在华利益办法。④ 英、美对这一干涉节略持保留态度，但对中国停止俄领待遇后俄侨之治外法权问题表示特别关注。10 月 22 日，北京政府外交部回复外交团："俄国在华人民，仍留其由条约所赋予之利益，俄领事裁判权当然中止，中政府于维护俄国人民固有利益，委曲求全，自无与外交团另订暂时管理俄人办法之必要。"⑤ 10 月 30 日，北京政府颁布《管理俄

① 《内务部致外交部函》，1920 年 9 月 21 日发，23 日收，台北"中研院"近代史研究所编印：《中俄关系史料·停止俄使领待遇》，1981 年，第 35—38 页。

② 《外交部发各省督军、省长、三都统电》，1920 年 9 月 23 日，台北"中研院"近代史研究所编印：《中俄关系史料·停止俄使领待遇》，第 40 页。

③ 《发大总统呈》，1920 年 9 月 23 日，台北"中研院"近代史研究所编印：《中俄关系史料·停止俄使领待遇》，第 39 页。

④ 《收日斯巴尼亚领衔公使节略》，1920 年 10 月 11 日，台北"中研院"近代史研究所编印：《中俄关系史料·停止俄使领待遇》，第 94 页。

⑤ 《发领衔日白使照会》，1920 年 10 月 22 日，台北"中研院"近代史研究所编印：《中俄关系史料·停止俄使领待遇》，第 130 页。

人条例》。10 月 31 日，颁布《东省特区法院编制条例》，取消俄侨在华治外法权。11 月 18 日，外交团领衔公使照会北京政府外交部，要求中国变更已实施各办法，仍应完全保存俄人在华治外法权。11 月 29 日，外交部回复领衔公使，一方面声明凡涉及各外国人利益之处不会发生任何影响，一方面拒绝公使团提出的变更办法要求。1920 年 12 月 14 日，外交团要求中国进一步说明俄侨法律上之地位；1921 年 2 月 2 日，外交团领衔公使再次照会催问北京政府外交部。外交部答复领衔公使，坚持中国在原俄租界内之警察权、司法权，津、汉交涉员代理俄领事职权；蒙、疆与北京无聘用俄顾问之必要。①

北京政府欲接收代管北京俄国公使馆及各地领事馆，此举严重冲击中外条约体系，协约国以维护条约特权为由，借口《辛丑条约》关系介入俄国使馆管理。北京俄国公使馆由北京外交团收管，广州沙面俄领事馆由英领事馆封闭，科布多俄使馆由当地俄侨团代管，其他十九处俄国使馆由中国当局接收代管。② 1924 年《中俄协定》签署后，俄国各地使馆交还给苏俄领事。

北京政府以大总统令停止旧俄使领待遇，取消俄人在华领事裁判权等措施，刺激了其他列强国，对中国的修约、废约外交产生了积极的影响。

三、 收回中东路主权交涉

收回俄国的中东路主权，是北京政府外交关注的一个重点。日本为谋取中东路特权，乘俄国爆发十月革命及第一次世界大战之机，以防止俄军和德军为由，引诱北京政府签订共同防敌军事协定，沿中东路驻军。在此之前，中国几个驻外公使即建议北京政府乘俄国政局变动及俄人扰乱东北治安之机，收回东三省和中东路权利。1918 年 1 月 16 日，驻丹麦公使颜惠庆致电北京政府外交部，认为沙俄政府屡次违背中东铁路合同，建议"暂将铁路收回，俟新政府承认时再商议"。颜惠庆指出："如果可商，从前三省所失利

---

① 《发领衔日白使照会》，1921 年 2 月 28 日，台北"中研院"近代史研究所编印：《中俄关系史料·停止俄使领待遇》，第 51 页。

② ［美］波赖著，曹明道译：《最近中国外交关系》，第 112 页。

权，宜趁此收回，勿为捷足所得。"① 颜惠庆还提醒说，山东事即为前车之鉴，要引以为戒。2 月 26 日，中东铁路督办郭宗熙致电北京政府外交部、交通部，建议赎回中东路。②

日本军、警、财政各界人士以调查为名，频繁进入哈尔滨境内。日本还直接与俄国交涉让与中东路权。北京政府认识到日本的企图，不断地主动与俄国方面交涉，做收回中东路权的努力。外交部致电日本驻京代办，声明绝不承认日俄让与路权协约。

为遏制苏俄且避免日本强占中东铁路，英国建议中国将哈尔滨商埠改为公共商埠。美国则建议中国在中东路驻重兵，后又提出由各国共管。但北京政府希望自主收回中东路相关权益。1919 年 1 月 26 日，北京政府发表关于中东铁路问题的严正声明："现俄因内乱，无力管理此路，中国自应根据东清路合同，自行接续管理，第三国不应干涉。"③ 1 月 27 日，北京政府外交部参事刁作谦与美驻京公使芮恩施晤谈中东路监督问题，反驳美国的共管论，他指出："东清铁路系在中国领土内，其管理权应属于中国，不能属于国际委员会。中国政府极愿按照协约国政府所拟议之章程，并按照国际委员会之办法，管理该路。即仍旧雇用各路原有之工程师，并雇用贵国斯君等，亦无不可。"④ 但芮恩施态度强硬。2 月 17 日，美、日驻京公使正式通知北京政府关于共管西伯利亚及中东铁路的计划。⑤ 北京政府仍力图争取中东路权。2 月 20 日，外交部为阐明中国对中东铁路的立场，照会美、日驻京公使，声明："应尊重中俄东清铁路合同之精神，尽用中国铁路技术及管理铁路人员，俾资助理。""至于军事运输部专办军事上之运输，中国自可赞同，

---

① 《驻丹麦公使颜惠庆建议收回中东路致北京外交部电》，1918 年 1 月 16 日，台北"中研院"近代史研究所编印：《中俄关系史料·中东铁路》一，1981 年，第 62—63 页。

② 《中东铁路督办郭宗熙建议赎回中东路致北京外交部、交通部电》，1918 年 2 月 26 日，台北"中研院"近代史研究所编印：《中俄关系史料·中东铁路》一，第 123—124 页。

③ 《北京政府关于中东铁路问题的严正声明》，1919 年 1 月 26 日，台北"中研院"近代史研究所编印：《中俄关系史料·中东铁路》一，第 279—280 页。

④ 《北京政府外交部参事刁作谦与美驻京公使芮恩施晤谈中东路监督问题的纪要》，1919 年 1 月 27 日，台北"中研院"近代史研究所编印：《中俄关系史料·中东铁路》一，第 284—283 页。

⑤ 《美日驻京公使正式通知北京政府关于共管西伯利亚及中东铁路的计划》，1919 年 2 月 17 日，台北"中研院"近代史研究所编印：《中俄关系史料·中东铁路》一，第 304—306 页。

并派军官参预其列。""其东清一路护路军警，应仍由现在该路之中国军警切实保护，以维线站之安宁。"① 3 月 5 日，西伯利亚铁路管理委员会议定监督规约五条，中国政府强调："我国于中东路有地主关系，是系中俄合办，故特向各国代表抗议，不能以中东铁路与西伯利亚铁路同视。"最后，各国代表允许中国保留任命中东铁路监督之权，但仍须归各国共同管理。3 月，各国"国际监管"中东路，原属俄国之利益暂由协约各国管理，不变更中国利益。

在"国际共管"的情况下，1919 年 7 月 25 日，苏俄发表《第一次加拉罕宣言》，表示愿意将中东路及附属产业无条件归还中国。1920 年 10 月 2 日，中国政府正式通知俄籍华俄道胜银行："中国政府决定暂时代替俄国政府执行该合同及现行章程之所有各项职权，并执行光绪二十二年所订中俄合办东省铁路合同及公司原有现行章程所予之特权，此项代执行做政府职权之期限，以中国政府正式承认俄国政府，并彼此商订该路办法后为止。"②

1920 年 3 月 15 日，北京政府派军队占领护路军司令部，接管沿路俄军警武装，收回中东铁路区警察、司法、市政等主权。③ 11 月 29 日，北京政府利用日、美矛盾，向外交团发出照会，争取中东路护路权。照会指出，俄国在东省铁路界内擅自设立法庭，既非根据东省铁路合同，亦非在中俄条约领事裁判权范围之内，未得中国政府许可，"逾越条约范围，本属侵损中国主权之行为"。④ 俄国此项非法行为，在中国停止俄使领待遇以前，"业经东省铁路督办暨地方官迭向俄领交涉，已有成绩，并非因停止待遇而始有此举，其与停止待遇，系截然两事，理甚明了"。⑤ 为遏制日、美等国染指中东铁路的野心，中苏后来签署的《解决悬案大纲协定》第九条及《暂行管理中东铁路协定》规定"中东铁路纯系商业性质"，并声明："除该路本身

---

① 《北京政府外交部为阐明中国对中东铁路的立场致美日驻京公使照会》，1919 年 2 月 20 日，台北"中研院"近代史研究所编印：《中俄关系史料·中东铁路》一，第 314 页。

② 《管理东省铁路续订合同》，1920 年 10 月 2 日，《外交评论》第 4 卷第 3 期，1935 年，第 196—198 页。

③ 薛衔天：《中东铁路护路军与东北边疆政局》，社会科学文献出版社，1993 年，第 292 页。

④ 《发领衔日白使照会》，1920 年 11 月 29 日，台北"中研院"近代史研究所编印：《中俄关系史料·停止俄使领待遇》，第 208 页。

⑤ 《发领衔日白使照会》，1920 年 11 月 29 日，台北"中研院"近代史研究所编印：《中俄关系史料·停止俄使领待遇》，第 208 页。

营业事务直辖于该路外，所有关系中国国家及地方主权之各项事务如司法、民政、军务、警务、市政、税务、地亩（除铁路自用地皮外）等概由中国官府办理。"① 取消了原俄国在满洲里和绥芬河所设海关，在路区征收俄民税款。这些行使国家主权的举措，废止了沙皇政府和俄国临时政府对路区中国主权的侵夺。

四、 收回外蒙古主权

维护外蒙古主权，是民国政府的历来政策。南京临时政府成立后，对外蒙局势表明严正立场。如前所述，北京政府为防止俄国怂恿外蒙古独立，进行了多方交涉，最终库伦活佛致电北京政府宣布取消"独立"。1915 年 7 月 19 日，北京政府颁布《库伦大员公署章程》和《乌、科、恰佐理专员公署章程》，在库伦设办事大员公署，并在乌里雅苏台、科布多、恰克图设佐理专员公署，恢复对外蒙的宗主权。

俄国十月革命后，北京政府进一步策划收回外蒙古主权。1919 年 1 月 5 日，外交部致电驻库伦大员陈毅指出，俄蒙协约中限制驻兵、设邮二事，事实上已遭破坏，却因协约仍在，成为收回外蒙古主权的障碍。② 陈毅建议，因国内外情形复杂，进行不宜过速，如外交部准备与外蒙另订条款，"以新约废除旧约，将来承认俄新政府时，即以此为交换条件之一。新约大意，以《俄蒙商务专条》内俄国所得之利益，转移于我为基础。此外要点有二：驻兵不加限制，以免碍我领土国防之计划，亦即所以保全外蒙之安宁"。③ 总之，宜以排除俄力、固结蒙心为重要考量因素。

1919 年 1 月 16 日，外交部咨国务院："现在俄国内乱甚殷，国势微弱，我国正宜乘此时机，将沿边中俄间从前所发生之各项重要悬案，或预筹进行，或设法解决，以为先发制人之计。"1 月 21 日，外交部致电陈毅，指出：

① 《中俄解决悬案大纲协定》，1924 年 5 月 31 日，中国第二历史档案馆编：《中华民国史档案资料汇编》第 3 辑《外交》，第 836—837 页。
② 《北京政府外交部为促进与外蒙订约事致驻库伦大员陈毅电》，1919 年 1 月 5 日，李毓澍：《外蒙古撤治问题》，台北"中研院"近代史研究所，1976 年，第 166 页。
③ 《北京政府外交部为促进与外蒙订约事致驻库伦大员陈毅电》，1919 年 1 月 5 日，李毓澍：《外蒙古撤治问题》，第 166 页。

"取销俄约，正为外蒙恢复权利摆脱束缚起见。"① 决定以取消俄约为契机，收回外蒙古主权。

为收回外蒙古主权，北京政府及时采取一系列实际行动。先是派兵入乌梁海。中国军队与俄军发生冲突，俄使抗议中国违背条约。随后，因日本与俄国煽动外蒙古独立，督办参战事务处参谋长徐树铮拟率参战军入蒙。1919年 4 月 2 日，外交团领衔英国公使朱尔典询问北京政府外交部代理外交总长陈篆中国派兵入蒙事。陈篆回答："查俄人对于中俄条约所规定维持蒙古地方秩序一层，现在不能履行，且俄人将来组织何种政府，本国政府现在无从推知，或至成立多数政府，亦未可定，将来此种政府仍愿按照前此之协定办理与否，本政府现亦无从推测。"② 他还强调，中国出兵是为防止俄党窜入。朱尔典此后又多次询问此事。4 月 5 日，外交部致电驻法公使陆征祥，表示中俄协约因俄国分裂，从前中俄间协约当然停止效力。朱尔典表示无异议。③6 月 1 日，北京政府发布将阿尔泰地方归并新疆省令。与此同时，北京政府成立西北边防筹备处，西北筹边使徐树铮拟订筹边办法大纲。6 月，国务会议通过《准备出兵外蒙案》。7 月 18 日，北京政府公布西北筹边使官制七条。④ 8 月 2 日，驻库伦大员陈毅急电大总统、国务院、督办边防处、外交部、参谋部、陆军部、西北筹边使徐树铮，报告收复乌梁海一事。

陈毅于 1919 年 8 月 14 日呈报外交部，报告外蒙古宣布撤销自治之事，说明蒙古王公要求彻底解决内部外部问题，但须中央担当对付俄国办法，他提出几个需要应对的问题："一、协约等条，是否同时于条件中声明取消；二、条件既定，即须实行，现俄领尚在，该如何对待；三、将来俄新政府成立，应重订新约，要求承认；四、现订条件是否即行宣布，抑留待要求承认

---

① 《发驻库大员（陈毅）电》，1919 年 1 月 21 日，台北"中研院"近代史研究所编印：《中俄关系史料·外蒙古（1917—1919）》，1983 年，第 305、310 页。

② 《英驻京公使朱尔典就蒙古情势访晤外交部代理总长陈篆的谈话纪要》，1919 年 4 月 2 日，台北"中研院"近代史研究所编印：《中俄关系史料·外蒙古（1917—1919）》，第 362—363 页。

③ 《发陆征祥总长电》，1919 年 4 月 5 日，台北"中研院"近代史研究所编印：《中俄关系史料·外蒙古（1917—1919）》，第 362、365 页。

④ 《北京政府公布西北筹边使官制》，1919 年 7 月 18 日，陈崇祖编：《外蒙近世史》第 2 篇，第 140—141 页。

新约时，由中央详考决定，负责办理。"① 8 月，中国发布大总统令，裁撤督办参战事务处，设督办边防事务处，并特任段祺瑞督办边防事务。陈箓电外交部，提议由政府宣布所有声明文件、另件、协约、商务专条均无效。但英、法、意等国都对中国虎视眈眈，时刻关注中国外蒙问题。外交部建议，所有前项取消自治办法决定后，"应由驻库大员面告车林，先由蒙古王公全体名义呈请，或秘密电达政府，请求恢复原制，然后政府根据此项请求，再与妥商条件"。外交部还说明，中国原只想改订条约，现外蒙愿取消自治，应满足其希望，但"此事全属出于外蒙请求，并非政府利用时机强事干涉"。② 随后，陈毅与外蒙商议取消自治条件草案。10 月 28 日，提出阁议通过。③ 外蒙古取消自治，本来完全属于中国内政，但由于列强的干涉，北京政府举步维艰。

外蒙王公于 10 月 14 日联名向北京政府具呈请愿书，声明外蒙自前清康熙以来即隶属于中国。至清末政局动荡之时，"外人乘隙煽惑，遂肇独立之举。嗣经洽定条约，外蒙自治告成，中国空获宗主权之名，而外蒙官民丧失利权，迄今自治数载，未见丝毫进行，内政紊乱"，外蒙古王公一致请求恢复旧制，并撤废《中俄蒙协约》。请愿书指出："再前订中蒙俄三方条约，及俄蒙商务专条，并中俄声明文件原为外蒙内治而设也。今即自己情愿取消自治，前订条件，当然概无效力。其俄人在蒙营商事宜，将来俄新政府成立后，应由中央政府负责另行议订，以笃邦谊而挽利权。"④

10 月 24 日，哲布尊丹巴胡图克图汗呈书大总统，11 月 4 日送达北京，请求取消外蒙自治。⑤ 11 月 22 日，发布大总统令，宣布取消外蒙自治，并

① 《驻库伦大员陈毅就外蒙王公声明撤销自治事呈报北京外交部电》，1919 年 8 月 14 日，"中华民国"史事纪要编辑委员会编：《中华民国史事纪要（1919 年 7—12 月）》，台北"中华民国"史料研究中心，1981 年，第 117—119 页。

② 《北京政府外交部向国务会议提出关于外蒙问题的说帖》，1919 年 8 月 20 日，台北"中研院"近代史研究所编印：《中俄关系史料·外蒙古（1917—1919）》，第 471—472 页。

③ 唐启华：《北京政府对旧俄条约权益的清理（1917—1922）》，《文史哲》2009 年第 5 期。

④ 《外蒙王公联名向北京政府具呈请愿书》，1919 年 10 月 14 日，台北"中研院"近代史研究所编印：《中俄关系史料·外蒙古（1917—1919）》，第 568—570 页。

⑤ 《外蒙哲布尊丹巴胡图克图汗呈北京政府总统书》，1919 年 11 月 4 日，台北"中研院"近代史研究所编印：《中俄关系史料·外蒙古（1917—1919）》，第 573—574 页。

声明："前中俄蒙三方条约及俄蒙商务专条，并中俄声明文件，原为外蒙自治而订也，今既自己情愿取消自治，前订条件当然概无效力。"①

在北京政府处理外蒙事进展顺利之际，旧俄使领表示不满。北京政府外交部于 11 月 24 日照会旧俄驻京公使："外蒙现已取消自治，所有前订中俄蒙商约，并中俄声明文件，应即停止效力。如贵使仍有意见，尽一星期内发表，以凭谈判。"② 同日，旧俄使提出抗议，认为中国不能单方面取消条约。③ 12 月 10 日，外交部答复，外蒙取消自治，是其自愿，也是中国内政，"前后制度之变更及恢复，均完全因新形势之发生，以外蒙全体之意思为根据。来照所称国际条约取消之先例，比拟不伦，本政府不能认为同意"。④ 外蒙自治是中国内政问题，因此，中国完全不能同意俄国所称的依国际条约取消外蒙自治要求。

1919 年 12 月 1 日，北京政府裁撤库伦督护使署，派西北筹边使徐树铮督办外蒙善后事宜。12 月 27 日，册封专使徐树铮抵达库伦。1920 年 1 月 1 日，册封活佛。7 月，直皖战争爆发，徐树铮离开库伦。⑤

北京政府取得的另一成效是收复呼伦贝尔地区主权。1920 年 1 月 10 日，黑龙江督军孙烈臣电外交部，告知呼伦贝尔代表到黑龙江会晤，"自愿取消特别区域会议，所有以后呼伦贝尔一切政治，听候中央政府核定治理，并将民国四年会订条件声明作废等情，当场签字"。⑥ 1 月 28 日，大总统发布命令：将俄国与中国会订《呼伦贝尔条件》取消。⑦ 次日，俄使提出抗议。3 月 11 日，外交部答复俄使："本国政府对于此事看法，与外蒙古完全相同。""来照所称各节，本国政府歉难同意。而况呼伦贝尔在前清本为黑龙江道属，

---

① 《大总统令》，1919 年 11 月 22 日，《政府公报》第 1363 号，1919 年 11 月 23 日。
② 《中国大事记·二十四日外交部照会驻京俄使取消中俄蒙约》，1919 年 11 月 24 日，《东方杂志》第 17 卷第 1 号，1920 年 1 月 10 日。
③ 《旧俄驻京公使库达摄夫为外蒙取消自治事致北京外交部照会》，1919 年 11 月 24 日，台北"中研院"近代史研究所编印：《中俄关系史料·外蒙古（1917—1919）》，第 603 页。
④ 《北京政府外交部复旧俄驻京公使 11 月 24 日来文之照会》，1919 年 12 月 10 日，陈崇祖编：《外蒙近世史》第 3 篇，第 8 页。
⑤ 唐启华：《北京政府对旧俄条约权益的清理（1917—1922）》，《文史哲》2009 年第 5 期。
⑥ 《收黑龙江督军（孙烈臣）电》，1920 年 1 月 10 日，台北"中研院"近代史研究所编印：《中俄关系史料·外蒙古（1917—1919）》，第 2 页。
⑦ 《大总统令》，1920 年 1 月 28 日，《政府公报》第 1423 号，1920 年 1 月 29 日。

其地位尤非外蒙可比。"① 12 月 20 日，外交部电告黑龙江省长孙烈臣："查中俄会订《呼伦贝尔条件》，业经明令取消，所有根据该条件成立之蒙俄各项合同，当然随之而消灭。惟在条件未经取消以前，某种合同之已经履行者，却未便概作为无效。"② 至此，在这一阶段的中俄外蒙问题交涉中，中国取得较好的成果。

北京政府及东北、新疆地方当局其间虽遭到协约国列强干涉，但仍尽力坚持收回国权，取得一定的成效，主要有：北京政府片面废止《中俄蒙协约》，出兵外蒙，1919 年 11 月外蒙撤销自治；新疆地方当局屡次建议修改《伊犁条约》，并于 1920 年 5 月与苏俄中亚当局签署《伊宁会议定案》，去除旧约免税弊端；东北地方当局于 1917 年 12 月派军队恢复在中东路区之主权，在哈尔滨俄租界设置警察，各地设税关，派中东路总裁等。总的说，1917—1922 年间，北京政府及地方当局不断地清理旧俄在华条约权益，实质上收回大部分帝俄在华条约特权，造成既成事实，为日后中苏谈判奠定了坚实基础。

五、 签订中苏《解决悬案大纲协定》

中国与苏俄通过反复交涉、谈判，最终签署《解决悬案大纲协定》，是废止中俄不平等条约最重要的成果。

根据俄共中央指示精神，1920 年 5 月 14 日，远东共和国成立。远东共和国虽然在名义上是独立的，但实际上处在苏俄控制之下。8 月 26 日，远东共和国以外交部副部长优林为首的代表团抵达北京。11 月 30 日，优林与北京政府外交部俄事委员会会长刘镜人举行非正式会谈。刘镜人提出商谈商务的四项前提条件：不得在中国境内进行任何与中国社会不容的政治"鼓吹"、保护华侨生命财产、赔偿华侨所受损失、经商自由等。③ 优林往返于北京、

---

① 《发俄库使节略》，1920 年 3 月 11 日，台北"中研院"近代史研究所编印：《中俄关系史料·中东路与东北边防附外蒙古（1920）》，1981 年，第 10—12 页。
② 《发黑龙江省长孙烈臣咨》，1920 年 12 月 20 日，台北"中研院"近代史研究所编印：《中俄关系史料·外蒙古（1917—1919）》，第 67 页。
③ 石建国：《刘镜人：最早将"十月革命"消息传递国内》，《世界知识》2010 年第 12 期。

沈阳、大连之间，与颜惠庆、张作霖及日本关东军代表松平恒雄交替谈判，企图以此对北京施加压力。

在优林来华前后，1920 年 6 月，北京政府派督办边防事务处陆军中将张斯麟为首的代表团赴远东共和国考察，并俟机前往苏俄进行非正式接洽。1920 年 9 月 18 日，张斯麟电边防处和外交部，称蒙古和新疆回族已秘密派人来俄，情形可疑。他提出尽快取消中俄旧约："取消一切旧约等条，实与我有益无损。设令拒绝，在我，则将失时机，在彼，必以我懦不足恃，届时另生他策，结合蒙古，并派员与他国订立条约，协谋中国，为害滋大。"他还建议外交部"迅筹对待方针，以免贻误"。① 经张斯麟交涉，苏俄政府同意在莫斯科及鄂木斯克派驻总领事，在伊尔库茨克设领事馆。

苏俄政府同时与北京政府、南方革命政府及中国新疆、黑龙江地方政府交涉。1921 年 3 月，优林与黑龙江地方政府订立了《开通边界章程》十二条、《会订东赤两路开通车辆条件》十三条。1921 年 4 月，北京政府外交部正式接待优林代表团，并与外交总长颜惠庆直接洽谈。7 月中旬，优林以远东共和国外交部长的身份，继续商谈中俄商约、中东铁路和外蒙古三大问题。

1921 年 12 月 12 日，苏俄政府派出裴克斯使团抵达北京。裴克斯声称：苏俄对华政策是"纯正的友好和睦"，中国对俄在蒙军事行动的疑惧，实由"误解"所致；苏俄对于中国任何土地无侵略野心，远东共和国务荣军队早已撤退，只留红军以防白俄复起活动，但这些军队在中俄签订维持该地秩序的协定后，也将撤退；至于中东铁路，苏俄准备完全承认中国在该路区域内的主权。12 月 16 日，裴克斯向北京政府外交总长颜惠庆递呈国书。在随后的中苏谈判中，外蒙问题再次成为谈判的障碍。裴克斯开始在谈判中否认苏俄曾同外蒙签订任何条约，但 1921 年 11 月 5 日签署的《苏蒙修好条约》不久在报上全文披露了。1922 年 5 月 1 日，北京政府外交部照会使团，抗议苏俄自食其言，"擅与蒙古订结秘密条约"，怒斥苏俄这种行动与以前帝俄政府

---

① 《张斯麟等自莫斯科致边防处、外交部电》，薛衔天等编：《中苏国家关系史资料汇编（1917—1924）》，第 80 页。

对华所取政策如出一辙。但苏俄政府无视中国政府的一再抗议，于 5 月 31 日与外蒙当局在库伦签署第二次协定。

1923 年 9 月 7 日，苏俄代表加拉罕首次拜会北京政府外交总长顾维钧，提出互相承认后再开始中苏交涉。北京政府则主张先谈判解决中苏间悬案。双方乃进行非正式接触和谈判。双方讨论和争执的主要问题依然是外蒙问题、中东路问题以及庚子赔款用途问题等。

1924 年 2 月，双方达成妥协，即签一预先协定，内详定嗣后商订正约的主要原则，中国立即承认苏联。3 月 1 日，王正廷将此修正草案呈报大总统。3 月 3 日，王正廷将协商结果函告国务院、交通部、外交部。中央各主管机关，包括外交部、教育部、财政部、农商部、司法部、海军部、陆军部等，都对大纲协定签注意见，各部对苏联修正案的磋商语气表示不满。在各部提出质疑的情况下，王正廷未经外交总长同意，仍于 3 月 14 日与加拉罕签署该项协定的草案。该草案遭到外交部的反对。外交总长顾维钧指出，草案规定废除沙俄同中国以及同其他列强签署的有关中国的一切条约，但没有提到苏俄同外蒙"独立"新政府签署的条约，这等于"默认了苏俄与外蒙的条约"；[①] 对于苏俄从外蒙撤军问题，草案规定一旦中国同意撤军条件，苏俄军队将立即撤离，这等于"承认苏俄撤军是有条件的"，"似乎苏俄在那里驻军是合法的，而且有权在撤军之前提出种种条件"；[②] 关于俄国东正教会在中国房地产必须移交苏俄政府等的条文亦有问题。美、英、法等列强对此草案强烈反对。3 月 13 日，法国驻华公使照会北京政府外交部，法国在道胜银行中之权利不得为任何中苏协定所"损害"，嗣后关于中东铁路之任何解决都必须事先通知法国政府。5 月 3 日，美国驻华公使照会北京政府外交部，请中国注意华盛顿会议关于中东铁路决议案，表示不能赞成"变更该铁路现有状况"。在内外压力之下，北京政府通知加拉罕，声明该协定草案无效。中苏谈判转由外交总长与加拉罕直接进行。[③]

1924 年 3 月 16 日，苏方代表加拉罕致中方代表王正廷关于限期签字的

---

① 中国社会科学院近代史研究所译：《顾维钧回忆录》第 1 分册，第 334 页。
② 中国社会科学院近代史研究所译：《顾维钧回忆录》第 1 分册，第 335—346 页。
③ 石源华：《中华民国外交史》，第 226 页。

紧急照会，威胁北京政府，限三日内承认双方同意之草案，否则由北京政府承担交涉决裂完全责任。3 月 19 日，加拉罕照会北京政府外交部，转达苏联政府训令：一是"此次与中国政府正式代表之谈判业经终了"；二是"苏联坚拒重行讨论业已议定并签字之各项协定"；三是"苏联警告中国勿铸足以影响苏中将来邦交上之不可补救之错误"；四是"期限届满时，苏联不再受 3 月 14 日协定拘束，并保留将来与中国协定之各项条约，有自由订立条件之完全权利"；五是"中国在无条件与苏联政府恢复寻常正式邦交以前，不能与苏俄政府重开谈判等"。① 同日，加拉罕又致函王正廷，指责中国改变态度是受列强影响。22 日，外交总长顾维钧照会加拉罕，声明中俄两国办理外交，决不受他国之干涉。加拉罕则强硬表示，如欲重开谈判，必须立即恢复两国邦交。

1924 年 3 月 20 日，北京政府国务院就中苏交涉解决悬案大纲事及暂行管理中东路协定各项草案致各省通电，说明取消治外法权、收回租界、放弃庚子赔款、关税平等各节内容，双方都已同意，其他各条多次经政府审定认为可以照办的，也已经修正。仍存在争论的问题，一是俄蒙所订各项协约，我国政府主张在协定内载明立即废止，但对方代表仅同意将帝俄政府与第三者所订条约等有伤中国主权的废止，不肯取消苏俄与外蒙所订条约，而"苏俄与外蒙所订条约系认外蒙为独立国，且外蒙在俄派有驻使，此实与尊重中国主权一语相抵触，关系不可谓不巨"。二是撤退外蒙俄军问题，中国政府主张即行撤退，苏方代表同意声明"一俟蒙古撤兵之条件（即限期及制止白党之办法）在会议中确定后，始尽数撤退"，"因俄军入蒙原系侵损吾国主权之举，原则上似应即允撤退。若以条件之商妥与否为撤兵之标准，将来转多纠葛"。三是苏方代表要求在中国境内的俄国教堂不动产等须移交苏联政府，中国政府因担心将来被其他国家援例，予以拒绝。② 通电说明以上三点多次经内阁会议修正，交由王正廷与苏方代表切实商议，因此，中苏交涉决裂，责任不在中国方面。

---

① 《苏联代表致外交部照会》，1924 年 3 月 19 日，《外交公报》第 36 期，1924 年 6 月，专件，第 24—25 页。

② 《国务院关于中苏交涉解决悬案大纲事致各省通电》，1924 年 3 月 20 日，中国第二历史档案馆编：《中华民国史档案资料汇编》第 3 辑《外交》，第 832—833 页。

中苏谈判所受的内外压力和阻力不断加大。3 月，当中苏谈判发生波折时，各社会团体纷纷通电要求北京政府承认苏联，签订协定。北京政府面临的另一压力来自孙中山领导的南方革命政府。1924 年 1 月召开的国民党一大正式确立"联俄"方针。在国际上，英国、意大利、挪威于 2 月正式承认苏联；3 月，希腊、瑞典承认苏联。形势朝着有利苏联的方向发展，苏联无须再完全利用中国这一棋子。顾维钧提出三项修正案，于 1924 年 4 月 1 日照会加拉罕，说明苏方如同意修正，"或将预稿修正，或附加换文"，中国政府即可核准签字。

经反复交涉，双方于 1924 年 5 月 31 日签署《中苏协定》，包括中苏《解决悬案大纲协定》十五条，《暂行管理中东铁路协定》十一条，及附件声明书七件、函二件、议定书一件。其中，《大纲协定》第三条规定："两缔约国政府同意在前条所定会议中，将中国政府与前俄帝国政府所订立之一切公约、条约、协定、议定书及合同等项概行废止，另本平等、相互、公平之原则，暨 1919 与 1920 两年苏联政府各宣言之精神，重订条约、协约、协定等项。"第四条规定："苏联政府根据其政策及 1919 与 1920 两年宣言，声明前俄帝国政府与第三者所订立之一切条约，协定等项，有妨碍中国主权及利益者，概为无效。缔约两国政府声明，嗣后无论何方政府，不订立有损害对方缔约国主权及利益之条约及协定。"第五条规定："苏联政府承认外蒙为完全中华民国之一部分，及尊重在该领土内中国之主权。"第十一条规定："苏联政府允予抛弃俄国部分之庚子赔款。"第十二条规定："苏联政府允诺取消治外法权及领事裁判权。"第十三条规定："两缔约国政府允在本协定第二条所定之会议中，订立商约时，将两缔约国关税税则采取平等，相互主义同时协定。"①

5 月 31 日，外交部就中苏《解决悬案大纲协定》通电各省区，详细说明重行修订的条款。对原定大纲协定第四条第二项，中国政府声明："所有中国政府与第三者缔结之一切条约协定，凡有妨害苏联主权或利益者一概无效。而苏联政府对我并无同样之声明。殊与相互平等之旨有背。因之，再四

---

① 王铁崖编：《中外旧约章汇编》第 3 册，第 423—425 页。

坚持，俄代表始允将上述中国所声明一节删去。"对苏俄与外蒙订有的各项协定，"有妨中国主权者亦经力争"，对俄国自帝俄政府以来凡与第三者所订立之一切条约协定等有妨碍中国主权及利益者，中国始终不承认为有效，双方对此节会同声明："所谓帝俄政府以来，即包括俄国临时各政府及苏联政府而言。"如此措词，与国际平等相互主义及拥护蒙疆主权之宗旨均属相符。通电说明："外蒙苏俄军队本应立即撤退，其办法虽可在会议中讨论，惟不应声明附以条件，致有违反领土主权之嫌。经再四切商，取消条件字样，该代表初则坚拒，最后以我方力争删去'条件'字样，另加修正，以示尊重领土主权。"原定草案换文，对所有俄国在华教产完全移交苏联政府一节，按照中国法律，除各国教会外，外国政府及人民不得在内地购置地产，"若允移交，诚恐开一先例"，最后苏方接受我国提议，将其实际上所有之俄国教会房屋及地产，按照中国法律及章程将来在会议中商定，"但北京及西山两处俄国教会房屋地产，应由苏联政府先行指定接收之"。对教会中的中国人或中国教堂，"中政府可按照中国内地置产现行法律及章程，将上述两处教产设法移交，如此与向章可无妨碍"，而其他教产仍定于会议时再行从长讨论。苏方代表要求，中国不能将苏联政府抛弃之租界及各项特权"转移于第三国或任何外国人组织之团体"。这一提议符合中国"始终主张收回权利"等精神，中国自然同意。对庚子赔款问题，最初对方代表另提条件，最后商定，"除将该项赔款所担保之各种优先债务清偿外，所余之款，完全充作提倡中国教育之用"。①

中苏《解决悬案大纲协定》签署后，本应在一个月内召开中苏会议讨论中苏间一切问题，却因种种原因而推迟。1924—1927 年，中苏又断断续续举行会议，至 1927 年 4 月 19 日，北京政府与苏联断绝外交关系，中苏会议无果而终。

苏俄是第一个主动宣称要放弃在华不平等条约的国家。《中苏协定》不仅对中苏关系产生重要的影响，而且影响了列强在华格局，进而在一定程度

① 《外交部关于签订"中俄解决悬案大纲协定"等致各省区的通电》，1924 年 5 月 31 日，中国第二历史档案馆编：《中华民国史外交档案资料汇编》第 3 辑《外交》，第 833—835 页。

上影响了列强的对华政策。苏俄是世界上第一个社会主义国家，面临着协约各国的武装干涉，因此急于与中国建交，在远东首先打开一个缺口，以摆脱政治、经济和外交上的困境；同时也希望能扩大社会主义在世界范围的影响，赢得广大被压迫民族和国家的支持。事实上，苏俄利用中国政局不稳的情形，同时与中国南北政府、地方政府交涉，又赢得中国国内民众的支持，对北京政府形成巨大的压力，也是迫使北京政府外交部在谈判中最终让步的重要原因。另一方面，苏俄对华攻势，使英美等列强担心中国倒向苏俄，因此在中国修约、废约要求中又做出一定的姿态。如，英国在归还汉口、天津租界时，就明确表示考虑了苏俄的因素。

北京政府与苏俄关于废除不平等条约的交涉，在中国社会各界引起极大的反响。中国共产党和国民党左派对中苏《解决悬案大纲协定》谈判积极支持。中国共产党对协定的签订高度关注，对当时的政治形势产生了重要的影响。北京大学派了以李大钊为团长的代表团到外交部，要求与外交总长顾维钧等人面谈。陈独秀在中俄谈判交涉过程中，积极支持苏俄。[1] 他还指出："试问英、美、法、日、意等帝国主义者，去要求他们同俄国一样，放弃租界租地及庚子赔款，取消治外法权及领事裁判权，废弃妨碍中国主权及利益的旧约，关税平等，看他们肯是不肯？"[2] 陈独秀在对北京市民的宣言中提出了"废约"和"改造政府"的要求，并警告北京政府："倘政府不顾和平不完全听从市民之希望，我等学生商人劳工军人等惟有直接行动，以图根本之改造。"[3] 中共中央认为俄国为当今世界上唯一抛弃帝国主义的国家，所以中国对俄交涉如通商、中东铁路、松花江航权、庚子赔款、蒙古等问题，应要求北京政府速与俄罗斯直接谈判，"绝对不容第三国之干涉或参加"。[4] 这些主张在舆论上对北京政府形成了一定的压力，不得不加大交涉修约的力度。

为取得苏联支持，国民党左派表示理解中苏《解决悬案大纲协定》，并

---

① 独秀：《中俄会议之成败》，1924 年 3 月 26 日，《向导》第 58 期。
② 独秀：《评中俄协定》，1924 年 3 月 26 日，《向导》第 59 期。
③ 沙健孙主编：《中国共产党通史》第 1 卷，湖南教育出版社，1996 年，第 223—224 页。
④ 《中国共产党对于目前实际问题之计划》，1922 年 11 月，中央档案馆编：《中共中央文件选集》第 1 册，中共中央党校出版社，1989 年，第 122 页。

认为废止俄国在华条约特权是苏俄所给予的，非北京政府外交交涉所得，故而仍然坚持反对北京政府。1924 年 5 月 18 日至 25 日，国民党举行第一届第三次中央全会，发表《接受总理遗嘱宣言》及《对于时局宣言》，以是否赞成废除不平等条约来评判各国与中国的关系，并以中苏《解决悬案大纲协定》为例证，认为"现在世界上以平等待我之民族，惟苏联始克当此称。去岁本党对于中俄协定已表示此意见。苏联一方取消历来中俄所缔结之不平等条约，重订双方平等互尊主权之条约；一方扶助中国民众，从事于废除一切不平等条约之运动"。① 特种委员会廖仲恺、汪精卫、谭平山答复朱乃斌、方瑞麟等中苏交涉问题时表示："关于中苏协定条款，本党对之应取若何态度，总理已有所宣示……即无论北京政府与俄国交涉成就与否，于我政府与俄国之友谊不发生影响。"② 在国民党中央执行委员会第四十次会议情况通报中，谭平山指出："我们应该明白，一个放弃在中国的一切权力并废除损害中国主权的条约的国家，是对我们最友好的国家。在中苏协议中我们可以看到，苏联放弃了所有不平等条约，因此我们和我们的党应该认为苏联是对我们最好的国家。"③

为推动废除不平等条约运动，1925 年 6 月 23 日，胡汉民在广州东校场宣读《国民党议决案》，要求北京政府迅速宣布取消不平等条约，与各国"重订双方平等互尊主权之条约"。④ 当日发生沙基惨案，国民党中央发表《国民党中央委员会劝阻民众勿因沙基惨案对外采取报复手段的通告》，在通告中强调俄国对中国已自动取消不平等条约。

国民党右派对中苏《解决悬案大纲协定》则表示不满。6 月 18 日，国民党中央监察委员邓泽如、张继、谢持提出弹劾共产党案。25 日，建国宣传团向各地国民党发出通电，认为苏联与北京政府缔结协定并承认北京政府，无异于向广州革命政府宣战；这一外交失败责任，应由国民党对俄外交执行委

① 荣孟源主编：《中国国民党历次代表大会及中央全会资料》上册，光明日报出版社，1985 年，第 83 页。
② 敖光旭：《失衡的外交——国民党与中俄交涉（1922—1924）》，台北"中研院"，2007 年，第 182—183 页。
③ 《国民党中央执行委员会第四十次会议情况通报》，1924 年 7 月 3 日，中共中央党史研究室第一研究部译：《联共（布）、共产国际与中国国民革命运动（1920—1925）》，北京图书馆出版社，1997 年，第 500 页。
④ 罗家伦主编：《革命文献》第 18 辑，台北史料编纂委员会，1974 年，第 61 页。

员会负责，强烈要求苏联取消该协定。28 日，邹德高等一百人呈书国民党中央执行委员会，认为"苏俄与北政府协定成功，妨害本党者至深且巨"。①

当时，对中苏《解决悬案大纲协定》持支持态度的各种成分中，除"亲俄"的共产党和国民党左派，还有对苏俄持中立态度甚至反对态度的人。他们的出发点在于逐步废除不平等条约，取得国家的主权和国际地位。吴佩孚自 18 日开始，七次通电国务院，主张中苏协定尽速签字，言词激烈。他认为该协定"衡之以往，已为开未有之先例。揆之目前，更属不可再失之良机，诚能及时运用，其挽回中华民国利权荣誉犹不在少"。从远东形势来看，"我不自谋，人有先我为之者，起而代我处分，噬脐于后，其将何及"。若不满足于此条件，"能否必将来可取得较此更优越之条件，收折冲樽俎之全功"，"更能否经此顿挫不致引起意外纠纷，而成一误再误之局"，尤宜三思。② 吴佩孚通电后，各省军人如萧耀南、刘镇华、孙传芳等纷纷响应。

也有部分政府官员和社会精英反对和批评中苏协定。由于协定中有不少遗憾之处，如中东铁路和外蒙撤兵问题仍没有解决，因此遭到北京政府内部一些政府官员的反对。财政总长王克敏坚决反对与处理庚子赔款有关的条款，反对把这笔余款的支配权完全交给苏俄，批评王正廷未经商议就接受条款。③ 外交总长顾维钧认为协议有损国权，因此极力反对。

民国学者曾友豪在《中俄协定给与中国之利害》一文中指出，由于俄国爆发革命，中国早已不承认旧帝俄，不承认帝俄与中国缔结的不平等条约，因此新条约中中国所得的利益，并不是苏俄给予的，其实苏俄"没有供给这些利益的能力"，"纵使这一次苏俄政府不肯放弃前俄帝国与中国缔结的条约，苏俄也没有法子使中国承认"。他认为，中东铁路的警政权、治外法权、租界及关税特权早经中国政府收回，庚子赔款中的俄国部分久已不付。苏俄知道这种情形，"便利用心理，送给他自己无能力送给的权利，正所谓慷他人之慨。一部分中国人士，不加深察，也惊叹苏俄的恩惠。苏俄外交手腕，

① 《中俄协定影响粤政府》，《盛京时报》1924 年 6 月 28 日。
② 《吴佩孚的第四电》，《东方杂志》第 21 卷第 9 号，1924 年 5 月 10 日。
③ 中国社会科学院近代史研究所译：《顾维钧回忆录》第 1 分册，第 337 页。

于此可见了"。① 美国人波赖指出："实际上中国对任何俄国新政府，其仍欲坚持俄国在华一切政治权益者，拟以不承认来阻碍其成立的意思，却是显然的。"② 《国闻周报》刊文评价俄国对华交涉，认为苏俄"至欲以国际贸易局员，享外交官待遇之特权"，"以及沿袭不平等之陆路通商条约，要求俄人在内地杂居，购买地产"，其要求比日本提出"二十一条"第五项要求更恶劣。评论还认为，"俄国驻华派来极有干才之加拉罕与鲍罗庭，足以隐然操纵中国南北之政局"。③ 各界对中苏《解决悬案大纲协定》的不同态度，固然反映了国民对废约的不同要求和主张，但更反映了当时复杂的政治环境和中国修约、废约外交的复杂性。

第四节　与无约国平等谈判订约的推进

第一次世界大战期间，北京政府即积极推进与无约国交涉平等订约，并取得一定的成效。与无约国平等条约的签订，在很大程度上是对中国修约和废除不平等条约的鼓励，从另一个侧面冲击了不平等条约体系。

一、 分别与智利、瑞士签订《通好条约》

1915 年 2 月 18 日，中国与智利签订《通好条约》，其中第二章规定："大中华民国政府、大智利民国政府均得派外交代表、总领事、正领事、副领事、代理领事驻扎彼国京城及许他国代表驻扎之重要城邑，得享有同等之一切权利待遇，其他特许免除之例，均与其他最惠国之代表、领事等一律。总领事、正领事、副领事及代理领事未到任之先，须照通例请求所驻国政府发给证书，方能就职视事。立约两国均不准派商人充总领事或正领事、副领事及代理领事，唯可派为名誉领事，其应享之权限、利益与各国之名誉领事

---

① 曾友豪：《中俄协定给与中国之利害》，《东方杂志》第 21 卷第 20 号，1924 年 10 月 25 日。
② ［美］波赖著，曹明道译：《最近中国外交关系》，第 113 页。
③ 政之：《望国人注意中俄关系》，《国闻周报》第 3 卷第 20 期，1926 年 5 月 30 日。

相等。"① 1915 年，中国与智利订约，第一次未明确给予领事裁判权，但最惠国待遇是否包括领事裁判权在内，并未言明。

1918 年，中国与瑞士谈判订约时，仍认为给予治外法权为惯例，但后来把领事裁判权排除在外。1918 年 6 月 13 日，中国与瑞士签订《通好条约》。条约第二章规定，中国与瑞士政府"均得派外交代表、总领事、正领事、副领事、代理领事驻扎彼国京城及许他国代表驻扎之重要城邑，得享有同等之一切权利待遇，其他特许、免除之例均与其他最惠国之代表领事等一律"。"立约两国均不准派商人充总领事或正领事、副领事及代理领事，唯可派充为名誉领事，其应享之权限、利益与各国之名誉领事相等"。② 1919 年 10 月 8 日，中国与瑞士交换《通好条约》。条约补充换文中，特别强调最惠国条款"并不包含在华之领事裁判权在内"。③ 这是在民国建立后，"中国作为一个独立主权国家，在完全平等的基础上为调整与外国的关系所签订的第一个条约"。④

1919 年，北京政府确立了平等互惠订约政策，明确中国不再给予他国治外法权、协定关税权。1920 年 11 月 6 日，北京政府公布《法权讨论委员会条例》，为收回法权做准备。委员会负责讨论关于收回法权的准备工作及善后事宜"，委员由外交、司法总长从各部门延聘富有法律学识或外交经验的人员充任，在各官署服务的外国人亦可获聘。⑤ 这些法令和条例，为中国与无约国签订平等条约定下了原则、奠定了基础。

二、 与玻利维亚、希腊、波兰、芬兰平等订约的实现

中国与玻利维亚于 1919 年 12 月 3 日在东京签订《通好条约》。条约规定，中玻两国政府"均得派外交代表、总领事、正领事、副领事、代理领事驻扎彼国京城及许他国代表驻扎之重要城邑，得享有同等之一切权利、待

① 中国第二历史档案馆编：《中华民国史档案资料汇编》第 3 辑《外交》，第 1031—1032 页。
② 中国第二历史档案馆编：《中华民国史档案资料汇编》第 3 辑《外交》，第 1040—1041 页。
③ 王铁崖编：《中外旧约章汇编》第 3 册，第 5152 页。
④ Zhang Yongjin, *China in the International System*，*1918-1920*，p. 139.
⑤ 《政府公报》第 1698 号，1920 年 11 月 7 日。

遇、其他特许、免除之例，均与其他最惠国之代表、领事等一律"。"立约两国均不准派商人充总领事或正领事、副领事及代理领事，惟可派充为名誉领事，其应享之权限、利益与各国之名誉领事相等。"[①] 当日，双方往来照会，声明："第二条中最惠国待遇一节并不包含在华之领事裁判权在内。""第二条所载最惠优待条款一节并不包括在中国有领事裁判权之意。"[②] 12 月 3 日，玻利维亚驻日本公使模罗斯回复中国，明确答复："关于本日所签之两国通好条约第二条所载最惠优待条款一节，并不包括在中国有领事裁判权之意。"[③] 中玻《通好条约》依中瑞《通好条约》除去附件，并换文声明最惠国待遇不包括领事裁判权，比中智《通好条约》更进一步，开创成功先例，朝野称赞。这个条约被视为民国建立后，作为一个独立主权国家，"在完全平等的基础上调整与外国的关系所签订的第一个条约"。[④] 但是外交部后来认为，"玻约尚有最惠条款，关税一层亦未明订"。[⑤]

　　领事裁判权是中国与无约国谈判的重点之一，但中国坚持不再在新约中给予任何国家领事裁判权。1913 年后，希腊驻奥地利、驻法国、驻日本等国公使都向中国公使提出订约通商。外交部要求以平等主义为商谈基本原则，指示中国公使依中智《通好条约》、中瑞《通好条约》为蓝本，但绝不再给予对方领事裁判权。希腊方面希望先商议通商问题，但中国方面坚持先订约再通商。1914 年 7 月 29 日，外交部就关于与智利商订通好条约事致总统袁世凯呈稿，说明智利国驻英公使奉政府命令，拟请与我国订约通好，"于两国人民应互相友睦及互派代表、领事各节，均极注重"。智利方面本着与中国签订平等条约的原则提出定约条件，"按诸历来通例均属相符，其对于代表领事应享权利属彼此平等，毫无偏倚，似尚妥协"。[⑥] 8 月 10 日，袁世凯派施肇基为全权代表，在平等的原则下与智利谈判订约。

---

①　王铁崖编：《中外旧约章汇编》第 3 册，第 51—52 页。

②　王铁崖编：《中外旧约章汇编》第 3 册，第 52 页。

③　中国第二历史档案馆编：《中华民国史档案资料汇编》第 3 辑《外交》，第 1043 页。

④　Zhang Yongjin, *China in the International System, 1918-1920*，p. 139.

⑤　《电驻日汪公使》，1924 年 11 月 15 日，台北"中研院"近代史研究所档案馆藏北洋政府外交部档案，馆藏号：03—23—087—02—016。

⑥　中国第二历史档案馆编：《中华民国史档案资料汇编》第 3 辑《外交》，第 1029 页。

中国与希腊谈判过程中，希腊方面也不愿放弃领事裁判权。因此，1919 年 2 月 22 日，外交部指示驻日公使章宗祥，暂缓与希腊交涉："希使既以撤销领事裁判权为难，委曲迁就又非我订约本意，此事只可暂从缓议。交换使节一层，轻重相权，在我方面究不及希腊方面之重要，若允其无约先行设使，深虑将来办事无所依据，彼必援引他国最惠国待遇，自非我之所愿；如照无约国人待遇，亦非彼之所愿。再四酌度，未便率行照允。"① 希腊方面又多次提出要求，希望在订约前，先允许希腊人来华经商。2 月 26 日，外交部函电章宗祥，详细说明不便在订约前先行通使、通商："虽据声称俟时机到后，开行详细商订，似尚有伸缩之余地。但彼所谓时机二字，似指各国共弃其治外法权而言；是即条约一日不能成立，预行设使亦属徒然。是以本部详加斟酌，以为此举未便照准。惟是订约通好，在我并无拒绝之意，果能确守通商范围、删除特例，妥订彼此公平条款，未始不可从长计议。"② 电文仍强调要确保不能给予希腊特权，要坚持公平原则。

1919 年中国颁布管理无约国人法令后，多国表示抗议，但中国坚持实行无约国人在华管理办法。1920 年 9 月 22 日，驻日代办庄景珂致电外交部，再次告知，希腊非常盼望与中国商订条约。庄景珂回复希腊驻日本公使，双方商议的要点仍在领事裁判权问题，否则难以开议。在华希腊人原由法国保护，中国自 1918 年开始不允许希腊人再在法国领事馆注册。1927 年后，法国不再保护原注册希腊人，在华希腊侨民成无约国人民，只能强烈要求希腊政府与中国商议条约。1928 年初，希腊驻法公使波利蒂斯（Nicolas Socrate Politis）与中国驻法公使陈箓在巴黎谈判。谈判依据为北京政府外交部约稿以及中国与奥、芬两国订立的条约稿。经反复磋商，5 月 26 日，中希《通好条约》在巴黎签字。因 6 月 4 日张作霖在沈阳被炸身亡，北京政府倾覆，此约未互换生效。中希《通好条约》共八条，附声明文件。1929 年 9 月 30 日，新修订中希《通好条约》在巴黎签字，去除了声明文件。1930 年 2 月 1 日，双方政府批准该约，6 月 14 日，双方在巴黎中国使馆互换，加一换文。

---

① 《电驻日章公使》，1919 年 2 月 22 日，台北"中研院"近代史研究所档案馆藏北洋政府外交部档案，馆藏号：03—23—020—01—018。

② 《电驻日章公使》，1919 年 2 月 26 日，台北"中研院"近代史研究所档案馆藏北洋政府外交部档案，馆藏号：03—23—020—01—019。

波兰亦系欧战后新成立的国家，1920 年 1 月，驻法代办岳昭燏电外交部，说明波兰驻法使馆参事面交该国外交部致总长函，请中华民国承认波兰为独立自主国，并愿设使通好。① 北京政府外交部、各驻外公使对此都提出基本原则或具体意见，并一致强调要以国际平等和相互主义为原则。1922 年 4 月 21 日，外交部指示："波兰拟与我国订约，极表赞同，惟须先向声明应以平等相互为主义，凡领事裁判、关税协定、最惠条款概不许允，如彼同意，即可磋议。"② 波兰驻日本公使巴德克（Stanis las Petek）于 1922 年 5 月到北京会晤外交部次长沈瑞麟，开始与北京政府磋商订约。

波兰方面对中国消除列强在华治外法权和最惠国待遇条款仍存有疑虑。1926 年 12 月 23 日，外交总长顾维钧关于中波商订条约事会晤波兰全权委员宾铎，宾铎提出："波兰对于规定施行细则，亦愿完全以平等互惠为根据，惟列强用来所享之治外法权，中国既欲次第廓清之，然其方法、时期、程度，将来究竟如何？"顾维钧回答："中国缔约国约分为二类：一为新约，完全以平等互惠为根据，如中德之类；一为旧约，现方拟次第修订廓而清之，此为中国预定之计划，事在必行。享有旧约特权之诸国，以不平等之故，时常发生国际误会，颇不利于商务发展，其新经缔约，如德国者，则利益既无冲突，商务亦日见顺利，论者每谓治外法权足以保障外侨权利，实系观察之误。"顾维钧还强调，中波订约，当以中德条约为范例。宾铎提出："中国与列强修改旧约，欲实行平等互惠原则，然此原则之实行，将来究至如何程度，与波兰颇有关系，或至发生影响，故希望贵部切实声明。"对此，顾维钧回答："中国缔约国只有二类，旧者将去，新者自新，无骑墙之可能，今两国议约，而忽牵连第三者于其间，甚属不合，即欲有所取法，亦当择一新缔约国，如德国之类，而不当仍蹈覆辙也。贵国为新立国家，对于中国主张国际平等互惠之精神，似应表示同情，倘贵委员坚持所见，恐于议约前途妨

---

① 《收驻法岳代办 13 日电》，1920 年 1 月 14 日收，台北"中研院"近代史研究所档案馆藏北洋政府外交部档案，馆藏号：03—23—084—01—001。

② 《发驻日本使馆电》，1922 年 4 月 21 日，台北"中研院"近代史研究所档案馆藏北洋政府外交部档案，馆藏号：03—23—084—01—011。

碍进行。"[1]

1928 年 2 月 23 日，外交部拟定"中波订约案节要"，强调"以平等相互为原则，凡领事裁判权、关税协定、最惠条款，概不允许"。"其中包含条款之最重要者，约有四项：一、设领事项；二、司法事项；三、关税事项；四、保障私人权利事项。"其中，对司法事项规定："波兰委员要求保证中国领事裁判权一律取消之后，如有过渡办法，波兰在中国人民所受待遇不得劣于他国人民。本部以领事裁判权取消之后，外国人即归中国法律统治，决不定过渡办法，无庸加以保证。讨论结果，仍照奥约第一条规定两国侨民之身体、财产受所在地法律之充分保护。"关于波籍侨民在中国法庭诉讼，"其所用波籍或他国国籍律师承认手续，波兰代表要求只由司法部认可即可出庭，本部未予容纳，改为'经司法部认可并经当管法庭承认'"。对修正草案内未列入民商事公断条文，因波兰代表来函要求，"本部乃将该代表所提条文加以修正，允许追加"。对关税事项，"照中奥条约第八条大意，用同一方式规定，惟删去'他国出产'字样"；关于最低税率，"波兰代表拟采最惠国待遇字样，并欲将其实行期限延至二年以上，本部未予容纳。讨论结果，定为'将最低税率一层，用藏事议定书声明之，并将此项待遇实行期限缩至 1928 年 12 月 31 日为止'"。[2]

经反复交涉，双方最终于 1928 年 5 月 19 日签订中波《友好条约》。此约以《中奥新约》为范本，强调中国主权与他国完全平等。该约是中国废除不平等条约历程中的另一个里程碑。后来中国在与其他列强谈判新约时，此约又成为先例。波兰放弃治外法权，使中国"成功地坚持了不给最惠国待遇的原则"。[3] 1928 年 5 月 19 日签订之中波《友好条约》未经互换生效。此约在北京议定，原只订通好条约，后扩大为通商友好条约。此约签订后，北京政府随即倾覆，南京国民政府不承认此约，1929 年 9 月另订大体相同之约。

---

[1] 《外交总长顾维钧关于中波商订条约事会晤波兰全权委员宾铎问答》，1926 年 12 月 23 日，中国第二历史档案馆编：《中华民国史档案资料汇编》第 3 辑《外交》，第 1058 页。

[2] 中国第二历史档案馆编：《中华民国史档案资料汇编》第 3 辑《外交》，第 1065—1067 页。

[3] Minute in Lampson to FO，Jun. 1，1928，FO371/13155 [F4292/1/10].

中国与无约国芬兰也交涉签订了平等条约。1922 年 2 月 20 日，芬兰驻日代办兰木斯德（Gustaf John Ramstedt）函中国驻日代办，拟与中国政府接洽在北京创设使馆，开始断断续续与北京政府交涉订约。1924 年 5 月 28 日，外交部电令驻芬兰代办王赍祺，称："芬兰独立中国承认甚早，当时曾经声明愿依公正平等主义缔结友好条约，惟迄今五载，此项条约尚未成立，两国邦交日睦，亟盼早日正式订约，以便有所依据；拟即提出约稿，与彼开始商订，希向芬政府探询提议。"① 7 月 16 日，外交部依据平等相互主义，发给王赍祺拟谈判约稿八条。此后，王赍祺与芬兰方面反复磋商。11 月 15 日，外交部复电驻日本公使汪荣宝："中芬约稿前经王代办与芬政府磋商，旋以彼方对于关税自由及不给予领事裁判权两事，均设由推诿不肯承诺。部意此项条款为近与各国订立新约主旨，必须订明碍难通融，迄未就绪。至玻约尚有最惠条款，关税一层亦未明订，碍难照允，请转告芬使，仍由芬政府与王代办就我国提案继续商订，较为捷便。"② 芬兰方面提出的约稿五条中，希望享有最惠国待遇及领事裁判权。外交部复核后指出，这"与我近年订约不提最惠国待遇宗旨不合，应改为照享受国际公法应得之待遇。又我国新约均以不给予领事裁判权及规定关税自由为宗旨，芬兰约稿内，虽于领事裁判权利项下，声明无领事裁判权；而于关税一层，却未提及。现拟加增一条，载明两国人民应受所在国法庭管辖，并依所在国法令，缴纳关税、租赋两项，规定明确，以免日后发生流弊"。③

1925 年 5 月，王赍祺卸任回国，新任驻芬兰公使李家鏊与芬兰外交部磋商。李家鏊于 9 月 1 日去世，由驻瑞典公使曾宗鉴就近与芬兰政府接洽。1926 年 10 月 29 日，曾宗鉴与芬兰外交部正式签订中芬《通好条约》。双方还签署了联合声明，规定：司法保障，"在中国芬兰人诉讼案件，全由新设之法庭以新法律审理，有上诉之权，并用正式之诉讼手续办理。于讼案期间，芬兰籍律师及翻译，经法庭正式认可者，得用为辅助"。会审公堂之案

---

① 《电驻瑞典馆交驻芬兰王代办》，1924 年 5 月 28 日，台北"中研院"近代史研究所档案馆藏北洋政府外交部档案，馆藏号：03—23—087—02—002。

② 《电驻日汪公使》，1924 年 11 月 15 日，台北"中研院"近代史研究所档案馆藏北洋政府外交部档案，馆藏号：03—23—087—02—016。

③ 《令驻芬兰龚代办》，1925 年 7 月 21 日，台北"中研院"近代史研究所档案馆藏北洋政府外交部档案，馆藏号：03—23—087—02—010。

件，"芬兰籍侨民在会审公堂原、被告案件，中国将来当寻一解决方法，使各方面均得其平"。①1927 年 6 月 2 日，北京政府批准中芬《通好条约》。

三、 中捷《友好通商条约》的曲折签订

第一次世界大战前，捷克作为奥匈帝国的一部分而存在。1918 年 9 月 27 日，北京政府议决承认捷克军为对德、奥交战的交战团。1918 年 10 月 28 日，捷克从奥匈帝国版图中独立出来，成立捷克斯洛伐克共和国。对中国而言，捷克是一个新兴国家，自然没有条约关系。捷克独立后，迅速与中国政府接触，希望建立条约关系。欧战结束后，捷克总理、外交总长及出席巴黎和会的代表与中国代表陆征祥在巴黎接洽订约通好事宜。捷克总理向中国代表团团长陆征祥提议商订"两国平等相互条约"。② 陆征祥电外交部，认为"如能乘机与无论何国先订一平等交互之约，以破从前旧约之惯例，实为有益"。③ 1919 年 5 月 7 日，外交部复电陆征祥："捷克拟与我缔约通使，尊意先订平等条约，自与上月 27 日明令无约各国愿与中国订约，以平等为原则之旨相符，即请相机进行，以破从前旧约之惯例。"④ 1919 年 8 月，中捷双方在巴黎正式接洽谈判。8 月 13 日，捷克代表高白尔与中国代表团参事王景岐晤谈。8 月 25 日，捷克代表提议以五条草案作为中捷暂时协约讨论基础，其中要求暂时获得领事裁判权，俟中国颁布新法等条件具备时再撤销：（一）领事裁判权能否暂照中国提交大会希望条件，五年后取消；（二）订立税则；（三）遣派领事；（四）通商口岸听令侨居。王景岐报告称："第一节经拒绝；第二节复以如系完全以互相交换为原则，如各平等同普通办法，自可商量；第三及第四节，告以俟将来开议后，当易磋商。"⑤ 双方讨论的关键在于领事

---

① 王铁崖编：《中外旧约章汇编》第 3 册，第 604—605 页。

② 《中捷订约节略》，1924 年 10 月，台北"中研院"近代史研究所档案馆藏北洋政府外交部档案，馆藏号：03—32—551—02—016。

③ 《收法京陆总长电》，1919 年 5 月 5 日，台北"中研院"近代史研究所编印：《中俄关系史料·俄政变与一般交涉（1917—1919）》二，1960 年，第 212 页。

④ 《复法京陆专使电》，1919 年 5 月 7 日，台北"中研院"近代史研究所编印：《中俄关系史料·俄政变与一般交涉（1917—1919）》二，第 221 页。

⑤ 《收法京陆总长 25 日电》，1919 年 8 月 30 日，台北"中研院"近代史研究所编印：《中俄关系史料·俄政变与一般交涉（1917—1919）》二，第 476 页。

裁判权与协定关税，捷克坚持在中国完成司法改良后，再撤销其人民之领事裁判权，并要求进出口关税彼此用最惠国待遇。[①] 9 月 5 日，王景岐以 4 月27 日大总统令为依据，逐条驳复。双方争执之焦点仍在领事裁判权及协定关税，中国坚持彼此两国侨民之生命财产，均在本地法庭管辖之下，应各遵守居留地之法律；彼此承认关税事项，当由两国法律完全规定。[②]

1921 年 10 月，捷克驻日本公使海纳又向中国驻日本公使胡惟德提议订约，中国外交部遂草拟八条约文电致胡惟德转交捷方。[③] 1922 年 1 月 5 日，海纳再次催订商约事宜。9 日，双方进行私人沟通。在会谈中，捷方对于中国要求废除领事裁判权问题表示赞成，但希望"声明以最新法律公平主义待遇捷克人民"；关于通商暨税则问题，捷克希望比中德新约所规定德国待遇"略优"，实际要求最惠国待遇。中方表示："既系完全平等，不能再有最优国条文。"[④] 4 月，捷克代表至中国外交部面谈。捷方要求，倘抛弃领事裁判权，则关税问题按《中德协约》处理，另声明"国定税率未普遍施行以前，暂用现行税率"。中国外交部要求声明文件需要三个方面的交换条件，包括："捷克前欠东路运费三百万应即清付；中国货物至捷克须纳捷克货物至中国同等之税率；中国人民在捷克营业有应蠲免一切杂捐及限制。"[⑤] 6 月，捷克代表将捷方意见书送达中国外交部。意见书对于不给予领事裁判权一事，"仍不欲明确规定"，关于关税问题，双方意见无法一致。此次谈判又无果而终。

1924 年 9 月，捷克再派代表哈拉来华，拜会北京政府外交总长顾维钧，提议修好订约。[⑥] 外交部派欧美司司长钱泰与之磋商。经过多次谈判，

① 《捷克代表致参事王景岐函》，1919 年 8 月 31 日，台北"中研院"近代史研究所编印：《中俄关系史料·俄政变与一般交涉（1917—1919）》二，第 477—479 页。

② 《收法京陆总长 13 日电》，1919 年 9 月 15 日，台北"中研院"近代史研究所编印：《中俄关系史料·俄政变与一般交涉（1917—1919）》二，第 496—497 页。

③ 《中捷订约节略》，1924 年 10 月，台北"中研院"近代史研究所档案馆藏北洋政府外交部档案，馆藏号：03—32—551—02—016。

④ 《收驻日本胡公使电，中捷订约事》，1922 年 1 月 13 日发，15 日收，台北"中研院"近代史研究所档案馆藏北洋政府外交部档案，馆藏号：03—32—551—01—016。

⑤ 《中捷订约节略》，1924 年 10 月，台北"中研院"近代史研究所档案馆藏北洋政府外交部档案，馆藏号：03—32—551—02—016。

⑥ 《捷克代表来京，提议中捷修好》，《顺天时报》1924 年 9 月 4 日。

1925 年初，大致达成草案。3 月 7 日，哈拉拜会北京政府外交次长，表示已经将协定草案转达政府，等待训令。[①] 但是，捷克政府对于协定中的经济条款颇为注意，仍希望获得最惠国待遇，故订约之事悬而未决。1926 年 5 月 28 日，北京政府外交总长会晤捷克代表问答节略中提及，拟以中奥《通商条约》为蓝本进行讨论。[②] 此后双方举行多次磋商，但意见不一。9 月，哈拉再赴中国外交部，请求先订友好条约，但中方为避免短期内再订通商条约，提议商订友好通商条约，草案由中方提出。9 月 20 日，双方代表开始会谈。双方主要争持在律师出庭与工人入境问题。捷方要求在华捷克籍律师有出庭辩护之权，遭到中方反对。中方要求彼此工人有自由入境权，但捷方以本国法律有碍为由拒绝。[③] 双方在日本东京、中国北京反复交涉磋商，一直因最惠国待遇和关税自主等问题，未能达成协议。直至 1930 年 2 月 12 日才签订中捷《友好通商条约》，11 月 20 日在南京互换。条约最终没有给予捷克最惠国待遇。

外交部在订约、修约交涉中坚持一贯政策，始终坚持维护国权。北京政府政局动荡，内战不断，外交当局变动频繁，加以国力衰微，各国订约时相互观望攀援。又由于整个不平等条约体系的存在，即使是订立平等条约的国家，也不可避免地享有某些条约特权。但总的说，北京政府通过与无约国新订条约，逐步增加平等交往国家数量，减少条约特权国数目，对中外不平等条约关系产生了重要影响。这表明北京政府废约意识的加强，反映中国正处于由不平等条约时代向平等条约时代的转折期。[④]

---

① 《次长会晤捷克哈代表问答，中捷订约事》，1925 年 3 月 7 日，台北"中研院"近代史研究所档案馆藏北洋政府外交部档案，馆藏号：03—32—552—01—010。

② 《总长会晤捷克代表哈拉问答》，1926 年 5 月 28 日，台北"中研院"近代史研究所档案馆藏北洋政府外交部档案，馆藏号：03—32—552—01—014。

③ 《中捷订约经过》，李迪俊主编：《最近一年之中国与世界》（一名时事年刊），大东书局，1932 年，第 202 页。

④ 李育民：《中国废约史》，第 313 页。

第五章　改变不平等条约关系的多边交涉

北京政府改变不平等条约关系的一个重要策略，是参加国际性会议或召开国际性会议，就某一不平等条约或某类条约特权问题提交于会议，以维护国家权益。这主要体现在巴黎和会、华盛顿会议、关税特别会议和法权调查会议上。中国与列强进行多边修约交涉，受各国协调、攀比牵制，很难达到改变不平等条约关系的预期目的，但经过不断的努力，为日后废除相关条约奠定了基础。

第一节　华盛顿会议与全面讨论不平等条约的中外交锋

华盛顿会议是中国全面提出解除不平等条约束缚的一个重要平台。这是继巴黎和会后，中国进一步在国际舞台提出废除不平等条约诉求，极大地推动了废约斗争。中国在华盛顿会议上，与列强进行了实质性的交锋，中国代表在会上相机抗争，为此后的修约交涉提供了一定的条件和依据。

一、 提出废除不平等条约要求

1919 年的巴黎和会并没有真正解决远东问题。在英、美、法的妥协下，对德和约规定将山东权益让与日本，但由于中国拒签对德和约，美国国会拒绝批准这个和约，日本妄图巩固在大战中攫取权益的阴谋未能完全得逞。同时，战后在远东势力已大大增长起来的美国和在远东卷土重来的英国，并不希望日本在华势力无限制地膨胀。在这种情况下，美、英、日等国召集一次国际会议，以依据各自战后的地位和势力重新划定它们在远东的权益。

巴黎和会上英、美、法的对日妥协及日本的蛮横态度，激怒了全中国人民，"外争国权，内惩国贼"、废除卖国条约、争独立、争自由、争平等，成为全国各民族、各阶层、各界各派一致的要求。在中国人民强大的压力下，北京政府最终默认了中国代表团拒签对德和约的主张，并把希望寄予下一次国际会议。当北京政府闻知召开华盛顿会议的消息后，即一方面设法疏通英美，要求以"平等"身份参与，另一方面积极准备议案，寻求英美支持。

驻英公使顾维钧多次与英国外交大臣会晤，告知中国政府参会的政策和意愿。顾维钧首先表示，英日同盟对中国解除帝国主义压迫和摆脱不平等条约的束缚是一个极大的障碍，必须要扫除这一障碍。他指出：第一，解决中日矛盾与冲突，与英国态度关系密切，"若英日盟约不能解除，虽英国欲秉公调和，亦有未便"，英国如愿帮助中国，则应解除英日联盟。第二，解决远东问题，必须维持均势，而维持均势，必须依赖中国的统一强盛，中国要强盛，必须废除条约特权，"消防外患，发展富源，与世界图共利而不为任何一国所侵渔"。而英日盟约"用意似不外乎保持在东亚之租借地、势力范围及关税等，而此与发达中国之势力，适属相反"。① 顾维钧特别说明中国参加华盛顿会议的意愿主要是修改不平等条约，"即如关税问题，必须公平解决，俾得整理财政。租借地及势力范围，亦须废除。至言租界，以山东关系

---

① 中国社会科学院近代史研究所译：《顾维钧回忆录》第 1 分册，第 220 页。

一项，或不能收回，惟亦不甘终久放弃"。① 他还声明，这些只是中国希望修改条约的几个例子，中国会提出具体详细的条件。

中国获邀参会后，提出"平等加入"要求，获得认可。1921 年 11 月 12 日，华盛顿会议开幕。会议设立两个总委员会，一是讨论限制军备问题的委员会，由美、英、法、日、意五国组成；一是讨论太平洋及远东问题的委员会，由出席会议的九国代表组成。总委员会下分设若干小委员会讨论具体问题。中国代表为驻美公使施肇基、驻英公使顾维钧、大理院院长王宠惠。广州军政府派定的代表伍朝枢因抵制北京政府的命令没有赴会。中国全权代表的分工是：施肇基负责撤军、撤销和移交外国邮局问题，王宠惠负责收回外国租界、废除领事裁判权、取消"二十一条"问题，顾维钧负责租借地问题、势力范围问题、关税问题、山东问题以及修改不平等条约问题等。②

会议开幕前，中国各驻外公使认真分析各种形势，向北京政府和外交部提出详细意见，并将注意力都集中在提升中国国际地位、维护国家主权、修订不平等条约、撤销不平等条款、解决山东问题等方面。其中，最迫切的是希望废除不平等条约和解决山东问题。诚如顾维钧指出的："中国非常盼望趁这个机会彻底解决山东问题，要求国际上确保中国的安全，承认中国与世界其它国家的平等地位。换言之，中国政府和人民最关切的是两个主要问题：马上解决山东问题，立即废除那些不平等条约，废除不平等条约在当时尤其是针对日本，要免受日本在中国大陆推行领土扩张和经济渗透政策之害。"③

尽管全面修约的可能性很小，但是北京政府依然寄予了最大的期望。1921 年 10 月，北京政府向代表团交代向大会提出的甲、乙两大类修约方案。中国代表团向会议提出中国与世界各国平等共处的希望，表示中国亦欲与各国人民自由平等交际，中国尤应脱离各国制夺中国自主之行政行为及遏制中国不能得充分发展之一切限制；中国虽然地大物博，为世界各国提供了各种

① 《驻英顾公使电》，1921 年 7 月 5 日，中国社会科学院近代史研究所《近代史资料》编辑室主编：《秘笈录存》，第 312 页。
② 中国社会科学院近代史研究所译：《顾维钧回忆录》第 1 分册，第 218—221 页。
③ 中国社会科学院近代史研究所译：《顾维钧回忆录》第 1 分册，第 220 页。

丰富资源，但应该与各国自由平等交际，应该消除各国对中国的掠夺，还中国独立自主地位。

代表团于 1921 年 11 月 15 日向北京政府汇报，拟提出会议决定关于中国各问题的十项原则，包括各国应尊重恪遵中华民国领土之完整及其政治与行政之独立；各国在中国之所有特别权利、优越权利、特免权、成约等项，"不问其性质与其约定基础如何，均须公表于世"；"凡此等权利或将来所要求者，若未经公布，概作无效，而公表特别之权利、优越权、特免权、成约等项，又须加以审查，俾便决定其范围及是否有效"；即系有效，"亦须使其不自相抵触，并适合于华盛顿会议所宣布之原则"等等。① 经反复斟酌修改，11 月 16 日，中国代表团正式向全体委员会提出十条原则。其中第一条规定，各国约定尊重并遵守中华民国领土完全及政治上、行政上独立之原则；中国自愿声明，不以本国领土或沿海地方之无论何处割让或租借与无论何国。第二条规定，中国既极赞同所称开放门户主义，即与约各国一律享有工商业机会均等主义，故自愿承认该项主义，并实行于中华民国各地方，无有例外。第三条规定，各国不得于彼此间订立直接关系中国或太平洋及远东和平之条约或协定。第四条规定，无论何国在中国或对于中国要求之各种特别权利或特别利益或享受特免之权利及一切成约，不论其性质若何或契约上之根据若何，均当宣布。凡此项要求或将来所为之要求，未经宣布者，均视为无效。第五条规定，限制中国政治上、法权上、行政上自由行动的各种限制，"应严重取销，或按照情形从速废止"。第六条规定，中国现时之成约，其无限期者，概须附以相当明确期限。第七条规定，凡关于给予特别权利或特别利益之文据，应依照通行之解释原则，从严核实解释之，俾于给与权利国有益。第八条规定，将来如有战争，中国倘不加入，则中国处于中立之一切权利，应完全尊重。② 北京政府希望提案第一、第二条能顺利通过，并期全案通过。

---

① 《美京施顾王代表电》，1921 年 11 月 15 日，中国社会科学院近代史研究所《近代史资料》编辑室主编：《秘笈录存》，第 399 页。

② 《美京施顾王代表电》，1921 年 11 月 17 日，中国社会科学院近代史研究所《近代史资料》编辑室主编：《秘笈录存》，第 401 页。

对中国提出的十项原则，除日本外，各国不予明确支持亦不公然驳难，总体对中国表示同情与支持。法国认为中国提案过于空泛，宜提出更具体的办法，以解决满蒙、山东及其他诸争端。日本则坚持四项原则：旅大租借期限之延长，南满安奉铁路之延长，东外蒙古经济特殊，汉冶萍铁厂优先权。[①] 11 月 19 日，会议主席报告中国所提十条原则。中国代表特别注意日本的态度。日本口头表示并不要求特别权利或优越权利，"至关于取消治外法权一事，日本窃欲协同他国代表有所协定，使各方面皆形平允而满意"。[②]

美国国务卿许士对中国提出的十条原则发表了两个意见：一是中国历史悠久，本有自立能力，目前的纷乱不过是因改革而经历的暂时阶段；二是对中国所持门户开放、机会均等主义极为赞成，且因地利原因，门户开放于日本最有利益。[③] 美国代表在讨论十条原则时，提出了削减十条原则实质性内容的"罗脱四条"。远东及太平洋会议委员会根据"罗脱四原则"，于 1921 年 11 月 21 日决议：尊重中国主权与独立，尊重中国土地与行政之完整；予中国最完满及最无窒碍之机会，使得自行发展及维持一强固之政府，以期因变更历久帝制之政体而发生之困难得以免除；各国尽力设法实行建立及维持各国在中国全国之工商业机会均等主义；不得利用中国现在状况要求特别权利或利益，至有减损各友邦人民之权利，并不得有赞助妨害各该国安全之行动等。[④]

中国代表认为根据"罗脱四原则"的决议不能包含中国所提十项原则的全部内容，又相继向远东委员会提出各国不得相互对华订约、撤废势力范围、尊重中国战时中立等案。远东委员会进行了讨论，并通过了相关议案。此外，美国代表提出了中国门户开放案，英国代表提出了铁路平等案等。[⑤]

日本对中国各提案都表示反对，指责中国参会是以日本为主要目标、利

---

① 《驻日本胡公使电》，1921 年 11 月，中国社会科学院近代史研究所《近代史资料》编辑室主编：《秘笈录存》，第 403—404 页。

② 《美京施顾王代表电》，1921 年 11 月 21 日，中国社会科学院近代史研究所《近代史资料》编辑室主编：《秘笈录存》，第 406 页。

③ 李景铭：《太平洋会议日记（上）》，《近代史资料》总 75 号，第 57 页。

④ 《美京施顾王代表电》，1921 年 11 月 21 日，中国社会科学院近代史研究所《近代史资料》编辑室主编：《秘笈录存》，第 407 页。

⑤ 刘彦：《帝国主义压迫中国史》下册，第 310—314 页。

用其他国家抵制日本。中国代表团经多次分析讨论，决定对日本的各种诬论给以如下答复：中国参预会议，"毫无控告任何一国之意志，各国同属友邦，并非以敌国歧视任何一国"；中国否认"舞弄一国以抵制别国，亦非心怀此种意见或政策"，希望"为一种国际协同动作，能有裨益于其经济、商业之发展，且增加缔约国公共利益，而无妨害其领土完全与政治完全，又无理由使华人有反对之怀疑者"；中国参会"完全领会真相及其在会并未心存任何不合理奢望"；中国因境内纷争状态，"原属改革任何要政所难免之过渡局势，且有外来恶力运用于其间，使中国不能统一，致政局更形扰乱"；中华民国"于整顿财政一途"取得了显著成绩。①

华盛顿会议期间，日本又提出各种要求，企图维持在华特殊利益。中国代表团决定对日本的一些意见予以辩驳："日本要求承认日本在满蒙有扩张之特要，并承认其在满蒙之要求"，此款完全没有必要；对英、美、日同盟维持太平洋与远东之和平一论，中国重申该同盟须加入中国，方可发生效力；中国代表声明国际共管中国的计划无效；对国际接管或管理财政的谬说，声明无效，并竭力反对；对军备会议应超越太平洋远东会议，"指出欲为建树远东太平洋和平基础得收实效计，各种争端曾引起目前政治纠纷者，务须审查讨论"；"对中国所提要求或恐一国作梗，致陷会议功效于险地"，任何一国不应反对协力增进和平利益之诚恳讨论意见。为维护国家利益，代表团还坚持"中国须要不受外力侵占之安全保障、须要还以自由发展之权、对于中国公平待遇"。②

北京政府外交部要求代表团对日本要求的满洲特殊地位和权利、日本移民满洲事严加驳斥、抵拒。外交部指出，满洲自唐代以来即是中国领土，清代更是保护备至。但"日人所到之处，军警即随其后，严重妨碍中国主权和民生"，③中国理应铲除日本在满洲的恶势力。

---

① 《美京曹参事电》，1921 年 11 月 11 日，中国社会科学院近代史研究所《近代史资料》编辑室主编：《秘笈录存》，第 389 页。

② 《美京曹参事电》，1921 年 11 月 11 日，中国社会科学院近代史研究所《近代史资料》编辑室主编：《秘笈录存》，第 389 页。

③ 《外交部致代表团电》，1921 年 11 月 3 日，中国社会科学院近代史研究所《近代史资料》编辑室主编：《秘笈录存》，第 391 页。

针对国外舆论宣传美国政府有将中东路提出太平洋会议归为中立之说，北京政府国务院、交通部、外交部筹拟应付办法，从主权及合同关系、世界交通之关系、中国中东路管理能力、中国中东路保护能力、中国中东路经济管理几方面，说明中国对于该路所尽的义务、责任及取得的成效，不必他人代谋之理由。[①]

1921年12月8日，中国代表提交委员会关于各国不得互相对华订约案，主要内容是：各国既尊重中国之主权与独立，希望嗣后关于中国问题之讨论，须先照会中国，若不经中国在场，各国不得再订直接关系中国之任何条约、协定或谅解。经修正后由该委员会通过，作为各国对华的一般原则之一，规定缔约各国协定不得彼此间及单独或联合订立侵犯或妨害本会1921年11月21日所宣言之各项原则的条约、协定或谅解。

为全面修改不平等条约，中国代表团曾在十项原则的第四条提出宣布一切成约并予以审查，以便确定其范围与效力。会议议程关于中国各问题的适用项目第七项，则为"现有各种成约之法律上地位"，与中国的要求相吻合。但各国在讨论时却议决概不追溯既往的原则，使中国代表团大失所望。当远东委员会讨论个案时，中国代表团又重新提出此案，历数欧战以来日本借口日英同盟占领山东以及背着中国与列强各国所订协约、密约等对中国的祸害，并表示，有无其他关于中国的密约尚不可知，要求各国明白解决该问题。

全体委员会主席在第二十一次全体委员会提出后，英日等国代表反对中国提出应审议"未经中国参与或预行通告中国政府"而由各国签订的有关中国的条约及协定的提议。美国代表也认为中国的这一提议有碍各国缔约自由。顾维钧不得已而求其次，提出三点建议：有关中国之现有各种成约均应公开；此种成约之效力应予判定；此种成约之效力判定后，应设法调和各约，并调和各该约与本会所采取的原则。

美国国务卿许士主张公布相关成约，英国也表示同意公布，但日本持反

---

① 《外交部致代表团电》，1921年10月27日，中国社会科学院近代史研究所《近代史资料》编辑室主编：《秘笈录存》，第391页。

对态度。美国旋提出中国同负公布义务，日本方才首肯。因为这样就免去了日本公布与各地军阀所签密约的责任。但日本又表示私人或公司所订约章因政府不甚清楚，无法开列。

许士在第二十二次全体委员会中提出一项决议案，经修改后，由第二十三次全体委员会通过。1922 年 2 月 1 日，经第五次大会通过《关于中国及有关中国之现有成约议决案》。主要内容包括对各国的要求和对中国的要求，其中，中国以外之各国，"应从速将各该国与中国所订或与任何他国或他国等因关涉中国而订之各条约、盟约、换文及其他各项国际协约，以为仍属有效及欲借为依据者，开单送交本会议总秘书厅存案，以便转送预会各国；以后所订类似性质之每种条约或其他国际协约，应由有关系之各国政府于订约后六十日内通告签订或加入本协议之各国"。"应从速将该国人民与中国政府或所属之任何行政机关或地方官所订之一切契约，其中有关于建筑铁路、采矿、林业、航业、河工、港工、开垦、电汽交通或其他公共工作、公共事务或售卖军械、军火之任何让与权、特许权、选择权或优先权者，须力求完备，开单送交本会议总秘书厅存案，以便转送与会各国；以后所订类似性质之每种条约或其他国际协约，应由有关系之各国政府于订约后六十日内通告签订或加入本协议之各国。"对中国提出的要求是："中国政府允就其所知者，将该政府或中国任何地方官与任何外国或任何外国人民，不论其是否为协议之一方面，已订或以后所订如上述性质之条约、协约或契约，按照本协议所定之条件通告。""凡与中国有条约关系之各国政府未经参列本会议者，应请其加入本协议。"[1]

该决议案只是对公开条约作了规定，并没有满足中国的全部要求，如：中国代表提出判定各条约的法律效力，并设法调和使之符合会议所采取的原则；对中国提出的其他相关要求，会议亦未作规定。此外，这个协定对日本独占中国的图谋有所限制，但在各国取得某种默契的情况下即失去意义。对于中国的实质性要求，列强往往采取回避和敷衍的态度，只是给予一些空洞的许诺。虽然条约仅仅是公开而已，不加以任何审查和限制，丝毫不能动摇

---

① 王铁崖编：《中外旧约章汇编》第 3 册，第 204—205 页。

其在华特权，但会议决定将与中国有关的现时成约予以公开，这对中国的废约斗争无疑是有积极意义的。

1922 年 2 月 6 日，与会各国在《九国间关于中国事件应适用各原则及政策之条约》（即《九国公约》）上正式签字。条约第一条是"罗脱四原则"。其余七条则是具体的规定，如不订立有违四原则的条约及协定，不划定有关商务或经济发展的"势力范围"，"尊重中国中立之权利"等。[①]《九国公约》的出发点是限制日本独占中国的活动，但并未完全达到目的。

二、 交涉关税问题

交涉关税问题，是中国向华盛顿会议提出的重要议题。1921 年 11 月 17 日，外交部致电华盛顿会议中国代表团，指出："中央财源枯竭已达极点，内欠外债相逼而来，政军各费欠发数月，非亟筹救济不足以挽危局而保治安。"[②]指示代表团从速与各驻在国政府、在会各国代表恳切磋议。

1921 年 11 月 22 日，会议开始讨论具体问题。顾维钧提出，中国所拟提议者，可分为有条约根据者，如关税、领事裁判权、租借地等之类；以及无条约根据而违反政府和人民意愿者，如客邮、无线电、屯驻洋兵等类，不胜枚举，皆可依次讨论。顾维钧要求先讨论关税。[③] 11 月 23 日，顾维钧提出税则自由案于全体会议，特别强调请自 1922 年 1 月 1 日起，增收至12.5%。[④]顾维钧陈述了中国丧失关税自主权的经过及理由，一是税率 5% 侵犯了中国主权，二是关税不能自主，则无从与他国订立互惠条件，以助国内经济发展；三是百货一率，奢侈品不能加征，"既不能随国内之需要以为权衡，复不能援世界通例，借课税以节流习"。[⑤]关税在各国都为大宗收入，

① 王铁崖编：《中外旧约章汇编》第 3 册，第 218—219 页。

② 《外交部致代表团暨驻英、法、日本各公使电》，1921 年 11 月 17 日，中国社会科学院近代史研究所《近代史资料》编辑室主编：《秘笈录存》，第 420 页。

③ 《美京施顾王代表电》，1920 年 11 月 25 日，中国社会科学院近代史研究所《近代史资料》编辑室主编：《秘笈录存》，第 417 页。

④ 《美京施顾王代表电》，1920 年 11 月 26 日，中国社会科学院近代史研究所《近代史资料》编辑室主编：《秘笈录存》，第 418 页。

⑤ 《美京施顾王代表电》，1920 年 11 月 28 日，中国社会科学院近代史研究所《近代史资料》编辑室主编：《秘笈录存》，第 418—419 页。

但在中国则为少数，因为税率极低，且不能切实征收，而修订税则又极为不易，导致中国税收不敷行政、教育、卫生、公益之需，故"请各国归还关税自由权"。①

代表团考虑到列强的刁难、拖延，鉴于收回关税自主权的难度较大，由顾维钧提出一个渐进的方案即"税则自由案"：（一）若干时间以后，复还中国税则自由权。此项时间之多寡，应行酌定。（二）此段时间以内，准中国收取至高之价，并有全权区别需要品与奢华品以及其他各品。（三）1922 年 1 月 1 日起，增收至 12.5%。这一方案反映出中国的最高目标是争取关税自主，并确定一个期限；最低目标是将关税税率增至 12.5%，并尽快实行。

美国代表罗脱提出，1903 年中美条约曾有裁厘条件，需要中国解决厘金问题。为拖延解决关税问题，各国提出以中国裁厘为关税自主条件之一。顾维钧表示："厘金阻碍商务，中国人民久望废除，而商界、实业界期望尤殷。"② 中国政府如果能收回关税自由权以补裁厘所失，各方自然愿意商议裁撤厘金。11 月 25 日，顾维钧访问朱尔典，征询中国收回海关自由权意见。朱尔典认为难以办到，因加税则必须裁厘，而中国大局纠纷，省自为政，如果各省中有反抗实行裁厘的，外商必受其累。顾维钧指出，中国现在政局不稳定，最大原因在于财政困难，收回关税则财政必有起色，中央权威即可逐渐恢复，而裁厘是中国人民尤其是商界的历来主张。③

美、英、法代表主张先成立分股调查中国收入。法国代办认为中国五十年前所受限制诸多，要免除何种限制未能明确范围，既不能贸然同意，也不必专限于关税问题。顾维钧指出：中国过去与各国所订各约，不敢奢望各项限制一朝扫尽，但应尽力使中国与会内外各国之关系"合于公平"，中国此后"不能再容领土上及政治上侵略之行为"，只有共同消除现有的各种限

---

① 《美京施顾王代表电》，1920 年 11 月 28 日，中国社会科学院近代史研究所《近代史资料》编辑室主编：《秘笈录存》，第 419 页。

② 《美京施顾王代表电》，1920 年 11 月 28 日，中国社会科学院近代史研究所《近代史资料》编辑室主编：《秘笈录存》，第 419 页。

③ 《附录　顾使与朱尔典谈话》，1921 年 11 月 25 日，中国社会科学院近代史研究所《近代史资料》编辑室主编：《秘笈录存》，第 421 页。

制。① 顾维钧还提出，关税问题有两层，其属于专门者，不妨设股讨论；其属于政治者，可在本会作大体讨论。大会最终决定设分股讨论，遇有专门问题时，设专门委员会讨论。

至 11 月 29 日下午，分会继续讨论中国代表所提税则案。分会拟考查中国财政状况、政府需要，以确定是否有必要加税。顾维钧指出，这些要求是干预中国内政。在顾维钧的抗议下，此议才被搁置。顾维钧以中国代表团名义提出六条具体实行办法：（一）进口税税率 5% 应提升至 12.5%。（二）中国同意于 1924 年 1 月 1 日裁撤厘金，各国同意按照 1902 年、1903 年中英、中美、中日条约之规定于进口税上抽收若干增加税，并指定日期付诸实行。各国更应同意奢华货品在进口税税率 12.5% 以外，再抽额外增加税，同日实行。（三）自此次协议之日起，五年以内，应立约重订海关制度。对于进入中国各货税率最高为 25%。在此数以内，中国可自由酌定进口税则。（四）中国现行陆路进出口货抽税减成章程，应立即废止。（五）中国与各国所订抽收关税过路税及其他各税之约章，自立约之日起，施行十年而废止。（六）中国自愿声明，中国对于海关管理制度无根本改革之意。不擅动用以专抵外债的关税收入。② 但分会拟考查中国财政状况、政府需要，再确定是否有必要加税。顾维钧予以驳斥，声明分会无干预中国内政之理。

11 月 30 日，税则董事会开第二次会议。日本代表称，不能允许中国进口税则增加，因为日本对华贸易占中国对外贸易之 30%，而日货又销售于中国之贫苦阶级，故加税至 12.5%，于日本之对华贸易不利。顾维钧加以反驳，并提出允许交换条件：一是进口货物即收增加税，收税实足七分半。二是下次修改税则，对于奢华货品行用税值 25% 的最高税价。英国代表提出加税专用于民生事业为条件，法代表要求以加税之一份为赔偿外债所用。③ 但

① 《美京施顾王代表电》，1921 年 11 月 25 日，中国社会科学院近代史研究所《近代史资料》编辑室主编：《秘笈录存》，第 417 页。

② 《美京施顾王代表电》，1921 年 11 月 29 日，中国社会科学院近代史研究所《近代史资料》编辑室主编：《秘笈录存》，第 418 页。

③ 《美京施顾王代表电》，1921 年 11 月 30 日，中国社会科学院近代史研究所《近代史资料》编辑室主编：《秘笈录存》，第 423 页。

因日本反对各国代表对于加税之认可，各国又以中国政局不稳为由反对中国关税自主，第二次会议遂中止。1921 年 12 月 3 日，北京政府国务院、外交部、财政部致电代表团，指出关税特别委员会有监督中国财政、干涉中国内政之意，不能承认。

关税问题关系到财政收入，为中国经济命脉之一，因此实现加税和关税自主是最为迫切的问题。1921 年 12 月 6 日，外交部电施肇基，说明对加税办法，"政府愿进出口税一律值百实抽七分半，至税则自主权能施行时为止"。① 国务院、外交部于 12 月 10 日致电代表团，提出应回复各国代表之点：（一）实现关税自主之期，最迟不超过三年。（二）进出口税自 1922 年 1 月 1 日起，均切实提至 7.5%，至税则自主权能施行时为止。裁厘问题归入税则自主权实施案内解决。出口税则以 7.5% 为最高。（三）进出口货已逾重新估值之期，为简省手续起见暂照旧估加四分之一。（四）将来之关税用途：一是约以十分之七作分期归还新旧各项长短期内外债款之用，业经核算，足敷支配；二是约以十分之一作国内外教育、实业经费；三是约以十分之一作国会经费及政局统一时建设之准备金；四是约以十分之一作补充中央行政费。以上成分将来实际支配或小有出入，大致以此为标准。五是用途之保证，由主管机关会同有关系团体或中外债权者暨税司，分别组织基金委员会，视察各该项之用途。"至行政费，本系另由他项税收开支，兹由关税补充者仅属少数，应由中国正当审计机关之审计院改良审计法，切实审计"。② 12 月 28 日，国务院、外交部、财政部致电代表团，再次阐述国家财政的困顿状况，希望尽快议成关税实行值百抽七五。

中国提案大体得到英、美支持，英国主张增收税款只限作兴办实业，如敷设铁路、建筑道路等项。日本强烈反对中国关税提案。虽经中国代表团反复接洽，在全体委员会及分股会中提出意见，但一直未能决议。会后，中国方面与日本代表又多次磋商。最后酌定关税自主一案，十年为完全收回之

---

① 《外交部致施代表电》，1921 年 12 月 6 日，中国社会科学院近代史研究所《近代史资料》编辑室主编：《秘笈录存》，第 423 页。

② 《国务院外交部财政部致代表团电》，1921 年 12 月 10 日，中国社会科学院近代史研究所《近代史资料》编辑室主编：《秘笈录存》，第 424 页。

期。1921 年 12 月 25 日，顾维钧会晤英、美代表，出示中日磋商后的约文。日本坚持还债之办法、用途等须于约内订明。27 日，中国代表团与英、美代表会晤，提出修正案。12 月 28 日，税则会议议定协约，对英国代表所提协约草案略有修改。

1922 年 2 月 6 日，九国代表签署了《关于中国关税税则之条约》，该约共十条，主要内容有：

（一）依据中国与各国所订现行条约，使税率适合于切实按值百抽五，从速修正 1918 年 12 月 19 日上海修正税则委员会所采用之中国进口货海关税表，惟至早须在公布日起两个月后。

（二）在本条约实行后三个月，由签字本约各国之代表，以及情愿参与及赞成本约之政府组织特别会议，由该特别会议立即设法，从速筹备废除厘金，并履行 1902 年、1903 年中英、中美、中日条约有关条款所开之条件，以期征收各该条款内所规定之附加税。

（三）在裁撤厘金、切实履行上述诸条款所定条件之前，特别会议应考量所应用之过渡办法，并应准许对于应纳关税之进口货得征收附加税，其施行日期、用途及条件均由该特别会议议决之。此项附加税应一律按 2.5% 征收，奢侈品可根据特别会议意见，能承担较大之增加而不致有碍商务者，得将附加税总额增加之，但不得超过 5%。

（四）中国进口货海关税表修改完竣，四年后应再行修正，确保按值税率与特别会议所定者相符。再行修正之后，为同一目的起见，应将中国进口货海关税表每七年修改一次，以替代中国现行条约每十年修改之规定。

（五）关于关税各项事件，缔约各国应有切实之平等待遇及机会均等。

（六）中国海陆各边界划一征收关税之原则即予以承认。

（七）在第二项所载办法尚未实行以前，凡子口税应一律课以 2.5% 之税率。

（八）凡缔约各国从前与所定条约之条款与本约各规定有抵触者，除最惠国条款外，均以本约各条款为准。[1]

----

① 世界知识出版社编：《国际条约集（1917—1923）》，第 769—772 页。

根据这一关税税则条约规定，中国原则上得到一定的承诺：一是可以修正税率，以达到切实值百抽五，并改变过去每十年修改税率的规定。二是三个月后召开关税特别会议，讨论裁厘加税问题，即以裁厘为条件，中国可以加税至 12.5%。三是裁厘加税未实行之前，列强同意经特别会议议决，采取过渡办法，对进口税征收 2.5% 的附加税。四是承认中国海陆边界划一征收关税之原则。但列强不仅对中国关税自主只字不提，而且还严格限制中国的加税要求。例如，中国提出进口税按 12.5% 的税率征收，完全被它们所否定。中国只能增加 2.5% 的附加税，而且还要在三个月后由特别会议决定其实行日期、用途及条件等等，奢侈品的附加税则限制在 5% 以内。至于陆路边界的征税，中国提出废止现行办法，已写入决议草案，而由于法国的反对，便改为"承认中国海陆边界划一征收关税"的有名无实的空洞"原则"。在这个条约中，列强仍强调"最惠国条款"，以及"切实之平等待遇及机会均等"。这就意味着，以后只要有一个未签约国家在关税问题上刁难中国，其他国家便可以此为理由相互攀援，这无疑是对中国实现关税自主的阻碍。①

迫于会议的形势及中国财政的窘迫，中国代表不得不接受这一条约。但代表团宣言："委员会不能将中国要求关税自主权，予以承认，深为遗憾。然中国并不因此有放弃关税自主之意，保留将来重行提出之权。"② 这一声明为以后继续交涉关税自主问题奠定了基础。

三、 谋求撤废领事裁判权

撤废领事裁判权，是中国的迫切要求。王宠惠于 1921 年 11 月 25 日提出治外法权案，就提案第五条限制中国主权的具体问题指出，治外法权始于 1858 年中美《天津条约》，旋即沿为通例。当时通商口岸为五处，外人不守中国法律的人数不多，而今通商口岸与自开商埠均不下五十处，法外之人日多，导致地方行政日难。王宠惠陈述其弊害，一是侵害中国主权，人民引以为国耻；二是"法庭杂处，声告法律家不能明断决议"；三是"断案以被告

---

① 李育民：《中国废约史》，第 337 页。
② 刘彦原著，李方晨增补：《中国外交史》，台湾三民书局，1962 年，第 699—700 页。

之法律为准，故各种贸易两造之权利义务均无从预知"；四是不论民刑诉讼，"若被告外人则必就审于领事，或道路窎远，则取证殊非易事"；五是外侨恃为护符，规避税课，令人民鄙其政府而嫉妒外人。王宠惠强调："此制一日不废，则中国未便开放内地任外人居住贸易。"王宠惠指出，各国实际上也深知治外法权之弊，因此，英国、美国、法国、日本、瑞典先后于 1902 年允诺以某种条件放弃此权。而今中国已非二十年前英国允诺撤废领事裁判权制度时的中国，更不是八十年前给予外国人治外法权时的中国。王宠惠提出，请会议定一手续期限，中国也刻不容缓地改良司法，推动司法进步。他举例说，中国新编法典，都是根据近世法理，且聘请外国专家襄助而成。此外，自 1910 年以来，中国新法院制度业经实行，非专业法学者不能充任司法人员。这些都是中国司法改进的明证。因此，请各国立即放弃此项特权，协助中国改良现行办法，以达撤废治外法权之目的。针对中国代表团的提案和王宠惠的提议，会议主席说明，虽然 1903 年中美条约规定，一旦美国对中国法律、司法及他种情形满意即愿放弃治外法权，但此等问题的解决，在于事实而不在于原则。① 王宠惠还提出设立分股，草拟议决案，以示尊重中国领土、行政完整，而非放弃条约上的权利。

　　1921 年 11 月 29 日，会议决定设立委员会，考察并报告中国领事裁判权暨司法制度议决案。12 月 10 日经第四次大会通过《关于在中国之治外法权议决案》。议决案指出，通过这一议决案的理由，一是各国"注意到" 1902 年中英条约，1903 年中美、中日条约中，各该国"允助中国政府以便实行其所表示改良司法制度期等于泰西各国之志愿，并宣言一俟中国法律地位及施行该项法律之办法并他项事宜皆能满意时即预备放弃其治外法权"；二是"同情促进"中国代表团所表示"应将中国政治上、法权上、行政上自由行动之现有各种限制立即取消，或体察情形从速废止之愿望"；三是"任何决定关于达此目的之适当动作"，应就"中国法律、司法制度及司法行政手续之复杂情形考察详悉，方有依据"，而这是本会议所不能决定的。议决案决

---

① 《美京施顾王代表电》，1921 年 11 月 29 日，中国社会科学院近代史研究所《近代史资料》编辑室主编：《秘笈录存》，第 425—426 页。

议："上列各国政府若组织一委员会（各该政府各派委员一人）考察在中国治外法权之现在办法以及中国法律司法制度暨司法行政手续，以便将考察所得关于各该项之事实报告于上列各国政府，并将委员会所认为适当之方法，可以改良中国司法现状及辅助并促进中国政府力行编订法律及改良司法，足使各国逐渐或用他种方法放弃各该国之治外法权者，建议于上列各国政府；本议决案所拟设之委员会应于本会议闭会后三个月内按照上列各国政府嗣后所定详细办法组织之，应令该委员会于第一次集会后一年以内将报告及建议呈送。""上列各国之每国可自由接受或拒绝该委员会之全部或任何一部，但无论如何各该国之任何一国不得直接或间接以中国给予政治上或经济上任何特别租让或优惠或利益或豁免为条件，而采取该项建议之全部或任何一部。"附议决案如下：其一为"未签字之各国在中国依条约有治外法权者，于本会闭会后三个月内将声明加入之文件交由美国政府通知各签字国亦得加入关于在中国治外法权及司法之议决案"。其二为"设立委员会以便调查并报告在中国治外法权及司法之议决案，中国业已注意，对于上列各国于中国政府取消领事裁判权之愿望表示同情，深为惬意，并宣言拟派一人为代表有列席该委员会为会员之权，惟对于该委员会建议之全部或任何一部，中国得自由取舍。再，中国愿助该委员会予以一切便利，俾得完成其职务"。① 这两个追加议决案，一是把其他未签约国也纳入这个体系中，二是中国表示同意和支持之意。

四、 提出退还租借地案

华盛顿会议上，中国代表团根据情况，将需要交涉的问题顺序确定为：关税自主问题，领事裁判权撤销问题，势力范围撤废问题，租借地退还问题，外国驻兵、铁路警察、警岗撤退问题，外国邮局、电站及无线电台撤销问题，"二十一条"、山东问题及民国四年之换文问题。②

在 1921 年 12 月 3 日第十二次委员会上，中国代表提出租借地案。顾维

<hr/>

① 世界知识出版社编：《国际条约集（1917—1923）》，第 775—776 页。
② 何思源：《华盛顿会议中山东问题之经过》，《东方杂志》第 19 卷第 2 号，1922 年 1 月 25 日。

钧首先阐述租借地的危害，指出，现情形已非昔比，德国势力已消，俄国亦趋重民治，而此次会议之后，各国愈行融洽，尤无均势之必要，因此，"中国请各国早日撤废租约，且将租借地以内之军备先行卸除，并请各国保证以后不作陆海军事上之用"。① 顾维钧还表示："完全注意租借地废止后，中国应负之义务，中国政府准备遵守并保护各国在各该租借地内所有之合法之投资利益。"②

综观各国对中国所提租借地案态度，各国代表，尤其是英日代表反对最力。委员会于 12 月 8 日再次讨论在华租借地问题。顾维钧主要针对 12 月 3 日日本代表的狡辩进行辩驳。他指出，外国在华租借地严重妨碍远东和平。日本依《威塞条约》继承德国胶州租借权之说，显然是片面的。因为中国未曾听闻此事，当然不能予以承认。顾维钧还进一步声明，山东省胶州湾之租借地，即旅顺、大连，其原定期限应于 1923 年期满，日本于 1915 年取得展限至 99 年，其取得之情状是否合法，至今仍为中日间重要争端点。旅顺、大连都在满洲中国重要领土内，故为中国国家安全起见，中国须保全满洲之全部。顾维钧还指出，满洲地方富于原料及食品，世界各国依经济上需要及供给之原则，可以公道之条件取得。满洲与中国命脉相关，无论他国利益如何重要，决不足与中国自身利益相较。至于在国际银行团成立时，英、美、法政府宣言保障日本在满洲利益一节，当时并未征求中国的意见，故中国代表对于此事不便发表意见。倘使确有此种保障，则中国代表认为日本的意见与大会 11 月 21 日所采纳"关于中国主权独立、领土与行政之完全原则不符"。③

英国所允"归还"的，只是威海英租借地，坚决不肯归还九龙租借地。英国代表表示，英国所租九龙及威海卫二处，同为租借地而性质各异，"九龙为香港屏蔽，香港为世界第一通埠，各国享平等权利，故九龙性质略异"，

---

① 《美京施顾王代表电》，1921 年 12 月 7 日，中国社会科学院近代史研究所《近代史资料》编辑室主编：《秘笈录存》，第 437—438 页。

② 李绍盛：《华盛顿会议之中国问题》，台北水牛出版社，1973 年，第 176—178 页。

③ 《美京施顾王代表电》，1921 年 12 月 8 日，中国社会科学院近代史研究所《近代史资料》编辑室主编：《秘笈录存》，第 439 页。

"威海卫则原所以防御他国垄断经济权者，当可一例归还。为协助鲁案解决起见，若鲁案能得妥协，则英国愿归还威海卫，以为普通归还之先导"。① 针对英国代表的言论，顾维钧指出："多谓香港与世界商务有关及便利世界经商之人，然中国代表以为，虽为是种商人利益起见，香港有保护之必要，但保持九龙术必即为解决此问题之惟一方法。"②

法国代表表示赞成中国所提原则，并愿与各国共同放弃其租借地，但必须保障私人权。至于归还时期及其他条件，可由中法两国政府协商。法国因与英国此时在欧洲的矛盾加剧，表示愿意交还广州湾，但为迫使英国交还九龙，削弱香港地位，提出各国都将在中国的租借地交还的附加条件。又因英、日代表表态都有保留，法国又改称"再加考量"。③

中国代表最后声明，为使各国明了中国的态度，除非委员会欲继续在此会议讨论，中国代表"当保留关于租借地之意见"。④

五、 提出撤废势力范围案

1921 年 12 月 12 日，中国代表王宠惠将撤废势力范围案提交第十五次委员会，说明各国在华势力范围，有的由各国自相协定，有的由他国以威力强迫中国政府签约，名为利益范围，实则假经济利益为名实行政治上的压迫。为谋本国安宁与远东和平，中国代表提请到会各国声明放弃在中国境内的势力范围。其理由有三：其一，这些利益范围严重地妨碍了中国的经济发展。其二，这一制度"违反各国商工业机会均等的政策"。其三，这一制度"威胁了中国的政治完整，引起了国际间的猜忌和纠纷"。鉴于此，王宠惠要求出席本会议的各国代表放弃在中国国内对利益范围、或势力范围、或任何特

---

① 《美京施顾王代表电》，1921 年 12 月 7 日，中国社会科学院近代史研究所《近代史资料》编辑室主编：《秘笈录存》，第 438 页。

② 《美京施顾王代表电》，1921 年 12 月 8 日，中国社会科学院近代史研究所《近代史资料》编辑室主编：《秘笈录存》，第 439 页。

③ 《美京施顾王代表电》，1921 年 12 月 7 日，中国社会科学院近代史研究所《近代史资料》编辑室主编：《秘笈录存》，第 438 页。

④ 《美京施顾王代表电》，1921 年 12 月 8 日，中国社会科学院近代史研究所《近代史资料》编辑室主编：《秘笈录存》，第 439 页。

殊利益的主张。①

　　英、美两国根据各自在华利益的情形，表示愿意放弃在中国的势力范围。英国代表巴尔福在全体委员会第十四次会议上声明，英国政府愿意放弃利益范围，对待这个问题比较妥善的办法，"是声明没有人愿意将利益范围的制度永久化，或使利益范围所依据的国际协议永久化"。② 美、英、日三国重行组织国际银行团之时，英国政府在 1919 年 8 月 11 日致日本政府的节略中称，组织国际银行团的基本目的之一，"是要取消对某些利益范围的要求，将全中国无保留地开放供国际银团的联合活动。除非参加这一方案的各方都同意放弃在每一政治势力范围内享有工业优先权的一切要求，这个目的是不能达到的"。美国在交换意见时再次强调这一点，认为这为"各国放弃在中国的利益范围准备了条件"。③

　　王宠惠根据美国代表罗脱"应请中国开列清单"的提议，在全体委员会第十六次会议上，提供了一个"限制性条款"的清单，包括中国的不割让协议，各国间所订而没有中国参加的有关中国的各种协议，以及中日 1915 年 5 月 25 日的条约和换文。对这个清单，全体委员会"没有予以正式的或肯定的处理"。但经交涉，在第二十三次全体委员会会议上一致通过了一项决议，并在第五次大会上予以批准，载入 1922 年 2 月 6 日签订的《九国间关于中国事件应适用各原则及政策之条约》第四条，该条款规定："缔约各国协定，对于各该国彼此人民间之任何协定，意在中国指定区域内设立势力范围，或互相设有独占之机会者，均不予以赞助。"④ 这表示列强在华势力范围制度宣告终结。

　　中国代表团又相继提出与势力范围相关联的问题，要求撤除在华外国邮局、无线电电台，撤退在华外国军警等。各国代表在不放弃其在华既得权益的情况下，在这些方面做了一些让步，但也强迫中国方面接受苛刻的条件。

---

　　① ［美］威罗贝著，王绍坊译：《外人在华特权和利益》，生活·读书·新知三联书店，1957 年，第 216—217 页。

　　② ［美］威罗贝著，王绍坊译：《外人在华特权和利益》，第 217 页。

　　③ ［美］威罗贝著，王绍坊译：《外人在华特权和利益》，第 218 页。

　　④ 世界知识出版社编：《国际条约集（1917—1923）》，第 768 页。

六、 废止中日"民四条约"

自中日"二十一条"即"民四条约"签订以来，废除"二十一条"即是中国上下的一致愿望。在 1921 年 12 月 14 日召开的第十六次全体委员会上，王宠惠提出取消"二十一条"。日本代表币原当即拒绝讨论，其理由是：此系特定国间之问题和既成事实，不在本会讨论范围内；该条约由中国全权签字，元首批准，不能认为违反尊重中国主权之原则。由于日本的反对，该案搁置未议。

至 1922 年 1 月 17 日，美国国务卿许士提出由中国代表改提修正案，日本代表坚决反对。至第十八次全体委员会讨论时，许士建议，因此问题与当时正在进行商谈的山东问题有密切的关系，应留待山东问题交涉完竣后再议。

在 1922 年 2 月 2 日第三十次全体委员会上，王宠惠重行提出讨论。[①] 鉴于会议形势和国际舆论，日本不得不同意做些让步。一是让与日本资本独享的选择权，包括南满和东部内蒙古的铁路借款权；二是不坚持在南满之政治、财政、军事、警察事项聘用日本顾问或教练员的优先权；三是撤回"二十一条"第五项之保留。但币原都予以拒绝。[②] 2 月 3 日，王宠惠在第三十一次全体委员会发表声明书对币原进行批驳。他指出：第一，中国要求交互让与，而日本并未提供任何物件，故协定所引出之利益完全为片面的。第二，协定要点，破坏中国与他国之条约。第三，协定与会议所通过关于中国的原则，不能相容。第四，协定已引起中日间的误解，如不即行废弃，将来必扰乱两国间亲善关系，且将阻碍召集此会所欲获得者之实现。[③] 美国国务卿许士也发表声明，重申 1915 年对中日两国政府的照会："对于中日两国政府间订立足以侵害美国及其人民在中国之条约权，以及侵犯中华民国政治或领土完全，或关于中国之国际政策，即普通所谓开放门户政策之任何协定或

---

① ［美］威罗贝著，王绍坊译：《外人在华特权和利益》，第 143 页。
② 《中日美对二十一条之宣言》，《东方杂志》第 19 卷第 6 号，1922 年 3 月 25 日。
③ 《中日美对二十一条之宣言》，《东方杂志》第 19 卷第 6 号，1922 年 3 月 25 日。

谅解，无论其为已经成立者或将可成立者，均不承认。"① 说明其态度"仍维持不变"。他又表示："中日条约之效力问题，与美国对华条约中之权利问题，系完全不相关者。盖美国所有之权利早已经美国严重确实申言者也。"② 会议决议将中、日、美三国的声明向大会报告，并分别载入会议记录。表决时，顾维钧发表声明："中国代表团保留在日后一切适当场合对 1915 年条约及换文中日本政府未明白放弃的部分，谋求解决的权利。"声明得到会议的同意。③ 在 2 月 4 日的第六次全体大会上，顾维钧发表的声明都经全文通过。

所谓"山东问题"，是指日本于 1914 年借对德宣战之机强占中国胶东及胶济铁路的归还问题。1919 年的巴黎和会决定由日本承继德国在山东的租借权，激起全中国人民的反对。华盛顿会议上，山东问题仍是中国政府及人民期望得到公道解决的最重要问题之一。

日本一直希望由中日直接交涉来解决山东问题。1921 年 9 月 7 日，日本公使小幡照会中国外交部，提出山东善后处置案，共计八款：（一）山东租借地与中立地带交还中国。（二）中国政府若将租借地全部自行开为商埠，承认外人有商工农业及其他合法职业之自由，且尊重外人之既得权利，则日本允不设专管居留地。中国政府应速将山东省内适当之都市实行开放。（三）山东铁路及附属矿山中日合办。（四）德国租借地条约所有供给资本、材料、人力、各项优先权，日本允抛弃之。（五）山东铁路延长线之权利及烟潍铁路之优先权，日本允提供与新银行团。（六）青岛海关可使其比德国时代更有益于中国。（七）租借地内之官有财产，原则上当让与中国，但关于公共营造物之维持经营，另行区定。（八）山东铁路特别巡警队，由中日间协定组织。但接中国组织该巡警队之通告时，日本可先行撤兵。④ 北京政府外交部于 10 月 5 日予以逐项驳斥，但日使无视外交惯例，拒绝接受中国的复文。随后，日本又提出开议山东问题，北京政府再次逐条予以驳斥。从日本所提

① 《中日美对二十一条之宣言》，《东方杂志》第 19 卷第 6 号，1922 年 3 月 25 日。
② 《中日美对二十一条之宣言》，《东方杂志》第 19 卷第 6 号，1922 年 3 月 25 日。
③ ［美］威罗贝著，王绍坊译：《外人在华特权和利益》，第 149—150 页。
④ 叶遐庵述，俞训之录：《太平洋会议与梁士诒》，沈云龙主编：《近代中国史料丛刊续编》第 19 辑 189 册，台北文海出版社，1975 年，第 167—173 页。

"山东善后处置案"内容可见，日本只是希望将德国原在山东的部分权益归还中国，对中国提出不合理的要求，并且强调日本优先原则。

中国代表顾维钧等人指出，山东问题与太平洋及整个远东形势有关，这个问题已成为美国的政治问题之一。顾维钧认为，中国再等待一些时机，静观国际形势进展，比接受某项不利的解决方案要好。他还声明："中国的一贯立场是绝不直接与日本谈判山东问题。"①

而中国这一立场与日本的立场是针锋相对的。日本在华盛顿会议开幕时向中国提出《山东善后处置大纲》，要求与中国直接交涉。在日本的压力下，会议最后采取了一个折中方案：由英美居间调停，中日在会外进行"边缘"谈判，达成的协议载入华盛顿会议记录，作为会议所接受的记录的一部分。这一解决方式，在当时经济、军事上都无法保护自己的北京政府看来，已属相当灵活的变通办法。1921 年 12 月 1 日，中日两国代表开始交涉山东问题。美国派国务院官员马克谟及培尔、英国派朱尔典及外交部官员莱朴生列席，许士和白尔福亦出席了第一次会议。双方讨论的议题包括胶州租借地交还、公产移交、日本军队撤退、青岛海关、胶济铁路、济顺高徐铁路、矿山、胶州租借地开放、盐场、海底电线、无线电台以及优先权、烟潍铁路、邮务局等。

北京政府外交部于 1921 年 12 月 11 日发表关于胶澳问题的宣言，再次声明："解决鲁案，非认日本继承德国权利；专就事实讨论，与无论何项条约协定，毫无牵涉，此二者必须先决。"宣言还强调："胶澳问题，久悬未定，此次英美出主调停，以提出大会为发端之始，以大会公认为解决之终。每次会谈，均有英美代表之参预，即议而不协，仍以大会讨论为后盾，实与我国向来希望尚无抵触。"② 山东胶济铁路问题经双方反复磋商，并由英美代表从中调停，于 1922 年 1 月 31 日达成协议。2 月 1 日，许士将双方协议在华盛顿会议上全文公布。

1922 年 2 月 4 日，中日双方正式签署《解决山东悬案条约》及附约、协

① 中国社会科学院近代史研究所译：《顾维钧回忆录》第 1 分册，第 225 页。
② 《政府关于胶澳问题之宣言》，1921 年 12 月 11 日，《外交公报》第 7 期，1922 年 1 月，政务，第 2 页。

定等件。主要内容有：（一）日本将胶州德国旧租借地交还中国，包括行政权和公产，及其有关档案、图样、册籍、单契及其他证书或各项签证之副本。所移交的公产，不得向中国政府要求偿价；但为日本官厅所购置、建造和增修者，按所用实费除去折旧给还；有为设立青岛日本领事馆所必需者，归日本政府保留，为日本居留团体公益所必需者，仍归该团体执管。中国政府声明将德国旧租借地全部开为商埠，尊重外国人民无论何时经合法、公道取得之既得权益。（二）现驻沿青岛、济南铁路及其支线的日本军队，包括宪兵在内，立即分阶段撤退，至迟不得超过六个月；驻青岛的日本守备队，应即撤尽，至迟不得超过移交行政权之后三十日。（三）青岛海关应即完全为中国海关的一部分，1915 年 8 月 6 日所订重开青岛中国海关之临时合同应归无效。（四）日本应将青岛济南及其支线并一切附属产业，包括码头、货栈及他项同等产业等项，移交中国。除码头、货栈外，中国照上述产业的现值实价偿还日本，限期十五年；满五年时或五年后不论何时，经六个月前通知，可全数或一部分偿清。未偿清前，中国政府应选任一日本人为车务长，并选任一日本人为会计长，与中国会计长权限相等；此项职员统归中国局长指挥、管辖、监督，有相当理由时得以撤换。（五）青岛济南铁路二延长线，应向国际财团开放，由中国政府与其协商条件。（六）前由中国以开采权许以德国的矿山，应移归按照中国政府特许状所组织的公司接办，日本人之股本不得超过中国股本之数。（七）凡沿胶州湾海岸确系日本人民或日本公司现在经营之利益，统由中国政府公平购回。并照相当条件准予以该沿岸产盐之若干量数贩往日本。（八）青岛、烟台间及青岛、上海间前德国海底电线的权利、名义、特权均归于中国。青岛及济南的日本无线电台，于日本军队撤退时移交中国政府，给以相当偿价。[①]

此条约签订后，中日山东问题得到解决。"这次的解决办法中，中国所获得的条件比民国以来所订立的任何铁路合同的条件都好。"具体来说，一是此前都以铁路为抵押，对铁路购置的外国器材都要收取佣金，或对政府来往的银行予以限制，而"这一切在山东条约中都免了"。二是此前都规定由

---

① 王铁崖编：《中外旧约章汇编》第 3 册，第 208—217 页。

外人担任会计长，单独办事，"但这个条约允许中国有一个并行的会计长"。三是此前又都规定了任用外人为总工程司、机车长、车务长，或则是局长，"而山东铁路上只用一个车务长"。① 此外，新订条约与北京政府 1921 年打算向国际联盟提出的方案比较，对中国更为有利。如该方案关于胶济铁路在未收回前，实行"资本与营业上之合办"；德国人已办各矿，"未交回前一律为有期限之营业上合办"等，现订条约则均对中国有利。

1922 年 3 月 28 日，中日双方签订了日本自胶济铁路沿线撤兵的协定。4 月 14 日，日军开始撤退，同时，又以日轮运便衣奉军入山东倡乱，借此延缓撤兵。4 月 26 日，中日开始讨论交还山东的具体方法和细则，至 12 月 1 日签署协定，定于同年 12 月 10 日正午移交行政权，日军在此后二十天内撤尽。12 月 5 日，双方又签署关于胶济路的细目协定，定于 1923 年 1 月 1 日正午将胶济路移交中国，一个月内交接完毕，中国向日本偿付日金 4000 万元，以胶济铁路国库券支付，年息 6 厘，半年支付一次。

中日《解决山东悬案条约》的签署，使山东问题得以根本解决，是中国在外交上取得的一个重大胜利。通过此约，中日"民四条约"、中日山东问题换文、1919 年《凡尔赛和约》中关于德国旧有山东省一切权利转让于日本之条文，全部被推翻。② 但此条约仍使中国付出巨大代价，如胶州租借地开放及胶济铁路的高额赎金等，而且日本方面保留了相当的权益，在实际上仍握着胶济路的命脉，"为日本继续在山东保留其侵略势力留下了可乘之隙"。③

"二十一条"即"民四条约"问题，是华盛顿会议没有完全解决的问题。山东主权的收回，"民四条约"中的山东问题部分自然失效，但其他内容仍然棘手。1922 年秋，因旅大租期即将届满，时任外交总长的顾维钧向日驻华公使小幡提出非正式接洽收回，并询以将来筹备收回事宜，小幡对此未作"十分激烈之表示"。然而顾维钧卷入国内政潮，被国会方面视若不共戴天而驱之下野，此后政争剧烈，"无有注意及此者"。④ 1922 年 11 月 1 日及 1923

---

① ［美］威罗贝著，王绍坊译：《外人在华特权和利益》，第 196、197、199 页。
② 李育民：《中国废约史》，第 364 页。
③ 石源华：《中华民国外交史》，第 196 页。
④ 张梓生：《中日二十一条交涉之解剖》，《东方杂志》第 20 卷第 4 号，1924 年 2 月 25 日。

年 1 月 19 日，众议院和参议院先后通过决议，宣布民国四年中日所订条约及换文无效。3 月 10 日，外交部照会日驻华公使小幡，声明：所有民国四年五月二十五日缔结之中日条约及换文，应即全部废止。并希望指定日期，"以便商酌旅大接收办法，及关于民国四年中日条约及换文作废后之各项问题"。① 3 月 14 日，日本外务省复照，拒绝取消"二十一条"，表示绝无可变更之处，收回旅顺大连问题，"实无酬对之必要"。②

综观华盛顿会议，通过了一系列有关中国问题的决议案，包括《关于在中国之治外法权议决案》、《关于统一中国铁路议决案并附中国声明书》、《关于中国及有关中国之现有成约议决案》、《关于裁减中国军队议决案》、《关于在中国无线电台议决案并附声明书》、《关于在中国之外国军队议决案》、《关于在中国之外国邮局议决案》、《关于远东问题审议局之议决案》、《各国连同中国在内赞同关于中东铁路之议决案》、《九国间关于中国事件应适用各原则及政策之条约》（即《九国公约》）、《九国间关于中国关税税则之条约》，此外还加上中日在会议外签订的《解决山东悬案条约》等等，共计 12 项。由于条约特权牵涉到列强的共同利益，这种方式有利于它们一致否定中国的要求，因此，"华盛顿会议对中国以后的废约斗争又隐伏着种种不利因素"。③

中国在华盛顿会议上的交涉和会议通过的议决案，虽然没有完全达到中国的废约目的，但无疑推动了中国废约的步伐。会议确定的一些原则，开始全面讨论中国不平等条约问题，对于切实保守中国现有主权，进行废弃条约特权的交涉，提供了重要的依据和范例。通过这次会议，"尊重中国之主权与独立暨领土与行政之完整"等原则，首次在国际公约上得以确认，这些较之以前是一个很大的进步。会议对"弱国建议之事，或容纳一部，或仅认原则，较诸昔时国际会议置弱者于不顾，稍胜一筹也"。④ 中国提出的主张和保留意见，为会议所接受，为此后继续进行废约交涉打下了基础。关于领事裁判权问题，中国提出确定一个废弃的日期，虽未能实现，但会议决议却再次

---

① 陈志奇辑编：《中华民国外交史料汇编》第 4 册，第 1548 页。
② 陈志奇辑编：《中华民国外交史料汇编》第 4 册，第 1549 页。
③ 李育民：《中国废约史》，第 369 页。
④ 贾士毅：《华会见闻录》，商务印书馆，1937 年，第 20 页。

肯定了有条件废弃的原则。关税自主、租借地等问题也未解决，但中国均保留了意见。顾维钧认为，不平等条约并非一朝一夕形成的，废除之举也并非能一蹴而就，因此"不愿其效力究竟如何"，"愿在会议席上，一诉新中国之新希望，俾各国代表中有此观念，以冀将来得逐渐成长"，而"华会结果，已予我国以自新之路"。[①] 在近代中国反对不平等条约斗争的历程中，华盛顿会议是一个重要的界标。华盛顿会议刺激了中国人民反对不平等条约的民族主义精神，对此后的废约斗争产生了重大的影响。

第二节　关税会议与列强在华关税特权的松动

1902 年，中英签订条约，1903 年，中美签订条约，都约定中国裁厘后可加征关税。民国时期，关税自主问题是废除不平等条约中的重要内容，外交部自 1912 年 4 月 18 日提出修改税则后，几乎每年都向各国提出这一要求，在参战希望条件、巴黎和会、华盛顿会议更是特别提出关税案。

依据华盛顿会议 1922 年 2 月 6 日通过的《九国间关于中国关税税则之条约》，在该约实行后三个月，由各签字国代表以及政府组织关税特别会议。由于中法"金法郎案"，即因法郎战后贬值，法国政府要求中国用黄金付还法国部分庚子赔款案，因此推迟批准华盛顿会议的有关条约，导致关税特别会议被推迟。

北京政府迫于财政压力，于 1924 年 3 月 10 日照会各国，提出先召开关税预备会议，讨论正式会议的程序及议案。照会说明"金法郎案"与关税会议及司法调查委员团无关，请各国对中国提议予以同情。[②] 但此建议遭到各国的拒绝，各国答复称"必以法国之意见为意见"，[③] 日本还要求"先将厘金办法筹备就绪，再行提议开会"。[④] 法国的态度，成为各国拒开关

---

① 《顾维钧演讲国民外交》，《大公报》1922 年 5 月 21 日。
② 《外部催开关税预备会议》，《申报》1924 年 3 月 14 日。
③ 《关税会议前途之悲观》，《顺天时报》1924 年 4 月 16 日。
④ 《关税预备会议召集无望》，《顺天时报》1924 年 4 月 8 日。

税会议的借口。

"金法郎案"于 1925 年 4 月了结，法国政府同意批准《九国公约》。4 月 8 日，北京政府为关税特别会议照会法国公使，说明华盛顿会议《九国间关于中国关税规则之条约》规定，指出法国屡次"以用金付还法国部分庚子赔款一案与批准前项条约有连带关系"拒绝批准华盛顿会议议决案，事实上，"解决赔款问题，系另属一事，与本案绝对不能牵涉"，希望法国政府早予批准实行。① 4 月 9 日，法国公使复照北京政府，称法国政府将迅速办理提交法国国会通过之手续及其批准事宜，并设法将关税特别会议速行召集。但到 6 月，法国仍称没有批准华盛顿会议各条约。

1925 年 4 月 21 日，北京政府国务总理段祺瑞发表关于办理"金法郎案"的通电。通电回顾说，自 1917 年参加第一次世界大战，中国开始提出收回主权，"国际地位遂得乘机增进"，至于华盛顿会议，除收回青岛及对德取得各项优越条件外，与中国利益关系最重要者，在关税会议一事。而今中国上下交困，欲图补救，惟冀关税会议成立，由 7.5% 加至 12.5%，"不特内外各债得有归结，抑且财源既活，百废可兴"，"解决时局之要首在财政，尤在协定关税之得其宜"。②"五卅"惨案后，中国人民掀起了全国性的爱国反帝运动。北京政府于 6 月 1 日、4 日、11 日三次向各国提出抗议照会。6 月 24 日，外交总长沈瑞麟将上海总商会提出的包括第三次抗议照会要求的修改后的十三条交涉条件送交公使团，同时又向《九国公约》签字国送交关于修改不平等条约、召开关税会议和法权会议的照会。

对中国的修约要求，各国都表示反对。经几次会议后，英、美、法、日、意、荷、比、葡八国公使于 1925 年 9 月 4 日照会北京政府，完全拒绝修改条约。③ 各国表示愿参加关税会议，派代表来华调查司法情况。英国外交大臣张伯伦在给参加北京关税特别会议的英国代表训辞中表示，非常同情

---

① 《北京政府为关税特别会议致法国公使照会》，1925 年 4 月 8 日，孙曜编：《中华民国史料》之三，文明书局，1929 年，第 218—219 页。

② 《北京政府国务总理段祺瑞关于办理金法郎案的通电》，1925 年 4 月 21 日，孙曜编：《中华民国史料》之三，第 232—233 页。

③ 《列国关于修改不平等条约之复牒》，《外交公报》第 54 期，1925 年 11 月，条约，第 1 页。

中国改善财政制度的要求，而最近中国发生排货与排英等行动，更希望早日召开此会。美国主张各国"应乘此机会向中国表示同情与援助"，召开关税、法权会议。美国学者波格指出："凯洛格先生在 1925 年夏已经拟定一项计划。这项计划是以召开中国关税特别会议和组织治外法权委员会为基础的。他的企图很明显，是要通过这两项措施来实现美国对付中国革命情势的政策。"[1] 日本表示同意美国意见。显然，各国同意中国召开关税会议的最终目的，不是为了帮助中国，而是希望以此缓解中国民众的民族主义情绪，并对付革命势力。

1925 年 8 月 18 日，北京政府照会邀请各国派员参加中国关税特别会议。9 月 3 日，北京政府公布《关税委员会章程》，规定由外交总长、财政总长、农商总长、交通总长、税务处督办、全国烟酒事务署督办，以及外交、财政"资望卓著"之大员共十二人组成，由外交总长担任主席；另外分别设置总数不超过二十人的高等顾问和专门委员。[2] 9 月 8 日，中国关税特别会议委员会成立，分为两组，一组专司谈判，轮流出席关税会议；一组担任内部事务，准备提案。10 月 23 日，关税特别委员会议决《关税自主办法大纲》和《关税自主办法大纲草案分条说明书》。大纲第一条指出："中华民国基于国家课税主权完全之原则，应实行关税自主。"凡现行条约、条款、换文或声明书等，足以侵害中国课税主权者，均照该大纲各条规定分别改正。[3] 现行条约中有涉及内国税者，"应即声明废除，嗣后内国税法，概由中国政府自行订定"。厘金、常关税含有国内通过税性质者，"均由中国政府自行裁撤"，嗣后各国在华侨民"悉照中国内国税法，一律纳税"。进口税按照关税定率条例征收，"但对于某种货物之课税与本国有互惠协定条件者，则从其协定"。"现行海关制度基于行政权完整之原则，由中国政府改正之。"[4] 说明书则对主要条文作了解释，如关于第一条指出：我国夙昔昧于国际公法和世界大势，与外国缔结条约、照会等，"往往有涉及本国课税主权者，此种条约

---

[1] D. Borg, *American Policy and the Chinese Revolution 1925-1928*, New York，1947，p. 122.
[2] 《关税委员会章程全文》，《民国日报》1925 年 9 月 5 日。
[3] 陈志奇辑编：《中华民国外交史料汇编》第 4 册，第 1918 页。
[4] 陈志奇辑编：《中华民国外交史料汇编》第 4 册，第 1918—1919 页。

条款等项，若不分别设法废止改正，则无由举关税自主之实"。①

1925 年 10 月 26 日至 1926 年 7 月 3 日，中、美、英、法、日、意、比、挪、葡、荷、西、丹、瑞（典）十三国代表在北京举行了关税特别会议。10 月 26 日，关税会议在北京开幕。参加者除华盛顿会议各国外，还有丹麦、西班牙、瑞典、挪威。中方代表沈瑞麟为会议主席。第一次会议开始时，临时执政段祺瑞致欢迎词，称："本执政认此次会议，为实现华会九国条约声明之机会，故乘此时机，重申我关税之自主。"②中国全权代表、会议主席沈瑞麟致词，表示希望"设法改善中国关税诸问题，俾中国得以早日行使其关税主权"。③中国代表王正廷提出实行关税自主办法五项：一是各国向中国政府正式声明尊重关税自主，并承认解除现行条约中关于关税的一切束缚。二是中国政府允将裁废厘金与国定关税定率条例同时施行，但至迟不过 1929 年 1 月 1 日。三是在未施行国定关税定率条例以前，中国海关税则照现行 5% 的税率外，普通品加征值 5% 临时附加税，甲种奢侈品（即烟酒）加征 30% 临时附加税，乙种奢侈品加征 20% 临时附加税。四是前项临时附加税，应自条约签字之日起，三个月后即行征收。五是关于前四项问题，应于条约签字之日起立即发生效力。④对王正廷提出的办法，各国代表在发言中虽均表同情和理解，但对实质性的问题避而不谈。

会务委员会第二天讨论会议议程，决定分三个委员会：第一委员会讨论关税自主及裁厘问题，第二委员会讨论过渡办法如附加税及整理债务问题，第三委员会讨论与关税会议有关问题，如出产地证明、关款存放、海关制度等。各国最初拟将关税自主问题与 2.5% 附加税问题并为一项，后经交涉，决定分开。⑤会议基本上只讨论了前两个问题，而其中争执最大的，就是所谓过渡时期的暂行办法。

第一委员会第二次会议于 11 月 3 日举行，日美两国提出了具体的方

① 陈志奇辑编：《中华民国外交史料汇编》第 4 册，第 1920 页。
② 《段祺瑞在会议开幕式上的欢迎词》，1925 年 10 月 26 日，王建朗主编：《中华民国时期外交文献汇编（1911—1949）》第 3 卷中，第 545 页。
③ 《沈瑞麟之演说词》，1925 年 10 月 26 日，王建朗主编：《中华民国时期外交文献汇编（1911—1949）》第 3 卷中，第 547 页。
④ 《中国关于关税自主之提案》，1925 年 10 月 26 日，《外交公报》第 53 期，1925 年 11 月，专件，第 4—5 页。
⑤ 心冷：《关税特别会议实录》，《国闻周报》第 2 卷第 43 期，1925 年 11 月 8 日。

案。日本的方案给中国实现关税自主设置了很大的障碍，除提出要求中国在三年内完全废除厘金等条件，特别要求"在此同一过渡期内，中国应与其他缔约国分别议订新条约，依两方愿意，规定某种物品所适用之互惠的协定税率，且此项条约应在一定期间内继续有效"。① 而关税自主的阻力正在于与各国议定新约。11 月 6 日，日本代表芳泽在关税特别会议第二委员会上的发言中表示，在第一次大会时，日本代表团曾提议于过渡时期内，按照华盛顿条约第三款征收 2.5% 附加税。因为若立即施行高于 2.5% 的附加税，必将扰乱中国与各国间的贸易关系，而日本工商业受其影响尤甚，且此项附加税，不仅输货各国会承受，中国人民自身也将承受。

美国提出十条意见，内容如下：（一）除中国外，各国允于 1926 年 2 月 1 日开征普通品 2.5% 附加税，奢侈品征收 5% 附加税，此税至迟于 1926 年 7 月 1 日实行，"照此增加之收入，须由海关保管，按照本会议所规定之用途支用"。（二）上列之各项附加税，"在陆路边界一律同样征收"。（三）订立的新条约内应有下列之条款：一是此次新条约发生效力三个月后，中国可征收新进口税率，该项税率为 5%—12.5%。其出口税率为 5%—7.5%，至中国关税自主发生效力时止；二是由是日起，陆路边界及海路边界征收相同之税率；三是因实行本条件而增加的关税收入，须将递增的进款存储海关。（四）厘金及将来双方协定类似之内地征收，即可裁撤。（五）为达到裁厘目的，"将海关收入分摊抵补各省，替代厘金之征收"。（六）如果将来有何处违背裁厘之协定再行抽厘，"其完纳厘金之人，可向海关获得如数之补偿"。（七）附加税海关收入之增加款项，按下列指定用途使用：抵补各省厘金收入；补偿所纳不法厘税；偿还无抵押借款；拨充中央政府行政费。（八）如果能实行上列之第四、五、六、七等条款，"中国代表团之提议即可照办，将现行条约中国关税之束缚于 1929 年 1 月 1 日取消，及固定税率条例发生效力"。（九）中国于新条约签字后，应从速提出可以实行本条约的方案。（十）如果缔约国在 1928 年 1 月 1 日以前有大多数提议，可于是年 5 月 1 日

---

① 《自主问题尚无发展》，《晨报》1925 年 11 月 4 日。

召集缔约国代表会议，审查厘金是否裁撤及协议其他必要事项。① 美国的建议，成为关税自主条文案的蓝本。

英国对中国的关税自主始终持反对态度，认为"中国与世界大国并驾齐驱之时期行将前来"，各党均认为采用武力与中国"周旋"的时期早已过去。然而，关税会议召开之际，英国却仍以此前"英政府对华之政策为基础"，决定采取以下态度：（一）中国须设立一有能力的、巩固的中央政府。（二）无论何时中国宪法政府成立，英国即愿开始取消治外法权，与其他国家取一致之行动。（三）英国将于关税会议上尽力观察，以期增加关税运动与中国建设巩固政府之事联成一气。② 英国这一态度，完全是拖延之策。

意大利代表在关税特别会议第二委员会上提出："应设法将中国各债务合并成一整数，以使中国能按期付给债主以利息及分期偿还借款。"③ 如果中国增收税款用于付还借款、抵补厘税、民政经费之所需，则意大利对加税予以支持。

在 11 月 17 日召开的会议上，通过了由中国拟定的关税自主案条文。19日，第一、第二两委员会开联席会议，通过了 17 日第二委员会的决议条文，各国原则上同意解除中国关税上的限制，自 1929 年起实施国定税率。中华民国政府声明，裁撤厘金与中国国定关税定率条例同时施行，并声明于 1929年 1 月 1 日将厘金切实裁竣。

关税自主条文得以通过，有各种原因。从中国方面来看，政府态度强硬，并有民众和国内舆论为后盾。中国代表从一开始便表明了收回关税主权的态度。会议开幕后三天，梁士诒向全国商会联合会报告说，政府主要思想，一是"争回主权，必求达到关税自主之目的"，二是"如其不能达到关税自主，则惟有决裂闭会而已"。④ 当在会议中受到挫折时，王正廷对记者谈话表示："吾人本国民之要求，受政府之命令，抱定方针，在于争回主权，而不在增加收入，所注意者，在权而不在利，是以关税自主权之确定的承

---

① 《自主问题尚无发展》，《晨报》1925 年 11 月 4 日。
② 《英国对关税会议之态度》，《顺天时报》1925 年 10 月 6 日。
③ 《义代表宣言》，1925 年 11 月 6 日，《外交公报》第 54 期，1925 年 12 月，专件，第 14 页。
④ 陈志奇辑编：《中华民国外交史料汇编》第 4 册，第 1928 页。

认，乃丝毫不能放松之事。""如主权不能恢复，则会议宁可不开，吾人尽有应付方针。"他表示，将以土耳其方式，即以片面宣言方式行之。[1] 同时，民众运动及国内舆论极为激烈，形成了举国一致要求关税自主的局面。各国代表担心中国采用土耳其方式，得不偿失。[2] 列强之间的分歧，亦促成了关税自主条文的通过。

关税自主条文对北京政府最关切的增税问题却没提及。北京政府对此十分不满。段祺瑞、沈瑞麟向日方表示，2.5%的附加税太低，日本固执这种条件与美国有天地之别，要求日本提高税率。然而日方却坚持不退让。北京政府求助于美国，美国代表表示，美国政府对关税的征收、使用没有专门限制和要求，但必须保证美国人在华所处优待地位不低于其他外国人。英法各国态度亦不热情。王正廷表示，中国政府希望增收关税1亿元，各国所定的方案只能增加8000—9000万元，日本方案仅为3500万元，令中国政府大失所望。日本代表佐分利贞男称，中国政府增加收入只从关税着手实为不妥，日本与中国债务、贸易关系甚多，非他国可比；他国对普通商品的加税若无感受，则日本对高级奢侈品增税亦不为难。最后王正廷表示"谅解"日本立场，中国同意保留部分商品2.5%的附加税，实行等级税率。

北京政府提出关于应纳关税之进口货物征收临时附加税税率的提案："查中国政府主要税收厥有四种：一、关税，二、盐税，三、印成税，四、烟酒税。海关口税及盐税，已供担保内外债之用，其收入实已无剩。至印花、烟酒两税，尚未推行尽利，是以海关增加收入，实为中国政府资以挹注之唯一财源。"因此，"提议一种过渡时代之暂行办法，即对于普通进口货征收值百抽五附加税，对于甲种奢侈品（即烟酒）征收值百抽三十，乙种奢侈品只征收值百抽二十附加税"。[3]

日本代表坚持按照华盛顿会议的规定，实行等级税率的附加税。英国代表主张实行5%—12.5%的输入税，5%—7.5%的输出税，增税收入作为废

① 《王正廷对于关会之谈话》，《顺天时报》1925年11月17日。
② 心冷：《关税特别会议实录（四）》，《国闻周报》第2卷第46期，1925年11月29日。
③ 《十一月六日关税特别会议第二委员会开会纪事》，1925年11月6日，《外交公报》第54期，1925年12月，专件，第3—5页。

除厘金的补偿。中国代表表示：增加 2.5% 的税率与中方意向相符；中国再次声明在 1929 年 1 月 1 日前撤废厘金。10 月 30 日，王正廷又提出《裁厘加税的办法》，拟于 1928 年 2 月底完全完成裁厘计划，抵偿厘金办法分期考虑；第一时期，由增收关税、附加税下划出一部分作抵；第二时期内，关税实行自主后，由关税项下拨款。[①] 由以上方案可见，北京政府为解财政困难燃眉之急，从实现加税入手，采取这一过渡办法，以缓和渐进的方式逐步实现关税自主。王正廷在答记者问时称，中国开会意在收回关税自主权，裁厘则是中国内政，外国将二者相提并论，中国不能承认。

几经协商后，各国政府于 1926 年 3 月 25 日达成了一个"共同方案"，决定实行自 2.5% 至 22.5% 的七级税率，使中国增加税收 9000 万元，并确定各国的负担比例。这个方案得到北京政府代表的认可。但是会议尚未作出决定，北京政府发生变动。1926 年 4 月，冯玉祥逼段祺瑞下野后，退出北京据守南口。关税会议因政局动荡，陷于停顿状态。各国委员陆续离京返国，表示俟中国政府有确定办法后再行开议。

1926 年 5 月 11 日，关税委员会发出通电，呼吁："我国今日财政经济情形，关税能否增加，所系既属甚巨，而税权之收回，国际地位之增进，影响尤极重大，倘因应付失机，实时乎不再。通力合作，端赖内外之同心，贯彻始终，实亦友邦之殷望。"[②] 1926 年 5 月 13 日，颜惠庆就摄政内阁总理职，他通电表示："摄阁任务，一为政治方面，一为外交方面，关税及法权两会议开会以来，各国代表萃集京师，磋议洽商，多未就绪，两事关系重要，摄阁期间，不能不殚竭心力冀有相当之解决。"[③] 颜惠庆邀施肇基负责外交，顾维钧负责财政，王宠惠负责教育。由于施肇基迟不到任，而外交事务关系国家权益，不可无人负责，颜惠庆乃自兼外交总长。他到外交部就任演说时强调，关税会议与国家政治经济关系重大，希望重开会议，于 1926 年 6 月底以前，将整理外债案议有结果，达成施行二五过渡税之协定。6 月 22 日，颜惠庆内阁终于开成第一次内阁会议，但颜氏旋即辞职，由海军总长杜锡珪兼

① 章伯锋、李宗一主编：《北洋军阀（1912—1928）》第 5 卷，第 87 页。
② 凤冈及门弟子编：《梁燕孙先生年谱》，台北商务印书馆，1978 年，第 955 页。
③ 凤冈及门弟子编：《梁燕孙先生年谱》，第 956 页。

代阁揆，蔡廷干任外交总长。在北京政局纷扰中，关税会议外国代表及专门委员以盛夏须出京避暑为由，推卸停会责任，于 7 月 4 日宣布：因中国代表不能出席，关税会议暂行停会，俟中国代表能正式出席，仍当继续。

1926 年 7 月 5 日，吴佩孚召开记者会，对各国宣布停会表示不满，称将于两星期内正式任命新全权会议代表，以颜惠庆为首席，以从前所讨论的内容为基础，继续开议。① 6 日，关税委员会再开，颜惠庆、杨永泰、蔡廷干、王宠惠等讨论列国代表宣言，决议：正式政府已经成立，关税会议亟待开议；宜补充中国委员，通知各国代表，继续开会。②

北京政府随即任命新的关税会议委员及全权代表。1926 年 7 月 14 日，国务会议通过关税会议委员会组织条例，特派蔡廷干、顾维钧、杨文恺、张志潭、张英华、梁士诒、颜惠庆、王宠惠、王荫泰、潘复、马素、夏仁虎为关税委员会委员，并指定蔡廷干、顾维钧、颜惠庆、王宠惠、张英华、王荫泰为关税会议全权代表。③ 但会议遭到广州国民政府的反对。8 月 1 日，广州国民政府发表反对重开关税会议宣言，称北方重开会议不啻将人民迫切要求之关税自主完全断送，希望国人努力于废除不平等条约运动。但因各国代表借词延宕，北京政府不得不在 7 月 23 日表示同意会议无限期休会，关税会议因而中止。

1926 年 10 月 5 日，北京政府再次改组，顾维钧就任外交总长兼代阁揆职。8 日，关税委员会举行非正式会议，顾维钧任主席委员，讨论关税会议进行步骤。顾维钧要求续开关税会议，但外交团未配合。

关税会议中止，北京政府无由增税，财政日拙。1927 年 1 月 12 日，北京政府颁布三道命令，令外交部、财政部会同税务处，筹办关税定率条例，财政部妥筹裁撤厘金办法，宣布自 1927 年 2 月 1 日起征收 2.5% 的附加税和 5% 的奢侈品附加税，并令中国各驻外使馆告知各国政府，这是为了"巩固中枢、维持对外信用"不得已而为之，其用途在于筹裁厘金、整理内外债、建设实业及筹集紧要政费。并由外交部迅催续开关税特别会议，以讨论国定

---

① 上海市档案馆译：《颜惠庆日记》第 2 卷，第 350 页。
② 上海市档案馆译：《颜惠庆日记》第 2 卷，第 350 页。
③ 上海市档案馆译：《颜惠庆日记》第 2 卷，第 352 页。

税率未实行以前增收过渡税办法。[①]

　　对于北京政府企图通过关税会议实现关税自主的方式，广州国民政府明确表示反对，声称自始即反对此项会议。[②] 在其控制区域，广州国民政府决定不顾所谓条约规定，自行开征附加税。1926 年 9 月 18 日，广州国民政府外交部长陈友仁致函英国驻广州总领事白利安，宣布对平常入口货物征收特别税二厘半，奢侈品五厘，对出口货物"亦拟略行加抽出产税"，并宣布"自后关税应从新制定，本政府将与海关商订办法"。[③] 10 月 4 日，广州国民政府颁布命令，宣布自 10 月 11 日起征收"暂行内地税"。10 月 6 日，陈友仁致函各国驻广州领事，将征收暂行内地税条例（五条）送达，并指出，这项新税，"与中国所抽海关税不同"，海关"若能与本政府所任征收新税官员，通力合作"，就不存在冲突。[④] 该税开征遭到了列强的抗议。各国驻华公使团以所谓领衔公使命令，饬令驻广州领衔领事向广州国民政府外交部提出抗议，声称国民政府的做法完全违反条约。对此，广州国民政府外交部将来函原件奉还，并宣布所谓驻北京代表各关系国之领衔公使没有法律根据，不予承认。[⑤] 10 月 11 日，广州开征附加税。广州国民政府征收附加税被视为迈向关税自主的第一步，"为今后收回关税自主权、实行国定税则开辟了道路。"[⑥]

　　北京政府颁布征收附加税命令后，海关总税务司安格联拒绝执行，声称："如非有约国允许之税款，海关即不能征收。""欲征此附加税，应先由政府征得有关各国一体承认，海关始能实行照征。"[⑦] 对于总税务司抗令不遵，财政总长汤尔和呈请大总统将安格联免职，改派易纨士（A. H. F.

---

　　① 王建朗主编：《中华民国时期外交文献汇编（1911—1949）》第 3 卷中，第 781—782 页。
　　② 《国民政府外交部致法日英美比和葡义各国领事书》，1926 年 7 月 14 日，王建朗主编：《中华民国时期外交文献汇编（1911—1949）》第 3 卷中，第 677 页。
　　③ 王建朗主编：《中华民国时期外交文献汇编（1911—1949）》第 3 卷中，第 403 页。
　　④ 王建朗主编：《中华民国时期外交文献汇编（1911—1949）》第 3 卷中，第 404 页。
　　⑤ Foreign Office Memorandum about Tariff Autonomy for China: Attitude of Great Britain and Japan, Jun. 21, 1928, FO371/13158, p. 351.
　　⑥ 陈诗启：《中国海关史》，人民出版社，2002 年，第 594—595 页。
　　⑦ 《财政部致税务处咨文》，1927 年 2 月 6 日，王建朗主编：《中华民国时期外交文献汇编（1911—1949）》第 3 卷中，第 785 页。

Edwardes）代理总税务司。[1] 外籍税务司制度是不平等条约的产物，免去安格联总税务司职，是中国冲破任用外籍税务司的相关条约规定的重要一步。虽然北京政府声称此次免其职务，毫无破坏条约之意，[2] 但这一事件引起巨大的反响，一方面英国提出强烈抗议，另一方面得到国内多方面的认可。《时报》认为是惊天动地之举措，[3]《大公报》认为是"自总税务司用客卿以来，未有之创举"。[4]

易纨士建议南北政府合开关税会议，以增收关税，得到北京政府和英国使馆的支持。1928 年 2 月初，易纨士到上海与南部接洽。关税委员会改组为关税自主委员会，2 月 3 日决定委员为潘复、夏仁虎、吴晋、王荫泰、颜惠庆、顾维钧、李思浩、沈瑞麟、莫德惠、梁士诒、阎泽溥，专门委员为钱泰、严鹤龄、袁永康、陈焕章。由于南北意见不一致，北京政府内部意见也不统一，外交团更是消极对待，关税会议又无果而终。但北京政府征收附加税和罢免安格联总税务司职的行为，已触及是否遵守条约惯例的敏感问题，对国人反对不平等条约的斗争是一个巨大的激励。[5]

关税会议虽然通过了承认中国关税自主权的条文，但仍以中国裁厘为条件。会议通过的关税自主条文，"已将裁厘与自主并为一谈"，[6] 这进一步说明，列强以中国裁厘为条件，事实上并不愿意放弃在中国的条约特权。

第三节　法权会议与废除领事裁判权的障碍

调查法权委员会会议，简称法权会议，于 1926 年 1 月 12 日召开，9 月 16 日结束。其中心任务是调查中国法权状况。法权会议最后提出了一份洋洋

---

① 《北京政府大总统令》，1927 年 1 月 31 日，王建朗主编：《中华民国时期外交文献汇编（1911—1949）》第 3 卷中，第 798 页。

② 《罢免安格联之原因》，《顺天时报》1927 年 2 月 6 日。

③ 《〈时报〉的评论》，1927 年 2 月 10 日，王建朗主编：《中华民国时期外交文献汇编（1911—1949）》第 3 卷中，第 801 页。

④ 《论安格联免职事》，天津《大公报》1927 年 2 月 5 日。

⑤ 李育民：《中国废约史》，第 504 页。

⑥ 梁龙：《解除关税自主束缚之最后手段》，《晨报》1925 年 11 月 28 日。

大观的报告书。然而，这次会议未能解决任何问题，废弃领事裁判权的要求仍然被束之高阁，没有一个国家愿意立即实行。会议结出的只是一枚苦果，对中国此后的废约斗争产生了不利的影响。

领事裁判权事关中国主权，对中国司法及行政完整以及涉外商务影响至重，也是帝国主义在中国攫取的重要利权之一。撤废领事裁判权，是中国废除不平等条约的重要内容，也是中国追求独立自主的重要一环。

一、 谋求废除领事裁判权

1919 年 4 月初，巴黎和会经济股讨论对德和约中法国草案第五条，其中有"缔约各国人民在中国关于商标情事，归各该国领事审理"等内容，对此，中国代表施肇基坚决反对，他辩论道：由于中德宣战，所有条约合同及敌人在中国享有特别权利，包括治外法权，都已自然取消，此后中国与德奥订约应以彼此平等为原则。会议主席对施肇基的辩论表示认可，其他各国代表也无异议，该条被取消。对此条被取消的意义，陆征祥在给外交部的电文中指出："此事关系所及，藉以得觇各国对于领事裁判权之意见；他日我向各国提议收回，似可希望较易着手。"① 4 月 10 日，国务院电驻英、法、美、日、意五国公使，说明我国收回德奥领事裁判权一节，"业由巴黎专使向和会联合分股声明，已无异议。至于五国收回办法，前月曾电致陆专使，声明五年内在旧府治筹设正式法厅及监狱，各种法典亦议于五年内订定颁行收回法权"。② 为收回领事裁判权做准备，外交、司法两部会同呈请专设一法律讨论会，讨论我国已编订的各种法规，或翻译中外法例，并加以综合比较。该会还筹议与司法制度有关的问题，如收回领事裁判权、会审公堂及随时发生的司法问题。北京政府为进一步推动司法改革，拟在全国设立新式法院，拟于五年内在旧府治筹设厅监，亦拟于五年内颁行各种法典。6 月，司法部呈准大总统《添厅计划大纲》。《中国希望条件说帖》被巴黎和会拒绝受理后，

---

① 《法京陆专使电》，1919 年 4 月 1 日，中国社会科学院近代史研究所《近代史资料》编辑室主编：《秘笈录存》，第 124 页。

② 《收驻义使馆 4 月 16 日函》，1919 年 6 月 18 日，台北"中研院"近代史研究所档案馆藏北洋政府外交部档案，馆藏号：03—34—001—02—016。

北京政府决心按照该说帖中提出的废除领事裁判权时间表，抓紧国内司法方面的准备工作。

1919 年 6 月，北京政府财政总长和司法总长联合向大总统提出《全国广设新式法院制度意见书》，计划在 1920—1924 年间，在各省分设高等法院，成立地方法院；在 1925—1940 年间，再在各县设立地方法院。徐世昌在批准该计划书时指出：希望在二十年内，各县都有相当组织的法院，并称"吾国现在既欲废除领事裁判权，则对于是点，更宜加倍努力，以期完成"。据统计，至 1920 年，中国已建有高等法院和检察处 44 所、高等分院和检察处 33 所、大理院 1 所，同时，颁布了由王宠惠主持修订的《中国刑法》。中国的法律编纂馆也积极推进工作。①

1920 年 11 月 6 日，公布《法权讨论委员会条例》，为收回法权做准备。委员会负责收回法权的相关准备工作，委员由外交、司法总长从各部门延聘富有法律学识或外交经验人员充任，亦包括在各官署服务的外国人。②

徐世昌要求中国驻外公使努力宣传，使各种条约内侮辱中国的领事裁判权条文得以废除。1921 年 5 月，北京政府外交部训令驻美、英、法等国公使，要他们同驻在国接洽，商议废除领事裁判权的直接谈判，没有取得结果。但在中国与墨西哥的谈判中，废除领事裁判权却取得了进展。1921 年 9 月 26 日，由中国驻墨公使王继曾和墨西哥外交部长巴尼在墨西哥城签署《暂行修改中墨 1899 年条约之协定》，作为在商谈新约期间的暂行办法，墨西哥政府主动表示："将来正式修改该约，本国政府放弃在华之领事裁判权。"③

北京政府为筹备法权会议，于 1922 年 5 月 20 日对《法权讨论委员会条例》作了修正：委员由外交、司法总长延聘，改为由委员长延聘；包括正副委员长在内，人数由原来的十八人精简至九人；讨论议决案由外交、司法部长认可后施行，改为经国务院议决后施行；正副委员长及委员、事务员均不

---

① ［美］波赖著，曹明道译：《最近中国外交关系》，第 82 页。
② 《法权讨论委员会条例》，《政府公报》第 1698 号，1920 年 11 月 7 日。
③ 王铁崖编：《中外旧约章汇编》第 3 册，第 191—196 页。

支薪，改为兼任者不支薪，但酌支津贴；另增设秘书长一人。[①] 其后，亦因
"金法郎案"，会议一再拖延。1923 年 4 月，北京政府通告美国政府，请各国
委员于当年 11 月内开会，美国政府表示赞成。11 月 18 日，美国却照会中国
驻美公使施肇基，称各国对会期未能达成一致，拟改为 1924 年 1 月 1 日，
北京政府表示同意。但至 1924 年 1 月，美照会又称，此会期未得各国一致
赞同。直至"五卅"运动后，才出现转机。各国在答复北京政府修约要求的
照会中，表示愿意派员来华调查司法。

1925 年 7 月，日本政府确定"渐进的废除在华治外法权"方针。[②] 日本
政府还决定，对中国废除领事裁判权的要求，提出两项交换条件：一是须准
外国人在中国内地杂居，二是须准外国人获得土地所有权。[③]

美国对于中国废弃领事裁判权的要求，虽不反对，但提出条件："中国
现行之法律须与西方各国相同；中国须设立一负责之华人法庭；中国须建设
一负责并为各党派所推戴之中央政府。"[④] 9 月 2 日，美国务卿凯洛格发表演
说，表示愿意放弃治外法权，但需中国证明法律与行政及司法制度足以保护
在华外人的生命和财产。[⑤] 这意味着，只要各国认为中国司法制度不够完备，
就可以无限期地拒绝废止在华领事裁判权。

英国政府赞成对中国进行司法调查，但也以中国内政不修、北京政府难
以完全管理重要外交事件、外国人生命财产难以保障为借口，认为取消领事
裁判权为时尚早。[⑥] 英国政府向美、法、意、日等国提出反对取消领事裁判
权的意见，得到各国的支持。

也有少数国家赞成中国取消领事裁判权。法国总理潘勒韦认为："十数
年来，中国扰乱不已，皆缘于列国在华有种种特权，中国之军械，大半皆由
日本与欧洲各国所输入，故日本与欧洲各国，皆当负中国内乱之责任。"[⑦] 为

---

① 《修正法权讨论委员会条例》，《政府公报》第 2233 号，1922 年 5 月 21 日。
② 《日本决定渐进的废除治外法权》，《益世报》1925 年 7 月 16 日。
③ 《日本政府决定撤销领判权交换条件》，《晨报》1925 年 9 月 23 日。
④ 《治外法权应先撤废》，《益世报》1925 年 7 月 3 日。
⑤ Wesley R. Fishel, *The End of Extraterritoriality in China*, p. 99.
⑥ 《取消在华领判权非有十年预备不可》，《晨报》1925 年 9 月 21 日。
⑦ 公展：《国内外一周间大事纪》，《国闻周报》第 2 卷第 37 期，1925 年 9 月 27 日。

今之计，只有取消领事裁判权，远东才能和平。荷兰工党致函外交部，请赞助中国取消领事裁判权，荷兰外交大臣当即复函表示赞同取消领事裁判权，但至于是全部撤销，还是逐渐撤销，尚待考虑。①

二、召开法权会议

北京政府为即将到来的法权会议积极准备。法权讨论委员会于 1925 年 9 月 16 日开会，司法部总长、次长、参事、司长，以及大理院院长、法律馆总裁均到会参加。会议推王宠惠为法权会议中国委员，聘请中外名流筹备各项事务；由司法部通令改良各省各级法庭、监狱；由法律馆整理未公布法律，并提前公布。② 司法总长杨庶堪派员分至各省，视察司法现状。司法部通电召集京汉、京奉、京浦、沪宁四路沿线高等审检厅长讨论收回法权问题。司法部还筹建法律编译会，聘请在欧美、日本的法学专家，整理历年各省法院判例，译成西文，以备参考。③ 还成立调查法权筹备委员会，由王宠惠主持，内分总务、招待、编译、议案四股。10 月 20 日，临时执政段祺瑞任命王宠惠为法权会议中国全权代表。12 月 8 日，王宠惠就职上任。

1926 年 1 月 12 日，法权会议在北京开始。英、法、美、日、意、比、丹、葡、荷、西、挪等国代表参加。北京政府司法总长马君武首先致辞。他指出，在独立大国中，仍存在领事裁判权特殊制度的，只有中国。中国必须废除领事裁判权制度的理由，中国代表早在巴黎和会和华盛顿会议上就已经详述。他详细解释中国已根据列强要求，一直致力于司法改革，并取得好成绩。日本代表日置益表示谅解，但对于会议的任务，也只是表示"制成公平及具体办法之报告"，④ 并不承诺放弃领事裁判权。

在审查中国法典阶段，中国代表将已译英、法文之各种法律，悉数提交各国代表阅看。其中译成法文的有：刑事诉讼律、民事诉讼律、商律、暂行新刑律、大理院判决例辑要（第一、二两卷）。译成英文的有：商律、刑事

---

① 《驻荷使电告荷政府赞成取消领判权》，《顺天时报》1925 年 12 月 31 日。
② 公展：《国内外一周间大事纪》，《国闻周报》第 2 卷第 36 期，1925 年 9 月 20 日。
③ 《积极进行中之法律编译会》，《顺天时报》1925 年 9 月 23 日。
④ 公展：《国内外一周间大事纪》，《国闻周报》第 3 卷第 3 期，1926 年 1 月 17 日。

诉讼律、中国大理院判决例、暂行新刑律、民事诉讼律、中国监狱制、关于司法行政之各项法令规则、商标法、中华民国约法及附属法令、中华民国宪法（附中文原文）、大理院民刑案件统计比较表、刑事案件统计报告、民事案件统计报告、森林法、修正国籍法（附中文原文）、华洋诉讼程序及审理案件数目表、中国现在司法情形之大概说明、民国十二年司法部所属北京及各省区司法机关之司法经费表。①

至 3 月 23 日，中国所提出各种法典均已审查完毕。中国全权代表王宠惠向与会代表提出《对于在中国治外法权现在实行状况之意见书》，指出所有一切损伤中国主权与完整、违背华盛顿精神的治外法权之种种，均应列入此次调查范围，同时提出以下八个方面的问题请各国代表注意：领事裁判权；关于华人与享受领事裁判权之外人案件之审判；享受领事裁判权之外人、无领事裁判权之外国人、与中国无条约关系之国之外人的案件审判；会审公堂；外人房屋及船舶内庇护权；给予外国国籍证书于中国人；外人免税；特别区域：租界、租借地、北京使馆界、铁路附属地。同时，王宠惠声明，将来研究中，如发现有上列各项以外之相关问题，当随时提出。② 上述八个问题，"厘清了中国主权受外国法权限制的种种现象。除了领事裁判权之外，其他几种情况，或是领事裁判权的扩大和滥用，或是曲解条约，或是超出条约规定而强行不受中国法权支配，等等"。③ 各国代表只同意考虑部分所列意见，与中国意愿完全相背。意见书还特别提出，领事裁判权及其他在华治外法权，严重损害中国主权，应予以废除：一是"条约之继续存在，以情势依旧为依据"，为国际公法之公例。二是外国人所享受的一些特殊权利，"得之条约条文不正当之解释者甚多"。④

各国代表经过讨论，一致认为第一至第四项应在法权委员会调查范围以内，对后面其他四项，则意见不一。除一二人外，均认为第五至第七项，应属调查范围之内，大多数不同意将第八项列入范围之内。其理由，主要是认

---

① 《昨日之调查法权会议》，《晨报》1926 年 1 月 16 日。
② 章伯锋、李宗一主编：《北洋军阀（1912—1928）》第 5 卷，第 125—127 页。
③ 李育民：《中国废约史》，第 516 页。
④ 章伯锋、李宗一主编：《北洋军阀（1912—1928）》第 5 卷，第 133—134 页。

为这些问题"皆属于政治和外交，而非属于司法性质，均应以外交手续讨论之"。对此，王宠惠于4月26日又提出补充意见，认为"现在讨论之治外法权，就其性质而论，本兼涉政治与法律，实难强为分别"，着重对第四至第八项作了陈述，并再次阐述了废弃治外法权的理由。① 最后，各国除第八项外，将其他七项均作为调查内容。其后法权调查报告书特地作了说明："本委员会之意见，以为特别区域问题，依照华府会议议决，不在本委员会调查范围之内，已决定将此二意见书送达关系各国政府，以资研究。"②

三、 通过《调查法权委员会报告书》和建议案

1926年5月10日，各国代表离开北京，先后赴汉口、九江、南京、上海及东三省各地，参观调查各省法院、监狱、看守所，考察中国司法制度实行现状。但广州国民政府拒绝代表入境考察。

1926年7月1日起，各国代表共议起草报告书。9月16日，最后一次会议通过《调查法权委员会报告书》和建议案。美国、比利时、英国、中国、丹麦、法国、意大利、日本、荷兰、挪威、葡萄牙、西班牙、瑞典十三国代表在报告书上签字。报告书共分四编。第一编为"调查法权委员会对于中国治外法权之报告序言"，第二编为"中国之法律及司法制度"，第三编为"中国施行法律之情形"，第四编为"委员会之建议"。

关于各国在华治外法权现状，报告提出如下意见：一是治外法权限制了中国司法权。报告虽然指出这一点，但仅是从观念上着眼，认为"设治外法权制度，原为一种临时办法以调和中外关系"，随着中国国民国家观念发达，以及与外人关系扩大，这一制度已不适用。二是外国在华法院复杂，法律参差不一。在华的外国法庭众多，"各适用其本国之法律，往往发生奇异状态"。三是赴诉法院不方便。外国人犯罪情节严重时，除英、美两国在华设有法院外，其他国家只能赴中国境外，甚至须赴欧洲起诉。即使在中国各领事法庭起诉，犯罪之地离该领事法庭极远之时，必要的证人及证据，往往难

---

① 章伯锋、李宗一主编：《北洋军阀（1912—1928）》第5卷，第134—138页。
② 《法权会议报告书》，《东方杂志》第24卷第2号，1927年1月25日。

以提出。四是外国人不受中国法律支配。外国在华法院对于本国人，适用本国现行法律，但受到一定限制，往往发生各种矛盾。五是华人及外国人受不当之保护。享有治外法权的国家，有时随意庇护华人，准华人及其商店或财产在其领事馆注册，引渡犯人更为困难。另外，根据条约，外人住所不受中国司法或其他官宪之搜查或侵入，故而有以其住所保护他人的情况发生。六是外国人旅行、贸易、居住受到限制。除传教及办理慈善事业之外，外国人"不能在中国各处自由旅行、居住、营业，其行动只能限于所谓通商或自辟商埠之内"，导致中外官吏常常因通商口岸界线问题发生争执。此外，治外法权制度还造成其他各种纠葛和问题。报告揭示了治外法权的种种弊端，同时又进行遮掩。如关于赴诉法院不方便问题，报告称各国有设立"轮回审判制"以审理远地案件者；关于领事馆职员缺乏法律及司法训练，以致行使领事裁判权时往往"不甚圆满"问题，报告称"已用特别训练人为法官，或设特别法庭，以资改良"。①

关于中国法律和司法制度，报告承认，中国有关法院组织、民刑诉讼条例及其他实体法的制定取得了一些成绩，但是，更多的是指责中国法律的各种弊病。一是根本法即宪法不存在，缺乏稳固的根基。二是立法混乱，根据不足，有些法令未能施行。三是法律不完备，认为以下法令必须修订：普通在民律中规定之事项，如总则、债务、物权、亲属、继承等；普通在商律中规定之事项，如票据、银行、海商及保险等；破产；专利之特许；药剂业；人事注册；精神病；土地测量；公证人；土地收用。四是某些具体法令过于严厉或失当。

关于司法制度，报告肯定中国政府努力推进其发展，提出的意见主要有：一是行政司法职权混淆。二是上级法院兼理下级管辖案件。三是县知事行使行政官不应掌管的司法职权。四是军事审判机关权力过大，张军人之势。五是警察地位特别，中国警察的权力较各国警察为大。此外，关于行政诉讼，全国仅北京有一平政院，而依 1923 年宪法第九十九条规定，"行政诉

---

① 《调查法权委员会报告书（第四编：建议案）》，1926 年 9 月 16 日，《外交公报》第 65 期，1926 年 11 月，专件，第 1—5 页。

讼事件，改归普通法庭审理"。

关于法律施行情况，报告对施行情形与法律规定不符之处作了详尽阐述：一是司法受到各种干涉，尤其是军人干涉。二是法律适用问题。有三种情况：其一，法律适用不统一，这是由于有数省公然否认中央政府，以及省政府或其他实力派越权立法。其二，适用法律过严，如保释问题。其三，不依法办理，如虐待人犯。①

关于司法制度及其施行情况，报告肯定了新式法院各项制度，指出的问题主要有：一是新式法院少。二是受过训练的法官人数少。三是法官薪俸低，司法经费缺乏。此外，警察滥权，以及警察厅、陆军审判机关的审判，亦"不能认为满意"。②

关于监狱制度及实施情况，报告肯定新式监狱系依新法建设，问题主要有：一是某些地方地狭人稠，不能妥善容纳所有犯人。二是监狱官吏薪俸太低，"欲得相当人才为职员，时感困难"。三是经费无着，妨碍监狱建设，影响犯人待遇。③

在陈述调查结果的基础上，报告提出建议，包括总的原则、对中国的建议和对享有治外法权各国的建议等三方面的内容。关于总的原则，报告提出，根据各委员之意见，此项建议实行到相当程度时，各国自可放弃其享有的治外法权。放弃治外法权后，各关系国人民在中国各区，"得依照国际普通习惯及公平之标准，以享受居住与通商之自由及私法上权利"。④

关于对中国方面的建议，主要有：一是确实保障普通人民的司法事项归法院掌管，不受行政机关或其他民政或军政机关不正当干涉。二是中国政府应采纳下列计划，改良现有法律、司法与监犯之制度：（一）参酌报告书第二、三编有关各节，实行改良。（二）完成公布下列法律：民事法典，商事法典（包括票据法、海商法及保险法），第二次刑法修正案，银行法，破产法，专利法，土地收用法，公债人法。（三）法律的制定、公布与废止等应确定并实行一划

---

① 《法权会议报告书》，《东方杂志》第 24 卷第 2 号，1927 年 1 月 25 日。
② 《法权会议报告书》，《东方杂志》第 24 卷第 2 号，1927 年 1 月 25 日。
③ 《法权会议报告书》，《东方杂志》第 24 卷第 2 号，1927 年 1 月 25 日。
④ 《法权会议报告书》，《东方杂志》第 24 卷第 2 号，1927 年 1 月 25 日。

一之制度。（四）推广新式法院、监狱看守所。（五）应有相当经费和设备，以维持法院、看守所、监狱运转及职员待遇。三是上述各建议实行至相当程度以前，有关各国可与中国政府商议渐进撤销治外法权的办法。①

对享有治外法权各国的建议，报告提出，治外法权未撤销以前，有关各国政府应参酌报告第一编改良现行治外法权制度及习惯，必要时应请中国政府协助。内容主要有：一是适用中国法律问题。有关各国在华法院或领事法庭，应尽可能采用中国法令。二是关于华洋诉讼案件及会审公廨。关于华洋诉讼，被告为受中国法律管辖之人，原则上归中国新式法院（审判厅）办理，无须外国官吏观审或参预。关于会审公廨，应尽可能在租界容许的范围内，对其组织与程序加以改革。三是关于享有治外法权国的人民。（一）享有治外法权国对于实际上全部或大部分为中国人所有的商业或航业，应革除受外人保护之流弊。（二）享有治外法权国应设法强制其在华人民按期注册。四是关于司法互助（包括嘱托讯问）。中国机关与享有治外法权各国机关及各该外国之机关相互间应协定办法：（一）外国人民与受中国法律支配之人民，所订关于民事之一切公断协定，应认为有效。依此协定所为之公断，其关于享有治外法权国人民者，由该国在华法院或领事法庭执行；其关于受中国法律支配之人民者，由中国法院执行。但该管法院公断认为有违背公共秩序或善良风俗者，不在此限。（二）中国政府与关系各国应订定妥善办法，以备中国法院对于受中国法律支配之人民，依法定程度发出的判定书、传票、拘票或押票迅速执行。其由享有治外法权国法院发出者，如需中国机关执行者，亦应照办。五是外人纳税问题。治外法权未撤销以前，有关各国人民，对于中国政府该管机关应负纳税义务。②

建议书提出，享有治外法权各国，尽可能适用中国法律，改革会审公廨、新式法院中的华洋诉讼毋须外国观审，革除外人庇护华人之流弊，外国律师遵守中国律师法令等等。在领事裁判权没有被取消之前，如切实履行建议中的这些内容，将在一定程度上减轻治外法权所造成的危害。但对此不能

① 《法权会议报告书》，《东方杂志》第24卷第2号，1927年1月25日。
② 《法权会议报告书》，《东方杂志》第24卷第2号，1927年1月25日。

估计过高，不仅因为它们均属建议性质，完全没有约束力，是否采纳取决于各国态度。而且，有些条款本身即已设置了障碍。如外人纳税须经各国认为适用者，才负纳税义务，而所谓"法定程序"，更为日后预留了争议的伏笔。其他各项，也只是轻描淡写的空泛之言，没有约束力，也不会产生什么效果。即使如此，也应看到，这毕竟是列强第一次自己批评治外法权的弊害，第一次同意作些改善。如果说法权会议取得了一些成果，即在于此。中国委员也对此感到一丝安慰，视其为各国的"善意之表示"。由此可见，列强的态度正在发生变化，这无疑反映出不平等条约走向没落的大趋势。①

11 月 28 日，北京政府外交部公布《调查法权委员会报告书》第四编，即委员会建议，发表《中国委员宣言书》。王宠惠说明："中国政府近二十年来以深挚之诚意，不挠之毅力，对于中国法律司法制度及司法行政，极力改良，因此切望享有治外法权各国，对于即行放弃其国人所享受之治外法权一事，认为适当。但调查法权委员会以为按中国现状，未便即时为撤销之建议，中国对此殊形失望。"王宠惠还表示："中国所预期即时撤销治外法权一事，未能建议，诚为遗憾。惟对于条约以外所发生不良之惯例立即取消及其他中外人民关系之改善办法，均有所建议，此为关系各国善意之表示，中国委员深为谅解。""所应特别注意者，撤销治外法权而易以中国主权所容许之制度，此为中国国民夙抱之恳挚愿望。此种愿望如各国能持同情之态度，则实现更易，中国人民深信各国同情之态度，当能更进一阶，则其正当之愿望自能早日实现。"②

参与会议的十一国政府于 11 月 29 日将报告书及摘要正式发表。对这一报告书，驻比公使王景岐在致外交部电文中评价道，报告原文"于宪法、法律、司法组织及监狱制度节节干涉，吹毛求疵"，如此看来，"法权收回如俟河清未所，又以外人居留内地与中国人享受同一民法之权为希望条件，尤越调查范围，各国侵略习性，难怪一致协谋。我国主权攸关，何可自投陷井，而各报均谓我国委员业已承认签字，仅为格式起见，轻描数语保留，致成我

---

① 《法权会议报告书》，《东方杂志》第 24 卷第 2 号，1927 年 1 月 25 日。
② 《调查法权委员会之建议案及中国委员之宣言书》，1926 年 9 月 16 日，《外交公报》第 65 期，1926 年 11 月，专件，第 5—6 页。

国司法不良不能放弃领事裁判权之铁证"。[①] 他认为这一报告书完全违反中国收回法权的本意，因此对我国委员签字表示不理解。周鲠生指出，法权会议的建议案，"中国等于受着一种国际判决，判定外国领事裁判权不能即时撤销"。他担心，如完全按照委员会的建议做下去，"恐怕今后十年二十年中国还收不回法权"，而这带来的后果，便是"华盛顿会议所采的渐进的妥协的改革的方针要算破产，中国恐怕也只有采单独的革命的手段之一条路可走了"。[②] 总体上看，废除领事裁判权，成为中国人民继续坚持废除不平等条约斗争的重要目标。

四、 达成收回上海会审公廨协议

法权会议还就收回上海会审公廨达成了协议。1919 年 1 月 23 日、2 月 10 日，北京政府外交部迭函英国公使，请将会审公廨克日交还。英使以何时推广租界，则使团即何时交还为答复，交涉再成悬案。[③] 1921 年 2 月，法权讨论委员会讨论收回上海会审公廨，提出成立上海租界特别法院，并讨论议决上海租界民刑诉讼办法。北京政府外交部照会公使团，公使团以该办法与1914 年公使团提出的五条相差太远，不允照行。1922 年 7 月，外交部拟先向公使团催请按照前与英使商定各办法将该公廨交还，其未尽事宜俟收回后再议。其时，法权讨论委员会对此事讨论多次，认为前定办法殊未尽善，遂函告司法部，拟商请外交部交涉，先将租界华人诉讼案件交归中国法院办理。9 月，司法部将该委员会的函件咨外交部，外交部认为与外人意见相差太远，没有提出交涉。其后外交、司法两部会商，将 1914 年英使提议的五项酌加修正，改订办法六条。10 月 26 日，外交部将这六条办法照会公使团领衔葡萄牙公使符利德，但公使团搁置不复。[④] 此后，虽经中国多番交涉，各国仍拖延不决。

---

① 《驻比公使王景岐致外交部电》，1926 年 11 月 29 日，中国第二历史档案馆编：《中华民国史档案资料汇编》第 3 辑《外交》，第 973 页。
② 周鲠生：《法权调查报告书》，《解放运动中之对外问题》，上海太平洋书店，1927 年，第 199—200 页。
③ 《上海会审公廨之史的回顾（五）》，《大公报》1926 年 10 月 5 日。
④ 李育民：《中国废约史》，第 535—536 页。

1925 年 11 月 25 日，中方致电荷兰公使，另提收回会审公廨的草案，其内容主要有：（一）上海会审公廨及其附设的检察处、监狱押所等一切交还中国政府。（二）中国政府就原有会审公廨设立上海租界司法公署，其编制按照正式法院组织，遵用中国现行法例，办理租界内民刑诉讼及违警事件。（三）领事裁判权未取消以前，在上海租界司法公署管辖区域内，有领事裁判权国人为原告、华人为被告之民事案件，由各该国驻在上海之领事出庭观审。其他均不适用观审办法。（四）对于中国人及无领事裁判权国人，上海租界司法公署承发吏及司法警察直接施行传唤、拘提、扣押、搜索及民事强制执行事项。但传唤有领事裁判权国人民时，应先通知该管国领事。对于有领事裁判权国人民同居之雇用人，就其居所施行拘提、扣押、搜索时，得先行通知该管国领事知照。（五）刑事或违警之现行犯经工部局巡捕房拿获者，应于 24 小时内送交上海租界司法公署办理。（六）外国律师，准其在上海租界司法公署出庭代理外人诉讼，但以经司法部核准领有证书者为限。中国现行律师，一切法令一律适用。（七）上海租界司法公署，适用一切现行中国法例章程。① 但各国仍不同意该草案。

中方希望将会审公廨完全交还中国，而各国委员仅同意恢复辛亥革命前的状态，两者相距太远，无法达成一致。在谈判陷入僵局的情况下，代理外交总长颜惠庆决定将此案交给江苏地方与上海领事团就地商议。② 1926 年 5 月 21 日，中方与英、美、日三国驻沪领事开始接洽交涉，初步正式交换意见。其后，荷兰、挪威等国领事亦加入会议。但经多次交涉，仍未能达成协议。8 月 31 日，江苏省政府特派代表丁文江和许沅与英、美、法等十四国领事在上海签订了《收回上海会审公廨暂行章程》，并交换相关照会。

照会内容主要有：会审公廨改为临时法院，法院院长及推事由江苏省政府任命；法院的司法警察，由工部局警务处选派，但应直接对法院负责；附属临时法院的监狱，除民事拘所及女监外，由工部局专管，受法院监督。关于领事会审与观审权方面，规定凡与租界治安有直接关系的刑事案件、违犯

---

① 冯绍霆、张蓉蓉选编：《收回会审公廨存档录》，《档案与史学》1996 年第 1 期。
② 李育民：《中国废约史》，第 539 页。

《洋泾浜章程及附则》的案件、有领事裁判权国外人所雇华人为刑事被告的案件，均得领衔领事委派一人观审，该员有权记载不同意之点，但不得干涉判决，未经中国审判官同意，不得讯问证人及被告；凡有领事裁判权国外人或工部局为原告的民事案件，及有领事裁判权国外人为告诉人的刑事案件，由该关系国领事派官员一人出庭会审。关于管辖权限方面，规定一切发生于租界内的民刑案件，均由临时法院审理，但十年以上徒刑及死刑案件，须由江苏省政府核准。关于管辖地域，除租界外，还包括黄浦港内外国船只上、租界外上海、宝山两县境内工部局道路上发生的华洋刑事案件，以及租界外上海、宝山两县境内周围地区发生的华洋民事案件。关于提传人犯，规定所有法院之传票、拘票及命令，经审判官签字即生效力。关于上诉，规定于临时法院另设上诉庭，院长由临时法院院长兼任，专办刑事上诉案件，但五等有期徒刑以下，及违犯《洋泾浜章程与附则》的案件，不得上诉；凡经会审的华洋民事案件，如有不服，向特派交涉员署提起上诉，由交涉员约同有关领事办理。关于适用法律，规定适用中国当时及以后之法律、条例，惟当顾及会审公廨诉讼惯例。关于法院事务管理，法院出纳及双方合组委员会所规定之事务，由书记官长管理，该书记官长由领衔领事推荐，再由临时法院呈请省政府委派，受临时法院院长监督指挥，管理属员，监督法院财务。书记官长如有溺职行为，临时法院院长加以惩戒，经领衔领事同意，可将其撤换。关于律师，准外籍律师出庭代理当事人任何一方。①

此外，列强放弃了扩展租界等条件，章程恢复了中国政府在上海公共租界的部分司法管辖权。此前多次谈判，公使团总是设置障碍，"五卅"运动之后始愿让步。同时，尽管取得重要成果，但尚未恢复到会审公廨最初的状态，外人仍掌握了相当大的权力。关于法租界会审公廨问题，许沅曾致电北京政府外交部，提出收回法国公廨一节是否须另案协商。外交部答复："俟会审公廨案解决后，法公廨即比照办理。"② 但此事一直没有办理，迄至1930年，南京国民政府再次与各国就公共租界法院问题签订新的协定之后才解决。

---

① 《江苏省督办孙传芳致外交部电》，1926年7月—1927年1月，中国第二历史档案馆编：《中华民国史档案资料汇编》第3辑《外交》，第90页。

② 冯绍霆、张蓉蓉选编：《收回会审公廨存档录》，《档案与史学》1996年第1期。

第六章　双边交涉与期满中外条约的修废

根据国际法规定，条约上规定的有效期限届满，条约即当然失效，除非根据条约的规定可以延长。中外条约中，除少数例外，多数都特别注明时效，一方或双方可依一定理由提出修约。北京政府根据条约期满失效原则及时效优势，展开了与相关各国修订届期条约的交涉。北京政府在修订期满条约交涉中，基本上坚持了既定的修废不平等条约方针，从而动摇了不平等条约体系。

第一节　中比、中西不平等条约的废止

为修订到期的中比、中西旧约，北京政府与比利时和西班牙政府反复交涉，但遭到对方拒绝和拖延，或是提出不合理的要求。为达到预期修约成效，北京政府毅然宣布废止中比、中西条约，在国内外引起重大反响，对中国废除不平等条约产生了重要影响。

一、 废止中比条约

比利时是北京政府真正实行单方面废约新方针的第一个对象。中比修约交涉是北京政府修约外交中影响最大、成效最显著的事件，也为中国单方面废约开了先河。

中外旧约中，只有德国和比利时两国有单方面修约权，德国旧约已于中国参战时废止。德约废止后，只有中比《通商条约》规定比利时有单方面的修约权。中比《通商条约》于 1865 年 11 月 2 日在北京签订，1866 年 10 月 27 日在上海换约生效。中比《通商条约》第四十六款规定，比利时若"欲行变通"，在自章程互换之日起，每十年期满前六个月，备文知照中国再行筹议。[①] 至 1926 年 10 月 27 日，中比《通商条约》将届第六个十年修改之期，但依原约，仅比利时单方面有提议修约之权。

在中比条约届满前，中国驻比利时公使王景岐多次建议北京政府外交部，要及时修订该约，以解除不平等条约的束缚。1925 年 7 月 1 日，王景岐与比利时外长洽谈，说明此商约非永久性质，政府和人民迫于形势所需，绝不会再容此类不平等条约存在，如果比利时不配合，中国终究会单方面废弃此约。比利时外长表示，愿调停陆续修改。王景岐还强调，土耳其、波斯、暹罗等国早已废除不平等条约制度，只有中国仍存在不平等条约，中国单方面废弃不平等条约，将成事实。

为修订中比条约，1926 年 4 月 16 日，外交总长胡惟德照会比利时驻北京公使华洛思，同时由驻比使馆照会比利时外交部，依据"情势变迁"及修约条款，声明中国政府拟将该约重行修改，所有该约条款，均至本年 10 月27 日本届十年期满止，"并应缔结新约以代旧约"。他指出，该约订立已经六十年之久，两国历经政治社会商务种种重大变更，修改此条约而代之以互惠互利的新约，实有必要。[②]

1926 年 4 月 27 日，比利时驻华公使复照外交部，表示愿意在中国政局

---

① 王铁崖编：《中外旧约章汇编》第 1 册，生活·读书·新知三联书店，1957 年，第 237 页。

② 《外交总长胡致比华使照会》，《国闻周报》第 3 卷第 44 期，1926 年 11 月 14 日。

稳定，关税、法权两会结束后考虑修约。① 另一方面，照会又借口中国目前处于"无政府"状况，表示无法商议。比利时外长坚持在新约未订之前旧约仍当有效，不能以 10 月为终期。王景岐声明，中国政府仍持 4 月 16 日照会意见。② 5 月 13 日，颜惠庆复任总理兼外交总长。5 月 22 日，颜惠庆电令王景岐向比利时外长声明："无论关税、法权两会如何结束，中比条约到期失效，重行另订新约。"③ 比利时外交部向颜惠庆提出抗议，认为关税会议和法权会议都源于华盛顿会议，中比修约必须在此两会之后。7 月 24 日，新任外交总长蔡廷干照复比利时，称旧约期满新约未成时，中国政府愿研究对中比都有益的临时办法。但王景岐反复向外交部建议，要坚持旧约作废主张。王景岐发动旅比华侨于 7 月 22 日集会，致电国内各界及疆吏："改良不平制度非先从列强中最弱之点破其联合，今年比利时首当其冲，国无兵力而在华投资甚巨，对我较有顾忌，正宜新试，后者方可迎刃而解。"④ 中国侨界、商会、疆吏亦纷纷致电外交部，支持废除中比条约。

比利时坚持提出新约谈判前，维持旧约。1926 年 8 月 4 日，比利时照会中国，要求中国一个月内提出临时办法，否则将提交常设国际法庭裁判，并向华盛顿会议列强提出要求，对中国施压。9 月 2 日，外交部提出《临时办法》草案，内容如下：（一）两国外交及领事上的关系继续存在，两国外交及领事人员仍享受国际公法通常赋予的一切特权及优越权。（二）两国承认彼此关税自主原则，但为过渡办法起见，"比国暂时输入中国之商品，得享受外国入口货通用之税率，惟比国对于中国输入比国货物，亦予以外国入口货之最低税额为条件"。（三）两国"承认彼此领土管辖权之原则"，但为过渡办法并实行该原则起见，"如比国允许于缔结之新约，抛弃在中国之领事裁判权，中国允许比利时现在中国享受之领事裁判权，暂予容受，不即变改"。（四）关于天津比利时租界问题，俟商订新约时再决定。（五）凡未经上

---

① 《比华使复外交总长胡照会》，《国闻周报》第 3 卷第 44 期，1926 年 11 月 14 日。

② 《外交部致驻比王公使电》，《国闻周报》第 3 卷第 44 期，1926 年 11 月 14 日。

③ 《电驻比王公使》，1926 年 5 月 22 日，台北"中研院"近代史研究所档案馆藏北洋政府外交部档案，馆藏号：03—23—069—02—008。

④ 《收驻比王公使电》，1926 年 10 月 2 日，台北"中研院"近代史研究所档案馆藏北洋政府外交部档案，馆藏号：03—23—071—01—012。

列各项规定切实包括之一切问题，均依照领土主权及平等相互原则处理，此后互认为两国订立新约的基础。① 草案于 1926 年 10 月 26 日中比条约期满之日起施行，施行期为六个月。9 月 29 日，比利时方面表示对中国所提临时办法草案不能接受，要求新约订立前维持旧约，并声明"保留控诉海牙裁判法庭之权"。②

其后，中比修约交涉处于停顿状态。10 月 5 日，顾维钧以财政总长兼代总理并兼外交总长，上任后研究中比条约案，对比利时"新约未成旧约继续有效"之条件不能接受。10 月 14 日，顾维钧将此案向国务会议提出讨论，会议认为，"内审国情纷纭多故，外察友邦趋势日非，此时如倡言废约，或引起重大反感"，必须郑重考虑。我国朝野重在将来新约中去除不平等之内容，并非愿与各国处于无约关系。会议决议："现比国既允商议修约，可按普通修约手续，要求依平等相互原则根本修改；至修约期间旧约期满，拟暂作为事实上之维持原状，酌订期间以示限制，并声明期满后若新约仍未议订，中国政府对于旧约保留自由取决之态度。"顾维钧在会上决定采取和平交涉方针，若过于激进，"惟事实上颇有窒碍，且国内政情如此不宁，宣告废止，徒损两国人民之感情"。③

10 月 18 日，比利时驻华公使告知顾维钧，比利时决定提出于常设国际法庭。10 月 23 日，比利时提出《临时办法》新草案，要求关税最惠国待遇、享受与其他国家同等的治外法权：一是货物进口出口税及内地税、比国人民在华之地位和通商行航等事宜，享受最惠国待遇。二是比利时政府愿采纳司法调查会的意见，保留领事裁判权，并在各国享有此种权利时期内予以维持。三是临时办法有效期间，"待至中国情形许可之时，关税会议竣事揭晓之际，根据平等及尊重领土主权二主义，缔结新约之日为止"。④ 这些条件自然遭到中国反对。

----

① 《临时办法》，《国闻周报》第 3 卷第 44 期，1926 年 11 月 14 日。
② 《比华使面交外交部备忘录》，《国闻周报》第 3 卷第 44 期，1926 年 11 月 14 日。
③ 《外交将送出中比条约改订照会》，季啸风、沈友益主编：《中华民国史史料外编：前日本末次研究所情报资料（中文部分）》第 79 册，广西师范大学出版社，1997 年，第 398 页。
④ 《比华使致外交部备忘录》，《国闻周报》第 3 卷第 44 期，1926 年 11 月 14 日。

顾维钧与王景岐商议后，于 10 月 26 日提出《临时办法》修正案："本协定有效期间，至新约施行之日为止，缔约双方约定以平等互相尊重领土主权为基础，从速并在六个月期内缔结此项新约。但在六个月期内新约并未订立，缔约各方对于本协议有自由重加考量之权。"① 双方就各自关注事项反复交涉，但始终不能达成一致意见。10 月 28 日，北京政府特别阁议，讨论中比条约修正案，议决由外交部答复，如六个月期满，经双方同意，《临时办法》可以延长，并经任何一方之三个月预先通知得废止之。② 但比利时并未答复中方提出的修正案。

1926 年 11 月 1 日，顾维钧就中比条约向报界声明："坚持解除不平等条约原则；我国对比约六个月前声明到期失效，比已承认改订当先由国际常轨，尽力向和平途径做去，若和平途径穷尽，再行别谋办法，庶可邀世人共谅；比国与我国关系，商务为重，比非武力立国，我尤不愿以无虑故而遽出以断然手段，现尚候比使答复，若彼不答复，或答复不满意，则不免取不得已之办法。"③ 11 月 5 日，比利时答复不能接受中国政府的《临时办法》，并将中比条约中第四十六款的法律解释问题向海牙国际常设法庭提出审理。比利时同时表示，如美、英、法、日各国有一国与中国订立新约，则愿将延长临时办法之权即行停止；关于领事裁判权，上述各国中之任何一国如与中国有新的规定办法，"比国亦承认同样办法"。④ 双方谈判陷于僵持状态。

此间，国内各社会团体、各地方实力派纷纷要求废止中比条约，海外留学生也纷纷呼吁废止中比条约，发起集会、游行，给北京政府和比利时政府带来极大的压力。

在举国废约呼声高涨的时刻，北京政府不得不对比利时采取单向废约政策。1926 年 11 月 6 日，北京政府发布《外交部对于交涉终止中比条约之宣言》，声明："依照同治四年中比条约第四十六条规定：自互换批准日起，每届十年，期满即可修改。因此，中国政府于本年四月十六日通告比国政府：

---

① 《外交部面交比华使临时办法第二条修正案》，《国闻周报》第 3 卷第 44 期，1926 年 11 月 14 日。
② 《中比国交今日大关键》，《晨报》1926 年 10 月 30 日。
③ 《应付比约步骤先由国际常轨》，《顺天时报》1926 年 11 月 2 日。
④ 《比华使致外交部备忘录》，《国闻周报》第 3 卷第 44 期，1926 年 11 月 14 日。

愿将现行中比条约于本年十月二十七日予以终止，同时并提议从速开始商订新约。"① 宣言说明中比交涉过程，并指出比利时方面"俟关税会议及法权委员会竣事后，始愿商订新约"的不合理要求。宣言指出，"经长时间之讨论，两国政府同意将同治四年条约予以失效，采用临时办法以资代替，并互相允许此缔约国外交及领事人员以及人民、法人、物产、船只在彼缔约国境内得享最惠国之待遇"。② 双方还协议以平等及互相尊重领土主权为基础缔结新约，在新约未定未实行以前，该宣言的办法继续有效。中国已经尽最大可能满足比利时要求，却难以达成一致协议。宣言还强调中国废止中比条约的理由，任何国家从本国发展和地位出发，对于足以限制其自由发展或足以违反国际间的各项条约，都不能允其永久存在。③ 如果以条约强加束缚，违背近代国际思想，是"置根本情形之变更及近代国际思想与生活之进展于不顾"。因此，根据《国联盟约》第十九条明文规定，此项条约应随时加以修正。④

北京政府宣布中比条约失效后，比利时已提出常设国际法庭仲裁，并要求列强共同抗议以抵制中国单方面宣布废约。北京政府面对强大压力，电令驻外使节向各国解释中国立场，并于外交部内设立条约研究会，集合外交精英，研究现行条约及筹备改订平等新约。顾维钧在会上指出，中比《通商条约》终止后问题甚多，此次我国所用办法出于外交常轨，而中比条约为修约各案之首。故讨论应付比国手段时，眼光尤应注及其他各国。中比条约善后重点在于废约后比侨待遇问题和比国提议交付常设国际法庭问题。顾维钧指出：中国外交上不止希望废约，且希望订立新约，故日下不宜使各国有不好感想，所以对比不便取过分办法，可订一《临时办法》，事实上予比国以有期限的优惠待遇。会议最后议决，对比不能与对其他无领事裁判权国同样待遇。会议又讨论提交常设国际法庭事，众议认定此案为政治问题，非法律问题，应提交国际联盟大会讨论。⑤

① 中国第二历史档案馆编：《中华民国史档案资料汇编》第 3 辑《外交》，第 963 页。
② 中国第二历史档案馆编：《中华民国史档案资料汇编》第 3 辑《外交》，第 964 页。
③ 中国第二历史档案馆编：《中华民国史档案资料汇编》第 3 辑《外交》，第 965 页。
④ 中国第二历史档案馆编：《中华民国史档案资料汇编》第 3 辑《外交》，第 966 页。
⑤ 《外部设条约研究会》，《顺天时报》1926 年 11 月 7 日。

为应对比利时向海牙国际法庭的起诉，条约研究会频繁开会讨论。1926年 11 月 18 日，条约研究会开第一次常会，顾维钧指出中比双方争执的焦点所在，会议决议，中国宣布废止中比《通商条约》后，比利时自无领事裁判权，遇事当坚持到底，贯彻废约办法。11 月 25 日，条约研究会开第二次常会，讨论比利时提交国际法庭裁判事。顾维钧主张出庭，王宠惠、罗文干反对出庭。最后决议，为防国际舆论群起攻击我国不承认法庭，只能派员出庭；同时非正式向国联秘书长表示中国舆论对于此事异常激昂，不能操之过急，否则危及远东和平。12 月 2 日，条约研究会开第三次常会，议决外交部电令驻荷公使王广圻采取拖延战术。12 月 9 日，条约研究会开第四次常会，讨论中比条约事。顾维钧仍强烈主张出庭，指出："若就法律论，我国不能单方面废约，若中比国交于一定期限内保持现状，亦可酌量承认，但不能屈从不平等条款；出庭可将废约苦衷及经过公诸世界，若败诉，即使退出国际联盟，亦可得世界人民之谅解，但不出庭为不遵守公约；应一方面设法取消诉讼，一方面准备派员出庭。"[①] 会议最后决议：先征求国际公法名家意见，再定应付方针。[②] 12 月 30 日，条约研究会开第六次常会，说明比利时对会审公堂处置不满，会议决议暂时不复比利时。

中国宣布废止中比条约后，各国反应不一。11 月 10 日，驻比公使王景岐致电外交部："政府宣布废约后，比、法报持论尚属和平，惟英报异常激烈，主张列强联合助比抗我。查此事原属中比问题，第三国而有此越轨之论，殊为可惜。"[③] 12 月 27 日，驻比公使王景岐致电外交部，指出英国提出对华政策后，比利时外交大臣到处活动，并在议院及报界表示比国对华原则上可承认华盛顿会议加税及法权报告之实行，比利时不应坚持干涉中国内政。王景岐还提出以下几点思考：我国对比废约实行至何程度？法权、租界入手收回否？国定最高税率，对无约国事实上能否实施？他认为，及早研究

① 《前外交部条约研究会会议录》，1926 年 12 月 9 日，台北"中研院"近代史研究所档案馆藏北洋政府外交部档案，馆藏缩影号：05000—143，第 393 页。

② 《前外交部条约研究会会议录》，1926 年 12 月 9 日，台北"中研院"近代史研究所档案馆藏北洋政府外交部档案，馆藏缩影号：05000—143，第 419 页。

③ 《驻比公使王景岐致外交部电》，1926 年 11 月 10 日，中国第二历史档案馆编：《中华民国史档案资料汇编》第 3 辑《外交》，第 970 页。

这些问题并加以试行，可以推动"波兰及其他各国觉悟"。[①] 11 月 16 日，外交部照会比利时公使，指出平等原则适用于中比关系，此为政治性质，非法律性质，双方应以平等相互原则为基础立即商订新约。同时，外交部指示驻外各使领，广泛宣传中国的立场和观点。11 月 25 日，比利时使馆照会外交部，比利时决定单方面提出常设国际法庭，但仍愿考虑修改旧约。1927 年 1 月 13 日，条约研究会开第七次常会。顾维钧报告，常设国际法庭已颁布《临时处分》，比利时表示愿意终止在国际法庭的诉讼，在以平等及互相尊重领土主权的基础上与中国速定新约。

废除中比条约有着极为重大的意义。这是中国政府第一次单方面废除不平等条约，它为废约斗争开创了一个先例，显示了中国的坚强决心。周鲠生指出，废除中比条约，"也许可为中国废除不平等条约之事业开一新纪元"。[②] 顾维钧称此为"中国外交史上的一个里程碑"，认为中国有必要这样做，"不仅因为中国根据情况变迁原则在国际法面前有充分理由，而且因为中国有必要开创一个先例，证明中国决心行动起来，以结束一世纪以来不平等条约给中国人民带来的灾难"。[③] 朱兆莘在国联表示："中国已抱定决心，将所有不平等条约于满期时废止之，以后再不能承认违反平等原则之建议。"[④] 此举与中国共产党、中国国民党的废约要求相互激荡，将中国反对不平等条约的斗争推向纵深。而北京政府从集体交涉到国别交涉，从"一昧秘密"到借助民众力量，以及从修约走向废约，将中国反对不平等条约的斗争大大推进了一步。[⑤]

中国宣布废除中比条约被认为是至关重要的外交活动。驻比公使王景岐多次致电外交部，甚赞中国废约之举，认为此次废约"为我民族解放之第一

---

① 《驻比公使王景岐致外交部电》，1926 年 12 月 27 日，中国第二历史档案馆编：《中华民国史档案资料汇编》第 3 辑《外交》，第 975 页。

② 周鲠生：《论中国对比宣告废约事》，《解放运动中之对外问题》，第 348—349 页。

③ 中国社会科学院近代史研究所译：《顾维钧回忆录》第 1 分册，第 357—358 页。

④ 《中国准备将不平等条约一律废止》，《益世报》1926 年 12 月 5 日。

⑤ 李育民：《中国废约史》，第 595 页。

步，关系极大"，①"取消比约为我国外交辟一新纪元"。② 1926 年 12 月 12 日，外交部致电各驻外公使，就中比条约是否出庭事征求各人意见，电文强调："此事关系甚大，为我国解除不平等条约束缚之初基。"③ 驻外各使表示支持出庭，以贯彻民意及政治路线。

在中国的坚持和强硬态度压力下，1927 年 1 月 13 日，比利时使馆致外交部照会，指出，中华民国政府与比利时政府在其往来各文件中，曾彼此表示愿望以平等及互相尊重领土主权为基础缔结条约。比利时愿立即开始会商。比利时还表示将终止在海牙国际永久法庭对中国的起诉。④ 1 月 17 日，中比开议新约。在开幕式上，比利时公使表示愿迎合中国愿望，祛除所有可能阻碍双方诚意之处，将天津比租界无条件地交还中国，"除私人财产外，比国别无保留"。⑤

对比利时的这一谈判举动，英国方面表示惊讶和抱怨。英国外交大臣张伯伦认为，比利时放弃天津租界，会严重削弱英国天津租界地位。⑥ 英国媒体提议列强对华实行海军大示威，以消灭华人一切爱国运动，主张列强与比利时联名要求国际联盟会干涉，以外交抵制中国。⑦ 英国等列强认为，北京政府的修约力度不断加大，中国北方政府的民族主义情绪无异于南方政府，这是他们在选择中国南北政府时考虑的一个重要因素。这也加大了中国修约、废约的艰难，北京政府既要顺应民意维护国家主权和权益，又要考虑列强支持南方政府的因素。列强则利用中国的这一局势，制衡南北政府，对中国的修约、废约要求采取拖延、敷衍之策。

1927 年 1 月下旬，北京政府外交部准备修约谈判，拟有中比商约主要问

---

① 《驻比公使王景岐致外交部电》，1926 年 9 月 1 日，中国第二历史档案馆编：《中华民国史档案资料汇编》第 3 辑《外交》，第 968 页。

② 《驻比公使王景岐致外交部电》，1926 年 11 月 7 日，中国第二历史档案馆编：《中华民国史档案资料汇编》第 3 辑《外交》，第 970 页。

③ 《电驻外各馆》，1926 年 12 月 12 日，台北"中研院"近代史研究所档案馆藏北洋政府外交部档案，馆藏号：03—23—073—02—004。

④ 《比利时使馆致外交部照会》，1927 年 1 月 13 日，中国第二历史档案馆编：《中华民国史档案资料汇编》第 3 辑《外交》，第 982 页。

⑤ 《中比改约交涉昨日已行开会式》，《顺天时报》1927 年 1 月 18 日。

⑥ Austen Chamberlain to G. Grahame (Brussels)，Jan. 18，1927，FO371/12399 [F483/2/10].

⑦ 《比约失效事件英报竟主张干涉中国》，《晨报》1926 年 11 月 12 日。

题稿。草案由苏希洵起草，以《中奥商约》为蓝本，并参酌日比、日法等约。在收回法权问题方面，商订确定收回法权办法，关于司法之实施，"自当予以相当之保障及便利，唯侨居中国之比国人及其财产，应完全遵守中国之一切法令"。在收回税权问题方面，"关税悉照缔约两国本国法令办理，无商订互惠协定之必要"。收回航权问题方面，"比国商船不得在中国从事沿岸贸易及内河航业"。此外，删除最惠国条款。①

1927年2月22日，中比开第二次订立新约会议，讨论了中国提交的法权问题方案，主要是强调双方平等原则，恢复中国对在华比利时人的管辖权。1927年3月1日，中比开第三次订立新约会议，讨论法权原则，11日，外交部提出新约草案二十条交比利时公使。3月30日，中比开第四次订立新约会议，双方就草约非正式交换意见。4月22日，在条约研究会第二十二次常会上，顾维钧报告了收回天津比利时租界的情况。会议就比利时提出要求保存租界内私人土地所有权问题进行讨论。因之前收回德、奥租界时，仍保留外人私有地亩，享有土地所有权，收回英国青岛和威海卫租借地时，英人地亩一律改为续租三十年，期满可以续租。为防止其他列强援引最惠国条款提出类似要求，最后决定："援用先例租期三十年。"②

南京国民政府成立后，宣称不承认北京政府签订的条约，进一步促使列强对北京的修约要求拖延观望。中比修约谈判也不断展期，由原来的1927年3月16日展至6月18日，届期，比利时又申请展至1928年2月15日。同时，比利时还不断请求常设国际法庭展缓中国答辩期限。1927年6月初，王景岐向比利时政府要求，中比新约在北京谈判变局多，应由他代表全中国，改在比利时首都布鲁塞尔进行。比利时曾咨询英、法两国的意见。6月18日，张作霖在北京就任军政府海陆军大元帅，顾维钧内阁总辞职，由潘复组新阁，新任外交总长王荫泰继续推动修约，但受内外因素的制约，与各国的修约谈判多陷于停滞。与此同时，部分驻外公使，如驻意大利公使

---

① 《外交部存"中比商约主要问题"稿》，1927年1月，中国第二历史档案馆编：《中华民国史档案资料汇编》第3辑《外交》，第997—1003页。

② 《前外交部条约研究会会议录》，台北"中研院"近代史研究所档案馆藏北洋政府外交部档案，馆藏缩影号：05000—143，第895—920页。

朱兆莘转向南京国民政府，驻比公使王景岐也倾向南京国民政府。7 月下旬，英国驻华公使蓝普森向伦敦报告中比交涉情况：比使告知中国驻比公使不断要求将谈判改到布鲁塞尔，本地报纸报道驻比公使追随朱兆莘转向南京国民政府。①

1927 年 8 月，比利时外交大臣答复北京政府外交部，比利时在华利益以陇海铁路为最重要，虽然该路尚在北方政府手中，但近数月以来，陇海路已完全归入南方政府范围，比利时如果继续与北方政府交涉，难以自圆其说。9 月，比利时又表示对最惠国条款不满意。事实是，比利时因北京政府衰微而延宕谈判。12 月 14 日，比利时派参赞纪偌穆及秘书嘉赉为中比修约专门委员。北京政府外交部于 21 日通知比利时驻华使馆派王继曾及条约司办事龚湘为专门委员，由双方专门委员会商修约事宜。中比修约专门委员会于 1927 年 12 月 29 日开第一次会议，1928 年 4 月 28 日开第二次会议。但还未及讨论草案全文，北京政府已覆灭。之后，由南京国民政府外交部交涉中比修约事宜。1928 年 11 月 22 日，王正廷与比利时代办纪偌穆在南京签订中比《友好通商条约》。

二、 中西废约交涉

在几个满期条约中，中西条约到期时间最晚，北京政府自始至终采取了强硬态度，最后宣布废弃。

中西《和好贸易条约》于 1864 年签订，1867 年 5 月 10 日换约生效，到 1927 年 5 月 10 日又届十年修约之期。条约第二十三条规定："此次新订税则并通商各款，日后彼此两国再欲重修，以十年为限，期满须于六个月之前先行知照，酌量更改；若彼此未曾先期声明更改，则税课仍照前章完纳，复俟十年再行更改，以后均照此式此限办理，永行弗替。"②

1925 年底，驻西班牙公使刘崇杰根据中西《和好贸易条约》第二十三条规定致函外交部，提议筹备修约。他指出，中西条约签订已六十年，中国情

---

① Toller & Gwatkin's minutes，Jul. 23，1927，FO371/12426［F6421/37/10］.
② 王铁崖编：《中外旧约章汇编》第 1 册，第 222 页。

势变化很大，且约文不平等，早应提议改订，收回权利；依据该约第二十三条每十年可修税则、通商两项，我国有提议修改之权；现列强在关税会议赞成我国关税自主，又组织法权调查委员会，筹备废除领事裁判权，我国应乘机提议改订中西条约。① 1926 年初，外交部复函刘崇杰，请他筹备中西条约将届十年期满修改事宜。

1926 年 11 月 6 日，北京政府宣布废止中比条约。9 日，国务会议议决中西条约照中比条约办法处理。10 日，外交部电驻西班牙代办宋善良向西班牙政府提出修约照会，表示该约期满后，不再继续，另订平等及互相尊重领土主权之新约。②

15 日，西班牙外长照复：若欲以一条内规定之事而推及约中所有各项规定，似不能照办，但愿以友谊精神加以考虑；另旧约十年届满后应继续有效六个月到 1927 年 11 月 10 日。外交部认为西班牙政府对于其他条款，"既允修改，且对于平等及互相尊重领土主权原则，亦经承认，假令新约能在期满前成立，该项争执，已无重要意义"，③ 但最后同意将该约有效期延至 1927 年 11 月 10 日。

条约研究会于 1926 年 12 月 9 日开第四次常会，顾维钧报告西班牙政府复照内容。刘崇杰提出，西班牙在我国商务甚微，侨民甚少，关税问题与该国利害关系不大，法权问题亦仅系一种颜面问题，故不至如其他各国坚持保存旧制。他建议将来修约时，取概括主义，要求相互关税，并主张在西班牙首都进行修约交涉，以免受北京外交团牵掣。顾维钧最后决定，西班牙政府既赞成修约，我国可以和平语气再备文说明愿以全约为修改范围，期限参照西班牙意见。④

为推动修约交涉进展，外交部于 1927 年 1 月 29 日再次照会西班牙外交部。2 月 25 日，西班牙答复，同意即行开议，但强调依约仅可修改关税及商

① 《收驻日刘（崇杰）公使 1925 年 12 月 1 日函》，1926 年 1 月 19 日收，台北"中研院"近代史研究所档案馆藏北洋政府外交部档案，馆藏号：03—23—061—01—001。

② 李育民：《中国废约史》，第 628 页。

③ 《外部向国内通告废约电》，《顺天时报》1927 年 11 月 15 日。

④ 《前外交部条约研究会会议录》，1926 年 12 月 9 日，台北"中研院"近代史研究所档案馆藏北洋政府外交部档案，馆藏缩影：05000—143，第 419—427 页。

务等项，六个月期内新约如果未订立，旧约仍然有效，否认中国有宣告废约之权，并须许西班牙以最惠国待遇、治外法权及其他特权，俟中国新法律实行再一并放弃。[①] 西班牙建议在北京磋商修约。西班牙还比附日本的态度牵制中国，要求在新约未成立以前，所受待遇应与他修约国相等。[②]

1927 年 4 月 14 日，条约研究会开第二十一次常会，顾维钧报告说，西班牙政府复文措辞婉转，用意甚深，系仿效日本复文，"应一面促其开议，一面将我国看法再为说明"。罗文干认为西班牙采敷衍政策，"似不愿修改全约，又非坚决拒绝修改全约，意在观望大局发展，然后徐定方针"，他建议一面驳复西班牙来照，一面表示如西班牙再坚持，到期后即仿照对比利时前例径行废约。[③]

1927 年 5 月 7 日，外交部照复西班牙公使，建议折中两国主张，旧约有效至本年 8 月 10 日，在此日前完成新约，否则中国政府保留一切之权利；其他各点会商新约时当详予考虑；同意在北京会商，并请择定日期。次日，外交部派员往晤西班牙公使，西班牙公使表示西国最重视最惠国待遇，希望中国在开议前声明彼此享最惠条款。[④] 9 日，顾维钧会晤西班牙公使，西班牙公使再次强调不希望比他国所受权益差。顾维钧强调：最惠条款范围广泛，牵涉多端，本国与各国改订新约时，不愿有所束缚，与任何国家开议改约事宜，从未有先决条件。[⑤] 5 月 28 日，西班牙照复，仍要求先了解中国政府对于最惠国条款的态度。[⑥] 7 月 2 日，西班牙使馆致外交部节略，再次要求开议前要了解中国是否愿意给予西班牙最扩大最惠国条款，北京政府愿否

---

① 《西班牙总理兼外长爱司藏拉就修改中西条约的原则和要求致驻西班牙公使馆宋善良函》，1927 年 2 月 25 日，中国第二历史档案馆编：《中华民国史档案资料汇编》第 3 辑《外交》，第 1004—1005 页。

② 《外交部关于与西班牙修约谈判中双方各自不同主张的交涉情况及现在应注意之点文稿》，1927 年 10 月，中国第二历史档案馆编：《中华民国史档案资料汇编》第 3 辑《外交》，第 1021 页。

③ 《前外交部条约研究会会记录》，台北"中研院"近代史研究所档案馆藏北洋政府外交部档案，馆藏缩影号：05000—143，第 882—893 页。

④ 《西班牙馆 8 日问答》，1927 年 5 月 13 日，台北"中研院"近代史研究所档案馆藏北洋政府外交部档案，馆藏号：03—23—061—02—015。

⑤ 《西班牙馆 9 日问答》，1927 年 5 月 13 日，台北"中研院"近代史研究所档案馆藏北洋政府外交部档案，馆藏号：03—23—061—02—016。

⑥ 《西班牙外长就修约的原则和要求复驻西班牙公使馆代办宋善良函》，1927 年 5 月 28 日，中国第二历史档案馆编：《中华民国史档案资料汇编》第 3 辑《外交》，第 1006 页。

让与本国最广义最惠国之约款。①

1927 年 7 月 2 日，新任外交总长王荫泰告知西班牙公使："最惠国条款在欧洲各国订约原系一普通问题，但中国与各国间尚有不平等条约，加以最惠国条款之应用不利之处殊多，民意甚为注意，今若不加讨论先允此款，开一先例，对内对外实多困难；中国近来政府屡易，而对于修约一层宗旨一致，均以民意为标准，不能以一党一系之意思为准则，无论何人任外交当局，均须抱定此旨进行一切。"② 7 月 14 日，外交部派员赴西班牙使馆送照会，正式答复称："若允许西班牙在新约中享有最广义之最惠国条款，事实上与旧约毫无歧异。我国认为贵政府所称之最惠国条款，当系商约中所普通承认或采取相互主义及附带条件之最惠国条文；但最惠国条款之范围必须在会议中商讨，请同意开议。"③ 西班牙公使要求王荫泰用非正式信函，叙明"决不使西班牙将来处于不良地位"一节，以免政府改组后任外交总长不承认。西班牙公使问 8 月 10 日满期后，中国政府是否会明令废约及上海会审公堂诉讼问题。次日，外交部派员赴西班牙使馆答复：控制上海之国民政府官吏对待比侨，"完全遵守中央从前公布之明令及一切办法"。④

西班牙于 1927 年 8 月 2 日提出节略，仍主张旧约除关税通商各款外，其余各款在新约未订立前有效，要求最惠国待遇为谈判先决条件。8 月 3 日，外交部回复，提议 8 日上午在外交部开议修约，中国政府当以最融洽之精神于会商时审核西班牙节略所提各问题。

1927 年 8 月 8 日，中西修约会议开幕，王荫泰向西班牙公使提交临时办法草案，说明中西条约自 1927 年 8 月 10 日起停止有效，草案提出："自上开日期起此缔约国之人民航行及货物关于商务及关务事项，在彼缔约国领土内应受该国现行法律章程之规定，但不得因该人民航行及货物而特立歧异之

① 《西班牙使馆为允以最惠国条款致外交部节略》，1927 年 7 月 2 日，中国第二历史档案馆编：《中华民国史档案资料汇编》第 3 辑《外交》，第 1008 页。

② 《西班牙馆问题》，1927 年 7 月 2 日，台北"中研院"近代史研究所档案馆藏北洋政府外交部档案，馆藏号：03—23—061—03—006。

③ 《外交部关于以两国平等及互相尊重主权为修约基础立即在北京开议致西班牙使馆照会》，1927 年 7 月，中国第二历史档案馆编：《中华民国史档案资料汇编》第 3 辑《外交》，第 1007—1008 页。

④ 《西班牙馆 14、15 日问答》，1927 年 7 月 22 日，台北"中研院"近代史研究所档案馆藏北洋政府外交部档案，馆藏号：03—23—061—03—013。

办法"；关于外交使领代表以及此缔约国人民在彼缔约国领土内之地位及裁判权事项，"皆适用最惠国之待遇，至中西新约成立为止，上称新约应根据平等相互及尊重每国领土主权原则于 1927 年 8 月 10 日后三个月内订定之"。① 西班牙公使表示两国对废约范围及期限有歧异，王荫泰同意将期限展至 11 月 10 日。西班牙驻华公使嘎利德表示以平等及互相尊重领土主权原则为基础订立新约，并表示将来一切进行必然顺利，盖西班牙与日本不同，并无复杂问题待解决。② 由于西班牙采取了消极的态度，修约会议开幕后，一直未就修约问题正式开议。西方并非反对修约，而是不赞成中方全部修订的主张，只同意进行涉及商务问题的局部修订，这是双方的主要分歧。

1927 年 8 月 12 日，条约研究会开第三十次常会，讨论中西修约问题。王荫泰指出，从西班牙的节略看，有订临时局部条约之意，因此修约前途异常渺茫。他提出分三步办法进行：第一步，承认自 8 月 10 日起将现约延长三个月；第二步，如延长期间新约不能告成，即提出临时办法；第三步，若西班牙不赞同临时办法，唯有宣告废约。③ 8 月 18 日，外交部派员送第一次会议议事录、中方新约草案、节略共三件至西国使馆，西使要求修改会议录多处。西班牙对新约草案不满，19 日告诉外交部参事王曾思，草约尚待研究，西国要求开放内地，强调西国"但求平等，而如中德、中奥诸约，本人以为不平等也"。20 日，西班牙修改节略，强调新约草案依据平等及互相尊重领土主权原则，西班牙认为税则、商务以外条款不能因通告废止而失效。④ 此后，西班牙又反复提出意见，其中先决条件为："西人在华地位未能与华人在西地位者同，如内地居留"，"收回治外法权之逐渐推行办法"。还要求中国依平等原则对待西约。⑤

1927 年 9 月 2 日，条约研究会开第三十二次常会，王荫泰报告西班牙驻

---

① 《中西修约会议昨日举行开幕式》，《顺天时报》1927 年 8 月 9 日。

② 《中西修约会议昨日举行开幕式》，《顺天时报》1927 年 8 月 9 日。

③ 《前外交部条约研究会会议录》，1927 年 8 月，台北"中研院"近代史研究所档案馆藏北洋政府外交部档案，馆藏缩影号：05000—143，第 1131—1164 页。

④ 《外交部参事王曾思就〈中西草案〉与西班牙公使嘎利德谈话记录（一至六次）》，1927 年 8 月—10 月，中国第二历史档案馆编：《中华民国史档案资料汇编》第 3 辑《外交》，第 1009—1010 页。

⑤ 《外交部参事王曾思就〈中西草案〉与西班牙公使嘎利德谈话记录（一至六次）》，1927 年 8 月—10 月，中国第二历史档案馆编：《中华民国史档案资料汇编》第 3 辑《外交》，第 1010—1013 页。

华公使嘎利德与王曾思三次会晤情况。条约司对西班牙各项疑问拟定答复。第一条，要求全境开放，事实上即指内地杂居，答复为："以他国人民所能游历居住及经营工商业之处为限。"第二条，要求撤销治外法权应分区办理，答复为："局部取消，先在平静地方及新式法院能照常行使职务各地方次第施行，其他地方暂予维持现状。"第三条，传教自由，主要是教士购地问题，只可空泛地予以驳复。第四条，草约第十八条所载国际条件及协定系何所指？答复为："指与平等原则不符之国际条约而言，如《辛丑和约》及华会条约。"第五条，中日条约与中西草约是否相同？答复为："中国关于修约问题所采用之原则，对于各国莫不相同。"① 9 月 7 日，王曾思会见嘎利德。嘎利德对中国内地开放问题表示不满，认为新约草案不平等，如放弃领事裁判权后内地不开放，西国让与中国者甚丰，而所受于中国者几等于零。王曾思回答：如西班牙人取得内地杂居权，则其他国家必援引旧约中之最惠国条款，要求内地杂居。② 10 月 1 日，嘎利德向外交部解释，并请求援引日、法各国之例，"一面开修约会议，一面将旧约加以延期等语，态度颇形恳挚"。③当天，国务会议决定，延约至多以三个月为限，不许续延，并与嘎利德先订立过渡办法。④

王荫泰在 10 月 28 日条约研究会第三十七次常会上提出：现约届满时期将至，西班牙一直未答复，应采对日先例延长或对比先例废止哪种方式？顾维钧、沈瑞麟、刁作谦等人都不主张再延期，并提出自己的意见。王荫泰主张提出临时办法，如西班牙仍然藉词不满，则只有宣告旧约到期失效。他表示："将旧约延长一节，与我国所抱修改不平等条约之宗旨，显相反背，断难承认。"⑤ 10 月 29 日，北京政府通过条约研究会所定方针。10 月 31 日，条约研究会开第三十八次会议，"多主张须全部修改，并以西政府现虽坚持

① 《前外交部条约研究会会议录》，台北"中研院"近代史研究所档案馆藏北洋政府外交部档案，馆藏缩影号：05000—143，第 1219—1247 页。

② 《外交部参事王曾思就〈中西草案〉与西班牙公使嘎利德谈话记录（一至六次）》，1927 年 8 月—10 月，中国第二历史档案馆编：《中华民国史档案资料汇编》第 3 辑《外交》，第 1015—1017 页。

③ 《中西修约先议过渡办法》，《北益报》1927 年 10 月 4 日。

④ 李育民：《中国废约史》，第 629 页。

⑤ 《前外交部条约研究会会议录》，1927 年 10 月 28 日，台北"中研院"近代史研究所档案馆藏北洋政府外交部档案，馆藏缩影号：05000—143，1431—1458 页。

只允修改商务条款，中国决不能放松"，并相信，"就向来中西国交观，此事或须多费唇舌，中国必可到达目的"，①确定由外交部拟临时办法。11 月 1 日，通过《临时办法》，并强调，若西班牙不接受《临时办法》，只有仿照中比条约办法宣告失效。11 月 2 日，北京政府外交部派员至西班牙使馆，以旧约即将满期提出《临时办法》，并要求谈判新约，但西班牙方面表示拒绝。11 月 4 日，外交部催促西班牙驻华公使将《临时办法》寄交西班牙政府。11 月 8 日，中国驻西班牙代表宋善良致电外交部，说明西班牙政府表示难以接受《临时办法》。12 日，经国务会议讨论通过外交部拟的废约宣言，于当晚 7 时送达西班牙使馆。并由大元帅下令，对于西班牙在华之使领及其人民财产，按照国际公法及国际习惯，妥为保护，由主管各部署"按照国际通例，迅速优拟办法，呈候核夺施行"。②同日，北京政府发布终止 1864 年中西条约宣言。宣言声明，拟请令地方官照国际公法妥予保护所有西国在华使领及其人民财产，并由主管部署会商优待办法，仍由外交部与西班牙政府商订新约。外交部通电全国，陈述交涉过程及废约理由。

西班牙政府于 11 月 14 日对北京政府宣告中西旧约无效提出严正抗议，18 日再次提出抗议，要求："须先允诺在中西新约未签订前，对西必与现时与贵修约各国所享之优待与利益，同样待遇，西班牙方能允开谈判，最后本使馆并告贵部，西班牙政府将保留将来一切权利与自由行动也。"③西班牙公使质问王荫泰：中国曾允诺不使西班牙处于与他国不良地位，北京政府现时与修约各国，尽有一方旧约满期，一方延期之前例，如中日条约、中法越南商约均是，何以对西班牙独期满即宣告失效？王荫泰回答说，因中西关系与中日、中法关系不同，中西在事实上较为省简，故尽可废止旧约，重订新约。王荫泰还指出，近年中国舆论对于条约问题极为关注，中国政府不得不采取强硬措施修废相关条约。④

11 月 25 日，北京政府照会西班牙驻华公使，驳复西班牙政府两次抗议。

---

① 《中西条约须全部修改》，《顺天时报》1927 年 11 月 1 日。
② 《六十年前缔结之中西商约昨日正式宣告终止》，《晨报》1927 年 11 月 13 日。
③ 《西国正式抗议之原文》，《顺天时报》1927 年 11 月 21 日。
④ 《一周间国内外大事述评》，《国闻周报》第 4 卷第 47 期，1927 年 12 月 4 日。

对于西班牙所称中国并无废止 1864 年条约之权利一说，照会作了详细解释和驳斥。目前中西条约状态，是由于西班牙政府"拒绝采用中国政府临时办法最和平之提议"，深望西班牙政府"从速进行议订新约"。①

西班牙还拟请丹麦、葡萄牙驻华公使出面调停。北京政府表示，如果西班牙不坚持局部修约的主张，可以考虑其要求。但西班牙并未放弃其主张，导致交涉陷于停顿。

第二节　中日、中法修约的进行

北京政府时期，根据实际情况，对中比条约在交涉中宣布废除，再继续交涉签订新约，取得一定的成效。但对日本、法国这样的强国，只能据条约规定，通过正常外交途径，与之进行修约交涉。法国和日本对中国修约要求态度强硬，并采取拖延策略，对中国废除不平等条约产生了严重的负面影响。

一、　中日修约交涉

民国时期，中日关于废除不平等条约的交涉，除收回原德国在山东的权益、废除"二十一条"等，还开展了到期中日条约修订交涉，但由于日本的阻碍，中日修约成效并不大。

中日《通商行船条约》并附属文件于 1896 年 7 月 21 日签订于北京，10 月 20 日换约生效。至 1926 年 10 月 20 日，已届第三个十年期满。该约第二十六条规定，日后如有一国再欲重修，由换约之日起，以十年为限，期满后须于六个月之内知照，酌量更改。其中关于修改税则及通商条款的规定，中、日文本与英文本文字略有不同，中、日文本称：十年期满六个月内，任一方可要求修改，否则延长十年效力。英文本称十年期满六个月内无任一方

要求，并完成修改，则再延长十年效力。①

早在 1906 年中日《通商行船条约》第一次十年期满时，梁启超就认为："我国与诸国所结条约，皆不平等条约也，与日本改正条约前之情形正同，日本所汲汲改正之事，亦正我之所刻不容缓者。"② 梁启超就领事裁判权、最惠国条款、国定税率等问题，建议中日条约十年期满，应提出修改。梁启超还提出中日修约的要点，供外务部参考。1916 年第二次十年期满，外交部于 4 月 20 日提议，将前清光绪二十二年六月十一日所订中日《通商行船条约》、光绪二十九年八月十八日所订中日《通商行船条约续约》，以及该两约之一切附属公立文凭及文件，依据平等相互原则，加以根本改订，按照约文规定，希望于期满后六个月完成新约。③ 但日本一直置之不理。1926 年 8 月，上海总商会等团体对中日通商行船条约"纷纷电请重订新约，以免往日不平等之痛苦"。外交部因此向日本公使馆交涉改订中日通商航海条约，此外，日本提议缔结中日互惠条约，中方亦准备开中日互惠协定税率委员会，"日本之意乃欲以缔结互惠税率条约为修订商约之交换"。④

"五卅"惨案之后，北京政府外交部于 1925 年 6 月 24 日致送修约照会给华盛顿会议各国，日本使馆太田参议表示中国应先解决沪案，提议修约不合时宜。7 月 10 日，日本驻华公使芳泽谦吉面呈临时执政段祺瑞，建议中国应仿效日本收回法权先例，此时先办结沪案，再解决会审公堂及工部局问题，然后按华盛顿会议协定处理法权及关税问题。1926 年 2 月 11 日，外交部、财政部、农商部、税务处代表开会，商议过渡税及裁厘问题。各部代表认为，过渡税及互惠协定属关税会议范围的问题，应交由关税会议解决，以免日本借口拖延，影响中日修约进展。

北京政府多次照会日本，提出修约请求，希望日本同意修约。1926 年 9 月，外交部致日本公使馆照会，强调中日通商条约已订立三十年，期间两国

---

① 王铁崖编：《中外旧约章汇编》第 1 册，第 666 页。
② 饮冰：《中日改约问题与最惠国条款》，《新民丛报》第 4 卷第 13 号，1906 年 8 月 20 日。
③ 《外交部关于修改中日通商行船条约致日本驻华使馆照会》，1926 年 4 月—9 月，中国第二历史档案馆编：《中华民国史档案资料汇编》第 3 辑《外交》，第 651 页。
④ 公展：《外交事件》，《国闻周报》第 3 卷第 32 期，1926 年 8 月 24 日。

政治、社会、商务状况几经变迁，旧约已不适应两国的商务关系，因修改此约而代之以双方同意之新约，"由缔约国相互利益言之，不特系应为之事，且实为必要之图"。外交部向日本政府提出，1896 年中日《通商行船条约》及附属公立文凭、1903 年中日《通商行船条约续约》及附属文件，全部于本届十年期满，到 1926 年 10 月 20 日为止，不再继续，双方本相互之原则订定新约，取代旧约。[①] 10 月，外交部将中日修约问题提出国务会议。10 月14 日，国务会议决议："我国所应注重者，似在将来新约结果能否消除一切不平等条件，修改字样殆不能即认为继续旧约。"[②] 10 月 16 日，顾维钧会晤日本驻华公使芳泽谦吉，指出，中国近来舆论倡导取消不平等条约，与各国所订商约行将先后满期，各界主张撤废旧约，另订新约。中日商约将于 10月 20 日期满终止，希望双方能于六个月内谈成新约。芳泽表示，中国应该意在修改，而非全面废弃旧约。[③]

1926 年 10 月 20 日，北京政府外交部正式向日驻华使馆递交修约照会，提出，将中日《通商行船条约》并附属文件以及公立文凭，一律改订；此外，1903 年 10 月 8 日所订、1904 年 1 月 17 日交换批准之《通商行船续约》及其附属文件章程，也系续约性质，根据该约第九条，应与正约一并根本改订。照会指出，该约订立已三十年之久，"支配两国间屡经变迁之经济商务及人民关系，自多不适宜而滋生困难之处"。因此，中国政府对于前述各约，照现行之方式，"愿即进行根本改订事宜，以图增进两国之公共利益"。并强调，中国政府深冀"平等相互之原则，以确立中日邦交，与夫两国人民亲善之新基础"。同时声明，按条约规定，期满后六个月为修约期限，如期限已到，而新约尚未订立，则届时"不得不决定对于旧约之态度而宣示之"。中国政府对于此点，须"保留其应有之权利"。[④]

---

① 《外交部关于修改中日通商行船条约致日本驻华使馆照会》，1926 年 4 月—9 月，中国第二历史档案馆编：《中华民国史档案资料汇编》第 3 辑《外交》，第 652 页。

② 《提出阁议议案》，1926 年 10 月 14 日，台北"中研院"近代史研究所档案馆藏北洋政府外交部档案，馆藏号：03—23—010—03—019。

③ 《外交部关于修改中日通商行船条约与日本驻华公使芳泽谦吉历次会谈纪要》，1926 年 10 月，中国第二历史档案馆编：《中华民国史档案资料汇编》第 3 辑《外交》，第 660 页。

④ 《致驻京日本使馆照会》，《国闻周报》第 3 卷第 44 期，1926 年 11 月 14 日。

10 月 21 日，外交总长顾维钧再次会晤日本芳泽公使，商谈中日商约满期改订事，提出希望于六个月内完成中日商约的修订。芳泽则故意将问题聚焦于"假使两国当局开始磋商修改，而不能于六个月期内完成，则如何？是时是否维持现状，旧约继续有效"。① 尽管中国方面一再表示可临时商议办法，但日本又纠结于中国对旧约是修改还是废弃。日方还认为，按中方的照会，"中日间将有不良之影响"，因此请中方将照会再加订正。顾维钧经与政府商议之后，即重新修改照会，修改后的照会内容较之前大为缓和。②

北京政府对日修约照会没有提出具体范围，日本认为中国"欲将关税及领判权等项不平等条约，一并在此次中，均修改为互相的平等条约"，表示难以同意。日本政府的修约方针"系以华府条约为决定税率之基础，另缔结互惠条约，部分的撤销领判权，确立日侨内地杂居全权，惟对内地河川航行权之限制，则决持反对态度，主张仍旧"。③

1926 年 10 月初，与该约有密切关系的外交、司法、财政、交通四部会商之后，预先拟定了一个草案。该草案认为，最不平等而亟宜提出修改者，主要是税则、航行与法权三个方面。④ 外交部存 1926 年"中日商约主要问题"稿，反映了中日商约谈判交涉的几个主要问题。

对废除协定税率问题，外交部历陈协定关税对中国的危害，说明中国为解除税权束缚的努力，并指出，此次中日修订商约的最大希望是解决关税问题。鉴于中日国民生活需要之重要关系，可坚持"少数货品""极短年限""以两国特产品为限"的原则与彼订立互惠税率；对其他各种货品，"则应悉照彼此国定税率输纳，以革旧弊，而维主权"。⑤

中日修订商约的第二个主要问题是法权问题。外交部特别说明领事裁判权对中国的严重侵害，并指出中国在巴黎和会与华盛顿会议上提出废除领事

① 《外交部关于修改中日通商行船条约与日本驻华公使芳泽谦吉历次会谈纪要》，1926 年 10 月，中国第二历史档案馆编：《中华民国史档案资料汇编》第 3 辑《外交》，第 660 页。

② 《对日照会发出前中日已有重大默契?》，《晨报》1926 年 10 月 26 日。

③ 《日本政府舆论暂取缄默态度》，《晨报》1926 年 10 月 26 日。

④ 李育民：《中国废约史》，第 614 页。

⑤ 《外交部存"中日商约主要问题"稿》，1926 年，中国第二历史档案馆编：《中华民国史档案资料汇编》第 3 辑《外交》，第 678—679 页。

裁判权的要求，而现值中日商约期满失效之际，更应废除领事裁判权："且法权调查报告建议关于日本部分者，并未经两国正式采用，则无拘束中日两国之效力，自宜于订立新约时，将法权一节根本改订，即要求其本华府会议宣言之精神，将从前在华之领事裁判权完全抛弃。至关于司法之实施，自当予以相当之保障及便利。惟侨居中国之日本人及其财产，应完全遵守中国之一切法令。"①

内河行船问题是中日修约交涉的第三个主要问题。外交部叙述中国内河航行权被侵夺的历程，并详细分析日本侵夺中国内河航行权的过程及危害，强调我国应乘中日商约修订交涉之机会，收回内河航行权："此次中日通商各约暨附件既届满期失效，于磋商新约时，自应参照交通部对于日约航权所拟节略内开办法，予以根本改订，最好将内河行船收归本国自办。如彼不允，则设定年限，限以现有船数，不得再添，并以完全遵守我国关于行船之一切法令章程为条件，许其继续行驶，以期逐渐收回。"②

中日商约另一主要问题是游历及经营商务工业权利问题。北京政府外交部指出，根据《马关条约》和中日《通商行船条约》规定，日本人在中国享受游历、居住及经营商务、工业之权，而中国人在日本应享何种权利则概未提及，因此，中日条约纯为片面不平等条约性质。虽然中日《通商行船条约续约》第九条规定"中国官员工商人民之在日本者，日本国政府亦按照法律章程极力通融优待"，但并未许以中国方面最惠国待遇。故此次中日修约交涉，我国提出的大纲附有"法令有特别限制者，不在此例"一语，主要指不能于内地杂居。但我国要求收回法权，日本却以要求内地杂居为抵制。我国可依据以下理由拒绝日本要求：不能视内地杂居与领事裁判权为同等事项，应与租借地、租界、铁路附属地为同样性质对待，在租借地、租界、铁路附属地未交回以前，碍难许以内地杂居；中国与其他各国条约尚未满期者皆有最惠国条款，若中国许与日本内地杂居权，其他各国亦将援以为例。北京政

---

① 《外交部存"中日商约主要问题"稿》，1926年，中国第二历史档案馆编：《中华民国史档案资料汇编》第3辑《外交》，第682—683页。

② 《外交部存"中日商约主要问题"稿》，1926年，中国第二历史档案馆编：《中华民国史档案资料汇编》第3辑《外交》，第684页。

府确定:"将来万不得已时,如许以局部杂居,亦宜以国内法限制为条件。证之日本与美、英、法、义各国所订之通商航海条约,亦均以遵守国内法令为条件,准许外人享有游历、居住及营业之自由,以资限制,而留操纵伸缩之余地。"①

驻日公使汪荣宝于 1926 年 11 月 1 日致外交部密电,报告与币原会谈的主要内容。币原对中国要求根本修改旧约表示不理解,提出:"按照旧约第二十六条规定,期满修改只以税则及约内关乎通商各款为限,今所谓根本修改,是否专就税则及通商各款而言?抑并其他问题在内?"汪荣宝指出:"旧约系片面的,今日商订新约,自应采用平等相互主义。所谓根本修改者,即指平等相互而言。"而根本修改的条款,"当然含有其他问题在内,凡一切非平等相互之规定,皆拟修改"。中日修约,并非专指约文内第二十六条所赋与之权利,更有约文范围以外之商议,"又各以中国国民深知现行条约完全不平等,对于此种历史的遗物,厌弃已久,故欲乘此旧约满限之机会,开诚布公与贵国另订一种平等相互之约"。币原又借口中国照会内"假使修约期满,至保有其应有之权利"之语具有威胁日本之意,恐引起日本人的反感,"届时日本政府实无法应付,恐于缔订新约前途转发生一层障碍"。② 汪荣宝回答,日本新闻记者质问照会内容时,"当将大意告之,并竭力申说中国此次提出修改商约照会,是按照时势,根据法理,为最妥当最合理之要求,务望日本国民全体赞成,俾平等相互之新条约速行成立"。③

1926 年 11 月 10 日,日驻华公使芳泽与参赞西田赴北京政府外交部递送答复修约照会。内容主要有:一是中国对修约条款的解释与英文约本不符。根据英文约本第二十六条规定,期满后六个月内,两缔约国未提议修约且新约未成立之前,旧约仍继续有效十年。声明照英文约款,"与中国政府开始商议"修约。二是修约范围在法理上只限于"改订税率"及 1896 年条约之

---

① 《外交部存"中日商约主要问题"稿》,1926 年,中国第二历史档案馆编:《中华民国史档案资料汇编》第 3 辑《外交》,第 685 页。

② 《外交部关于修改中日通商行船条约与驻日公使汪荣宝往来电》,1926 年 9 月—11 月,中国第二历史档案馆编:《中华民国史档案资料汇编》第 3 辑《外交》,第 657 页。

③ 《外交部关于修改中日通商行船条约与驻日公使汪荣宝往来电》,1926 年 9 月—11 月,中国第二历史档案馆编:《中华民国史档案资料汇编》第 3 辑《外交》,第 658 页。

通商条款。中国政府照会提出"全部提议根本修正"，"似此广泛之改约要求，在中日间现行条约规定内，未有见可以想像或承认者"。三是否认中国有保留权利。对中国所提保留权利，日本政府认为与互相信赖、互相让步之精神不符。照会声明，日本政府应允改订中日条约，"初不含有默认如外交部公文中所保留何等中国权利之意"。①

北京政府对日本的这一照会没有及时回复。一是日方的复照，使北京政府陷入两难境地。一方面，对其复照内容多有不赞成之处，需要辩明；另一方面，如果再复照反驳，日方亦势必做出回应。如此往复不辍，则尚未正式交涉，便已"重重纠纷"。北京政府不愿再现中比条约交涉的局面，因此久久未予驳复。二是北京政府还想观察民众和舆论的反应。但这次与中比条约交涉之时大不一样，似乎未见有多少主张废约的激烈言论。三是日方对中国的修约要求，做了圆滑的解释。芳泽等发表谈话，除再次表示日本碍难承认"中政府当保留其应享之权利"之外，对中方主张的修约范围明确表示接受。因此，北京政府便不再反驳日方的复照，要求直接进行修约交涉，而日方故意拖延。②

中日于 1927 年 1 月 21 日才开始修约谈判。中方全权代表为外交总长顾维钧，委员有参事唐在章、条约司司长钱泰、前驻古巴公使刁作谦、政务司司长嵇镜等。日本方面全权代表为驻华公使芳泽谦吉，委员有首席参赞堀义贵、汉文参赞西田耕一、头等书记官重光葵等四人。顾维钧在开幕辞中指出："以现在世界更以中日两国经济商业及社会情形之变迁，为两国共同利益计，对于两国邦交之基础，自应予以修改，俾彼此往来上商务上相互之利益，愈臻进步。""深望经贵公使友谊之协作，新约可以及早成立。"日公使芳泽致答辞称："鉴于世界各国状况，就中日两国经济上商业上及社会上状况之变化，自应改造两国间条约关系者，固为当然之事实，此本使与阁下协力从事于此项高远之改造事业，所以共为欣幸者也。"同时，芳泽又称中日修约为"虽非公式而特别重要"之会议，表示："愿以互相谅解，虚心坦怀，

①　《日本公使馆节略》，《国闻周报》第 3 卷第 44 期，1926 年 11 月 14 日。
②　李育民：《中国废约史》，第 611—612 页。

谦让真挚之精神相终始。"① 北京政府外交部提出关税自主、取消领事裁判、收回沿海内河航行权、两国人民遵守所在地法令有游历营业之权但法令有特别限制者不在此例、遵守警察税捐章程大纲五项。会后，芳泽报告币原：北京要求新约完全平等，日本则坚持最惠国待遇，而且不承认六个月的修约期限。

1927 年 1 月 24 日，条约研究会开第九次常会，讨论日本及各国要求中国提出新约草案，交由条约司就中日修约六个重要问题阐明基本立场：（一）关问题。依照 1926 年 11 月 19 日关税会议议决案，要求关税自主，同时"可订立互惠协议，以中日两国特产为限"，须说明互惠之利害；以短期、少数特产品为限。（二）法权问题。取消领事裁判权，"仅关于司法上之实施，得予以相当之保障及便利"。至侨居中国之日本人及其财产，应"完全遵守中国之一切法令"。（三）内河及沿海航行。要求依世界通例，"专归本国自办，若彼不允时，可以现有船只为限，在中国法令之下，及于相当期限内，暂许其继续行驶"。（四）租界及铁路附属地。要求收回，若彼不允时，"得商定期限及收回之办法"。（五）内地杂居。在租界、租借地及铁路附属地未经取消以前，"碍难立予承认"。（六）内地所有权。"暂时不能允许"。②

日本集中全国力量商讨对华修约方案。1927 年 1 月 26 日，日本外务、大藏、司法、农林、工商各省次长及相关各局课长，协商讨论修约方针，订立方案，提出其原则：以此次交涉对手并非统一的中央政府，因此视为非正式的，在"代表国民全体之中央政府"出现之前，不能正式签字。但大体以北京政府的提案，视作"国民的要望之具体化，而以中国国民全体为对手而交涉"。基本主张有：（一）通商航海之基本条项，于相互平等原则下，从事改订，以便顺应事态之变迁。（二）承认关税自主权，一面期依互惠税率协定，以使中日间通商关系圆满，一面期债务整理之实行。（三）二厘五及五厘附加税之实行，须附议于关税会议，而置诸本次交涉范围外。（四）治外

---

① 《修约交涉》，《国闻周报》第 4 卷第 5 期，1927 年 2 月 13 日。

② 《外交部存"中日商约主要问题"稿》，1926 年，中国第二历史档案馆编：《中华民国史档案资料汇编》第 3 辑《外交》，第 677—687 页。

法权问题，较法权委员会之劝告案更进一步，而努力于撤废之实现，于满洲率先实行。（五）关于租界问题，与治外法权问题相关联，以内地杂居为目标，使国民的权利义务进于相互平等之一途。（六）日本承认华轮在日本沿岸，得如日轮在中国沿岸一样，享有自由贸易权。（七）交涉内容力求公开，以期使两国国民彻底了解。至于具体的方针，"则依中国方面之基础案并交涉之经过，而决定之"。[①]

1927 年 1 月 28 日，中日召开第二次会议，进行正式谈判。中方拟提出关税条文，已经条约专门委员会起草，27 日又由条约研究会讨论决定。[②] 关税问题实为全案中之最难事项，中方在会议提出关税自主及过渡办法之后，因双方意见差距较大，讨论良久，却未议具体条文。2 月 5 日，开第三次会议，继续讨论关税自主各项细则，未达成一致。[③] 1927 年 2 月 14 日，中日双方开第四次会议，讨论关税问题，但日本只注重互惠协定。

1927 年 2 月 19 日，外交部电函财政部、农商部、税务处，请速厘定国定税则。2 月 20 日，中日召开第五次会议，双方就最惠国待遇之条件、范围和时间等争论不休，直到 3 月 16 日开第九次会议，仍无进展。5 月 6 日，中日开第十九次修约会议，顾维钧提议搁置关税无条件最惠国待遇。至 5 月 17 日，中日双方进行了二十多次会议，最终因最惠国待遇问题而无法达成协议，改为非正式会晤。

随着北伐的胜利进军，北京政府修约进展日趋艰难。1926 年 11 月 11 日，武汉国民政府外交部长陈友仁对中日商议新约提出抗议，并表示国民政府对新约保留重新审查权。日本答复陈友仁，双方商议是非正式交换意见。南京国民政府成立后，各国对北京的态度更趋冷淡，北京政府修约外交进行更为艰难。1927 年 4 月 14 日，条约研究会开第二十一次常会，讨论中日修约事。顾维钧在报告中指出，日本对修约看似积极进行，但实际上毫无诚意。1927 年 10 月 6 日，南京国民政府外交部部长伍朝枢向芳泽提出强烈抗议，重申南京政府不承认日本与北京政府交涉的任何条款。11 月 23 日，伍

---

① 《日本拟定对华之修约方案》，《顺天时报》1927 年 1 月 28 日。
② 《条约研究会前日开会议决三件》，《顺天时报》1927 年 1 月 29 日。
③ 《修约交涉》，《国闻周报》第 4 卷第 5 期，1927 年 2 月 13 日。

朝枢发布南京政府关于对外条约的态度，声明不受未经国民政府参与的条约协议谈判的约束。

日本对北京政府和南京国民政府的修约要求都强烈反对。1927 年 7 月 31 日，田中命芳泽对中国发出照会，强调对中国的意见和《临时办法》坚决不同意，并威胁中国："若国民政府仍坚持其现行条约失效之主张，则日本政府不但不能接纳条约改订之商议，且于国民政府片面强行《临时办法》时，为维护条约权益，将有不得已出于认为适当之处置。"①

芳泽于 1927 年 11 月 18 日密函首相兼外相田中义一，建议"尽量拖延会商过程，可先行讨论航行、旅行、营业权或警察、课税等问题"。他指出，由于中国欲一律废止与各国之商约，各国与中日条约比较后，即会提出为何不同样废止中日条约问题。中国各地征税的举动，表明中国舆论已从倡言废约变为认定现行条约已经失效，因此，如与改约谈判停滞的事实相结合，必将"引发废弃中日条约之趋势"。②

英国对中日修约交涉的观察，反映了日本的态度。1927 年 11 月下旬，英国公使蓝普森向伦敦报告北京与日、比、法、西修约谈判历程，指出目前谈判暂停，日方认为北京政府势力衰弱，宁愿静观其变。中方坚持必须实现完全主权独立。③

芳泽在 1927 年 12 月 1 日给田中的电文中，分析中日修约交涉的情况。他认为，中国南北政权在废弃现行条约、缔结完全平等新约方面的态度是相同的。中西、中比条约已被废弃，中国今后对其他各国也将采取同样立场。日本须避免在中国出现无条约状态，因此，应对中国显示出缔约的诚意。④芳泽建议日本政府提出互惠协定，与中国谈判。但中日修约一直没有进展。1928 年 4 月 23 日，外交部提出阁议，决议修约期间旧约再展限三个月。1928 年 7 月 20 日又将期满。1928 年 7 月 19 日下午，南京国民政府外交部

① 《日本驻华公使复南京国民政府外交部节略》，1928 年 7 月 31 日，程道德等编：《中华民国外交史资料选编（1919—1931）》，第 463 页。
② 《芳泽致田中》，1927 年 11 月 18 日，日本外务省编纂：《日本外交文书》昭和期Ⅰ第 1 部第 1 卷，1927 年，第 819、821 页。
③ Lampson to FO, D. Nov. 24, 1927, R. Jan. 25, 1928, FO371/13155 [F376/1/10].
④ 《芳泽致田中》，1927 年 12 月 1 日，《日本外交文书》昭和期Ⅰ第 1 部第 1 卷，第 821—822 页。

向日本驻南京总领事面交给日本公使的照会与《临时办法》。[①] 王正廷对记者表示：北京修约代表向日本代表曾有保留声明，方今对日废约，即做"保留"二字之下文，故满期废约，势在必行。[②] 日本复照后，反复重申，如果中国不按日本要求撤回废约主张，收回《临时办法》，将采取措施，向南京国民政府施压。随后，南京国民政府和王正廷对日态度转为迁就。但日本始终不依不饶，不肯实际修约。

二、 中法修约交涉

中法须修订的越南边界通商条约包括 1885 年 6 月 9 日中法签订的《越南条款》、1886 年 4 月 25 日签订的中法《越南边界通商章程》、1887 年 6 月 26 日签订的附属中法《续议商务专条》、1895 年 6 月 20 日签订的中法《续议商务专条附章》。1885 年 6 月 9 日，中法签订《越南条款》，第八款规定："此次所订之条约内所载之通商各款，以及将订各项章程，应俟换约后十年之期满，方可续修。若期将满六个月以前，议约之两国彼此不预先将拟欲修约之意声明，则通商条约、章程仍应遵照行之，以十年为期，以后仿此。"[③]

中法《越南边界通商章程》最早到期，北京政府也最早与之交涉，并采取了宣布该约失效的手段，但在法国的反对下很快就放弃了。北京政府之所以敢于宣布废除中法《越南边界通商章程》，有一重要因素，即该约不会对法国在华条约特权造成大的影响。因为该约不过是规定越南陆路通商关税方面的特别权益而已，所有不平等重要关系，都规定于中法商约之中。[④]

1926 年 1 月中旬，条约司拟定《中法修约说帖》，指出中法《越南边界通商章程》及附约将于 8 月 7 日期满，约中减税规定与华盛顿会议关税条约中国海陆边界划一征税之原则完全违背，日前法国所提草案，较之旧约变本加厉，我国似可依据 1866 年条约第十八款，声明该约及各附约已届十年修

---

① 《南京国民政府外交部关于修约问题致日本驻华公使照会》，1928 年 7 月 19 日，程道德等编：《中华民国外交史资料选编（1919—1931）》，第 462 页。

② 《本埠新闻：废约与济案交涉——外交部长王正廷之谈话》，《申报》1928 年 7 月 23 日。

③ 王铁崖编：《中外旧约章汇编》第 1 册，第 468 页。

④ 李育民：《中国废约史》，第 624—625 页。

改之期，两国应即另订平等相互新约。所有该项条约及附约，自期满之日起，应即失其效力。[1]

外交委员会于 1926 年 1 月 27 日开会议讨论中法《越南边界通商章程》，认为该章程于我国国权多有妨碍，现值筹备收回法权、税权，召集各国会议之时，此项条约又届十年修改之期，亟图修改；该章程即将满期，必须及时提议修改，否则将坐失机会。会议议决：期满六个月以前，外交部于 2 月 6 日以前备文声明，以便届期修改。2 月 2 日，北京政府阁议通过"到期修约"方针，并通过《拟废止中法越南通商章程及其附约照会》，于期满六个月前向法国政府声明期满失效，另订新约以代旧约。[2] 2 月 4 日，外交部向法国公使馆送出修约照会，照会针对中法旧约指出，"各该约章订立年代既已久远，况任何条约绝无不加修正而能永久施行之理"，因此，"前开各项约章加以修改而代以彼此同意之新约，实为当务之急"。中法条约对于结束及修改时期已均有明白之规定，中国政府欲与法国协商加以修改。8 月初，法国外长要求一年后商订新约，"以便考量北京关税会议的结果"，代理外交总长蔡廷干拒绝法国这一要求。8 月 6 日，北京政府"宣告滇越边关条约无效，自 8 月 7 日满期以后，滇越商务及关税，按照中法间及其他条约及国际法规办理"。[3]

为更好地了解实际情况，外交部在中法修约交涉中，非常注重发挥各部门的作用，并协调粤、桂、滇通力办理。1926 年 2 月 5 日，外交部致广东、广西、云南三省省长及特派交涉员电，希望三省"对于旧约应行修改各端，详速条举意见，先期报部，以备采择"。[4] 外交部邀集各相关部门派员讨论修约意见。[5] 外交部还拟定"中法越南商约主要问题"稿，列出主要问题及方

① 《中法修约说贴》，1926 年 1 月，中国第二历史档案馆编：《中华民国史档案资料汇编》第 3 辑《外交》，第 548—549 页。

② 《拟废止中法越南通商章程及其附约照会》，1926 年 2 月 2 日，中国第二历史档案馆编：《中华民国史档案资料汇编》第 3 辑《外交》，第 544—547 页。

③ 《各国注意中国宣告满期条约失效》，季啸风、沈友益主编：《中华民国史料外编：前日本末次研究所情报资料（中文部分）》第 79 册，第 392 页。

④ 《外交部致广东、广西、云南省长电》《外交部致广东、广西、云南特派交涉员电》，1927 年 2 月 5 日，中国第二历史档案馆编：《中华民国史档案资料汇编》第 3 辑《外交》，第 519 页。

⑤ 《外交部关于修订中法越南边界通商条约与外交委员会等来往文件·交通部致外交部 17 日函》，1926 年 1 月—12 月，中国第二历史档案馆编：《中华民国史档案资料汇编》第 3 辑《外交》，第 520—522 页。

针，包括：越南设领问题，法国在滇云南省设有领事，而我国侨民在越南无领事保护，受种种苛待，"故于订立新约时，宜为明确规定"；出入货减税问题，"从前减税制度，原以交通不便，为招徕商务起见，现铁路交通甚便，减税理由已不存在"；通过税问题，"中国货经北圻过境税值百抽二，越南政府加以三种限制，此种办法，实与约章抵触。此次法使所提草案，通过税改为值百抽一，假使法使不肯让步，宜与之明白规定，应以中国海关出口税估价为凭，核实征收"；废除路矿特权问题，路矿权是法国享受的片面利益，实现的是势力范围原则，严重违反平等相互主义，妨害我国国权，因此"新约中似难任其依然存在"；华侨待遇问题，因我国在越侨民所受待遇，不仅没有享受最惠国人民地位，而且受种种约外苛待，故"此次订立新约，关于华侨待遇，似仍宜注意旧约条款，再切实规定与欧美人同样待遇，以资保护"；废除人头税问题，因此项人头税是专门针对华人及无约国人而设，是违约苛征，"与约订纳税义务及绝不苛待主旨并最惠国待遇之例不符，自应于订立新约时订明撤废"；废除通行证问题，法国制定的通行证，使我国侨民受苦甚多，"自应于订立新约时根据旧约既得权利，订明撤废"；法人征收过越南商民护照税问题，因越南为滇省通海之唯一通道，云南商民来往港沪，必须取道越南，"法人苛征照费，殊属有碍商旅"，因此，"应根据平等相互原则，要求彼此不收照费，或减轻照费，或商订双方收费办法，中法一律，庶符平等相互之原则"。① 7 月 10 日，条约司呈《修改中法越南通商章程案》，指出旧约即将于 8 月 7 日期满，各官署亟应一律知照。7 月 27 日，外交部通知云南、广东、广西特派交涉员及各省交涉员、各机关，声明中法《越南边界通商章程》届期失效，在中法新约未订定期间，原来陆地关税减税办法及其他各种特权都应立即停止；"遇有法国及法属人民事件，可暂依中法间现存他约或查照国际法予以公平适宜之待遇"。② 7 月 31 日，外交部同时函财政部、税务处：两国税关征税办法，将来改订新约时，究应如何修

---

① 《外交部存"中法越南商约主要问题"稿》，中国第二历史档案馆编：《中华民国史档案资料汇编》第 3 辑《外交》，第 553—561 页。

② 《电云南广东广西特派交涉员》《电除云南广东广西外各省长都统特派交涉员》《电云南广东广西省长》，1926 年 7 月 27 日，台北"中研院"近代史研究所档案馆藏北洋政府外交部档案，馆藏号：03—23—009—03—002、003。

改，请"从速派员妥为研究，详拟办法，并征询总税务司有无意见"。① 8 月 7 日，税务处函外交部，指出，代理总税务司函复，电令各边关税务司遵办外交部命令，唯思茅因电信损坏无法通报，又蒙自、龙州两处之电报因时间甚为短促，恐来不及先期递至，不能按照命令于 8 月 8 日在该三关施行。8 月 9 日，外交部以苏希洵的名义电广西民政公署，要求"一致对外，使不平等条约早归消灭"。

为推动中法修约，1926 年 2 月 4 日，北京政府外交部致法国公使玛德照会，希望中法两国早日开议修约。② 2 月 6 日，外交总长王正廷会晤法国公使玛德，强调："中国政府提出修改之初意，因该条约在四十年前订立，多有不合于现时之情势及互惠之原则者。敝国政府及人民均感该约之不平等，欲易以新约。"③ 外交部就中法修改不平等条约事表示，在双方共同商改旧约未达目的以前，"对于期满理应修改之条约，自应依照普通国际惯例提出修改"。④ 2 月 18 日，王正廷会晤法国驻华公使玛德，指出中法修约应注意五事，即："越南设置中国领事、取消法国在滇桂等省敷路开矿特权、海陆关施行划一税率、取消越南向华侨征抽人头税、取消货物通过税。"王正廷还强调，中国不能接受法国 1 月的草案，并强调："条约到期，无论为政治条款或通商条款，均当修改。"⑤

北京政府国务院在 1926 年 7 月 21 日的国务会议上讨论法使备忘录，外交部认为：现正中国筹备修改不平等条约之际，本年到期修改者，尚有比利时、日本等国，因此不能听任法国拖延意见，否则将来各国纷纷援例，对我国修约前途大有妨碍。⑥ 7 月 26 日，外交部照复法国驻华使馆：中法各约至

---

① 《致财政部税务处函》，1926 年 7 月 31 日，台北"中研院"近代史研究所档案馆藏北洋政府外交部档案，馆藏号：03—23—009—03—009。

② 《外交部致法国公使玛德照会》，1926 年 2 月 4 日，中国第二历史档案馆编：《中华民国史档案资料汇编》第 3 辑《外交》，第 497—499 页。

③ 外交总长王正廷会晤法国公使玛德谈话纪要》，1926 年 2 月 6 日，《中华民国史档案资料汇编》第 3 辑《外交》，第 499 页。

④ 《外交部致临时执政节略》，1926 年 2 月 6 日，中国第二历史档案馆编：《中华民国史档案资料汇编》第 3 辑《外交》，第 519 页。

⑤ 《外交总长王正廷 18 日晤法国公使玛德问答》，1926 年 2 月 19 日，台北"中研院"近代史研究所档案馆藏北洋政府外交部档案，馆藏号：03—23—009—02—003。

⑥ 《外交部中法修约说帖》，1926 年 7 月 21 日，台北"中研院"近代史研究所档案馆藏北洋政府外交部档案，馆藏号：03—23—009—02—014。

8月7日既当然失其效力，中国政府鉴于各该约签订后情形之变迁，以为无须将其再行延长，对于法国政府之提议不予承认。① 8月6日，法使晤外交总长蔡廷干，表示对中国政府复文拒绝法国草案不满。蔡廷干予以驳斥，并表示"修约一层系历任外长一种不移之政策，本总长继续实行之"。② 法方对蔡廷干的回答不满。同日，法国使馆致外交部节略，要求中国不能将各项条约加以修改，并威胁中国："若由误会条约各款，将来两国间发生事故，并越南政府因中国片面废约，被迫采取办法等等，均由中国当局担负完全责任。"③

外交部于1926年8月10日指出，鉴于法使6日备忘录强硬指出若因中国废约发生事故应由中国负责，又接税务处报告，思茅等处路远，电线损坏，不能通告如期停止减税，根据我国海关章程宽限办法，经外交部、财政部、税务处商议，拟对越南边关减税办法予以两个月宽限。④ 8月23日，外交部将备忘录送交法国使馆，说明中国政府自行训令中越边界中国海关将进口货减税办法延长两个月，而法国要求将旧约延长，足见法国政府亦同意订立新约以代替旧约，希望法国政府同意早日开议，缔结新约代替旧约。⑤

法国对中国的修约要求采取既回应又拖延的方针，提出将旧约各项修改要求提交关税会议一同解决。1926年1月12日，法国公使兼关税会议代表玛德提出《边越关税协定草案》五条二表，称：欲使各约与现状相合，并与华盛顿会议关税条约之秉公调剂主义相符，提出各项修改，建议"本协定应提交本届关税会议，并与该会所定之各项加税及附加税等规定同样赞成同时施行"。⑥ 2月23日，中方向法方提出《边越减税办法节略》。之后法国多次

① 《致法玛使备忘录》，1926年7月26日，台北"中研院"近代史研究所档案馆藏北洋政府外交部档案，馆藏号：03—23—009—02—020。

② 《外交总长蔡廷干6日会晤法国公使玛德纪要》，1926年8月6日，台北"中研院"近代史研究所档案馆藏北洋政府外交部档案，馆藏号：03—23—010—01—010。

③ 《法国使馆致外交部节略》，1926年8月6日，台北"中研院"近代史研究所档案馆藏北洋政府外交部档案，馆藏号：03—23—009—03—016。

④ 《中法约说帖》，1926年8月9日拟，中国第二历史档案馆编：《中华民国史档案资料汇编》第3辑《外交》，第547—548页。

⑤ 《致法玛使备忘录》，1926年8月23日；《刘锡昌赴法国使馆会晤法国公使问答》，1926年8月23日，分见台北"中研院"近代史研究所档案馆藏北洋政府外交部档案，馆藏号：03—23—010—01—015、018。

⑥ 《边越关税协定草案》，1926年1月12日，台北"中研院"近代史研究所档案馆藏北洋政府外交部档案，馆藏号：03—23—009—02—009。

询问中方对法国所提《边越关税协定草案》的意见，中方逐条讨论后予以辩驳。7 月 12 日，法国使馆致外交部备忘录，提议将上述各约再延长施行一年。① 但北京政府予以拒绝。

9 月 2 日，法国外长致中国驻法使馆照会，声称 1885 年及其各条约，"并未准予中国有声弃该三约之权，不过允予只能请求修改而已"。同时，法国表示"仍愿在某种条件下进行谈判"。②

9 月 15 日，法使会晤蔡廷干，称："中越商约实际上与两方面均有利益，并非一种不平等条约，不可与中比条约相提并论。如中国政府不坚持废止，总可商量修改。"③ 北京政府表示同意法国的意见。

1926 年 9 月下旬，外交部知照财政部、农商部、税务处等会议办法，提出于国务会议，建议我国自动再行将条约暂予展限两个月至 12 月 7 日，并声明此系中国自动临时办法，与条约不发生关系。10 月初，北京内阁再改组，顾维钧任阁揆兼外交总长。此时北京政府外交部的"到期修约"方针面临强大阻力，法、比、日都不承认中国有废约之权，外交部将三国条约修改与废止问题提出阁议。10 月 16 日，国务会议议决："一律根本改订，务期达到消除不平等条约之目的，一面声明保留条约期满对于旧约自由取决态度之权。"④

随着南方革命政府北伐及采取废约反帝政策，北京政府的修约外交面临巨大的压力。1926 年 10 月 15 日，法国公使会晤顾维钧，询问中日、中比修约事。顾维钧指出，中法修约"最关紧要者在迅速开始改订新约之谈判，只需约定新约完成期限，则旧约届满至新约成立之间，为期甚短；目下中国人民期望去除旧约中之不平等条款，至为迫切，南方且以取消不平

---

① 《法国使馆致外交部备忘录》，1926 年 7 月 12 日，台北"中研院"近代史研究所档案馆藏北洋政府外交部档案，馆藏号：03—23—009—02—013。

② 《法国外交部致中国驻法使馆照会》，1926 年 9 月 2 日，附于《驻法陈公使 4 日咨陈》，1926 年 9 月 25 日，台北"中研院"近代史研究所档案馆藏北洋政府外交部档案，馆藏号：03—23—010—03—012。

③ 《法馆 15 日问答》，1926 年 9 月 16 日，台北"中研院"近代史研究所档案馆藏北洋政府外交部档案，馆藏号：03—23—010—03—005。

④ 《国务院公函》，1926 年 10 月 16 日，中国第二历史档案馆编：《中华民国史档案资料汇编》第 3 辑《外交》，第 527 页。

等条约为目标"。① 法国公使则强调，中国政府意在按约修改而非废约，愿与顾维钧商决此案。顾维钧强调，近年来中国民意对于改订新约的目的，在于纠正所有条约中的不平等条款。他又表示，双方须规定新约完成之期限，旧约在此期间事实上暂维现状亦可。② 法国公使同意电陈法国政府，催促开始改订中法新约。

11 月 5 日，法驻华公使提出，在新约谈判期间，上述三约仍继续有效，为北京政府所接受。③ 但云南督军唐继尧在条约期满后，已先行废止。北京政府获悉后，致电询问，唐继尧复电称，因与中央距离过远，已先由省政府宣告废止，"一切另订新约事，仍盼中央主持"。法驻京公使得到报告后，亦对北京政府表示，希望速成中法越南通商新约。④ 中法修约，双方交涉的主要问题一是陆路税则问题，二是越南华侨待遇及设领问题。陆路税则，即取消减免税制度，其税率与海关划一，此在关税会议即已提出。越南华侨待遇，给粤、桂、滇三省人民造成极大伤害。法国占领越南后，对华人"苛例百出"。华人通过越境，领取执照，须先缴人头税，"监诘搜查，视同囚房"。对于侨越工商，"禁纲更密，拘囚勒罚，动辄见尤"，"苛索留难，任意操纵"。⑤ 北京政府曾屡次向法政府交涉，要求设置驻越领事，以保护在越华侨的利益，均为法国政府托故拒绝。此次谈判，中国方面主张按平等原则及设驻越领事两种目标为谈判基础。⑥

1927 年 1 月 5 日，中法修约谈判在北京开第一次会议。主要问题有二：一是陆路税则问题，二是越南华侨待遇及设领问题。法使玛德提出条约草案十一条，顾维钧建议先将约中大纲妥为讨论，再由双方派委员接洽细则。1 月 26 日，中法开第二次修约会议，中方提出降低边界税则中国货物税率，法国提出交换条件。2 月 1 日，中法第三次修约会议，法使表示武汉国民政

① 《外交总长顾维钧会晤法国公使玛德问答》，1926 年 10 月 15 日，台北"中研院"近代史研究所档案馆藏北洋政府外交部档案，馆藏号：03—23—010—03—002。

② 《外交总长顾维钧会晤法国公使玛德问答》，1926 年 10 月 15 日，台北"中研院"近代史研究所档案馆藏北洋政府外交部档案，馆藏号：03—23—010—03—002。

③ [美] 波赖著，曹明道译：《最近中国外交关系》，第 252 页。

④ 《中法越南商约已经唐继尧废止》，《顺天时报》1926 年 11 月 17 日。

⑤ 《李根源请宣布中法商约失效》，《益世报》1927 年 2 月 9 日。

⑥ 《中法条约第四次会议讨论华侨待遇及设领问题》，《益世报》1927 年 2 月 10 日。

府陈友仁抗议中法谈判修约，且北京政府无权管辖各地；并称税则问题尚未接法国政府训令，暂时搁置。顾维钧建议讨论越南设立领事馆问题，法使允转达法政府，暂时缓议。2 月 9 日，中法第四次修约会议，讨论法国取消南边三省特别路矿权利问题，及越南华侨一般待遇问题。2 月 21 日，中法第五次会议，讨论华侨待遇及法国取消南边三省特别路矿权利问题。3 月 7 日，中法第六次会议，讨论滇桂粤路矿权与护照签证费，协商会外由条约司司长与法使兰必思讨论护照费问题。

外交部条约研究会为中法修约事反复商讨。1927 年 3 月 10 日，条约研究会开第十七次常会，讨论条约司所拟《中法边界通商条约草案》。王宠惠建议改订边界三省商约时，要乘机废除法人在三省的领事裁判权。刁作谦表示同意这一主张。他指出，当下正值改订新约有机可乘之时，不防设法尝试将领事裁判权取消，以此获得国内舆论好感。顾维钧和罗文干则认为，因我国南部边省陆路、海路与外界交通必须经过越南，如果此时要求废除领事裁判权，与法国谈判不成，对我国影响不利。会议最后决定不提治外法权，只先行收回在华越南人之治外法权，并拟定对订立新约主要抱定三种目的：取消路况特权及类似势力范围的规定，保护越南华侨，取消减税办法。[①]

中国对法国展期的要求，既不得不表示同意，又不愿展期延长。1927 年 4 月 5 日，中法开第七次会议，法方表示希望从速缔结税则协定，边界通商如征税、领事裁判权等问题可留待六个月内磋商。顾维钧提出异议后，法方马上以与南方革命政府交涉相威胁，表示法国原打算与武汉方面陈友仁开议而终止与北京谈判的。顾维钧不得不建议展期一个月，以便对新草案详加研究。[②] 4 月 23 日，外交部照会法使，说明中国政府不能承允法方提案委正式协定基础，并送交中国草拟《中法陆路通商新约草案大纲》十四条及一份议定书。29 日，中法修约开第八次会议，法使对中国草案提出质疑。5 月 5 日，外交部照会法使，同意自 5 月 6 日起展限两个月。7 月 4 日，法使馆致

---

① 《前外交部条约研究会会议录》，1927 年 3 月 10 日，台北"中研院"近代史研究所档案馆藏北洋政府外交部档案，馆藏缩影号：05000—143，第 742—772 页。
② 《中法越南修约汉文会议录》，1927 年 4 月 5 日，台北"中研院"近代史研究所档案馆藏北洋政府外交部档案，馆藏号：03—23—8—03—001。

外交部节略，称法国政府不接受以《中法陆路通商新约草案大纲》为新约讨论基础。

经多方商讨，9 月 15 日，外交部致法使节略，表示难以同意法国政府的主张，希望法国接受中国提案为基础继续会商。9 月 22 日，法方回复外交部，法国碍难变更主张。如果中国愿顾全法方权利，则可依前此声明重行开议。

中法《越南边界通商章程》及其附约交涉，一再展期。1927 年 10 月 13 日，中法专门委员会第一次会议，将法国 1 月 4 日草案重行提出讨论，逐条讨论第一至四条。此后中法专门委员会又开了七次会议，但进展不大。驻法公使陈箓报告说，法国方面的态度，意在观望中国大局。双方交涉一直没有进展。迄至 11 月中旬，双方同意再延长两个月。下旬，双方已详细磋商，玛泰尔同意电本国政府请示，即为最后决定。[①] 随后，双方继续讨论，至 1928 年 3 月，新约草案已经拟好，只待签字。中方屡屡催促，法国政府表示，草案内容还需征求越法当局意见。[②] 但北京政府此时已临近崩溃，最终未能完成新约的签订。

至 1928 年 7 月 10 日，南京国民政府外交部照会法国代办，请委派全权代表另订新约，其间颁布《临时办法》。[③] 7 月 13 日，法国代办复照允予修改。但直到 1930 年 5 月 16 日，双方才在南京签署《规定越南及中国边省关系专约》及相关附件，收回部分权益。

第三节　墨、秘主张废约与中国的应对

当北京政府末期执行"到期修约"方针的同时，中国在某些国家，如在墨西哥和秘鲁也享有利益，不愿放弃，但对方以旧约到期为由，要求期满废

---

① 都：《中法修约法使待训电》，《北益报》1927 年 11 月 27 日。
② 《中法越约签字问题》，《顺天时报》1928 年 3 月 28 日。
③ 《改订中法越南商约照会》，1928 年 7 月 10 日，《外交部公报》第 1 卷第 3 号，1928 年 7 月；《外交部关于修约问题致法兰西驻华代办照会》，1928 年 7 月 30 日，《外交部公报》第 1 卷第 4 号，1928 年 8 月。

约。而北京政府不承认对方有片面废约权，要求旧约继续有效。在墨西哥、秘鲁要求废约的情况下，北京政府也在坚持平等的前提下与之交涉。

一、 中墨修约交涉

因墨西哥开发需要华工，1899 年 12 月 14 日，驻美公使伍廷芳与墨西哥驻美公使在华盛顿订定中墨《通商条约》（以下简称《中墨商约》）。其中第十五款规定："若将来中国与各国另行议立中外交涉公律，以治侨居中国之外国人民，墨西哥亦应照办。"第十九款规定："此次议定条约，彼此恪守，自互换之日起，至满十年为期，若于款内有欲行变通之处，应俟计至期满之日，先期六个月，彼此备文知照，若未先期知照，仍应照此次议定条约办理；倘欲停止此约，必须预先知照，惟自知照之日起，仍须照行一年。"① 伍廷芳汇报缔约历程时称，《中墨商约》在领事裁判权方面"为日后治外国人张本，则外人受治于我，此实权舆"。② 该约规定中墨互享最惠国待遇。

随着前往墨西哥的华工不断增多，墨西哥排华案四起，华侨受虐。加以墨西哥内乱，爆发革命，1917 年立宪会议通过宪法，提出捍卫主权，去除外国资本家种种特权以及领事裁判权，墨西哥政府欲废除与中国签订的条约，杜绝华工入境。1919 年 11 月，墨西哥下议院通过，1920 年初上议院通过，咨送总统核夺。1920 年 11 月 11 日，墨外交部照会中国驻墨代办，提出按照《中墨商约》第十九条规定，拟改订新约。

1920 年，北京政府增设驻墨西哥、古巴、挪威、瑞典、玻利维亚五国使馆，9 月，任命政务司司长王继曾兼使墨、古两国。王继曾于 12 月 6 日行抵墨京。22 日，王继曾报告称，墨西哥外交部来照，"首叙停约，继言改订，是墨政府虽以修约为提议，实以废约为目的，关系重大，因应綦难"。王继曾指出，墨西哥在我国一无商务利益，而我华侨之在墨者达数万人，因此新约续订与否，对墨西哥影响不大。依据条约规定，任何一方预先知照停约，一年期满即可停止。王继曾认为，重新定约耗费时日，他建议与墨西哥订定

---

① 王铁崖编：《中外旧约章汇编》第 1 册，第 937 页。
② 《遵旨与墨西哥订约画押折》，1900 年 2 月 19 日，丁贤俊等编：《伍廷芳集》上册，中华书局，1993 年，第 76—77 页。

附约，既可避免牵动全约，又可早日定成，否则，"应声明新约未经订立附约以前，旧约依然有效"。① 此后，王继曾多次电请外交部指示如何办理。

保护在墨华侨，是中国政府的首要考虑。1921 年 2 月 18 日，外交部去电王继曾，指示他用延宕之法应付墨西哥的要求，以保护华侨利益为重，并根据当地情形和侨民需要，权衡利害关系，预先筹拟条款及应付方法。② 3 月 18 日，外交部指示王继曾："先与墨外部换文，声明保护侨商一节，应如拟办理。再本部现设立墨约研究会，将墨约存废问题讨论应付方法，俟议有端绪再行电达。"③ 4 月 8 日，王继曾与墨西哥外交部商议。4 月 15 日，墨西哥外交部照会北京政府，表示谈判修约的重点在限制移民办法，但承诺"现约期满华侨应照宪法保护"，"如双方同意，即可换约展限"。④ 4 月 18 日，北京政府外交部成立的"墨约研究会"开会，决定另定专章，由中国自行限制移民，要求中墨旧约继续有效，并拟废除领事裁判权。4 月 27 日，外交部去电王继曾，指示他仍采取拖延策略，以保护在墨华侨为重，并撤废墨西哥在华领事裁判权。

外交部于 1921 年 6 月 1 日照会墨外交部，并电王继曾："现在中国政府与各国订立新约，均取平等相互主义，对于墨约亦不无欲行修改之处。中国政府之意，墨国政府既重在修改，似不如由两国将欲行修改之处提出，妥为商订，互换照会，作为该约附件；在附件未成议以前，旧约仍继续有效。"⑤

在此期间，广东省仍有大量侨工赴墨。因墨西哥方面表示，因墨国人民生计关系，不得不限制移民，拟停止中墨旧约。7 月 12 日，北京政府外交部照会墨西哥外交部，请对华人入境不得横加抑阻；要求撤废领事裁判权，与限

① 《驻墨王（继曾）公使 1920 年 12 月 22 日咨》，1921 年 2 月 13 日，台北"中研院"近代史研究所档案馆藏北洋政府外交部档案，馆藏号：03—23—054—01—007。
② 《电驻墨王公使》，1921 年 2 月 18 日，台北"中研院"近代史研究所档案馆藏北洋政府外交部档案，馆藏号：03—23—054—01—011。
③ 《电驻墨王公使》，1921 年 3 月 18 日，台北"中研院"近代史研究所档案馆藏北洋政府外交部档案，馆藏号：03—23—054—01—017。
④ 《收驻墨王公使 15 日电》，1921 年 4 月 17 日，台北"中研院"近代史研究所档案馆藏北洋政府外交部档案，馆藏号：03—23—054—02—002。
⑤ 《函驻墨王公使》，1921 年 6 月 1 日，台北"中研院"近代史研究所档案馆藏北洋政府外交部档案，馆藏号：03—23—054—02—019。

制华工办法及全约展限为两事，同时换文作为有效；现约继续有效。[1]

1921 年 8 月，中墨双方开始谈判。双方协商核心在于改订华人入境办法。

墨西哥外交总长巴尼与中国驻墨公使王继曾经多次协商，于 1921 年 9 月 26 日订立《暂行修改中墨 1899 年条约之协定》十四款，并换文。内容主要有二：一是关于中墨 1899 年条约的展期问题，规定"展限至两缔约国将来按照两国宪法所规定之手续商定对于该约为确定及正式修改之日为止"，但"此项修改务须尽力从速办理"。[2] 对此款，墨西哥外交部在 9 月 26 日给中国北京政府外交部的照会中称，经中墨两国政府商定，"所有两国于 1899 年 12 月 14 日在华盛顿所签定之中墨友好通商行船条约之有效期间，应展限至两缔约国将来按照两国宪法所规定之手续商定对于该约为确定及正式修改之日为止。此项修改务须尽力从速办理。两缔约国政府并说明盼望对于该约确定及正式之修改应根据此项协定之意思及精神办理"。二是劳工问题，规定"在墨西哥国政府禁止外国工人入境期内，两缔约国各禁止其本国工人入他一缔约境内"，但"其非工人者，不在上开限制之列"等等。[3] 同日，驻墨公使王继曾复照同意条约展限及工人入境办法："贵国政府对于中墨 1899 年在华盛顿签押之友好通商行船条约，提议协定两缔约国工人入境办法，以为现约暂时之改定，并声明将现约有效期间，展限至两缔约国将来商定对于现约为确定及正式修改之日为止，均经阅悉。本公使现奉本国政府训令，照拟办理。特向贵总长及贵国政府声明：中华民国政府承允下列各余款所载之暂行办法。"[4]

墨西哥外长还明确表示："将来正式修改该约，本国政府放弃在华之领事裁判权一事，当居修改各款之一。"[5] 此前在华享有领事裁判权的国家中，

---

① 《驻墨使馆 7 月 12 日函》，1921 年 9 月 7 日，台北"中研院"近代史研究所档案馆藏北洋政府外交部档案，馆藏号：03—23—065—01—009。

② 王铁崖：《中外旧约章汇编》第 3 册，第 191 页。

③ 《墨西哥外交部关于中墨通商行船条约展限及工人入境办法致中国驻墨公使王继曾照会》，1921 年 9 月 26 日，中国第二历史档案馆编：《中华民国史档案资料汇编》第 3 辑《外交》，第 1051—1052 页。

④ 《驻墨公使王继曾关于同意条约展限及工人入境办法复墨西哥外交部照会》，1921 年 9 月 26 日，中国第二历史档案馆编：《中华民国史档案资料汇编》第 3 辑《外交》，第 1054 页。

⑤ 《暂行修改中墨 1899 年条约之协定》，1921 年 9 月 26 日，王铁崖编：《中外旧约章汇编》第 3 册，第 192 页。

已有德、奥、俄放弃领事裁判权，德奥因为战败的缘故，不得已而为之；俄国则由于十月革命推翻帝俄，列宁领导的苏维埃政权实行新的外交政策，抛弃了帝国主义时代的侵华特权。墨西哥则无任何国际和国内的重大变故，而承诺放弃领事裁判权，实为难得。尽管墨西哥是一个小国，但这一举动，在帝国主义列强仍坚持领事裁判权的背景下，具有不同凡响的意义。①

中墨换文后，准备议定新约。1921 年 12 月 16 日，外交部致电王继曾，说明墨西哥外交部来照既经预先声明抛弃领事裁判权为将来修改条约之一端，因此应规定此专条加入约内；对关税税则问题，应参照《中德协约》订明为两国内部法令规定之事件，以免再受旧约协定税则束缚。②外交部指出，因外交团每次对我国收回利权图谋破坏，希望在墨西哥举行谈判。

1922 年春，王继曾拟就《中墨商约草案》二十二款寄送外交部。墨西哥外交部政务司司长也称拟备修约约稿，先进行非正式讨论。外交部认为王继曾所拟条款思虑周密，修订为十九款，将禁工各条加入组委附件。1923 年 1 月，王继曾收到外交部核定的中墨约稿，并送墨西哥外交部。1923 年 7 月，墨西哥外交部提出修正约稿。8 月 17 日，外交部电驻墨使馆，指出墨外交部修改约稿与我方提案多有不合之处，要详加研究，再行磋议。10 月，外交部拟订磋商要点及修约稿十七条、附件十一条、答复节略，寄送驻墨使馆，要求先就双方意见不同之处向墨外交部提出接洽。1926 年 9 月 1 日，墨外交部向国会报告，已于上年 10 月将 1899 年《中墨商约》根据第十九条正式取消。驻墨公使岳昭燏声明：根据 1921 年中墨换文第一款，旧约有效期应至正式修改之日为止。9 月 8 日，墨外交部表示，1921 年换文因未经国会通过，系属暂时性质。

外交部于 1926 年 11 月 25 日拟《中墨修约节略》，声明如下：1899 年《中墨商约》各款有协定税则、领事裁判权等规定，是我国与外国所订不平等条约之一；现在我国正拟修改不平等条约，若根据换文驳复，将来我国另行提议废约将有不便。节略指出，际此墨西哥将各国商约概行作废之时，难

---

① 李育民：《中国废约史》，第 315 页。
② 《函驻墨王公使》，1921 年 12 月 16 日，台北"中研院"近代史研究所档案馆藏北洋政府外交部档案，馆藏号：03—23—056—02—010。

以只允许我国单独保留该约，因此，审时度势，不如速订新约，以便保护侨民，并"贯彻我国修改不平等条约之宗旨"。[①]

1927 年 1 月 15 日，北京政府决定，中墨协定换文规定有效期展至正式修改之日为止，新约未成立前，不应遽行废止。同时又提出，如果墨西哥能根据我方 9 月 14 日提出的修正稿速开商议，中国可不坚持换文主张。[②] 但墨西哥外交部对中国约稿及节略提出种种意见。《中墨商约》展期至 1928 年 11 月 30 日，双方一直未能展开谈判。

二、 中秘修约交涉

1874 年 6 月 26 日，李鸿章与秘鲁全权签署中秘《通商条约》（以下简称《中秘条约》）正约十八款及《会议专条》，秘鲁礼待华工。《中秘条约》第十六款约定，双方互享最惠国待遇；第十八款约定，自互换之日起，至满十年为止，先期六个月彼此备文知照如何酌量更改，方可再行筹议，若未曾先期声明，则章程仍照此次议定办理。[③] 次年 8 月 7 日，在天津交换批准。

后因秘鲁对条约中"与最惠国一律待遇"不满，对华工移民问题也不满，认为改约于 1898 年期满失效。1909 年 8 月 17 日，驻美秘公使伍廷芳与秘鲁外长于利马签订《中秘条约证明书》，承认商约继续有效，每十二年修约。[④] 28 日，签署《废除苛例证明书》，声明：5 月 14 日秘鲁谕令停止中国人民入秘，中国使署抗议，经双方集议，废除该谕，中国自行设法限制中国人民来秘。[⑤] 后来秘鲁又多次提议废约。1911 年 3 月 3 日，提出七条修改意见，严禁华工、限制华商等。驻秘使馆极力争辩，因辛亥革命中止。秘鲁承认中华民国后，又提出七条意见。1914 年 5 月 12 日，吴振麟代办抵任驻秘公使，商谈此事。但秘鲁坚持废止《中秘条约》。

---

① 《中墨修约节略》，1926 年 11 月 25 日拟，台北"中研院"近代史研究所档案馆藏北洋政府外交部档案，馆藏号：03—23—059—02，03—23—058—02 各件。

② 《致驻墨岳公使电》，1927 年 1 月 17 日，台北"中研院"近代史研究所档案馆藏北洋政府外交部档案，馆藏号：03—23—058—01—004。

③ 王铁崖编：《中外旧约章汇编》第 1 册，第 339—342 页。

④ 王铁崖编：《中外旧约章汇编》第 2 册，第 585 页。

⑤ 王铁崖编：《中外旧约章汇编》第 2 册，第 597—598 页。

1922 年 12 月，秘鲁发生排华运动。中国驻秘鲁代办罗忠诒及侨领屡电外交部告急。1923 年 8 月 19 日，秘鲁驻京代办正式照会外交总长顾维钧，称 1909 年《中秘条约证明书》已成阻碍，理应废止，重缔新约。1923 年 10 月 3 日，外交总长顾维钧复照，不同意秘鲁声明。1874 年，《中秘条约》经伍廷芳公使与秘鲁外交部于 1909 年 8 月 17 日订立证明书，确认该约继续有效。顾维钧指出，《中秘条约》及 1909 年 8 月 28 日证明书内，设于两国均有不便利之处而欲协商修改，秘鲁政府果能提出双方满意之条件，我国政府亦未始不欲予以容许考虑之机会；今我国政府郑重声明，新约未经议定，由两国政府批准实行以前，旧约及证明书仍当继续有效用，以维护两国友谊。① 随后双方多次准备商谈新约，但因秘鲁政局不稳，一直延宕未议，或是议而未决。至 1926 年，施绍常任驻秘公使，继续交涉中秘修约事。1927 年 10 月 14 日，施谒见秘鲁总统，催订新约。20 日，施函告外交部：秘鲁视 1874 年旧约废止，1909 年证明书经交涉，允照旧办理。

除上述交涉之外，北京政府还曾因中葡条约期满，于 1928 年 4 月 28 日照会葡驻华公使，要求重行修订，另成新约。② 但因北京政府几近崩溃，虽然坚持修约、废约外交政策，已难以发生实际作用。

---

① 《电驻秘吴（勤训）代办》，1923 年 10 月 3 日，台北"中研院"近代史研究所档案馆藏北洋政府外交部档案，馆藏号：03—23—066—01—002。

② 《南北外交》，《国闻周报》第 5 卷第 17 期，1928 年 5 月 6 日。

第七章　中国共产党与南方革命政府
对不平等条约关系的冲击

五四运动时期，中国各种社会思潮和"主义"不断涌现，俄国十月革命则给中国带来马克思列宁主义的影响。新生的苏俄对华政策，激励了中国人民，进而推动废除不平等条约斗争走向高潮。1921 年，中国共产党成立，从此中国革命面貌发生改变。在中国共产党的推动下，中国废除不平等条约斗争亦发生根本性的变化。随着国共合作的开展，孙中山此前处于萌芽状态的废约反帝思想坚定起来，并由此促成中国国民党反帝纲领的确立。在中国共产党的努力下，在这场以国共两党合作为主轴的大革命中，废约运动与 20 世纪 20 年代的国民革命结合起来，形成了一股巨大的浪潮。中国共产党推动的废除不平等条约运动与民族主义运动相结合，给北京政府和列强条约国造成极大的压力，促使北京政府加快修约、废约步伐，也影响了列强的对华政策。

第一节　中国共产党废约反帝方针的提出和发展

中国共产党成立后，将反帝反封建作为革命的主要目标，制定了废约反帝方针政策，指出反帝与反封建军阀两者是密不可分的，帝国主义以军阀为土壤，军阀以帝国主义为依靠。而帝国主义赖以侵夺中国的依据便是不平等条约和各种条约特权。中国共产党高举废除不平等条约的大旗，号召民众将废除不平等条约与国民革命进行到底，从侧面极大地影响和冲击了不平等条约体系。

一、 提出和制定废约反帝方针

中国共产党成立初期，即着手将废约反帝纳入革命的范畴，作为反对帝国主义和反对军阀的重要革命议题。中共二大制定了反帝反封建的民主革命纲领，明确提出了反对帝国主义的斗争目标。1922 年 6 月 15 日《中国共产党对于时局的主张》提出："改正协定关税制，取消列强在华各种治外特权，清偿铁路借款，完全收回管理权。"[①] 这是中国第一次以政党名义发表的废约主张，成为"废除不平等条约这一口号之嚆矢"。[②] 陈独秀于 8 月发表《对于现在中国政治问题的我见》，提出"废止协定关税制，取消列强在华各种治外法权，清偿铁路借款收回管理权，反抗国际帝国主义的一切侵略，使中国成为真正独立的国家"。[③] 此后中国共产党始终把反对帝国主义放在第一位，把废除不平等条约作为反帝的具体目标和任务。

《向导》周报创刊号发表宣言，详细分析了不平等的条约特权给中国造成的种种恶果，例如，"北京东交民巷公使团简直是中国之太上政府"，中央政府的大部分财政权"操诸客卿总税务司之手"，领事裁判权及驻屯军横行于首都及各大通商口岸，海关、邮政及大部分铁路管理权都操诸外人之手，

---

① 中央档案馆编：《中共中央文件选集》第 1 册，第 45 页。
② 《中国共产党与废除不平等条约》，《解放日报》1943 年 2 月 4 日社论。
③ 《陈独秀文章选编》中册，第 186 页。

中国经济生命如铁路、矿山和最廉价的工业原料等被掠夺。列强正是通过不平等条约对中国进行政治的和经济的侵略，使中国"在名义上虽然是一个独立的共和国，在实质上几乎是列强的公共殖民地"。①

1923 年 6 月，中共三大通过《中国共产党党纲草案》，提出"反对帝国主义反对军阀"，第一次明确提出取消一切不平等条约："取消帝国主义的列强与中国所订一切不平等的条约，实行保护税则，限制外国国家或个人在中国设立教会、学校、工厂及银行。"② 中共三大的党纲草案还指出，"帝国主义的列强在中国既已取得了治外法权、协定关税等等优越的权利，他们便支配了中国重要的经济生活和政治生活"。③ 陈独秀指出："一切帝国主义者是根据一切不平等条约向中国全民族加以剥削与凌辱。"④ 恽代英指出："我们现在要反抗帝国主义，就要废除不平等条约。"⑤

中国共产党向国民党第一次全国代表大会提出目前最低限度的要求，第一项是"废除一切不平等条约，第一重要是收回海关，改协定关税制为国定关税制"，⑥ 这是谋求全民族对外经济解放的关键。由于第一次世界大战以后，帝国主义卷土重来，加紧了对中国的经济侵略，中国的民族资本主义遭受到严重的摧残，由此导致中国的贫困。《湖南人民收回海关委员会宣言》尖锐地揭露："帝国主义宰割中国最残酷的手段，莫过于掌握中国的关税主权。"这使我国税款受制于外人，外人利用收税的权利，限制使用中国货币，扰乱中国财政经济现状。⑦ 中共中央通告指出，协定关税制，税则用人均不能自由行使主权，这是国际帝国主义制我死命的最毒政策，因为在此关税制度之下，如此产业落后的国家，永远不易发展，永远为销行外货之市场。"恽代英、邓中夏等共产党人撰文详细探讨了协定关税对中国所造成的巨大损害，并指出："我们现有的关税制度，正是国际资本主义征服中国最重要的

① 《本报宣言》，《向导》第 1 期，1922 年 9 月 13 日。
② 中央档案馆编：《中共中央文件选集》第 1 册，第 141 页。
③ 《中国共产党党纲草案》，《中共中央文件选集》第 1 册，第 135 页。
④ 陈独秀：《此次争斗的性质和我们应取的方法》，《陈独秀文章选编》下册，第 62 页。
⑤ 恽代英：《中国民族革命运动史》，《恽代英文集》下卷，人民出版社，1984 年，第 942 页。
⑥ 《中共中央第四次对于时局的主张》，1924 年 11 月，中央档案馆编：《中共中央文件选集》第 1 册，第 306 页。
⑦ 《湖南人民收回海关委员会宣言》，《中共党史参考资料》第 2 册，人民出版社，1979 年，第 385—386 页。

武器。""中国因为外债的负担，关税的束缚，全国人民喘息苦楚于贫乏扰乱状况之下，国内工业永无发达之望。""我们这种反抗，是为我们的生存，不能不起的抗争。"①"欲救中国，必先收回关税主权。"②

1923 年 7 月，中共中央发表第二次时局主张，提出打倒利用军阀侵略中国的列强、打倒勾结列强压迫人民的军阀。1924 年 9 月 10 日，中共中央发表时局声明，提出要在根本上推翻外国帝国主义在中国一切既得的权利与势力。在 11 月 19 日发表的时局主张中，再次明确提出废除一切不平等条约。

1925 年"五卅"惨案发生后，6 月 5 日，中共中央发表告全国民众书，指出这次事变的解决之道不在法律而在政治，即"认定废除一切不平等条约，推翻帝国主义在中国的一切特权为其主要目的"。③ 7 月 10 日发表的《中国共产党中国共产主义青年团宣言》指出，要实现中国的独立与统一，"必须废除不平等条约方能达到，须有为此奋斗到底的决心"。④

1926 年 7 月 12 日，中共中央在发表的时局主张中强调"共同政纲"的最低限度为废除不平等条约和收回国权。提出"共同政纲"的最低限度为："一、废除辛丑条约及其他不平等条约；二、收回海关，改协定税制为国定税制，收回会审公堂，废除领事裁判权；三、各国撤退驻华海陆军；四、收回租界及租借地，如旅顺、大连湾、威海卫等。"⑤ 显然，中国共产党把废除不平等条约视为推翻帝国主义的根本手段，将反帝目标和任务主要落实在废除不平等条约的目标上。

中国共产党还将废除不平等条约作为国民革命运动极其重要的工作。1923 年 5 月，蔡和森对国民革命运动的特性界定为："一面打倒国内的封建势力，一面反抗外国帝国主义。"⑥ 而反抗外国帝国主义，则是国民革命运动的中心工作。陈独秀指出："国民革命和民族解放是两个意义相类的名词，

---

① 恽代英：《革命政府与关税问题》，《恽代英文集》上卷，第 421、428、432 页。
② 邓中夏：《银行公会反对收回粤海关主权之索隐》，《邓中夏文集》，第 60 页。
③ 《中国共产党为反抗帝国主义野蛮残暴的大屠杀告全国民众》，中央档案馆编：《中共中央文件选集》第 1 册，第 421 页。
④ 中央档案馆编：《中共中央文件选集》第 1 册，第 428—429 页。
⑤ 《中国共产党对于时局之主张》，中央档案馆编：《中共中央文件选集》第 2 册，中共中央党校出版社，1989 年，第 155 页。
⑥ 蔡和森：《中国革命运动与国际之关系》，《向导》第 23 期，1923 年 5 月 2 日。

所以反抗国外帝国主义之压迫是国民革命运动之中心工作。"① 彭述之提出："国民革命的原则是在'打倒军阀，推翻帝国主义'。但是所谓推翻帝国主义，还说不上是根本消灭帝国主义，只是消灭帝国主义在中国的一切特殊权利，取消一切不平等条约，建立独立自主的国家。"② 邓中夏则将国民革命的涵义等同于民主革命，即废除一切不平等条约："'国民革命'亦叫做'民族革命'。"③ 瞿秋白也指出："国民革命的目标是从帝国主义统治之下将中国解放出来。"④

中国共产党在制定废约反帝方针的同时，深刻分析反帝废约的原因，揭露列强与军阀间依不平等条约而存在的政治关系，指出反帝与反军阀的必然联系。1923 年 8 月，中共中央在对于时局的主张中指出，恢复国会、联省自治、黎元洪复位、吴佩孚得势，都不能解决时局问题，"只有以民主的联合战线，继续革命，打倒军阀及军阀背后的外国势力，才是救济中国的唯一道路"。⑤ 1924 年北京政变后，陈独秀认为这次政变是帝国主义工具的更换，⑥ 既然袁世凯、段祺瑞、徐世昌、吴佩孚等人都不能弥缝一个和平安定的局面，"只有扫荡一切帝国主义与军阀可以得着！"⑦ 要实现国家的对外平等与对内自由，必须打倒军阀，因为"政权在军阀之手，对外永远不会实现废除不平等条约及关税自主，对内永远不能保障人民集会、结社、言论、出版之自由"。⑧

在废约反帝的斗争中，中国共产党一方面建立广泛的统一战线，另一方面又采取了分别轻重、打破帝国主义联合战线的策略。

1923 年 12 月，针对英国蛮横阻挠广州革命政府收回关余的行径，中共中央发出"发起反英运动"的通告，要求各区及地方同志召集全体紧急会

---

① 陈独秀：《假革命党与反革命党》，《向导》第 74 期，1924 年 7 月 16 日。
② 彭述之：《帝国主义对国民政府之态度与国民政府的外交问题》，《向导》第 180 期，1926 年 12 月 5 日。
③ 邓中夏：《劳动运动复兴期中的几个问题》，《邓中夏文集》，人民出版社，1983 年，第 128 页。
④ 瞿秋白：《农民政权与土地革命》，《向导》第 195 期，1927 页 5 页 8 日。
⑤ 《中共中央对于时局之主张》，中央档案馆编：《中共中央文件选集》第 1 册，第 175 页。
⑥ 独秀：《北京政变与中国人民》，《向导》第 89 期，1924 年 10 月 29 日；《陈独秀文章选编》中册，第 598 页。
⑦ 陈独秀：《北京政变与中国人民》，《陈独秀文章选编》中册，第 599 页。
⑧ 《中国共产党中国共产主义青年团告全国民众》，1925 年 12 月 1 日，中央档案馆编：《中共中央文件选集》第 1 册，第 529 页。

议，筹备联络各团体发起剧烈的排斥英货运动。① 由于英国干涉、破坏中国革命最为积极，对中国革命的危害最大，中国共产党在国民革命时期，制定了重点打击英国的策略。虽然中国共产党也发起过反日运动，如 1925 年 5 月，日本纱厂工人被杀害，中共中央接连发布通告，号召发动反对日本帝国主义的大运动，但从总体来看，中国共产党这一时期反帝的主要对象是英国。陈独秀在"五大"的报告中总结党的反帝策略说："在反对外国帝国主义者的斗争中，我们主要注意了反对英国的斗争。在中国，最强大的帝国主义国家有英、美、法、日四国，其中最有势力的是英国和日本。但在这两国之间也有很大的矛盾。在中国，日本在经济上几乎被英国所压倒，但另一方面，日本的军队可以迅速地调到中国的领土上来。因此，我们的反日斗争就具有较温和的性质。"② 从中国的实际来看，英国成为国民革命的头号对象，反映了中国人民对英国阻碍中国革命，以及对不平等条约始作俑者的愤恨。③

北伐战争开始后，英国一意扶助直系军阀，每欲直接以武力干涉中国。1926 年 9 月 6 日、11 日，中央发出第十五、十六号通告，提出"发起反对英帝国主义援助吴佩孚攻击北伐军的运动"，④"发动反对英帝国主义直接以武力阻难北伐的运动"，"造成全国反英的空气"。⑤ 万县惨案发生后，中共中央发表告民众书，提出"撤废中英间一切不平等条约"的口号。⑥ 1926 年 11 月 21 日，中央政治局与国际代表讨论对付时局问题，得出结论："对于英国，当坚持与英保守党政府争斗的态度，不可有示弱的表示。"⑦ 这一策略的目的在于利用帝国主义之间的冲突，打破它们的联

---

① 《中央通告第十一号》，中央档案馆编：《中共中央文件选集》第 1 册，第 209 页。

② 《陈独秀在中国共产党第五次全国代表大会上的报告》，中共中央党史研究室第一研究部编：《共产国际、联共（布）与中国革命档案资料丛书》五，中央文献出版社，1997 年，第 351 页。

③ 李育民：《中国废约史》，第 433 页。

④ 《中央通告第十五号》，中央档案馆编：《中共中央文件选集》第 2 册，第 307 页。

⑤ 《中央通告第十六号》，中央档案馆编：《中共中央文件选集》第 2 册，第 309—310 页。

⑥ 《中国共产党中央执行委员会为英国帝国主义屠杀万县同胞告民众书》，1926 年 10 月 5 日，中央档案馆编：《中共中央文件选集》第 2 册，第 380 页。

⑦ 《中央政治局与国际代表讨论对付目前时局问题之结论》，中央档案馆编：《中共中央文件选集》第 2 册，第 465 页。

盟，"以分裂政策破坏其联合进攻，即所谓共同干涉"。① 因此，中国共产党主张与其他帝国主义建立关系。1926 年 12 月 5 日的中央局报告提出："国民政府此刻的外交当然不能像在广东一省时之简单，当按照全部斗争的形势审慎的进行，除与苏联保持极亲密的关系外，并须积极取得国际上承认，须与日本及美国均发生正式关系以对付英国。"② 后来，省港罢工能够坚持下去，就是"准许日、美各国贸易，使英国陷入孤立政策的结果"。③ 其后汉口"一三"事件发生，帝国主义未形成联盟，英国采取退让政策，这是一个很重要的原因。④

　　虽然中国共产党采取了以反对英、日为主的反帝废约策略，但根本上是要反对所有侵害中国的帝国主义、废除不平等条约，以实现国家和民族的独立自主、为全国人民谋解放。

二、 通过国共合作推动废约反帝斗争的发展

　　作为一个诞生不久的政党，中国共产党难以单独领导废约反帝斗争，也不可能与列强进行废约交涉，于是采取了灵活的废约反帝方针：一是与国民党合作，结成统一战线，领导反帝反封建的国民革命；二是发动民众作为反帝反封建的坚强后盾；三是推翻军阀政府，建立一个革命政府来废除不平等条约。这一方针开启了中国对外关系和废约斗争的新阶段。1926 年 5 月 7 日，中共中央通告决定今后的工作原则，要"把工农运动、国民党工作、以及国民政府国民军，均算入反帝国主义方面的势力"。⑤

　　这一时期，中共主张的统一战线实际上包括两种形式，一种是国共合作和民众联合战线的形式，一种是国民会议形式。统一战线是领导国民革命的中坚，是国民革命最广泛的基础，1922 年共产国际第四次大会讨论东

---

①　《中央政治报告》，1926 年 7 月，中央档案馆编：《中共中央文件选集》第 2 册，第 166 页。
②　《中央局报告（十、十一月份）》，1926 年 12 月 5 日，中央档案馆编：《中共中央文件选集》第 2 册，第491 页。
③　《中央局报告（十、十一月份）》，1926 年 12 月 5 日，中央档案馆编：《中共中央文件选集》第 2 册，第533 页。
④　李育民：《中国废约史》，第 434 页。
⑤　《中央通告第一百零一号》，1926 年 5 月 7 日，中央档案馆编：《中共中央文件选集》第 2 册，第 121 页。

方问题时决定了这一策略。在 1922 年 6 月第一次对于时局的主张中，中国共产党第一次提出邀请国民党等革命民主派及革命的社会主义各团体，共同建立一个民主主义的联合战线。① 中共二大确立了组织"民主的联合战线"来完成革命任务的方针，② 中共三大决定了与国民党"党内合作"的形式。

国共第一次合作期间，中国共产党不仅支持国民党，并极力突出国民党的地位。同样，在废约反帝问题上也强调国民党的作用。

首先，帮助国民党将废约反帝纳入其革命纲领。以孙中山为代表的资产阶级革命派，是中国政治舞台上的一股重要力量，将其纳入国民革命的共同道路是必要的。两个党派的合作，必须要有共同的奋斗目标和相似的政治主张，而废除不平等条约的要求，成为两党合作的"纽带"。共产国际代表鲍罗廷曾指出，在国民党第一次代表大会前，国民党人没有反对帝国主义的概念，"即在中国不消灭帝国主义，就不能不消灭军阀统治；不先消灭帝国主义，国家就不能统一，任何政府，包括真正的国民革命政府就不能建立"。③ 正因为如此，尽管孙中山在辛亥革命时期就有了废约思想，但始终没有公开提出。直到国民党"一大"宣言，提出了取消一切不平等条约的主张，吸取了《中国共产党对于时局的主张》和 1923 年 6 月中共三大的文件，凝结了共产党人的思想。包惠僧回忆说："中国国民党的宣言和政纲，都经过了孙中山、鲍罗廷及中共中央负责同志会商作最后的决定。虽然孙中山和他的亲信干部，如廖仲恺、胡汉民、汪精卫等也有他们的意见，而主要的内容如'反帝''反封建军阀''联俄''联共''工农政策'等，都是由共产党方面提出，孙中山同意决定的。"④ 正是在中国共产党和共产国际的帮助下，国民党对不平等条约的态度才发生根本的变化，并由此对中国的废约运动产生了积极的影响。

---

① 《中国共产党对于时局的主张》，1922 年 6 月 15 日，中央档案馆编：《中共中央文件选集》第 1 册，第 33—46 页。

② 《关于"民主的联合战线"的议决案》，1922 年 7 月，中央档案馆编：《中共中央文件选集》第 1 册，第 64 页。

③ 《鲍罗廷在联共（布）中央政治局使团会议上的报告》，中共中央党史研究室第一研究部编：《共产国际、联共（布）与中国革命档案资料丛书》三，第 99—100 页。

④ 包惠僧：《回忆大革命时代》，《包惠僧回忆录》，人民出版社，1983 年，第 143 页。

其次，强调国民党在废约运动中的重要作用。中共中央在 1922 年 6 月第一次对于时局的主张中，第一次提出邀请国民党等革命民主派及革命的社会主义各团体，共同建立一个民主主义的联合战线，[①] 其任务定位即废约反帝。蔡和森曾明确表示："与国民党成立国民革命联合战线，换过说就是反帝国主义的联合战线。"[②] 1923 年 4 月 25 日，陈独秀在《资产阶级的革命与革命的资产阶级》中，提出统率革命的资产阶级国民党要"反抗国际帝国主义的势力而脱其羁绊"，[③] 号召每个民族主义者都支持国民党。1923 年中国共产党第三届第一次中央执行委员会通过以国民党为主进行国民运动的决议案，认为国民运动的主要动力是国民党。[④] 农民、工人、商人、店伙、各机关职员、学生各界的活动都应集中于国民党的号召之下。国民革命时期，中国共产党在废约运动实践中的反帝宣传和策动，很大程度上是以国民党的名义进行的。

孙中山逝世后，中共中央发表告中国民众书，再次明确废约主张，并表示明确支持国民党。中共中央还要求全国民众支持国民党，一方面猛烈地继续国民会议及废除不平等条约运动，反抗段祺瑞、张作霖在北方对于反帝废约运动的进攻；一方面保卫南方的革命根据地广东，肃清陈炯明、林虎、唐继尧等及其所勾结的买办地主的反动势力。

再次，支持北伐，拥护国民政府。1925 年 7 月 10 日，中国共产党发表宣言，提出"应当有全国集中势力的机关"来"宣告一切不平等条约之废除"。这一"集中势力的机关"就是广州国民政府。[⑤] 1926 年 1 月 10 日，中共中央通告对于目前政局的分析与对策，指出广州国民政府受农工商兵等一般民众的赞助，人民有结社、集会、罢工、言论的自由，所以关税自主、"五卅"交涉、废除一切不平等条约等中国解放运动中的问题，只有像广州

---

① 《中国共产党对于时局的主张》，中央档案馆编：《中共中央文件选集》第 1 册，第 45—46 页。
② 蔡和森：《国民运动与太上国民运动》，《向导》第 16 期，1923 年 1 月 18 日。
③ 独秀：《资产阶级的革命与革命的资产阶级》，《向导》第 22 期，1923 年 4 月 25 日。
④ 《关于国民运动及国民党问题的议决案》，中央档案馆编：《中共中央文件选集》第 1 册，第 146—148 页。
⑤ 《中国共产党中国共产主义青年团宣言》，中央档案馆编：《中共中央文件选集》第 1 册，第 429 页。

一样的中央国民政府才能解决。① 2 月 21 日至 24 日，中共中央在北京召开特别会议。会议认为，要抵御帝国主义的反攻，"根本的解决，始终在于广州国民政府北伐的胜利，才能使全国人民得着必需的保证——以开发反帝国主义的斗争，而取得最后的解放"。② 1926 年 9 月 20 日，中共中央局在关于最近全国政治情形与党的发展的报告中，再次强调支持国民政府。由于形势的变化，在政治问题上，提出"廓清军阀""召集国民会议""废除不平等条约"三个口号。12 月 5 日，中共中央局在关于全国政治情形及党的策略的报告中，认为国民政府势力发展迅速，是事实上的政府，取得国际承认是迟早的事情。1927 年 1 月 12 日，中国共产党为汉口英国水兵枪杀和平民众发表宣言，号召全国工人农民及一切被压迫的民众反对英国、拥护国民政府，为使英国帝国主义者不帮助北方进攻南方起见，要求"撤退英国驻华海军，取消治外法权，收回英国租界，撤退一切帝国主义之驻华的军队"。③ 中共中央将号召民众支持国民政府作为当前的主要工作，④ 还注意提高士兵的革命热情，促进士兵与民众间亲密的关系，消灭反动派利用群众反对国民政府的阴谋。

在北伐过程中，国共两党之间虽然存在一些摩擦，但基本上是团结的，能够集中力量对敌，取得了北伐的胜利。在十个月的时间里，北伐军从广州攻打到武汉、上海、南京，打垮了吴佩孚、孙传芳两大军阀，歼敌数十万人。

三、　推动国民会议运动，促进废约运动发展

为废约反帝、打倒军阀，中国共产党积极地发动和推动国民会议运动。1923 年 7 月，中国共产党在《第二次对时局的主张》中，正式提出召

---

① 《中央通告第七十一号——目前的分析与对策》，1926 年 1 月 10 日，中央档案馆编：《中共中央文件选集》第 2 册，第 2 页。
② 《关于现时政局与共产党的主要职任议决案》，中央档案馆编：《中共中央文件选集》第 2 册，第 56 页。
③ 《中国共产党为汉口英水兵枪杀和平民众宣言》，中央档案馆编：《中共中央文件选集》第 3 册，中共中央党校出版社，1989 年，第 11 页。
④ 《中央政治报告——关于目前形势与党的主要工作》，中央档案馆编：《中共中央文件选集》第 3 册，第 1—7 页。

开国民会议的主张。8 月 1 日，在第二次时局主张中，首先阐明这一方案，即由国民党"号召全国的商会、工会、农会、学生会及其他职业团体，推举多数代表在适当地点，开一国民会议"。① 1924 年 1 月，中国共产党再次号召民众要求召开国民会议，希望通过国民会议将废约反帝与推翻军阀结合在一起。1924 年 11 月 18 日，中共中央发出《孙中山北上，各地应组织国民会议促成会展开活动》的通告，要求中共各地组织联络各地人民团体，组织"国民会议促成会"，设法在当地报纸上宣传，在街市、乡村向民众游行演讲，"促成大的示威运动"。②11 月，中国共产党在第四次时局主张中，响应孙中山，又提出"只有这种国民会议才可望解决中国政治问题"。③

在中国共产党和国民党左派的推动下，国民会议促成会全国代表大会于 1925 年 3 月 1 日在北京开幕。俞秀松任会议主席，共产党人李大钊、恽代英、周恩来、苏兆征、方志敏、郭亮、王尽美、向警予、邓颖超、赵世炎、郭景仁、刘清扬等人参加。会议讨论了中国革命的一些基本问题，明确了国民会议的性质和任务，指出："它将代表人民向帝国主义作战，取消不平等条约，以达到解除终身所束缚的锁链之目的。它将继续打倒直系军阀，进而打倒一切军阀。"会议认为："目前中国国民所要求于此国民会议的职任，不在制定一部空文无力的宪法，而在为实现废除不平等条约而战斗的人民机关。"④ 这次会议开了一个多月，揭露段祺瑞政府的反动本质及其所包办的善后会议的骗局。中共中央在 1926 年 5 月的第三次全国劳动大会宣言中指出，只有实现真正代表民众的国民会议，接受政权，才能够完成"五卅"运动的工作，即"对外废除一切不平等条约，对内解除一切人民的苦痛"。⑤ 1926 年 7 月 12 日，中国共产党在时局主张中号召国民团结起来，恢复"五卅"运动的联

① 《中国共产党对于时局的主张》，中央档案馆编：《中共中央文件选集》第 1 册，第 177 页。

② 中央档案馆编：《中共中央文件选集》第 1 册，第 301—302 页。

③ 《中国共产党对于时局之主张》，中央档案馆编：《中共中央文件选集》第 1 册，第 305 页。

④ 《国民会议促成会全国代表大会之经过结果》，《赵世炎选集》，四川人民出版社，1984 年，第 281、285 页。

⑤ 《中国共产党中央执行委员会为"五卅"周年纪念告全国民众》，1926 年 5 月 30 日，中央档案馆编：《中共中央文件选集》第 2 册，第 139 页。

合战线，并扩大这一联合战线到全国各城市各乡村，充实这一战线到一切民众中，自动的召集全国农民、工人、商人（实业家包含在内）、机关职员、教员、学生、新闻记者、兵士等民众的国民会议，发表人民自己的政纲，更进而推翻军阀政权，建立人民自己的政府。

国民会议运动是党领导群众运动的重要方式之一。中国共产党为工人和贫农的利益，在联合战线里奋斗的一个重要目标是推翻帝国主义的压迫，达到中华民族完全独立。而开展国民会议运动，将民众动员起来，是实现民众联合战线奋斗目标的方式之一。党的许多优秀党员如俞秀松、向警予、恽代英、赵世炎、邓颖超、周恩来等人，深入群众，发起并组织当地的国民会议促成会，对国民会议运动的发展起了重要的作用。陈独秀认为，遍及全国的国民会议促成会，都有废除不平等条约的要求，并大多将其列为首条。如上海国民会议促成会提出的十六条要求，第一条便是"废除不平等条约，收回海关租界，取消领事裁判权"。国民会议运动的广泛开展，推动了废约运动的发展。运动的目的虽不仅仅是废约，还包括打倒军阀等，但始终将废约摆在首位。① 当国民会议难以实现时，革命手段成为国民寻求废约反帝和国家统一的重要途径。

四、 反对国民党的"修约"政策

"四一二"反革命政变后，特别是南京国民政府成立后，国民党放弃废除不平等条约斗争，采取修订、改订不平等条约的方针。因此，中国共产党开始争取在废约反帝中的领导地位。1927 年 5 月，中共五大指出，以前党对废约反帝运动的领导权过于忽略，在各方面都争取民族解放运动指挥权的情况下，仍然没有重视这一问题。② 八七会议以后，中国共产党调整了革命策略，更坚定了废约反帝政策。中国共产党谴责宁汉合流后的武汉国民政府和南京国民政府的对外方针，指出蒋介石空口排日，空口反帝国主义，"然而对上海租界的加税，却始终不肯彻底反对，而且还要压迫抗税运动"，"武汉

① 李育民：《中国废约史》，第 449 页。
② 《政治形势与党的任务议决案》，中央档案馆编：《中共中央文件选集》第 3 册，第 50 页。

的领袖如果到沪宁，其结果也和孙传芳蒋介石一样，始终是不能彻底力争甚么关税自主等等的，他们只想地盘和金钱"。① 瞿秋白指出，中国资产阶级在废约问题上是以自己的最终利益为转移的，"因为他虽反对帝国主义，但是他只反对帝国主义和北洋军阀的统治激起民众革命，他自己不但不敢革命，而且极怕民众革命，因此，他总是主张和帝国主义和平磋商，修改不平等条约，谈判关税自主等等"。② 1927 年 11 月，中央临时政治局召开扩大会议，反对国民党抛弃"废约反帝"的政策，指出国民党抛弃一切不平等条约的斗争，不敢再争取收回租界，对关税自主的问题也完全屈服，"都不过掩饰民族资产阶级实际上替帝国主义当走狗的那种无耻的奴性的政策"。③ 1928 年 8 月 1 日，中共中央再次发表关于目前政治情形及中共责任的通告，加强对国民政府修约外交妥协性的揭露。④

在国民党势力不断扩大的基础上，中国共产党依然坚持废约反帝斗争，并将土地革命作为废约反帝和反对国民党的重要策略。1927 年 7 月 13 日，中国共产党中央委员会发表对政局宣言，指出，在坚持土地革命的基础上，"中国共产党将继续绝不妥协的反对帝国主义的斗争，力争废除一切不平等的条约，收回租界，取消治外法权，实行关税自主，解放中国"。⑤ 11 月 18 日，中共中央在中央临时政治局扩大会议中指出，今后的土地革命不仅要消灭旧的社会关系，更要加紧废约反帝，"提出取消一切外债，收回一切帝国主义攫取的特权、租界、海关、税务等等"。⑥ 只有这样，才能解放农工民众，才能统一中国，使民众脱离帝国主义的统治。

---

① 《中国共产党为汉宁妥协告民众书》，1927 年 8 月 14 日，中央档案馆编：《中共中央文件选集》第 3 册，第 316 页。

② 《国民党死灭后中国革命的新道路》，1927 年 10 月 24 日，《瞿秋白文集》第五卷，第 23 页。

③ 《中央临时政治局扩大会议文件》，1927 年 11 月，中央档案馆编：《中共中央文件选集》第 3 册，第 449 页。

④ 《中央通告第六十一号——目前政治情形和我们的责任》，中央档案馆编：《中共中央文件选集》第 4 册，中共中央党校出版社，1989 年，第 535—556 页。

⑤ 《中国共产党中央委员会对政局宣言》，中央档案馆编：《中共中央文件选集》第 3 册，第 206 页。

⑥ 《中央通告第十六号——中央临时政治局扩大会议的内容与意义》，中央档案馆编：《中共中央文件选集》第 3 册，第 528 页。

第二节　广州国民政府废约斗争的开展

国民党在前身同盟会时期，就有不少人主张将来修订、废除不平等条约。武昌起义爆发后，为避免列强武力干涉，宣布承认中外旧约，直至国民党改组后，在中国共产党的推动下，才制定废约反帝方针。国共合作开始后，在共产国际和中国共产党的影响下，国民党制定了"废除不平等条约"政策，并将"废除不平等条约"纳入国民党的纲领，把"废除不平等条约"作为号召国民革命的重要旗帜。

一、　逐步提出废约反帝方针，将废约运动与国民革命相结合

孙中山早就具有废除不平等条约的思想，但由于担心受到列强干涉革命，没有把废约要求纳入国民党的革命政纲。1920 年 8 月 5 日，孙中山在欢迎美国驻华公使芮恩施的会上发表演说，指出解决中国问题的关键就是废除"二十一条"。在中国共产党及苏俄的影响下，孙中山逐步把废约作为重要的革命步骤提出于国民党革命主张中。1923 年 1 月 1 日，孙中山在上海发表《中国国民党宣言》，提出："欧战以还，民族的自决之义，日愈昌明，吾人当仍本此精神，内以促全国民族之进化，外以谋世界民族之平等。""力图改正条约，恢复我国国际上自由平等之地位。"[①]

但国民党内部对是否将废约纳入革命纲领是存在分歧的。邓泽如等人曾联名上书孙中山，称宣言中废除不平等条约等反帝条款是中共的"阴谋"。由于各种压力，孙中山在会议期间曾产生动摇。在中国共产党和共产国际的帮助下，1924 年 1 月，中国国民党第一次全国代表大会召开，23 日，发表《中国国民党第一次全国代表大会宣言》。宣言对外政策部分包括七条，均与不平等条约有关，如：要求废除一切不平等条约；对中国与列强所订其他条约有损中国之利益者，"须重新审定，务以不害双方主权为原则"；对中国所

---

① 《中国国民党宣言集》，台北中华印刷厂，1976 年，第 69—70 页。

借外债，"当在使中国政治上、实业上不受损失之范围内，保证并偿还之"；庚子赔款"当完全划作教育经费"。① 从宣言内容看，孙中山和他领导的国民党已经有了明确的对外方针，实质就是要废除一切不平等条约，使中国脱离半殖民地社会状态。此后，孙中山废除不平等条约的思想完全确立，并改组国民党，制订了废约反帝的纲领，废除不平等条约的斗争成为全民族的运动，形成了一股极大的浪潮。

随着北伐形势的日益紧迫，国民政府不断加强废约反帝宣传工作，国民党中央执行委员会于 1925 年 5 月 3 日召开宴会，邀请各省工人代表列席。工人代表强调："誓以全力拥护国民党，完成国民革命，打倒一切反革命派及帝国主义。"要求"收回海关权""取消不平等条约""实行国民革命""打倒军阀""打倒帝国主义"，决心"以全力拥护国民党，完成国民革命，打倒一切反革命派及帝国主义"。②

国民党在 1924 年 9 月 18 日的北伐宣言中指出，中国必须先废除不平等条约，"必先令中国出此不平等之国际地位"，"国民经济及一切生产力，方得充分发展"，才能发展实业，改良农村经济，"一切智识阶级之失业问题、失学问题，方有解决之端绪"，③ 文化教育等问题才不会落于空谈。同时，中国的法律也会因不平等条约的废除，"而能普及于全国领土，实行于一切租界，然后阴谋破坏之反革命势力无所凭藉"。④ 1925 年 7 月 11 日，胡汉民指出，中国内乱、军阀与帝国主义勾结导致中国的混乱，"我们确信这一种混乱，是由中国不平等的国际地位所致；不平等条约存在一天，中国决不能使国内澄清，因此我们要求我们的国际地位，此后应改为与其他各国平等之地位"。⑤ 国民党指出，中国人民所要求的，是要"收回我们自己的房屋的钥匙"，在国际关系上取得与各国平等的地位，有独立自主之权。

广州国民政府明确反对北京政府的"修约"外交，针对北京政府 1925

---

① 孟庆鹏编：《孙中山文集》上册，团结出版社，2016 年，第 267 页。
② 《昨日亚洲酒店之国民党中央执行委员会大宴会》，广州《民国日报》1925 年 5 月 4 日。
③ 《中国国民党北伐宣言》，《中国国民党宣言集》，第 117 页。
④ 《中国国民党北伐宣言》，《中国国民党宣言集》，第 118 页。
⑤ 《广州国民政府外交部长胡汉民为废除不平等条约告世界各国人民书》，程道德等编：《中华民国外交史资料选编（1919—1931）》，第 328 页。

年 6 月 24 日给各国的修约照会，中国国民党中央执行委员会于 6 月 28 日发表宣言，声明"对于不平等条约应宣布废除，不应以请求修改为搪塞之具"。1925 年 5 月 28 日，广州政府组织各团体联合会抨击段祺瑞修约外交政策，称其为"外交失败"，是"取媚列强，轻轻以外崇国信四字，断送争回国权之机，而于条约上应行收回之旅顺大连等等，又不着手交涉，丧权辱国"。① 针对北京临时执政提出修约照会，国民党专门发布废除不平等条约的宣言，指出国民政府"废约"与段祺瑞执政府"修约"的区别："惟废除与请求修改，截然二事；国民必不致为此似是而非之举动所惑；则北京临时执政之出此，正与从前满洲政府，欲为伪立宪抵制革命，同一心劳日拙而已。"② 号召民众不要因为段祺瑞政府提出修约而对其予以谅解："毋以北京临时执政有请求修改之通牒而宽其督责，致废除不平等条约之进行，又受顿挫。中国民族解放之机，悉系于此。"③ 废除不平等条约必须依靠国民"自决"，不能"仰首以待帝国主义者之加以宽释"。④ 7 月 25 日，国民党发表《目前政策之宣传大纲》，大纲围绕废约反帝的目标对国民党员提出了二十条宣传要求，其中要求国民党员反对一切继续坚持不平等条约的国家，"是以为废除不平等条约而与帝国主义之奋斗，即系推翻军阀专政，统一中国，建设民主主义政府之必要条件，事实上如不平等条约不废除，则军阀将继续当权，而本党之主义终难实现也"。⑤

废约运动与国民革命初步结合后，国民党大力宣传废除不平等条约，不但使帝国主义在中国失去恃强的无理依据，更能使依赖帝国主义生存的军阀失去其寄生之所，因此，废除不平等条约是实现国家独立自强的首要条件，"为国民革命第一重要工作"。⑥ 国民政府军事委员会将废约反帝作为国民革命的最大使命："国民革命之目的，在求中国之自由、独立、平等。故抵抗

---

① 《中华民国各团体联合会宣布段祺瑞十大罪状》，广州《民国日报》1925 年 5 月 28 日。
② 《中国国民党废除不平等条约宣言》，《中国国民党宣言集》，第 141 页。
③ 《中国国民党废除不平等条约宣言》，《中国国民党宣言集》，第 142 页。
④ 《中国国民党中央执行委员会宣言》，1925 年 6 月 28 日，王建朗主编：《中华民国时期外交文献汇编（1911—1949）》第 4 卷下，第 607 页。
⑤ 《国民党目前政策之宣传大纲》，广州《民国日报》1925 年 7 月 25 日。
⑥ 《中国国民党第一届中央执行委员会第三次全体会议对于时局宣言》，《中国国民党宣言集》，第 128 页。

帝国主义,实为国民革命最大之使命。"① 1925 年 5 月 22 日,国民党发表《中国国民党对于时局宣言》,郑重宣布:"此后本党惟有竭其能力为国民革命而奋斗。至于奋斗之第一目标,在根据总理遗嘱开国民会议及废除不平等条约,须于最短期间促其实现。而奋斗之方法,总理于遗嘱中亦已明示,须唤起民众及联合世界上以平等待我之民族共同奋斗。"②全面兴起的废约运动纳入了中国革命运动之中,与国民革命结合起来。

1926 年 "三一八" 惨案后,全国掀起驱段废约运动。4 月 4 日,张绍曾等在天津积极活动,力主恢复约法和驱逐段祺瑞;王正廷、黄郛等在天津暗中谋划将关税会议移至他处继续开会,并拟驱逐段祺瑞、恢复约法等;国民军方面也不断宣传驱段。各方协议驱段,预示着 "时局将起大变化"。③ 1926 年 4 月 10 日,广州各界十万余人发起驱段废约大会,指出 "一切不平等条约,系帝国主义者束缚我国之工具",④ 直奉系军阀与帝国主义是相勾结的。会议议决各界人民应实行废约的国民革命,要一致抵抗反动势力之进攻,"努力国民革命工作,使其早日实现取销一切不平等条约","援助北京群众运动,打倒奉直反动势力"。⑤为实行决议办法,需要采取相应的革命措施,即组织各界京案后援会,请求国民政府驳斥使团通牒,请求国民政府实现北伐,铲除卖国政府,"组织全国统一之国民政府"。⑥

对唐绍仪、张作霖等人反对段祺瑞修约外交的态度,国民党分析指出,当国民政府反对段祺瑞拒绝孙中山关于废除不平等条约及召集预备会议的主张时,张作霖等不发一言,而当段祺瑞提出修改不平等条约的温和主张时,却表示反对和不满。张作霖等人采取如此行为,究其原因,主要是 "因段氏主张之结果,将产生一废除不平等条约之大运动","吾人对于段氏修改不平等条约主张之批评,系为国民革命之需要;而汝等之批评,则为汝等献勤于

---

① 《国民政府军事委员会告诸将士文》,《中国国民党宣言集》,第 145 页。
② 王建朗主编:《中华民国时期外交文献汇编(1911—1949)》第 4 卷下,第 605 页。
③ 《各方协议驱段——有仍拥黎来过渡说》,上海《民国日报》1926 年 4 月 6 日。
④ 《驱段废约运动之继起》,上海《民国日报》1926 年 4 月 11 日。
⑤ 《驱段废约运动之继起》,上海《民国日报》1926 年 4 月 11 日。
⑥ 《驱段废约运动之继起》,上海《民国日报》1926 年 4 月 11 日。

汝等主人之心理所激发"。①

　　国民党向民众反复宣传，强调帝国主义以不平等条约为控制中国军阀的基础，因此只有在打倒军阀的基础上才能彻底废除不平等条约，才能消除帝国主义在华势力，实现国家和民族的独立。国民革命军北伐以后，陈友仁明确提出以废除不平等条约为主要任务的"革命外交"方针。1926 年 7 月 28 日，他向美国驻广州总领事精琦士提出，不平等条约必须采取"革命性的根本解决办法"，而不是所谓的"渐进修改"。② 随着北伐的胜利进军，支持国民政府"革命外交"和"废除不平等条约"的呼声不断高涨。

二、 以国民会议与废除不平等条约运动相结合推动国民革命

　　孙中山将国民会议运动的目标确定为对内成立人民政府，结束军阀的统治；对外废除一切不平等条约，反对帝国主义的侵略。在这一目标下，国民会议运动与废除不平等条约运动汇合，在全国范围开展起来。孙中山认为国民会议如果能开成，首先要提出来的就是两件事，一是"改良国民生计"，一是"改良中外不平等的条约"。而"要废除中外不平等的条约，还是要开国民会议；要开国民会议，还是要做国民的大家奋斗，一致去要求"。③

　　1925 年 1 月 1 日，中国国民党中央执行委员会发表宣言，指出"废除不平等条约运动"是民族求独立解放的唯一途径，是实行国民党政策和"以党建国"的第一步。1 月 6 日，北京国民会议促成会成立，会议拟定章程十三条。汪精卫、顾孟余等到会演说，提出主张召开国民会议的理由之一是抵御帝国主义的侵略和废除不平等条约。促成会向国民会议提出废除不平等条约等要求：一是"废除一切不平等条约，取消领事裁判权，收回海关与租界关税自主"；二是"废止治安警察条例及罢工刑律，保障人民集会结社出版言论罢工之绝对自由"。④

---

　　① 《国民党目前政策之宣传大纲》，广州《民国日报》1925 年 7 月 25 日。

　　② The Chinese Acting Minister of Foreign Affairs at Canton（Chen）to the American Consul General（Jenkins），Jul. 28, 1926, FRUS, 1926, vol. 1, pp. 851-852. 转引自周斌：《舆论、运动与外交：20 世纪 20 年代民间外交研究》，学苑出版社，2010 年，第 104 页。

　　③ 《在神户欢迎会的演说》，《孙中山文粹》下卷，广东人民出版社，1996 年，第 1116—1118 页。

　　④ 《北京国民会议促成会成立大会之盛况（续）》，《大公报》1925 年 1 月 7 日。

为抵制国民会议，段祺瑞试图通过召开善后会议产生国民代表会议，再制定宪法，组织正式政府。1925 年 6 月 21 日，段祺瑞在总统府召集许世英、梁士诒等人开特别会议，议决催选"国民会议代表"及"外交尊重国民公意"两事。① 会议引起南方国民政府的不满，成为国民政府号召民众废约反帝、反对军阀的又一理由。国民党以加快召开国民会议来抵制善后会议，提出"以废除不平等条约，为国民革命之先着，而以国民会议为议决执行废除不平等条约之主辞"。②

中国国民党在 1926 年 1 月第二次全国代表大会宣言中指出，必须打倒军阀官僚等势力，因为"军阀官僚买办土豪之为帝国主义，实犹车之双轮，鸟之双翼"。③ 国民党青年工作团于 1926 年 3 月 2 日发表《促成国民会议之宣传大纲》，指出："国民会议是行使真正民权的机关，是决定政治方针必由的途径，也是我们努力革命解除枷锁的第一个关头。"因为"一切不平等条约，是我民族的卖身契，帝国主义者凭藉为侵略的最大工具。我们促成国民会议，就可以推倒军阀在政治上的力量，也是减杀帝国主义者侵略的力量，军阀与帝国主义者不能表里为奸，则一切不平等条约即可随国民会议力量而废除，我民族就得到真解放"。④

为引导社会舆论，推动国民会议运动，上海《民国日报》开辟《国民会议专栏》，刊载各地国民会议运动的进展情况。1926 年 3 月 27 日，国民政府发表宣言指出，直奉战争事告终后，孙中山主张开国民会议及废除不平等条约，但这一主张遭到段祺瑞的破坏，"乃国民贼段祺瑞方欲谄事列强，取悦武夫，以巩固其临时执政地位，竟不惜违反全国人民公意，悍然发出保存不平等条约之宣言，并召集所谓善后会议，以打消国民会议"。⑤ 宣言号召民众要求北京政府召集国民会议："以驱除段祺瑞及一切卖国军阀，召集国民会议，解决国是。中国一线生机，实在于此，愿共努力图之。"⑥ 上海《民国日

---

① 《昨日府中之重要会议》，《大公报》1925 年 6 月 22 日。
② 《中国国民党关于国民会议预备会议之宣言》，《中国国民党宣言集》，第 147 页。
③ 《中国国民党第二次全国代表大会宣言》，《中国国民党宣言集》，第 162 页。
④ 《青年工作团促成国民会议之宣传大纲》，广州《民国日报》1926 年 3 月 2 日。
⑤ 《国民政府驱段宣言——誓当领袖民众，为国家除残贼》，上海《民国日报》1926 年 3 月 31 日。
⑥ 《国民政府驱段宣言——誓当领袖民众，为国家除残贼》，上海《民国日报》1926 年 3 月 31 日。

报》发表《民众之驱段废约声》，指出各界民众纷纷要求"驱段废约，打倒帝国主义，打倒吴佩孚，召开真正国民会议"。

1926 年 7 月 4 日至 6 日，国民党中央执行委员会临时全体会议开会，正式决定北伐，谭延闿在报告中指出："不打倒军阀，即如何能打倒帝国主义和废除不平等条约？也更谈不到开国民会议，也谈不到巩固革命基础地之广东。现在已到了我们不得不出师的时候。"① 7 月 19 日，蒋介石就职后与中央社记者谈话，说明北伐后的设想："吾人出师，全为遵从总理遗训，求中国之自由平等，故肃清军阀以后，自当立开国民会议，废除不平等条约，立统一的国民政府，努力于种种建设事业，以求人民得享真正之幸福。"② 9 月8 日，国民政府发表告全国人民书，发布政治主张，即"政府对内力求廓清军阀，开国民会议，取消不平等条约"。③ 在孙传芳几次向北伐军求和的情况下，蒋介石提出了开国民会议和废除不平等条约等作为和解的条件及要求。1927 年 8 月 3 日，蒋介石发表告海外侨胞书，再次指出致中国于国际不平等地位和饱受压迫的罪魁祸首是不平等条约，因此，"北伐之目的，第一步在打倒帝国主义者之工具卖国军阀，并开国民会议、废除不平等条约，然后建设人民的统一政府，实现三民主义"。④ 北伐前后，为了号召国民支持国民革命，国民党将开国民会议与废约反帝及打倒军阀作为同等重要的革命手段和目的，起到了良好的宣传效果。

三、交涉"关余"问题和沙基惨案

广州国民政府"废约"方针的实践，主要体现在"关余"问题和沙基惨案交涉上。所谓"关余"，即指海关税收在扣除以关税作抵押的赔款和外债后的剩余税款，是南北政府的重要财政来源。1916 年，孙中山在广州发起护法运动后，此项关余曾经北京公使团同意按 13.7% 的比例先后六次拨付南方

---

① 李新、陈铁健总主编，张静如卷主编：《中国新民主革命通史》第三卷《1926—1927 北伐战争》，上海人民出版社，2001 年，第 126 页。

② 《蒋总司令就职后之表示》，上海《民国日报》1926 年 7 月 19 日。

③ 《国民政府之政治主张》，上海《民国日报》1926 年 9 月 8 日。

④ 《蒋总司令告海外侨胞书》，上海《民国日报》1927 年 8 月 3 日。

军政府。但 1920 年 3 月，军政府分裂，公使团将广东关余全部交给北方政府。孙中山重建南方政府后，多次表示拟向公使团交涉"关余"，但公使团仍拒绝拨付，使南方政府财政日益困难，不得不采取截留关余的行动。

1923 年 9 月 5 日，广州国民政府照会北京公使团，称"关余之处分，全属中国内政问题，非列强之权限所能及，各国对于关税之关系，仅还付以关税作抵之各外债而已"；[①] 要求公使团"饬令银行委员会，立将关余交与总税务司，由总税务司摊分与本政府，且须拨还民国九年三月以后西南应得之积存关余"。[②] 11 月底，广州国民政府外交部再次照会北京公使团，要求将粤海关关余拨还广州政府，否则将自行提取。12 月 3 日，公使团来函，指责广州国民政府欲以胁迫行径干涉税关，将以强硬手段对付广州政府。广州国民政府复照，再次声明，中国海关乃中国国家机关，截留关余乃内政问题。并表示再延期两星期，待使团之解决。1923 年 11 月 7 日，英、美、法、日四国调集军舰九艘进入广州白鹅潭示威，随后又增至六国近二十艘军舰。孙中山和广州政府强烈谴责列强的炮舰政策和强盗行径，并准备截留关余。12 月 21 日，孙中山命令粤海关税务司，将关余妥为保管以听候广州政府命令，并将 1920 年 3 月以后所欠关余照数归还。24 日，孙中山又发表《关于海关问题之宣言》，重申广州政府的立场。1924 年 1 月 19 日，广州政府再次致电安格联，声明广州国民政府即将正式成立，着其转令粤海关税务司奉行广州政府命令。在广州政府的坚决斗争下，北京公使团于 4 月 1 日决定将粤海关关余拨付广州政府。

广州国民政府提出废约和收回沙面租界要求，是交涉沙基惨案的重要内容。1925 年 6 月 23 日，广州各界对外协会在东校场举行声援"五卅"运动市民大会。会后，广州工人、学生、市民、军人十余万人举行游行示威，抗议英帝国主义暴行。当队伍行经沙面英租界对岸的沙基时，英兵突然向游行队伍开枪，停泊在白鹅潭及沙基口的英、法兵舰也炮击游行队伍，当场打死 52 人，重伤 117 人，酿成了震惊中外的沙基惨案。

---

① 《总理全书》（六），台北"中央"文物供应社，第 204 页。
② 《总理全书》（六），第 210 页。

当日，国民党中央执行委员会发表宣言，向英、法、葡三国提出严重抗议。国民党中央发表通告，劝阻民众勿因沙基惨案对外采取报复手段，说明："俄因对于中国已自动的取消不平等条约，且对于中国国民革命热诚相助，我们应该与之亲善"；"德、奥两国自欧战后，对于中国已取消不平等条约，我们应该以平等相待"；"美、葡、荷等国虽然没有取消不平等条约，但对于此次沙面惨杀事件，并无直接参加"；"英、法为此次沙面事件之行凶者，英、日为上海、汉口等处惨杀事件之原动者，我们对之，引为深恨"等。① 这种区别对待的方法是一种正确的外交策略，以后随着形势的变化，进一步演变为"单独对英"的方针。②

6 月 25 日，广州政府以交涉员傅秉常名义向英、法领事提出第二次抗议照会，驳斥了英、法复函的无理狡辩，指出："此次华人惨被杀害，实属灭绝人道，为世界公理所不容。"并提出五项交涉条件：（一）各有关各国派大员向广东政府谢罪；（二）惩办关系长官；（三）除两通报舰外，所有驻粤各有关系国兵舰一律撤退；（四）将沙面租界交回广东政府接管；（五）赔偿此次被毙及受伤之华人。③ 同日，又以广州政府外交部名义向北京公使团提出严重抗议。根据日本人的调查报告，自南方革命政府与香港经济绝交以后，香港居民减少 40%，地价减少 70%，倒闭商号四百余家，损失四千万元以上，由此可知"当时英国受经济绝交损害之深，与南方革命政府反帝国主义运动之力"。④

广州国民政府正式成立后，英、法使驻粤使领于 7 月 7 日复照，表示完全不答应广州政府提出的条件。14 日，傅秉常代表国民政府向英、法提出第三次抗议照会，重申五项条件。13 日，外交部长胡汉民再次照会北京公使团，重申解决惨案的五项条件。沙基惨案交涉，直至 1926 年 10 月仍无最终解决结果，但向列强声明了广州国民政府和群众反对帝国主义、废除不平等

---

① 钱义璋：《沙基痛史》，广东人民出版社，1995 年，第 55—56 页。
② 石源华：《中华民国外交史》，第 290 页。
③ 洪钧培编：《国民政府外交史》一，华通书局，1930 年，第 28 页。
④ 钱亦石：《中国外交史》，《民国丛书》第四编 29 册，上海书店据生活书店 1947 年版影印，1992 年，第 189 页。

条约的坚强决心，促使英国帝国主义考虑中国的修约要求。

四、 清理条约外的不平等特权

广州国民政府成立后，特别是在陈友仁担任外交部部长期间，采取革命外交手段，坚决主张废除不平等条约和反对帝国主义。其中，主要有以下收回国权的工作。

一是打破中外交涉中的领衔公使和领衔领事制度。这一特权制度始于晚清，是列强联合压迫中国，以维护其共同利益的一种畸形制度。1926 年 11 月 5 日，广州领事以领衔领事资格致函广州国民政府外交部，抗议内地产销税。外交部代部长陈友仁于 8 日将原抗议书退还不受，声明此种手续之非法。此后，广州不再接受所谓领衔领事的外交文件，打破了数十年来列强以领事为名共同干涉中国的制度。

二是矫正领事裁判权在行政方面的滥用。领事裁判权原本只用于司法民刑诉讼，但列强往往将这一特权滥用于行政方面。中国官厅"事事退让，致启外人滥用领事裁判权于法定范围之外"。国民政府外交部认为，"行政权警察权之保留，则系国家生存至低度之要求，万不可放弃"，因此，"决意在收回领事裁判权之前，先收回关于行政法违反之裁判权"。[①]

三是矫正领事裁判权在租税立法方面的滥用。对于关税和子口税等以外一切直接间接租税，在华外人往往借口领事裁判权制度予以反对。由于中国当局不敢对外商行使警察权，从晚清时期开始即多次交涉，毫无效果，政府三令五申，而洋商置若罔闻。如厘金，条约规定只有通商口岸不纳厘金，但各国对通商口岸多作广义解释。国民政府坚持认为，"租界外无通商口岸，货物一到租界外即为内地，应纳厘金或子口税"。再如租捐及警捐，葡、英、日等国人"向来皆恃外籍不纳租捐警捐"，而外国领事还以领事裁判袒护外商。国民政府力加抗争，"并由行政当局严厉强制执行，颇有成效"。[②]

四是矫正观审权的滥用。观审权属司法范围，本不适用最惠国待遇，中

---

① 《十六年一二月分政治报告书》，高承元编：《广州武汉时期革命外交文献》，神州国光社，1930 年，第 144 页。

② 《十六年一二月分政治报告书》，高承元编：《广州武汉时期革命外交文献》，第 146 页。

日条约中无观审权的规定，但日本却援用最惠国条款享有这一特权。1926 年汕头发生蔡中和一案，日本领事拒绝中国官员观审。国民政府外交部"乘机停止华人被告事件之日领观审权"，并于 11 月 6 日通令全国。随即，美驻广州领事通知外交部，"自行抛弃"这一特权。[①]

五是收回租界行政权。国民政府外交部认为："租界上之外国行政权，绝非有法律的根据，此实由于攘夺违法之所为。"1926 年 11 月，国民革命军武装通过汉口英租界，广州英国领事向外交部提出抗议，称国民革命军违背汉口租界章程。陈友仁回答说："汉口租界章程，本来系处于中国主权准许之下一种自治法规。主权者之行为，对于其所准许或曾经准许之法规，本来不生违法之问题。"陈友仁对租界所作的严正解释，"为收回租界行政权之张本，而为汉浔案交涉之先河"。[②]

在中国共产党的支持下，广州国民政府还参与或支持抵制洋货运动、反基督教运动、国民会议运动、"五卅"运动等，推动废约运动走向高潮。

第三节　武汉革命政府废约斗争的进行

1926 年 11 月 8 日，国民党中央政治会议决定将国民政府和国民党中央党部由广州迁到武汉。12 月，国民党中央执行委员和国民政府委员临时联席会议（简称党政联席会议）在武汉成立，标志着武汉国民政府正式成立。武汉国民政府成立之初，以"革命外交"的姿态宣传并执行废除不平等条约政策，但很快这一政策就发生动摇。为争取列强的承认，武汉国民政府在修约、废约政策中摇摆。

收回汉口、九江英租界，是武汉国民政府"革命外交"和废约外交的重要成果。1926 年 10 月，国民革命军进入武汉。汉口英租界如临大敌，严禁北伐军通过。11 月 25 日，在英国政府策动下，各国驻汉口领事向武汉国民

---

① 《七月十六日我国代表提出关于对英杯葛原由之意见书》，高承元编：《广州武汉时期革命外交文献》，第 7—8 页。

② 《七月十九日英国代表答复我国代表之意见书》，高承元编：《广州武汉时期革命外交文献》，第 8、10 页。

政府提出抗议，要求取缔工人运动。英国水兵还不断与罢工工人发生冲突，甚至拘捕在租界活动的工人纠察队员。12 月 26 日，汉口各界二十万人召开市民大会，抗议英帝国主义干涉中国革命的暴行，决定实行对英经济绝交，并"要求政府立即收回妨碍革命工作的租界"。在 1927 年 1 月初武汉人民举行庆祝国民政府迁都和北伐胜列的活动中，英国汉口租界不断戒备、阻挠，制造了"一三"惨案。

国民党中央执行委员决定，立即由外交部召见英国领事，令其从速撤退水兵及义勇队，解除其武装，由中国军警接防租界。1927 年 1 月 4 日，国民政府发布临时公告，表示当于 24 小时内决定对此案办法，希望人民保持镇定，离开租界，以免危险等。4 日上午，武汉农、工、商、学两百多团体代表在汉口总商会集会，提出抗议，提出解除租界巡捕及义勇队武装、英租界由中国军警接管等八项条件，如果英国不予答应，则立即自动收回租界、取消英轮内河航行权及英人领事裁判权。[①] 武汉国民政府中央党政联席会议派代理外交部长陈友仁负责对英交涉。5 日，武汉国民政府决定建立"汉口英租界临时管理委员会"，陈友仁任委员长，孙科、宋子文任委员，接管英租界一切市政公安事宜。[②]

北伐军光复九江后，1 月 6 日，九江怡和、太古轮船公司的码头工人组织工会，举行罢工。当日，一个英国人雇佣码头以外的搬夫为其搬运行李登舰，被纠察队员阻止，发生武力争执，英舰开炮示威，英人这一暴行激起数万工人群众冲进九江英租界抗议。7 日，武汉国民政府在九江成立了九江市民对英行动委员会，接管英租界。10 日，武汉国民政府又设立"九江英租界管理委员会"，主持租界市政事宜。

1927 年 1 月 12 日，英国驻华公使派参赞欧玛利与陈友仁开始交涉。欧玛利要求国民政府退还租界，遭到陈友仁的拒绝。双方前后谈判十六次，月底达成协议。1 月 27 日，欧玛利奉命将一备忘录及附件七款送交武汉国民政府。但随后因英国部署和调遣军队向上海集中，武汉国民政府中止谈判，并

---

① 《第一次国内革命战争时期的工人运动》，人民出版社，1954 年，第 386—388 页。
② 石源华：《中华民国外交史》，第 306—307 页。

发表宣言公布中英交涉经过。2 月 10 日，英国政府外交部长张伯伦发表演说，决定让步。2 月 19 日，国民政府代理外交部长陈友仁和英国驻华公使代表欧玛利签署《收回汉口英租界之协定》，其中规定：“英国当局将按照土地章程，召集纳税人年会，于三月一日开会。届时英国市政机关即行解散，而租界区域内之行政事宜，将由华人之新市政机关接收办理。”① 在华人之新市政机关于 3 月 15 日接收以前，“租界内之警察、工务及卫生事宜，由主管之中国当局办理”。英国工部局解散后，国民政府即当依据现有特别区市政办法，“组织一特别中国市政机关，按照章程管理租界区域。此项章程由国民政府外交部长通知英国公使。在汉口五租界合并为一区域之办法未经磋商决定以前，此项章程继续有效”。② 3 月 4 日，武汉国民政府公布英方同意的《汉口第三特别区市政局条例》，规定：原汉口英租界改为汉口第三特别区，直属于国民政府外交部。3 月 15 日，武汉国民政府正式收回汉口英租界，但英人在该区域仍保持有一定的势力。

在收回汉口英租界的激励下，武汉国民政府还收回了九江英租界。2 月 20 日，陈友仁又与欧玛利签署了《收回九江英租界之协定》，确认《收回汉口英租界之协定》适用于九江英租界。3 月 2 日，英国代表欧玛利和陈友仁互换函件，英国政府决定：“将英工部局章程悉行取销，并自 3 月 15 日起，将九江租界区域行政事宜无条件的移交国民政府办理。”③ 3 月 15 日，武汉国民政府完全收回九江英租界，取消了外人在该区域的所有特权。

时人曾指出：“国民政府在武汉时，尚与苏联合作，为革命外交。收回汉口及九江租界，甚得国民之满足。”“革命外交是根据革命立场，依本国目前利益，不必用谈判方式，亦不必为事实所束缚。”④ 陈友仁自己也将收回汉口、九江租界收回视为废除不平等条约的重要尝试。他在外交报告书中称：“汉浔案之解决，小之为汉浔案两租界之收回，大之为取消不平等条约全体

---

① 王铁崖编：《中外旧约章汇编》第 3 册，第 607 页。
② 王铁崖编：《中外旧约章汇编》第 3 册，第 607—609 页。
③ 王铁崖编：《中外旧约章汇编》第 3 册，第 609—610 页。
④ 沈云龙编辑：《亦云回忆》，台北传记文学出版社，1980 年第 2 版，第 353 页。

之初步，亦即中国国民革命在对外关系上之初步工作。"① 收回汉口、九江英租界，被视为武汉国民政府废除不平等条约特权的重要成功范例，为国民政府赢得广泛的民心和支持，也使列强不得不重视对国民政府的交涉，从而为国民政府后来的"改定新约"外交打下基础。

武汉国民政府收回了英国汉口、九江租界，但这前后，国民党"左"、右势力已然在选择"修约"或是"废约"的问题上进行了抉择。

1927 年 1 月 22 日，武汉国民政府发表对外宣言，强调"国民政府为中国惟一之政府"，因为国民政府为"代表豁然觉醒之中国之真实精神，为革命运动之工具，使之拓展势力及事业于国中者"；同时，国民政府为广大具有民族主义精神的人民所授权所拥护，列强完全可以承认和信赖，因为"中国之民族主义，为一不可磨灭之势力，现已异常强盛，如日方升，且必继续发展，历久弥强无疑义也"。② 宣言还强调，新中国应有一个能实际上统治全国的政府，这一新政府，抱新见解、新政策，具有规划恢复国权的政策，能解决中外的事端，而国民政府正是这一政府。

1927 年 2 月 19 日，武汉国民政府对英国及其他各国发表声明书，强调："凡在华租界以及国际居留地地位之改变，关系国家至为重大，以是除国民政府本身外，一切地方当局或其他之中国当道，皆不与有关系之列强对于上述事件有所谈判。"③ 3 月 2 日，陈友仁致电驻京日、法、比各使，称北京政府为伪政府，表示不承认伪政府所订各约，④ 各国无需与北京政府进行修约会议。国民政府一再表示否认北京政府与各国所进行的各种谈判，无疑给列强与北京政府的交涉以一定的压力，同时又在国民心中树立了力争国权的良好形象。

北伐前后，中国存在北京政府和国民政府两个政府，在北京政府为正统的前提下，国民政府的国际承认问题不仅是国民政府极力争取的，也是列强

① 《外交部长陈友仁之报告》，国民政府行政院秘书处编印：《国民政府行政文件集》第二辑外交，1929 年，第 113 页。

② 《武汉国民政府对外宣言》，程道德等编：《中华民国外交史资料选编（1919—1931）》，第 374 页。

③ 《武汉国民政府对英国及其他各国之声明书》，程道德等编：《中华民国外交史资料选编（1919—1931）》，第 384 页。

④ 《国民政府不承认伪政府订各约》，广州《民国日报》1927 年 3 月 4 日。

考虑的重要对华政策之一。而列强不仅关注中国政治势力的强弱，而且以国民政府放弃革命废约手段为承认的前提条件。北伐前期，国民政府极力以废约反帝相号召争取民心；北伐胜利进军后，为得到列强的外交承认，调整了废约反帝外交方针，并最终以修约政策获得列强的正式承认，从而确立了自己在国际社会的一席之地。国民政府最终取得列强的承认，不仅仅在于其军事上的胜利及势力范围的扩展，也不仅仅在于其外交上的折冲，实际与其废约政策的调整也密不可分。国民政府不仅要争取国内民众的承认和支持，也要取得国际社会的承认和支持，才能更好地稳定和巩固既得的统治权。有人认识到在承认中国问题上，有的国家企图借承认问题分裂我国。广州《民国日报》报道说，英国一个国会议员在下议院开会讨论对华政策时建议，对废除不平等条约问题：“通告北京广州两方面，须俟南北均有负责政府成立，始能现行条约修改。但条约未改定以前，南北政府均须承认现行条约。”①

为缓和与列强的关系，武汉国民政府开始调整废约反帝的方针。国民党内部一部分人公开要求停止与帝国主义对峙，以取得列强的承认。如丁维汾说：“现在北伐要紧，我们应该停止打倒帝国主义的口号。”② 柏烈武说：“列强有承认国民政府的意思了，我们应该停止反帝国主义的运动，免生阻力。”③ 半年前曾发动所有宣传机关抨击并抵制北京政府修约外交的国民政府，主动向列强发出修改不平等条约的信号。1926 年 12 月 13 日，武汉临时联席会议召开第一次会议，商定了与英国交涉的方针，提出“使英方知道必须在修正不平等条约的基础上承认国民政府”，并维持与英国的协商对话不致破裂。这表明，武汉国民政府的基调从历来主张的“废除”或“取消”不平等条约，降为“修正”或“更正”不平等条约。④

北伐军攻下武汉后，国民政府的国际承认问题一时成为国内外关注的焦点。是否承认中国新政府的问题在西方国家一时颇为引人注目。国民党的喉舌报上海《民国日报》和广州《民国日报》连篇累牍地报道相关消息，制造

①　《列强欲藉承认以分裂我国之阴谋》，广州《民国日报》1926 年 12 月 10 日。
②　《中央特别会议》，1926 年 12 月，中央档案馆编：《中共中央文件选集》第 2 册，第 562 页。
③　《中央特别会议》，1926 年 12 月，中央档案馆编：《中共中央文件选集》第 2 册，第 562 页。
④　陈友仁：《对三中执全会外交报告》，高承元编：《广州武汉时期革命外交文献》，第 151 页。

国民政府将成为中国合法政府的氛围。如上海《民国日报》仅在 1926 年 12 月就登载《各国将正式承认国民政府》《承认国民政府问题》《使团对承认国民政府已有讨论》《承认国民政府不过时日问题》《外报论调倾向承认国民政府——惟不肯废约》《英人多主张承认国民政府》《英国提案之国际评论》等报道和评论。1927 年 1 月初又登载《英报主张承认国民政府》《俄国首先承认国民政府》等文章，关注列强对国民政府的承认问题及由此引发的外交交涉问题。

　　1927 年 3 月 30 日，蒋介石对中外记者发表谈话，声明对外主张："取消不平等条约及收回租界，决不用武力及暴动，当由中央政府采用外交正当手续办理，希望当局发表，并转告各国侨民，不必恐惧。"[1] 蒋介石发动"四一二"反革命政变后，国共合作破裂，对废约反帝斗争产生了不利的影响。南京国民政府成立后，不再倡言废约，而是实行"修约"外交，即正式将废除不平等条约政策明确为"改订新约"政策。

---

[1] 《蒋介石在沪对外报记者之谈话》，《大公报》1927 年 4 月 11 日。

第八章　民族主义运动与中外条约关系

废约运动要求国家独立和民族解放，阐扬了近代民族主义的基本内涵。只有废除不平等条约才能实现国家独立，成为人们的共识，这是民族主义成熟的重要体现，在完整的意义上体现了中华民族具有近代意义的觉醒，反对、废除不平等条约成为全国民族意识的集聚点和全国联合的粘合剂。① 以爱国主义为核心的民族主义的兴起，是中国废除不平等条约的重要因素和推动力。自清末以来，中国上下已认识到不平等条约带给国家的严重危害，日本以武力威胁中国接受"二十一条"后，更激发了中国人民抵制不平等条约的热潮。巴黎和会以后，中国民众已明确提出废除"二十一条"、废除不平等条约等要求。此后，在历次中外事件后，都发生大规模的民族主义运动，要求废除不平等条约，对政府修订、废除不平等条约起了极大的促进作用，也在一定程度上影响了列强对华条约政策。

---

① 李育民：《废约运动与中国近代的民族主义》，《中国近代史上的民族主义——第二届中国近代思想史国际学术研讨会论文集》，2006 年 8 月。

第一节 民众运动与抵制"二十一条"

中日"二十一条"交涉，既使中国增加一新的不平等条约，又打开了中国强烈要求废除不平等条约的愿望之闸。在反对"二十一条"的过程中，知识分子的民族复兴意识被激发，民众的爱国主义情感不断高涨，从而助推了五四新文化运动及五四爱国运动。历经"二十一条"交涉中的抗争，中国在巴黎和会提出包括废除"二十一条"的废除不平等条约要求，在 1922 年华盛顿会议时废除部分中日条约、条款，随后经中日谈判交涉，条约内容不断被改写，直至 1945 年日本在第二次世界大战中失败后彻底废除。抵制"二十一条"，为废除帝国主义强加给中国的不平等条约体系打开了重要的缺口。

从"二十一条"交涉伊始，至中国接受日本最后通牒，举国上下无不强烈抗议日本的强盗行径，以爱国主义为核心的民族主义情感高涨，直至影响后来的五四运动、废除不平等条约运动。中日"二十一条"交涉期间，中国各地纷纷成立国民对日同志会、劝用国货会、救国储金会等团体，留学生、华侨也纷纷响应声援，爱国运动如火如荼，风起云涌。日本对中国民众的反抗深为不满，胁迫中国政府严加镇压。袁世凯政府在内外压力下，一面发布镇压人民抵制"二十一条"的申令，一面向国内外宣布中日交涉经过，以求对内获得谅解、对外谋得同情，并待将来时机成熟时能在外交上获得突破。

日本提出"二十一条"的消息见诸报端之初，全国各省、各界纷纷要求政府宣示日本所提条件的具体内容。国内各报竞相刊载有关消息，发表措辞尖锐的言论，群众的反对声更是一浪高过一浪。

中国各社会团体纷纷谴责日本的无理要求，很多社会团体召开会议，发动抵制日货的活动。3 月 18 日，上海国民对日同志会、中华民国请愿会、留日学生界代表等发起国民大会，到会者达三万多人。全国各地各阶级各阶层各团体，都纷纷要求外交人员在交涉中力争国权，"责任两公，关系存亡，万勿迁就"，拒不承认"二十一条"，要求政府"毁约力争"。北京商会定 5 月 7 日为国耻日，全国教育联合会则决定各学校每年以 5 月 9 日为国耻纪念日。

"二十一条"交涉期间及其后，知识精英阶层也做出了及时的反应。梁启超发表了《中日最近交涉评议》《外交轨道外之外交》《中国地位之摇动与外交当局之责任》《示威耶挑战耶》《痛定罪言》等一系列时评，痛斥日本罪行。巴黎和会召开期间，梁启超积极呼吁废除中外不平等条约，要求中国收回德国原在山东的一切权益，对推动国内人民支持外交部在巴黎和会维护国权起了重要的推动作用。1915 年 2 月 11 日，李大钊参加三千余名中国留日学生反对"二十一条"大会，又先后撰写《警告全国父老书》《国民之薪胆》《厌世心与自觉心》等文，揭露日本在 1894 年甲午战争、1904 年日俄战争和 1915 年"二十一条"对中国的侵略，希望唤起国民救国觉悟。中日"二十一条"交涉签字之后，李大钊指出："弱国外交，断无不失败之理，吾人今欲论政府办理此次交涉之失败与否，惟问其失败之程度如何。"① 蔡元培愤慨地指出："日本竟下辣手，虽以我等之奄奄如陈死人者，亦大为之刺激，以为不可不采一种急进之方法，以为防御。"② 蔡元培与在法国的汪精卫、陈璧君、李石曾、谭熙鸿及在伦敦的吴稚晖等人会商和讨论，提出一些应对日本的方案与设想。他起草了"御侮会"会章若干条，"以凭借己力（不倚赖政府，不倚赖军队）、济度同胞、排除外侮为宗旨"。③ 北京政府基本接受"二十一条"后，蔡元培设想三种救国方案，一是"扩充教育事业"，这是根本解决方法；二是"提倡抵制外侮之精神"，如成立"御侮会"之类的组织；三是"先革政府而借政府之力以修战备及振兴教育实业"。他希望通过这三种办法，"积极以教育宣传唤起国民觉悟、振奋国民精神、共同抵制外侮，先推翻现政权，在新政府主导下充实国力、捍卫国权"。④ 这都反映了蔡元培

---

① 李大钊：《国民之薪胆》，《李大钊全集》第 1 卷，人民出版社，2006 年，第 131 页。
② 《复吴稚晖函》，1915 年 2 月 19 日，《蔡元培全集》第 10 卷，浙江教育出版社，1997 年，第 230 页。
③ 《华人御侮会》，1915 年 2 月 25 日，《蔡元培全集》第 2 卷，第 351—352 页。
④ 《复吴稚晖函》，1915 年 5 月，《蔡元培全集》第 10 卷，第 245 页。

等中华民族先进分子的爱国意识和承担国民责任的可贵精神。胡适一直认为日本是中国面临的最大威胁。他在日本提出"二十一条"前就指出："中国之大患在于日本。日本数胜而骄，又贪中国之土地利权。日本知我内情最熟，知我无力与抗。日本欲乘此欧洲大战之时收渔人之利。""总之，日本志在中国，中国存亡系于其手。"① 但胡适认为当时中国国力不强，必须养精蓄锐，以有效抵抗日本。"二十一条"交涉开始后，胡适发表《致留学界公函》，主张"以镇静处之"。② 不过胡适支持抵制日货运动，认为这是目前适宜的抗拒行动，"吾所谓道义的抗拒之一种也"。③"二十一条"交涉及中日"民四条约"的签订，刺激了许多知识分子，使他们认识到列强和不平等条约对中国造成的深重危害。在中国人民的反抗下，在外交部的努力下，日本政府在最后修正案中删去了第五号对中国主权危害最甚的内容。

中日"二十一条"交涉，也激发了海外华人强烈的爱国心和对日本的反感。在海外，留学生、各商会、华侨会等团体和个人也致电外交部抗议日本的无理要求。其中，留日学生反应最为激烈。

1915 年 2 月 7 日，五十多名留日学生在神田的广昌和饭店召开筹备会议，推举七名总会筹备人员。2 月 8 日，五十多名留日学生在神田的中华第一楼召开筹备会议。次日，两个筹备会决定合为一体。2 月 10 日，被推举的六十多名筹备员拟定向 11 日大会提交的五条"办法大纲"。大纲内容如下：（一）电政府力拒日人要求；（二）发布印刷物，敬告全国父老；（三）以国民为立脚点，对于友邦发表国人所持之态度；（四）派遣代表回沪，组织暂时机关，联络海内外爱国人士，合筹对外方法；（五）筹备全体学生回国之事，以备有事时不致临事张惶。④ 大纲主旨在于反对"二十一条"交涉，并指出拒绝日本要求的办法，包括向有关国家声明此事已得到帮助，谋划万一中日交恶的办法等。

据驻日公使陆宗舆向外交部反映，2 月 12 日，一千多名留日学生召开大

① 《胡适日记》，1915 年 1 月 27 日，《胡适全集》第 28 卷，安徽教育出版社，2003 年，第 26 页。
② 《胡适日记》，1915 年 3 月 19 日，《胡适全集》第 28 卷，第 89—90 页。
③ 《胡适日记》，1915 年 5 月 3 日，《胡适全集》第 28 卷，第 114 页。
④ 《中日交涉中之留日学生大会》，《时报》1915 年 2 月 12 日。

会，电呈袁世凯："邻邦乘间要挟，志在役服我国，苟曲予承诺，即主权利权两失，民命何依。大总统受民托付，岂忍以国为牺牲，乞严正拒绝。倘或稍失利权，即伤国体，生等痛切剥肤，义难缄默，愿与国人一志保国，为外交后盾。又要求条件传闻异辞，秘密原防浮议，而适以张之，应否立予宣布。"① 大阪中华商会、横滨华侨亲仁会也要求力拒日本无理要求。

菲律宾华侨也发起反对"二十一条"的爱国活动。3 月 10 日，发起者布告菲律宾华侨："近因中日交涉，我政府严守秘密，其实日人要索各条件，不待我政府承认，已极力进行。丁此国家险象环生，转瞬失机，将为埃及、朝鲜之续，非急与维持不可。凡我华侨皆国民一分子，救亡责任是宜分担，与其坐而待亡，作日人牛马奴隶，孰若牺牲一切，乘时挽救，犹可希冀未然。第兹事体大，必集各界团结力，共筹对付，为政府后盾，乃克有济。"布告还提出，"不宜分党派，不宜畏烦难，只知有国不知其他，群策群力一致进行"。②

此外，印尼侨民、爪哇华商会、泗水商务总会、小吕宋华侨救亡团、檀香山少年演说社、留英学会等华侨团体不断电请政府坚拒日本的无理索取。欧美各留学生会、华侨团体、商会、华人会馆无不吁求袁世凯和外交部保全国家主权，拒绝日本强求，并愿筹款以作后援。

海外华侨及留学生反对中日"二十一条"交涉的各种宣言和活动，表现出强烈的爱国主义情感，也是对中国政府在对日交涉中的有力支持。

关于袁世凯政府与日本交涉"二十一条"，革命党阵营产生了两种不同的意见。一部分人彰显团结一致的精神，主张暂时停止反袁世凯的活动，以便他专心对付日本。欧事研究会的黄兴、李烈钧、柏文蔚、陈炯明、钮永建等联名发表通电，表示不干预袁世凯政府和日本的交涉。他们认为，革命党人应先国家而后政治，先政治而后党派，主张"暂停革命，一致对外"。

有学者较为详细地论述了中日交涉期间部分革命党人对袁世凯政府的支持：在美国列名欧事研究会的人士有黄兴、钮永建、林森、李书城、石陶

---

① 台北"中研院"近代史研究所编印：《中日关系史料·二十一条交涉》上，1985 年，第 39 页。

② 章伯锋、李宗一主编：《北洋军阀（1912—1928）》第 2 卷，第 840—841 页。

钧、唐琼昌等；其对孙中山革命讨袁的方式表示异议者，有黄兴、钮永建、陈炯明、柏文蔚、李烈钧等人，联名发表通电，对袁世凯失政多有指斥，但对当时中日交涉事，却通电表示支持袁世凯力争国权。此原电经东京欧会人员李根源等集议，由章士钊主稿；另有欧会人员林虎、熊克武、冷遹、张孝准、耿毅、章梓、程子楷、陈强、龚振鹏、赵正平、程潜、李根源等十二人的通电，即一般所谓的"暂停革命，一致对外"的主张。①

孙中山一直强烈反对袁世凯政府。他认为袁世凯是借日本人之口和手出卖国权，以博得日本的支持。"二十一条"交涉期间，黄兴曾致函在旧金山的冯自由（国民党美洲支部副部长及中华革命党党务部副部长），请他转告孙中山应即停止讨袁工作，以免为日本乘机要挟。不久，冯自由又接到林森自纽约的函电，请示对日意见，可否暂停国内革命运动，实行举国一致御侮，免为国人借口攻击。但孙中山指出，袁世凯蓄意媚日卖国，"非除去之决不能保卫国权"，② 坚决反对袁世凯及其中日"二十一条"交涉。

为抗衡袁世凯，孙中山一方面与日本方面签订盟约，另一方面要求国民党必须反对袁世凯，继续革命，正如清末之以革命制止列强的瓜分。孙中山认为："此次交涉，实由彼（袁世凯）请之。日人提出条件，彼知相当之报酬为不可却，则思全以秘密从事。""袁氏以求膺帝位之故，甘心卖国而不辞，祸首罪魁，岂异人任？"③ 孙中山命令党务部长居正于 3 月 10 日发出通告，揭发"二十一条"和袁世凯帝制阴谋有关。

国民党内对中日"二十一条"交涉的不同态度，一是为袁世凯专心对付日本提供了较为平和的国内环境，二是为此后要求废除"二十一条"奠定了基础。

在中国人民强烈反对"二十一条"交涉的同时，日本方面则要求袁世凯镇压中国人民的反抗和抵制，要求中国取缔各省的排斥日货运动。袁世凯在利用国民的爱国情感反对"二十一条"同时，又对反日爱国行动加以制止和镇压。袁世凯于 1915 年 3 月 25 日发布禁止抵制日货的命令，通电要求各省

---

① 蒋永敬：《欧事研究会的由来和活动》，台北《传记文学》第 34 卷第 5 期，1979 年，第 500—501 页。
② ［日］藤井升三著，陈明译：《二十一条交涉时期的孙中山和"中日盟约"》，《岭南文史》1986 年第 2 期。
③ 《复北京学生书》，1915 年 5 月，《孙中山全集》第 3 卷，中华书局，1984 年，第 175—176 页。

对此类似举动严加查禁，并于 5 月 16 日下令解散上海救国急进会。参政院于 6 月 16 日公布《惩治国贼条例》，"重申取缔排斥日货"的命令。6 月 29 日，袁世凯再次下令各地禁止抵制日货。袁世凯的严禁抵制日货运动，进一步引发了民众的不满情绪。

"二十一条"签订后，山东问题成为中日交涉的焦点，双方历时八年时断时续地谈判。1922 年 2 月 4 日，双方正式签订了《解决山东悬案条约》。此条约的签署，标志着中日"民四条约"、中日山东问题换文以及巴黎和会上的对德和约关于山东问题的规定全部被推翻。这是北京政府修约外交的一个重大成果。[1] 1922 年 11 月 1 日，北京众议院以"民四条约"为日本胁迫所订立，未经国会同意，议决无效，请政府向中外宣布废止。1923 年 1 月 19 日，参议院通过该案，并咨请政府照办。1923 年 3 月 10 日，中国外交部向日本政府提出照会，声明废止"民四条约"。

在中国民族主义意识、废除不平等条约和收回国权的愿望日益强烈的形势下，日本提出二十一条要求，无疑加重了民众对日本的反感心理和抵抗情绪，由此激发了中国寻求参战废约的愿望和期盼。北京政府和外交部也开始从各方面为第一次世界大战后废除该约做准备。中日"二十一条"交涉及废除"二十一条"的诉求和努力，开启了中国外抗强权、力争国权的折冲历程。"五七""九五"国耻纪念日活动警醒了民众，进一步激发了民众的爱国热情，增强了中国人民对列强侵华的反抗和废除不平等条约的决心。

第二节　五四运动与废约反帝潮

1919 年巴黎和会上，协约国议决把德国原在中国山东的一切权利转让给日本，消息传入国内，五四运动随即爆发。5 月 4 日开始，北京的学生纷纷罢课，组织演讲、宣传，随后天津、上海、广州、南京、杭州、武汉、济南、长沙等地的学生、工人也给予支持。五四爱国运动是群众运动的结果，

---

① 中国社会科学院近代史研究所译：《顾维钧回忆录》第 1 分册，第 233—234 页。

遍及二十多个省一百多个城市，各地组织了学生、教职员、工商界、妇女界等群众团体，并共同组成各界联合会。经过这一运动，中国民众开始普遍产生废约反帝的对外诉求，民众运动也展现出新的态势，宣示了实现这一诉求的伟大力量和作用。

一、 五四运动掀起了民众废除不平等条约斗争的初潮，开启了民众运动的新阶段

作为一个声势浩大的民众运动，五四运动提出废除不平等条约的主张，掀起了民众废约斗争的初潮，为民众废约运动的全面开展奠定了重要的思想理论基础。1915 年爆发的反对"二十一条"运动，主要目标是反对日本提出新的条约要求，而不是反对、废除既有的不平等条约。五四运动继承了反对"二十一条"运动的反日精神，但未停留于这一层面，而有了新的进展，不仅提出"外争主权""取消二十一款""死不承认军事协定"的口号，[①] 还提出废除不平等条约的要求。

一战结束以后，国人普遍认为战争的结果是"公理战胜了强权"，相信一个新的时代即将开始。1918 年末，《每周评论》载文评论威尔逊的十四条件，指出："吾人当视最弱国之利益，犹神圣不可侵犯若最强国之利益也。"我们"对外的觉悟和要求，是人类平等主义，是要欧美人抛弃从来歧视颜色人种的偏见"。各国在巴黎和会上应该联合一气，提出"人类平等一概不得歧视"的意见。若此提议能通过，"他种欧美各国对亚洲人不平等的待遇，和各种不平等的条约，便自然从根消灭了。较之取消限制移民，取消领事裁判权，改正协约关税等，枝枝节节的提议，大方的多，扼要的多"。[②] 国民外交协会于 1919 年 2 月成立时，提出了撤废势力范围、废弃一切不平等条约、撤去领事裁判权、关税自由、取消庚子赔款余额、收回租借地域等主张。[③] 各国表示接受十四条件，作为议和及国际关系的准则，也增强了北京政府的废约决心。北京政府设立外交委员会，拟定了包括废弃领事裁判权和势力范围、关税自主

---

① 亿万：《一周中北京的公民大活动》，《每周评论》第 21 期，1919 年 5 月 11 日。
② 只眼：《欧战后东洋民族之觉悟及要求》，《每周评论》第 2 期，1918 年 12 月 29 日。
③ 《国民外交协会成立纪事》，《晨报》1919 年 2 月 17 日。

等在内的和会提案，电致中国代表团。① 广州国民外交后援会要求"取销二十一条件，及国际一切不平等之条件"。② 贵州召开国民大会，决议："一面通商赴欧和会中国专使，力争青岛，并请取消中日二十一条密约，及其他不平等条约。"③ 上海商帮协会和上海国民大会均提出，非将"数年来与二三私人勾结所成立一切不平等之条约，概行取消，誓不中止"。④ 这些主张虽未明确提出废除所有不平等条约，但并未限于山东问题的有关条约，而是近年"一切"和"所有"不平等条约，这无疑向废约的总体目标迈进了一大步。

在运动中，围绕是否签字对解除一切不平等条约的影响，还曾进行过争论。主张签字者认为："我国参战的目的原想解除一切不平等的条约，不单想解决青岛问题。如对于和约上不签字，势必要退出和平会议，如退出和平会议，将来关于撤废领事裁判权，收回关税自由权，撤销津汉租界，废止赔款条约等问题，自然没有提议的资格。因一个青岛问题丢掉废除一切不平等条约的机会，岂不是不知轻重吗？"反对签字者认为，如果在和约上签字，中国"除了得一副天文仪器，和几十万赔款，同一点破家破伙的东西，还有什么好处？若说撤废领事裁判权，收回关税自由权，取消各国庚子赔款条约等等问题，与签字有什么关系？"而且，"就是我们签字也没有什么保证，就是有了保证，试问是失了一部分平等权事大，还是失了领土事大？"⑤ 由上可见，尽管全面废约不是五四运动的主要口号和目标，但却显示了这一趋向，揭橥了此后民众运动的发展路径。

运动伊始，《北京学界全体宣言》便向日本帝国主义发出了斩钉截铁的两个信誓："中国的土地可以征服而不可以断送！""中国的人民可以杀戮而不可以低头！"⑥《星期评论》发表《关于民国建设方针的主张》，其中第六章"外交纲领"明确提出："废除并修改一切不合自由平等互助精神的条约。

① 刘彦：《帝国主义压迫中国史》下册，第167—169页。

② 中国科学院历史研究所第三所近代史资料编辑组：《五四爱国运动资料》，科学出版社，1959年，第271、143页。

③ 中国社会科学院近代史研究所、中国第二历史档案馆史料编辑部编：《五四爱国运动档案资料》，第337页。

④ 中国科学院历史研究室第三所近代史资料编辑组：《五四爱国运动资料》，第112、141页。

⑤ 涵庐：《签字不签字的害处》，《每周评论》第22期，1919年5月18日。

⑥ 亿万：《一周中北京的公民大活动》，《每周评论》第21期，1919年5月11日。

撤废外国及外国人在中国所有的一切特权。要求中国及中国人在国际上的平等待遇，开放全国于世界。""废除'秘密外交'。凡一切国际交涉，悉为公开。'缔约''宣战''讲和'的权力，属于国会。"①

在国内民气的激励下，中国代表在巴黎和会上提出了废除不平等条约的"希望条件"，"这是第一次真正打开了外国在华权利护堤的缺口，为中国在随后的十年试图单方面废除其他列强的特权，创造了一个先例"。② 中国第一次在国际舞台上正式提出修改不平等条约的要求，开创了修约外交的新局面，具有极重要的意义。

五四运动后，传统"排外"转向更高层面的近代反帝斗争，即争取民族解放或民族自决，推翻帝国主义的统治。五四运动以前所未有的"牺牲精神"，撕开了帝国主义国家所谓"公理"的画皮，打破了畏惧、幻想和推崇三大心理，揭橥了反帝的必要性和迫切性。陈独秀撰文说，国人现已进入"觉悟之时期"，五四运动产生的最普遍的"觉悟"，是"爱国心之觉悟"，即"国民自保及民族自决之精神"。一般国民，均具有此种觉悟，"不独参与'五四运动'者为然"。③ 瞿秋白亦说："当时爱国运动的意义，绝不能望文生义的去解释他。中国民族几十年受剥削，到今日才感受殖民地化的况味。"正是因为"学生运动的引子，山东问题"等，给中国以"帝国主义压迫的切骨的痛苦"，由此"触醒了空泛的民主主义的噩梦"，④ 将中国最紧迫的问题提了出来。这是近代中国反帝理论的基点，由此中国革命翻开了新的一页，明确提出了反帝纲领。

二、 五四运动以理性分析的视角反对帝国主义，是民族运动新的转折点和起点

中国近代反对列强侵略的斗争，是中华民族复兴的悲壮序曲，经历了从

① 本社同人：《关于民国建设方针的主张》，《星期评论》第2号，1919年6月15日。
② Wesley R. Fishel, *The End of Extraterritoriality in China*, p.35.
③ 《在〈国民〉杂志成立周年大会的致词》，1919年10月12日，《陈独秀文章选编》上册，第426页。
④ 瞿秋白：《饿乡纪程》，1920年，蔡尚思主编：《中国现代思想史资料简编》第1卷，浙江人民出版社，1982年，第656页。

排外到反帝的历史转变，其枢纽是五四运动。五四运动提出了"外争国权""以符民族自决主义"，[①] 其最初基本目标是反对日本帝国主义，没有明确提出全面反帝的主张，没有鲜明地提出国家独立和民族解放的宗旨。但是，在运动的发展过程中，这种状况逐渐在改变。国人长期以来对帝国主义的畏惧心理得以扭转，并产生了新的理性的认识，由此转向了具有近代意义的反帝运动。经过五四运动，中国的民族主义运动出现了新的面貌，中国革命史上反对帝国主义的命题，由个别到一般，由盲目到理性，由散漫到组织，逐渐鲜明地呈现出来。[②] 在这个意义上，也由于五四时期的国际背景，中国的民族运动开始具有了近代的性质，如张太雷所言，"中国的民族运动自从五四运动才渐渐变成近代的民族运动"，"五四运动实开中国革命的新纪元"。[③] 五四运动虽未用大革命时期的语言喊出"打倒帝国主义"的口号，但显示了反帝的明显趋向和强大力量。从反日走向反帝，正是中国近代民族运动的特点，五四运动也正是这一转折的关键。

关于中日间有关条约，五四运动主要围绕山东问题，从国际法的角度剖析其性质，坚决主张取消。如国民外交协会发表宣言，对有关条约的法理性问题作了充分的剖析。针对日本提出以 1915 年"民四条约"为依据，视其为"权利之继承"，宣言指出：此约"实下哀的美敦书以恐吓逼胁取得之"，"依国际法亦应视为暴行，危及国家生存，不能认其契约为有效"。对于日本以 1918 年 9 月高徐顺济等路换文为由，提出可"为权利之继承"的说法，指出：换文"乃当局者暂时之约束，尚非正式之合同"。况且，按照我国现行国法，缔结条约必经国会通过，而"国会从未与闻，遑论通过"。关于英、法、意为拉拢日本加入协约国，与彼就此问题订立密约，许其继承德国在山东之权利之事，宣言予以批驳，指出："事关我国主权，岂容他人视同物品任意交易！"此类私相授受之换约，"依国际法实无拘束第三者之效力，不啻一纸空文"。民族自主自决之信条，既为世界所公认，"此种侵犯我主权之举

---

① 中国科学院历史研究室第三所近代史资料编辑组：《五四爱国运动资料》，第 293、271 页。
② 李育民：《"五四"与中国近代的废约反帝运动》，《中共党史研究》2009 年第 6 期。
③ 《五四运动的意义与价值》，1925 年 5 月 2 日，《张太雷文集》，人民出版社，1981 年，第 86—87 页。

动，乃我国民所誓死不敢承者"。① 在五四运动中，类似于国民外交协会宣言
的言论比比皆是。这些驳论从国际法的高度，揭示了中日间有关山东问题条
约的非法性，由此推动了对所有不平等条约合理性的质疑，并对中国的废约
斗争提供了一种新的理性的方式。正是在这种氛围下，中国民众进一步了解
了中外条约的不平等性质。

反对强权政治、追求"民族自决"，是废除不平等条约要求的重要体现。
李大钊说：我们"并不是本着狭隘的爱国心，乃是反抗侵略主义，反抗强盗
世界的强盗行为"。"以夷制夷"是"根本的大错"，不能依靠某个强国来反
对另一个强国，而要反对整个列强世界。"不止夺取山东的是我们的仇敌，
这强盗世界中的一切强盗团体秘密外交这一类的一切强盗行为，都是我们的
仇敌。"由此，李大钊提出"三大信誓"："改造强盗世界""不认秘密外交"
"实行民族自决"。② 这就提出了反对整个帝国主义世界的诉求。陈独秀在五
四当天出版的《每周评论》发表文章，指出："巴黎的和会，各国都重在本
国的权利，什么公理，什么永久和平，什么威尔逊总统十四条宣言，都成了
一文不值的空话。那法、意、日本三个军国主义的国家，因为不称他们侵略
土地的野心，动辄还要大发脾气退出和会。我看这两个分赃会议，与世界永
久和平人类真正幸福，隔得不止十万八千里，非全世界的人民都站起来直接
解决不可。"③ 国民外交协会发表宣言，谓："巴黎会议拟将山东问题置诸议
和草约之外，而许以青岛直交与日本"，这是"口仁义而行盗跖"，"睹此优
孟衣冠之世界，真令人不寒而栗也！"巴黎会议"直无正义可言"，"使人觉
所谓正义云者、人道云者，其实际不过尔尔"。而"人类对于大同之理想，
将绝望于今后之世界"，"不特牺牲我国现在之权利，亦断丧人类未来之希
望"。④ 或谓，威尔逊的所谓"正义"，"成为欺人之语"，现在的世界"尚不
是实行公理的时候"。⑤ 梁启超也说：今日所适用的，仍是"国际间有强权无

① 《国民外交协会宣言》，《每周评论》第 21 期，1919 年 5 月 11 日。
② 常：《秘密外交与强盗世界》，《每周评论》第 22 期，1919 年 5 月 18 日。
③ 陈独秀：《两个和会都无用》，1919 年 5 月 4 日，《陈独秀著作选》第 2 卷，上海人民出版社，1993 年，第 2 页。
④ 《国民外交协会宣言》，《每周评论》第 21 期，1919 年 3 月 11 日
⑤ 涵庐：《青岛交涉失败史》，《每周评论》第 21 期，1919 年 5 月 11 日。

公理之原则"，所谓正义人道，"不过强者之一种口头禅"，弱国欲托庇于正义人道之下，"万无是处"。① 在湖南的毛泽东，也表示要对抗强权，推翻帝国主义，指出："什么力量最强？民众联合的力量最强。"各种对抗强权的根本主义"为'平民主义'（兑莫克拉西，一作民本主义、民主主义、庶民主义）"。"国际的强权，丝毫没有存在的余地"，"要借平民主义的高呼，将他打倒"。② 全世界风起云涌，"'民族自决'高唱入云。打破大国迷梦，知道是野心家欺人的鬼话。推翻帝国主义，不许他再来作祟，全世界盖有好些人民业已醒觉了"。③ 对"公理"和强权政治的认识，已触及到帝国主义的本质，是反对一切帝国主义的思想基础。这种认识与运动激荡起来的爱国热情结合在一起，将中国的民族主义运动引向了更明确的方向。

从经济属性的角度揭露帝国主义强权性质，是五四运动法理分析的一个重要视角。从经济上把握帝国主义的属性，使得当时对帝国主义的认识进一步升华，从表面深入到内在性质，在理论上更具科学性，体现了近代反帝与传统排外的本质差异，反映了列宁的帝国主义理论在中国的传入，同时将反帝引向无产阶级革命时代的历史范畴。④ 五四运动前后，陈独秀对帝国主义经济性质的认识，有了重大变化。此前，陈独秀将帝国主义视为一种武力侵略的行为，认为"为侵犯他人之自由而战者，帝国主义也"，"夫帝国主义，人权自由主义之仇敌也，人道之洪水猛兽也"。⑤ 经过五四运动，陈独秀看到帝国主义内在的经济趋势是战争的根本原因。他指出，帝国主义所谓"自卫""爱国"，或"民族的向外发展"，"这都是骗人的话，其实都不外销纳剩余的生产品，好免国内的经济危机，好维持资本阶级底权利"。前几年欧洲大战，美其名曰"民治与强权底战争"，"其实只是英国利用各国打倒德国，为保全他的世界海运权及亚、非两洲底商权罢了。这完全和日本硬用武力扩

---

① 梁启超：《外交失败之原因及今后国民之觉悟》，1919 年，《梁启超全集》第 5 册，北京出版社，1999 年，第 3054 页。

② 《〈湘江评论〉创刊宣言》，1919 年 7 月 14 日，《毛泽东早期文稿》，湖南出版社，1990 年，第 292—294 页。

③ 《湖南建设问题的根本问题——湖南共和国》，1920 年 9 月 3 日，《毛泽东早期文稿》，第 504 页。

④ 李育民：《"五四"与近代反帝理论的产生——从排外到反帝的历史转折》，《人文杂志》2019 年第 7 期。

⑤ 陈独秀：《爱国心与自觉心》，1914 年 11 月 10 日，《陈独秀著作选》第 1 卷，第 115 页。

张在中国、朝鲜底商场，还美其名曰保全东亚和平是一样"。[①] 五四前夕，李大钊从经济上分析第一次世界大战的原因，找到了症结所在，认为"原来这回战争的真因，乃在资本主义的发展。国家的界限以内，不能涵容他的生产力，所以资本家的政府想靠着大战，把国家界限打破，拿自己的国家做中心，建一世界的大帝国，成一个经济组织，为自己国内资本家一阶级谋利益"。[②] 这一见解具有重要意义，为反帝理论奠立了唯物主义的理论基点。早期中国共产党人对帝国主义经济本质的认识，为此后中国共产党人接受列宁的帝国主义理论打下了基础。它既提供了分析帝国主义的新工具，又由此更深刻地把握帝国主义这一"强盗世界"的本质，从而使得反帝理论得以升华。

三、 五四运动将反帝反侵略斗争与反封建紧密结合起来

五四运动的"内惩国贼"口号，完善了反对外来侵略斗争的内涵，为中国反帝反封建的民主主义革命理论打下了基础。五四运动开启了将解决国内反动势力与对外诉求结合起来的先河，为反帝反封建革命纲领的产生提供了雏形。[③]

五四运动爆发后几天，《每周评论》指出："青岛交涉失败，一半因为各国不讲公理，一半因为我国办外交的人有意卖国。强国的外交无论蛮横狡猾到什么田地，也必定要得弱国的承认，要得弱国里面有人替他帮忙，才能够偿他的心愿。"评论进而指出，中国外交失败，正是卖国贼所致，因此"实行国民的外交，平民主义的外交，是一刻不容缓的"。[④] 也正因为如此，必须反对卖国贼，"想要中国有转机，非实行社会裁制不可"。[⑤] 中国共产党的主要创始人陈独秀也产生了这一思想。运动前，陈独秀提出："对内的觉悟和

① 陈独秀：《社会主义批评——在广州公立法政学校演讲》，1921 年 5 月 1 日，《陈独秀著作选》第 2 卷，第 247—248 页。

② 李大钊：《庶民的胜利》，1918 年 10 月 15 日，《李大钊全集》第 2 卷，第 255 页。

③ 李育民：《"五四"与近代反帝理论的产生——从排外到反帝的历史转折》，《人文杂志》2019 年第 7 期。

④ 涵庐：《青岛交涉失败史》，《每周评论》第 21 期，1919 年 5 月 11 日。

⑤ 毅（罗家伦）：《"五四运动"的精神》，《每周评论》第 23 期，1919 年 5 月 26 日。

要求，是抛弃军国主义，不许军阀把持政权。"① 接着，他又主张"除三害"，即军人、官僚、政客，说："中国若不除去这三害，政治能有清宁的日子吗？"提出"扫荡无政见的无良心的依赖特殊势力为后援的狗党"。② 此时，陈独秀反对军阀把持政权和除三害，还主要是从清除国内弊政的角度，尚未将其与反帝联系起来。五四运动后，随着山东问题内幕的披露，北京政府的丑行也公之于天下，"内惩国贼"与"外争主权"的密切关系亦为人们所认识。在五四运动发生的当月，陈独秀便发表《山东问题与国民觉悟》，阐发了反对卖国政府的主张。除了对外，他还指出对内的觉悟，即"不能让少数人垄断政权的觉悟"。而根本救济的方法"只有'平民征服政府'"。③ 李大钊则直接从山东问题的视角，斥责国内反动政府的卖国行为和错误的外交政策，提出改变这一状况的信誓。他指出："强盗政府们要根据着秘密外交拿人类正当生活的地方，当作他们私相接受的礼物，或送给那一个强盗国家，强盗政府，作扩张他那强盗势力的根据。无论是山东，是山北，是世界上的什么地方，我们都不承认，都要抗拒的。"他批评历届政府，"历来对外的信条，总是'以夷制夷'；对内的信条，总是'依重特殊势力'。这都是根本的大错。……我们还是没有自主性，没有自决的胆子，仍然希望共同管理，在那'以夷制夷'四个大字下讨一种偷安苟且的生活，这真是民族的莫大耻辱啊！"④ 中国共产党成立后，五四运动的这一精神更得以进一步阐发，对内反对反动政府进一步明确为"打倒军阀"。

五四运动开启了中国"民族解放运动一条大道"。"中国民众之认识反帝国主义和卖国军阀为真正的敌人，是自五四运动开始"。⑤ 如罗家伦所说，"凡是一件历史的事迹，时代隔离得愈远，其意义和影响，看得愈清楚"。五四运动虽与新文化运动有着密切联系，但"终究是两回事"，就其本身而言，它是一个爱国政治运动。其最重要的意义也正在于此。它"不是学潮"，而

---

① 《欧战后东洋民族之觉悟及要求》，1918 年 12 月 29 日，《陈独秀文章选编》上册，第 308 页。
② 《除三害》，1919 年 1 月 19 日，《陈独秀文章选编》上册，第 325—326 页。
③ 《山东问题与国民觉悟——对外对内两种彻底的觉悟》，1919 年 5 月 26 日，《陈独秀著作选》第 2 卷，第 17—19 页。
④ 李大钊：《秘密外交与强盗世界》，1919 年 5 月 8 日，《李大钊全集》第 2 卷，第 337—339 页。
⑤ 《中华民国学生联合会总会五四纪念告全国同学书》，《中国学生》1926 年第 25 期，五四纪念特刊。

是"国民革命运动",它提出的"外争国权,内除国贼","成为支配中国二十三年来一切政治外交的口号"。国民革命时期的"取消不平等条约"和"打倒北洋军阀"两个口号,也正是这一意义。① 其后,随着革命运动的发展,对五四运动本质的认识进一步深化,升华并形成了反帝反封建的新民主主义革命理论。

四、 五四运动开启了政府外交与国民外交的初步结合

五四爱国运动中,"归还青岛,取消中日密约、军事协定,以及其他不平等之条约,公理也,即正义也"② 的声浪迭起。在这场运动中,尽管很多人批评北京政府的外交政策,但正是基于对巴黎和会的共同关注,政府外交与国民外交初步结合起来,北京政府一度将民众运动作为废约外交的后盾,无形中促进了民众爱国运动的发展。

1919 年 5 月 5 日,国会电告代表团,国民人心激昂,"各政团纷纷开紧急会议力谋救济",并嘱"勿稍退让,国人愿为后盾"。③ 北京政府因慑于列强压力,曾通电各省,提出第一步主张保留,以俟后图;如果保留实难办到,只能签字。6 月 24 日以后,北京政府外交部接连电告代表团,说明国内局势紧张,人民要求拒签,政府压力极大。顾维钧曾指出,当时国内公众团体以及某些省份的督军省长们甚为焦急,纷纷致电代表团,要求"巴黎代表团应采取明确的爱国立场,拒绝签字,以符民意"。同时,"在巴黎的中国政治领袖们,中国学生各组织、还有华侨代表,他们全都往中国代表团总部,不断要求代表明确保证,不允保留即予拒签。他们还威胁道,如果代表团签字,他们将不择手段,加以制止"。④ 6 月 27 日,北京各团体公举代表五百余人,排队举旗,进总统府请愿,要求"不保留山东,则和约决不签字",并"立即恢复南北和会"。代理总理龚心湛、教育司长傅岳棻、总统徐世昌分别予以接见。国务院发出批令,表示对代表提出的三款要求,"政府具有

① 罗家伦:《从近事回看当年》,《世界学生》1942 年第 6 期。
② 中国科学院历史研究所第三所近代史资料编辑组:《五四爱国运动资料》,第 181 页。
③ 《专电》,《申报》1919 年 5 月 5 日。
④ 中国社会科学院近代史研究所译:《顾维钧回忆录》第 1 分册,第 206 页。

决心，亟应竭力进行以慰众望"，并愿与国人共度艰难困苦。① 民众的行动给北京政府和代表团成员以极大的压力，同时又提供了强大的民气后盾。在国民爱国运动的压力下，在权衡国家利益的基础上，北京政府最终没有在对德和约上签字。

五四运动蕴涵的这一趋向，亦给列强以震动，使它们不得不考虑这一问题。列强最初对中国的废约要求未予理会，但五四运动爆发后，它们作了一些许诺。5 月 20 日，威尔逊对陆征祥、顾维钧说："我以为将来联合会中协助中国之计，应先将各国对于中国所有不平等之权利，如领事裁判权及势力范围等，设法取消。"②

总之，在近代中国历史的进程中，五四运动具有开启新时代的意义。胡适曾郑重地说：五四运动由"思想、文化的运动变为政治的性质"，"这不能说是一个错误，而应认为是历史的趋势"。③ 中国人民对于帝国主义的认识，第一阶段是表面的感性的认识阶段，"表现在太平天国运动和义和团运动等笼统的排外主义的斗争上"。第二阶段才进到理性的认识阶段，"看出了帝国主义内部和外部的各种矛盾，并看出了帝国主义联合中国买办阶级和封建阶级以压榨中国人民大众的实质"，而"这种认识是从一九一九年五四运动前后才开始的"。④ 西方国家也感觉到五四运动给中国带来的新气象。美驻华公使芮恩施说，五四运动"表现出了中国真正的、积极的民族特性"，是"中国在历史上第一次奋起"。法国公使波勃说："我们正面临一种前所未有的、最令人惊异的事情，那就是中国为了积极行动组织了一种全国性的舆论。"⑤

五四运动作为一个民众运动，不仅在某种程度上实现了自己的目标，而且开启了废约反帝斗争的新阶段，为此后的废约反帝斗争奠立了坚实的基础。中共中央发布通告指出："'五四'是由中国民众第一次自觉的反对帝国

---

① 《时事日志》，《东方杂志》第 16 卷第 8 号，1919 年 8 月 15 日。
② 王芸生编著：《六十年来中国与日本》第 7 卷，第 340—341 页。
③ 城北：《胡适先生五四谈》，《雪风》1947 年第 3 期。
④ 《实践论》，1937 年 7 月，《毛泽东选集》第 1 卷，人民出版社，1991 年，第 289 页。
⑤ ［美］保罗·S·芮恩施著，李抱宏等译：《一个美国外交官使华记》，第 281、284—285 页。

主义的纪念日。"① 张太雷认为，五四运动是"中国民众第一次自觉的反帝国主义运动"，当时学生所以能领导这一运动，"就是因为他们能在反帝国主义的目标下一致团结奋斗"。② 中国在近代遭受列强的侵略和压迫，反对帝国主义是最重要的历史使命，是中国摆脱半殖民地地位走向民族独立和复兴的前提。正是这一现实需要，促进了马列主义有关帝国主义，以及民族和殖民地理论的传入，这不仅反映出马列主义适应了中国社会的需要，而且还体现其与中国革命实践相结合的特点。1924 年 4 月 19 日，陈独秀与毛泽东联名发出《中共中央第十三号通告》，要求必须发挥五四运动两个重要的意义，第一项便是"恢复国权运动"。③ 其后，毛泽东更进一步阐发了五四运动的这一意义，在《新民主主义论》中指出："五四运动是反帝国主义的运动，又是反封建的运动。五四运动的杰出的历史意义，在于它带着为辛亥革命还不曾有的姿态，这就是彻底地不妥协地反帝国主义和彻底地不妥协地反封建主义。"④

第三节　废除不平等条约运动的兴起和全面展开

国民革命开始后，废除不平等条约运动全面兴起。国民会议运动、各种惨案引发的爱国运动、关税自主运动等，在国共合作开展的国民革命中助推了废除不平等条约运动全面兴起和展开。

一、民众参与国民会议与反帝废约运动

国民大会是民国时期最常见的一种民众运动方式，为废约运动提供了凝聚人心的舞台，更是民众投身废约运动的重要平台。大规模的国民大会运

---

① 《中共中央通告第×××号——关于五月各纪念日之宣传工作》，1926 年 4 月，团中央青运史研究室、中央档案馆：《中共中央青年运动文件选编（1921.7—1949.9）》，中国青年出版社，1988 年，第 101 页。
② 《五四纪念告广东学生》，1926 年 5 月 4 日，《张太雷文集》，第 139 页。
③ 逄先知主编：《毛泽东年谱》上卷，中央文献出版社，2002 年，第 125 页。
④ 《新民主主义论》，1940 年 1 月 9 日，《毛泽东选集》第 2 卷，人民出版社，1991 年，第 699 页。

动，肇始于巴黎和会期间。巴黎和会上中国希望条件落空的消息不断传来，引起国内各界的不满，全国各地掀起了一次又一次大规模的国民大会运动。中国共产党和国民党召开国民会议以达到废约反帝、结束军阀统治的号召得到全国人民的热烈响应。各地先后成立了组织机构完备、有各阶层民众参加的国民会议促成会。1924 年 11 月中旬，孙中山离粤北上，沿途宣传召集国民会议以定国是的必要性与重要性，并多次指派国民会议宣传员数十人分赴各省区，推动全国各地的国民会议运动。12 月中旬，上海首先组织国民会议促成会，随后，国民会议促成会、期成会、后援会等组织，在天津市及湖北、江苏、湖南、广东、浙江、江西、安徽、山东、陕西、甘肃、吉林、福建、直隶等省的都市和一些县镇陆续宣告成立。各地的国民会议促成会等团体，纷纷通电表示坚决拥护国民会议，反对段祺瑞提出的善后会议。

民众参与的国民会议运动将对内争民主与对外争主权连为一体，将废约反帝与打倒军阀以及争取政治自由同时提出。

国民会议运动首先在广州兴起，随后波及到其他城市。1925 年 1 月 1 日，广州学界三万人举行大会，要求开国民会议，提出"开国民会议""解放中华民族""全民自觉打倒帝国主义""全民自觉打倒军阀""废除不平等条约""实现和平统一"等要求，充分表达了国民对民族解放和政治自由的向往。同日，上海、济南、梧州等地亦分别举行集会游行或讲演，表示拥护国民党主张的国民会议，"反对分赃式的善后会议"。1 月初，四百多个团体在北京召开北京国民会议促成会成立大会。① 保定女界国民会议促成会发表成立宣言，表示拥护孙中山的主张，使国民会议早日实现，并提出废除一切不平等条约及妇女在政治、经济、法律、教育方面均与男子享有绝对平等权利等要求。2 月 3 日，广东东莞第二区农民协会通电，指出帝国主义所主张的"和平会议"与段祺瑞召开的"善后会议"，纯为分赃式的会议，只代表军阀、官僚和帝国主义的利益，声明拥护孙中山主张的国民会议及其预备会；提出特赦政治犯、人民选举自由、不许军阀参加、不许帝国主义者干涉等五项先决条件，还提出取消一切不平等条约、规定最高限度之租额、打倒

<hr />

① 《北京国民会议促成会成立大会之盛况》，《大公报》1925 年 1 月 7 日。

土豪劣绅操纵乡政、省长县长人民直接选举等七项最低要求。

反对帝国主义和废除不平等条约是国民会议的第一个重要议题。1925 年 3 月 1 日，全国国民会议促成会全国代表大会在北京举行，全国二十多个省区的一百二十多个国民会议促成会派出代表与会。会议致电段祺瑞执政府，提出"若当局不加以容纳，则由人民自动召集国民会议预备会议"等要求。① 大会将废约反帝作为第一个议题，详细讨论了不平等条约的历史背景及其各项条约特权，指出，中国国民欲求恢复民族独立与自由，即在依国民会议产生国民革命政府，宣告"废除一切不平等条约"，"恢复国家权力在废除不平等条约"，"国民会议的职任，不在制定一部空文无力的宪法，而在为一实现废除不平等条约而战斗的人民机关"。大会宣布"人民之自由与权力应由人民力争，人民应有打倒军阀与打倒帝国主义之坚强信念，国民会议为团结全国人民进行战斗与夺取权力之机关"三项宗旨。② 4 月 16 日，国民会议促成会全国代表大会举行闭幕式。

1925 年 11 月 28 日至 29 日，北京五万民众举行国民大会，提出"无条件收回关税自主""人民有集会、结社、言论、出版绝对自由""打倒一切帝国主义""拥护广州国民政府"、"驱逐段祺瑞"等主张。群众随即冲击了段祺瑞、章士钊、朱深、叶恭绰、李思浩、曾毓隽、刘伯昭、梁鸿志等人的住宅，以示对北京政府拒绝召开国民会议的反抗。国民大会通过解除段祺瑞一切政权、解散关税会议、宣布关税自主、组织国民政府临时委员、召集国民会议、惩办卖国贼、查办金法郎等项提案。12 月 6 日，包头数千人举行市民大会，通过十项提案，提出：组织一个民众指挥下的革命政府，速与南方政府联合；召集真正国民会议，无条件关税自主，废除一切不平等条约，责成国民军与革命民众联合，服从民众议决案等。12 月 18 日，全国学生总会发表通告，要求各地学联会号召民众积极发展力量，提出政治上的根本要求，即推倒段政府，组织人民政府，取得人民一切自由，召集国民会议，废除不平等条约，惩办安福系国贼等。③

① 《全国国民会议促成总会成立》，《大公报》1925 年 3 月 2 日。
② 罗敬：《国民会议促成会全国代表大会之经过与结果》，《向导》第 113 期，1925 年 5 月 3 日。
③ 《全国学生总会又一通告》，广州《民国日报》1925 年 12 月 19 日。

1926 年 2 月 18 日，广州国民会议促成会开成立大会，并举行反对奉直军阀示威大运动。会议发布通告，揭露军阀为帝国主义所利用："奉系军阀张作霖为日本帝国主义之走狗，直系军阀吴佩孚为英美帝国主义之走狗，故当去冬反奉战争爆发之始，吾人即已认定一方要援助反奉派，一方要防止直吴势力之再起。"[①] 为达到推翻军阀统治和打倒帝国主义的目的，民众必须团结一致，而只有国民会议运动是实现民众最后胜利的法宝。但是，要想拥护民众自己，必须发展民众的组织，统一民众的运动，使民众自身结成一个伟大的势力。而国民会议运动是"集中民众势力与统一民众运动之运动，是对军阀帝国主义联合战线的总攻击，惟有国民会议成功，乃是民众最后的胜利"。[②]

1926 年 2 月 26 日，广东举行十余万人到会的国民会议大运动，通过两项重要决议案，将海关事件通电世界，并通过《对北方政局之议决》《上国民政府书》《致孙传芳电》《致冯玉祥电》。在对北方政局之议决中，分析当时的形势，认为帝国主义在中国的势力已渐次丧失，军阀政治已完全崩溃，人民力量已日益增强，"所以现在是人民夺取政权之时机"。而日本帝国主义主使张、吴联合向与人民接近的势力国民军进攻，其目的即在恢复帝国主义与军阀在中国的统治权，阻碍人民夺取政权。因此，民众应在国民会议的旗帜下成立统一的政府："打倒帝国主义与直奉军阀之阴谋，及一切助成此阴谋之势力；应进行促成国民会议运动以达人民握取政权之目的；打倒日本帝国主义及其主使之张吴联合，打倒一切妨碍夺取政权之势力；全国人民一致联合在国民会议旗帜之下以夺取政权，成立统一全国的国民政府以废除不平等条约。"[③] 会议希望国民政府迅速北伐，联合冯玉祥和孙传芳讨伐吴佩孚，以完成救国大业。3 月 11 至 12 日，北京隆重举行纪念孙中山逝世一周年活动，高呼"打倒帝国主义""取消不平等条约""打倒卖国军阀""召开国民会议"等口号。前后共有一百多万人参加纪念活动，废约反帝、国民会议等理念进一步深入人心。

---

① 《国民会议促成会开成立大会》，广州《民国日报》1926 年 2 月 18 日。
② 《国民会议促成会开成立大会》，广州《民国日报》1926 年 2 月 18 日。
③ 《廿六日广东国民会议大运动》，广州《民国日报》1926 年 3 月 1 日。

二、　惨案引发的反帝废约运动

自反对"二十一条"交涉、五四爱国运动、收回旅大运动等爱国运动以后，国内民族主义运动成为推动废除不平等条约运动的重要力量，掀起了一波又一波废约高潮。列强因不平等条约的庇护，在中国制造了一次又一次的惨案，这些惨案无不成为国民废约反帝的一根根导火线。如 1923 年 6 月 1 日长沙惨案、1924 年 7 月 15 日沙面惨案、1925 年 6 月 10 日汉口惨案、1925 年 6 月 23 日沙基惨案、1926 年 3 月 18 日北京惨案、1927 年 1 月 3 日汉口惨案、1927 年 4 月 3 日汉口惨案、1927 年 9 月 21 日汉口惨案等等，无不激起中国人民进行废除不平等条约和收回国权斗争的爱国主义情感，给帝国主义和中国政府都施加了压力，从而推动了废除不平等条约斗争发展，为动摇不平等条约关系奠定了坚实的群众基础。由反对帝国主义制造惨案而起的反帝废约爱国运动，有以下典型。

（一）"五卅"反帝废约爱国运动

帝国主义制造的"五卅"惨案，成为中国人民坚决反对不平等条约的又一高潮。1925 年 5 月 30 日，上海学生和群众为声援上海日商纱厂工人罢工进行反帝宣传，遭到租界巡捕房拘捕、惨杀，造成震惊中外的"五卅"惨案。从 5 月 30 日到 6 月 10 日，连续发生惨案九起，惨遭公共租界武装万国商团和英、美、意、日等国海军陆战队合编为租界保卫团杀害的无辜中国人达 113 人。[①] 帝国主义同时用武力封闭并强占了上海大学、同德医校、大夏大学、南方大学、文治大学等。

对于"五卅"惨案中帝国主义的暴行，上海总工会、上海学生联合会、上海马路商界联合会等团体宣布实行总罢工、总罢课、总罢市，并于 6 月 7 日组成上海工商学联合会，作为上海反帝运动的最高领导机关。同日，提出了要求北京政府与列强进行交涉的十七项条件。其中，除提出惩凶、赔偿、道歉等与解决"五卅"惨案直接相关的要求，还提出"收回会审公廨"要求，要求收回租界，即"租界应遵守条约，满期收回，未收回前，租界工部

---

① 李新：《国民革命的兴起》，上海人民出版社，1991 年，第 161 页。

局董事会及纳税人代表会由华人共同组织"，明确提出"取消领事裁判权，永远撤退驻沪之英、日海军"。其中又提出四项先决条件：即"宣布取消戒严令；撤退海军陆战队，并解除商团及巡捕之武装；送回所有被捕华人；恢复公共租界被封及占据之各学校原状"。①

1925 年 6 月 1 日，北京政府外交部就"五卅"惨案致驻京公使团第一次抗议照会，6 月 2 日，北京政府外交部就"五卅"惨案致驻京公使团第二次抗议照会。照会指出，应由租界官吏负完全责任，中国政府和外交部提出严重抗议。② 北京政府外交部又于 4 日、11 日、20 日，向北京公使团提交抗议照会，提出以取消戒严令、撤退海陆军队、解除商团及巡捕、释放被捕之人、恢复被封与占据各学校原状五项为交涉先决条件。③

在中国举国上下的强烈谴责下，北京公使团决定由英、美、法、日、意、比代表组成"六国调查沪案委员会"赴沪调查。北京政府派遣税务帮办蔡廷干、外交次长曾宗鉴、特派交涉员许沅赴沪。6 月上旬，双方代表先后抵达上海。蔡廷干等抵沪后，将上海总商会提出的十三条作为正式向六国委员提出的交涉条件。这十三条内容是：（一）撤销非常戒备；（二）释放被捕华人，恢复被封及占据学校原状；（三）惩凶；（四）赔偿；（五）道歉；（六）收回会审公廨，完全恢复条约上原状；（七）罢工工人将来仍还原职，不扣罢业期内薪金；（八）优待工人；（九）工部局投票权案，（十）制止越界筑路；（十一）撤销印刷附律，加征码头捐、交易所领照案；（十二）华人在租界有言论、集会、出版自由；（十三）撤销工部局书记鲁和。④ 这些条件和上海工商学联合会提出的十七条相比较，有三点重要区别：第一，对于"优待工人"一条，总商会取消了"工人有组织工会及罢工之自由"的内容；第二，总商会取消了"永远撤退驻沪之英、日海陆军""分配高级巡捕""取消领事裁判权"三条；第三，对于收回会审公廨一条，只要求恢复不平等条约规定的原状。北京政府企图避开涉及帝国主义在华不平等条约及特权，而

① 华岗：《中国大革命史》，文史资料出版社，1982 年，第 117—119、132 页。
② 孔另境：《五卅外交史》，永祥印书馆，1946 年，第 19—20 页。
③ 孔另境：《五卅外交史》，第 17—25 页。
④ 华岗：《中国大革命史》，第 119—120 页。

将交涉的范围局限于惩凶、赔偿、道歉以及某些具体问题上，以便迅速结束"五卅"运动。

6 月 16 日，双方交涉委员会议在上海交涉署召开。中国代表强调，十三条件是最低限度条件，且最重要的是会审公廨问题。但六国代表表示只可商议前五条，其他各条无权讨论，会审公廨不能与当前的骚乱混在一起讨论。①这就消除了北京政府在"五卅"惨案交涉中废除相关不平等条约特权的机会。尽管如此，因"五卅"运动发展为全国规模的伟大斗争，租界当局在遭受惨重的经济损失后往往不得不做出更多的让步。②

"五卅"惨案发生后，中共中央决定组织行动委员会，建立反帝统一战线，发动全市工人罢工、学生罢课、商人罢市。1925 年 6 月 5 日，中国共产党为反抗帝国主义野蛮残暴的大屠杀告全国民众，指出："这上海事变的性质既不是偶然的，更不是法律的，完全是政治的。因为这次事变是起于日本帝国主义向中国民族运动的主力军——工人阶级——进攻，而成于英国帝国主义对援助工人防民族运动之铁血镇压政策。"③在中国共产党的引导下，"五卅"运动为以废约反帝、打倒军阀作宣传的北伐战争作了重要的舆论和思想准备。

1925 年 7 月 10 日，中共中央、共青团中央在告民众书中分析中国民族运动的策略，再次告知工人、农民、学生、商人，应当坚持废除不平等条约的要求并支持革命的政府，应该"彻底明白中国的独立与统一，必须废除不平等条约方能达到，须有为此奋斗到底的决心"，不能相信段祺瑞政府的修约外交，还应该明白"须有一个革命民众势力集中的组织，以为领导全国运动的统一机关"。④中共中央号召民众一致团结，"以实力赞助国民党和国民军"。⑤11 月 16 日，中共上海区委在"关于反对奉系军阀和沪案重查的通告"中，号召各地学生在"五卅"运动中"应当使一切社会团体都起来"支

①　刘彦：《帝国主义压迫中国史》下册，第 423 页。
②　费成康：《中国租界史》，上海社会科学出版社，1991 年，第 378 页。
③　《中共中央为反抗帝国主义野蛮残暴的大屠杀告全国民众》，中央档案馆编：《中共中央文件选集》第 1 册，第 353 页。
④　上海市档案馆编：《五卅运动》第 1 辑，上海人民出版社，1991 年，第 38 页。
⑤　上海市档案馆编：《五卅运动》第 1 辑，第 39 页。

持国民党，赞成"国民党广州中央"对于战争的宣言，"一致对奉的目标应当是对内召集国民会议，对外废除不平等条约，尤其要主张保障人民的一切自由"。① 中共上海区委宣传部于 1926 年 4 月 14 日在关于"五卅"周年纪念的宣传大纲中，再次阐明"五卅"惨案发生后民族运动的发展等情况。上海区委宣传部指出，"五卅"运动使民众革命势力极大的发展，于是帝国主义者试图采用"延缓欺骗手段"对付民众，如六国调查团、司法重查、关税会议、法权会议、英国退还庚款、租界增加华董等"名惠而实不至的东西以唆诱中国资产阶级"；又以"赤化""共产"等名词"恫吓一般资产阶级及小资产阶级，使之与普通民众隔离"。② 6 月 12 日，中共上海区委在"关于反对关税会议及秘密解决五卅案的会议录和宣传大纲"中指出，每次军阀政府上台，帝国主义者必以承认问题作要挟，如，曹锟以承认临城案作为帝国主义承认他为总统的交换条件，段祺瑞以"外崇国信"（即承认不平等条约）及承认"金法郎案"作为帝国主义承认他执政的交换条件，"今又有颜惠庆以五卅惨案作承认他的政府的交换条件——由此更可证明军阀政府完全是帝国主义的爪牙，中国人民承认与否没有关系，只要帝国主义者承认就够了——并且这种承认还要很大的交换品呢！"③ 恽代英在广州国民党中央党部举办的政治讲习班上做"五卅"运动的演讲，指出"五卅"运动的结果，不但"使反帝国主义的潮流高涨"，而且使"民众的力量增大"。"五卅"以前，工人、学生商人等"大部分都没有站在反帝国主义的战线上来"，"五卅"运动后，"各地工人、学生更加组织起来，商人亦知反抗帝国主义，且有工商学之联合组织"。④

国民党不仅将"五卅"惨案作对外问题处理，而且将其与内政紧密相连。1925 年 6 月 24 日，中国国民党发表宣言指出，"五卅"惨案的发生，"由于中国受种种不平等条约之束缚，故以取消一切不平等条约，为根本解

① 上海市档案馆编：《五卅运动》第 1 辑，第 121 页。
② 上海市档案馆编：《五卅运动》第 1 辑，第 140—141 页。
③ 上海市档案馆编：《五卅运动》第 1 辑，第 210 页。
④ 上海市档案馆编：《五卅运动》第 1 辑，第 249 页。

决之方法，希望国民一致督责政府，迅速实行"。① 国民政府外交部长在告世界各国人民书中指出，解决一切外国军警枪杀我人民的无人道的、野蛮的事件之根本在废约，"不平等条约的废除，立即可以斩断供养我们的一切祸根"。②

国民党还积极利用"五卅"惨案的周年纪念日宣传废约和国民革命。1926 年 5 月，国民政府在《"五卅"纪念宣传大纲》中再次指责段祺瑞以承认不平等条约换取列强的承认："无如段祺瑞以欲得外交团承认其为临时执政之故，不惜以尊重不平等条约为交换条件，遂使中国民族解放运动之进行为之顿挫。"取消不平等条约是反抗帝国主义一切行动的中心，经过"五卅"运动的洗礼，"全中国民众一天天的更加革命化了，在人人的脑海中，都知道欲求中国之自由平等，必要打倒帝国主义，而欲打倒帝国主义，必要以废除不平等条约为先决问题"。③ 国民政府于 6 月 19 日指出沙基惨案是"五卅"惨案中的一幕惨剧，广州爱国人士反对帝国主义，"一方是为提高民众的觉悟，推进国民革命的高潮，以废除一切不平等条约，一方是向帝国主义者示威，俾敛其杀人恶焰，掬诚请罪，谢我国人"。④

"五卅"惨案促使全国人民更加团结一致，争取国家的自由与独立。1926 年 12 月 13 日，中共中央召开特别会议，在会议政治报告中指出，中国的民族革命联合战线，自 1922 年共产国际第四次大会讨论东方问题后，至 1925 年"五卅"才广泛应用起来，"五卅"运动之成功，"就是民族联合战线之成功"。⑤"五卅"运动能使全国人民认识了"中国民族的敌人"，知道了"打倒一切帝国主义者"及"取消不平等条约"之必要。⑥ 这种精神上的收获，是平日最大规模的宣传、最长时日的教训所难以得到的。瞿秋白曾指出："五卅后民众运动的发展，一直波及于穷乡僻壤，山西太原等处都有工会的成立，江浙则甚至于小小村镇如双林、义乌等处，都起来

---

① 《中国国民党之宣言》，广州《民国日报》1925 年 6 月 25 日。
② 《国民政府外交部长告世界各国人民》，广州《民国日报》1925 年 7 月 11 日。
③ 《"五卅"纪念宣传大纲》，广州《民国日报》1926 年 5 月 25 日。
④ 《沙基惨案周年纪念宣传大纲》，广州《民国日报》1926 年 6 月 19 日。
⑤ 《中央特别会议》，中央档案馆编：《中共中央文件选集》第 2 册，第 381 页。
⑥ 唐有壬：《五卅运动的成绩》，《现代评论》第 4 卷第 90 期，1926 年 8 月 28 日。

响应。上海的街头巷口，普通的小商人，十三四岁的儿童，争着写贴'打倒帝国主义，废除不平等条约'的标语，争着唱五卅流血的时调山歌。这岂不是革命运动深入普通的群众之明证！"① "五卅"运动激发了民族主义情感的空前高涨，对废约运动产生了积极的推动作用，使废除不平等条约的理念更为深入人心。

自广州至北京、奉天，自上海至宜昌、重庆，"所有通都大邑，莫不奋兴着革命民众之脉搏，即在穷乡僻壤，也渐次跳跃着反帝国主义的宣传"。② "五卅"运动激起了国民收回国权的决心，当时民气激昂达于极点，"打倒帝国主义与废除不平等条约"成为全国一致的呼声，促使北京政府向北京公使团提出修正不平等条约的照会。但北京政府的修约政策没有达到民众的废约要求，虽然"照会措辞，非常婉顺，非常软弱，其对于不平等条约之态度，只是提议修正，并非根本废除，当然为吾人所不满足"。③

"五卅"运动对帝国主义变更对华政策也产生了重要影响。"五卅"运动中提出的废除不平等条约、取消领事裁判权、关税自主等要求，代表广大群众的意志，并得到群众的拥护。"群众的意旨发生群众的行动。上海无产阶级及城市民权派的革命行动，虽然陷于血泊之中，但是他的影响普遍全国，变更了帝国主义的态度。"④ 以前，列强完全一味地敷衍中国，及至"五卅"惨案发生，引起中国人民对英日罢工排货的运动，"他们受了这种经济的压迫，才承认中国收回沪廨，借此缓和中国人民激昂的空气"。⑤ "就事变之因果上说，列强之肯于现今开始实行沪案交涉，实在是受了'五卅运动'的影响。"⑥ 而且，"五卅"运动使外国人认识到中国民族观念渐渐改变，列强"不敢再以几十年前的观察方法看现在的中国，不敢再以几十年前的应付手段对现在的中国，实是对外交涉的一大转机，可惜无意识的北京政府不会运

---

① 瞿秋白：《国民会议与五卅运动》，《新青年》月刊第3号，1926年3月25日。
② 钱亦石：《中国外交史》，《民国丛书》第四编29册，第187页。
③ 钱亦石：《中国外交史》，《民国丛书》第四编29册，第192页。
④ 《中国共产党第五届全国代表大会宣言》，中央档案馆编：《中共中央文件选集》第3册，第73页。
⑤ 召：《司法外交两部与沪廨协定》，《现代评论》第4卷第90期，1926年8月28日。
⑥ 松子：《民众运动与官僚外交》，《现代评论》第4卷第94期，1926年9月25日。

动罢了"。①

(二)"三一八"惨案进一步激发了民众废除不平等条约的斗争意志

1926 年 3 月 16 日,日本为阻止国民军进军,炮击大沽炮台,英美等八国向国民军发出最后通牒。中国社会各界纷纷抗议日军的暴行和八国的最后通牒,废除不平等条约的呼声随之又一次遍及全国。3 月 17 日,北京国民外交代表团等百余团体,为大沽事件向外交部递交公函,要求废除不平等条约。② 天津讨张反日大会、反帝国主义大同盟等七十余团体抗议大沽事件联合通电,指出各帝国主义者依不平等条约与反动军阀结成联合战线,呼吁国民"一致兴起,严重抗议,督促当事者,防其软弱屈服,并猛烈进行广大之反日排货运动,以挽救国家于危亡"。③ 3 月 18 日,北京各界群众五千余人于天安门前集会,要求废除不平等条约,遭军警镇压,造成"三一八"惨案,由此激发了京沪等地大规模的国民抗议运动。

"三一八"惨案发生后,中国共产党积极动员民众加入废约反帝运动与反对军阀运动。3 月 20 日,中国共产党告全国民众,指出:"帝国主义者已从各方面用最后手段对付我们了,段祺瑞、吴佩孚、张作霖、张宗昌、李景林等已是明显的帝国主义者的刽子手了。"④ 国民政府发表"驱段宣言",希望全国人民"驱除段祺瑞及一切卖国军阀,召集国民会议,解决国是"。⑤

全国学生总会于 3 月 19 日致电,要求国民"速起援助,积极作废除辛丑条约、反段并反对日本助反动军阀之运动"。⑥ 北京民国大学学生会通电:"望全国同胞起而援助,一致声讨卖国殃民之段政府,以达反对八国最后通牒之目的,而期取消辛丑条约及其他一切不平等条约。"⑦ 3 月 27 日,学术界纷纷发表对惨案的宣言,郑振铎、丰子恺、徐悲鸿等几十人发表宣言,

---

① 唐有壬:《五卅运动的成绩》,《现代评论》第 4 卷第 90 期,1926 年 8 月 28 日。
② 《北京国民外交代表团等百余团体为大沽事件递交外交部公函》,《京报》1926 年 3 月 18 日。
③ 《天津市民抗议大沽事件七十余团体联合通电》,《国民新报》1926 年 3 月 18 日。
④ 《中国共产党告全国民众》,《向导》第 147 期,1926 年 3 月 27 日。
⑤ 《国民政府驱段宣言——誓当领袖民众,为国家除残贼》,上海《民国日报》1926 年 3 月 31 日。
⑥ 《全国学生总会致各处电文二则》,《京报》1926 年 3 月 27 日。
⑦ 《北京民国大学学生会通电》,《京报》1926 年 3 月 21 日。

都表示："段氏即去，中央政府仍不应由军阀或军阀之傀儡所操持，我国民应当一致团结，建设强有力之民意政府，俾对外得恢复国权，对内得保障民生。"①

1926 年 4 月 2 日，广州各界十余万人召开反段大会，表示各界要团结一致努力国民革命工作，以早日取消一切不平等条约，打倒直奉反动势力。1927 年 3 月 18 日，广东各界召开纪念"三一八"惨案大会，参加大会的人数达二十余万，大会议决："今后应一致援助革命政府取消不平等条约，以永绝'三一八'惨案之祸"；"民众应以万分的热诚和坚决的志愿，援助国民革命军的北伐，以歼灭北京惨案之凶徒"。②"三一八"惨案进一步激发了中国人民的民族主义情感，助推了废约反帝运动。

（三）万县惨案激发民众废约反帝浪潮

1926 年 8 月 29 日，英商太古轮船公司"万流"号轮船在四川云阳的长江中撞沉载有川军杨森部官兵的木船数艘，军民五十余人溺死，杨森派交涉员向英国领事提出抗议，要求惩凶、赔偿损失。但英国方面继续加派军舰，杨森扣留英国当晚抵达万县的两艘军舰，万县各人民团体和学校纷纷揭露英帝国主义的暴行。9 月 5 日，英国另两艘军舰炮轰万县县城，居民死亡 604 人，大量财产损失，制造了骇人听闻的万县惨案。

万县惨案使国民在废除不平等条约运动中，进一步将矛头对准英国："今日中国对于万县惨案英国所负之责任而能厉行与否，英国而终究为这次她的军舰在中国领土上不法的暴行受上述各种制裁与否，则要看中国政府外交活动的能力如何，及中国国民抵抗英国，拥护国权之决心与毅力如何。"③惨案发生后，全国各地纷纷发起成立万县惨案后援会、国民雪耻会，发动反英示威运动，掀起抗英爱国斗争。

列强依仗不平等条约取得在华内河航运权，并侵害华人生命财产，欧美人的教士、商人、大兵，"拿这保护他们的生命财产的名义不平等条约许可

① 《学术界郑振铎、丰子恺、徐悲鸿等对惨案宣言》，上海《民国日报》1926 年 3 月 27 日。
② 《粤各界纪念"三一八"》，上海《民国日报》1927 年 3 月 29 日。
③ 周鲠生：《万县案的法律性质》，《现代评论》第 4 卷第 95 期，1926 年 10 月 2 日。

的护符，杀人放火，任意横行"。① 因此，国民纷纷要求取消不平等条约，收回内河航权。"自万县案发生以后，内河航权已成国民注目之问题，若能乘时收回，则政治上经济上为利不可以量计"。② 北京政府外交部也表示："除解决本案各项条件外，且将进一步而为取消不平等条约中所载之外舰外轮在华航行权之准备。"③

重庆商埠署于 9 月 10 日针对万县惨案提出三项意见，四川省应借鉴国民政府对沙面案之先例，"直接令交涉员向英政府交涉"；四川省应该否认英国与北京政府交涉；交涉条件的最低限度，"须提出废除中英一切不平等条约，手段更宜切实"。重庆商民还提出："川中将领，乘此民气激昂之时，尤应努力于国民革命，革命成功之日，即一切不平等条约失效之时，岂独万案胜利而已。"④

虽然北京政府外交部迟至 11 月 2 日才提出正式抗议，但万县惨案发生后，北京政府外交人员即纷纷从条约关系和国际法的角度提出解决方案。1926 年 9 月 25 日，驻日内瓦代表朱兆莘、王景岐致外交部等电，指出："万县案在大会宣布后，英人动魄惊心，国际舆论对此等强暴行为痛加评论，足为我国交涉之声援。"他们认为，对英要求"以废除中英不平等条约另订新约为唯一条件，所自赔款道歉等项暂且不提"，此为根本上解决国际纠纷的方针。⑤

杨森在 1926 年 11 月 8 日致外交部的电文中提出三项主张："向英政府声明取消领事裁判权，拒绝其在内河行驶商轮兵舰或与以特种之限制，废除中英一切不平等条约。"他还指出："英人于我国借词条约，逾越范围，侵凌日甚，自非取国际间互相尊重主权之原则为根本解决，不足以杜后日之纠纷，而维将来之友谊也。此次人民生命财产受无端之蹂躏，国家主权蒙绝大之影响，来日方长，隐尤未已，此而可忍，何以图存。惟兹事体大，非举国

---

① 燕树棠：《不平等条约与内河航权》，《现代评论》第 4 卷第 96 期，1926 年 10 月 9 日。
② 观：《取消不平等条约与内河航权》，《大公报》1926 年 10 月 5 日。
③ 《外交部存"关于办理万县惨案之真相文"》，1926 年 10 月 1 日，中国第二历史档案馆编：《中华民国史档案资料汇编》第 3 辑《外交》，第 354 页。
④ 《暗无天日之万县惨案》，上海《民国日报》1926 年 9 月 24 日。
⑤ 中国第二历史档案馆编：《中华民国史档案资料汇编》第 3 辑《外交》，第 338—339 页。

同心坚持到底，不能得圆满之解决。"① 四川省长赖心辉于 11 月 15 日致电外交部，要求废除领事裁判权、内河航行权等："顷接重庆关监督季宗孟勘电，指陈此次万县发生外交重案，实由于领事裁判权之假作护符，内河行轮之漫无限制及中英间一切不平等条约之积渐成习，为之厉阶，请向英政府提出声明，分别取消限制及废除各节，推论至为详明。当此强权压迫，迭酿重案之余，不谋根本之解决，殊不足以保国权而平民愤。"② 但具体采用何种方式向英国提出抗议，需要外交部饬令。

重庆关监督在 10 月 28 日致外交部电中，逐条分析万县惨案发生的根本原因，即在于不平等条约和列强的条约特权，同时提出废除不平等条约的要求：第一，要求废除领事裁判权。因为万案发生的根本原因，在于英国恃领事裁判权的保护肆意为非作歹，"对于沉船案件无诚意公平之迅速处理，我国官厅又因受领事裁判权牵制之故，无法执行其国家应有保障人民生命财产之特权"。惨案发生后，英国水兵"恃有领事裁判权为最终之保障，竟敢先行开枪射击我方士兵"，此后英国领事又恃有领事裁判权，"谓我方无权直接处理，要求无条件的先行还轮，然后听其自由的意思，以实行其推宕应付之故技"。因此，必须向英政府声明取消领事裁判权。第二，要求限制外国商轮及外国炮舰之自由航行。根据国际惯例，"内河行轮为内河所在国家独有之特权"。我国因受种种条约束缚之制，"匪特通商两口间之内河外轮得任意航行，即非通商口岸之内河外轮亦藉前清光绪二十四年内港行轮章程任便驶入，其尤甚者，则原无明文规定条约束缚之兵规，亦复自由来去"。按国际例规，外国兵之在他国港内停泊，"应得驻在国政府之允许，并受其限制"。但此次万县惨剧"即受此种种条约下事实上内河行轮之漫无限制以酿成之"。因此必须限制英国船只在中国内河航行。第三，废除"中英间以前一切不平等条约"。领事裁判权问题、内河航行问题，其根本病源"在英人藉一切不平等条约为之保障"，"漠视我

---

① 中国第二历史档案馆编：《中华民国史档案资料汇编》第 3 辑《外交》，第 347 页。
② 中国第二历史档案馆编：《中华民国史档案资料汇编》第 3 辑《外交》，第 347 页。

国应有之主权"。① 这一电文，指出了万县惨案涉及的领事裁判权问题、内河航行权问题、中英不平等条约问题、关税问题等等。电文还从国际规则和国际法的角度提出对英国方面的质疑。

万县惨案引起全国上下的关注，各地要求废除不平等条约的呼声不断高涨，成为其时废除不平等条约运动的重要一环。

三、 关税自主运动与反帝废约运动

关税自主运动也是废除不平等条约运动中的重要一环。为争取实现关税自主，1925 年 10 月下旬至 11 月下旬，中共北方区委领导北京学生联合会、反宗教大同盟、反帝大同盟等团体，连续举行集会和示威游行，反对关税会议，要求废除不平等条约。② 1925 年 11 月 17 日，中共中央发出《关于反对奉系军阀、关税会议及沪案重查等之宣传工作》的通告，指出："最近政局和战事的发展中，人民方面反对奉系军阀和力争政治自由的宣传，还应当格外加紧的做去……对于关税会议，我们要求关税自主的宣传，还要扩大。"③中共坚决反对召开关税会议，要求关税自主，反对以裁厘为废除关税协定的条件，因为厘金是中国的内政，外国人无权干涉。人民固然要求裁厘，可是帝国主义者决不能以中国不裁厘则不能关税自由或增加关税来要挟。如果北京政府认可列强的裁厘要求，那么国民就当起而反之。共产党坚决主张关税自主，还反对任何形式的加税，对北京政府和南京国民政府的关税政策都加以强烈的反对。

在中国共产党的号召下，各方更积极地开展关税自主运动。1926 年 7月 30 日，上海《民国日报》发表时论《反对关会重开》，指责帝国主义为了"缓和中国反帝国主义运动的潮流"而高唱关税会议，而张作霖和吴佩孚与帝国主义勾结，极力压迫反帝国主义运动。吴佩孚主张关税会议继续开议，而帝国主义"将协助此等军阀，继续酿成内乱，以攻击国民军与国

① 中国第二历史档案馆编：《中华民国史档案资料汇编》第 3 辑《外交》，第 351—353 页。
② 中共中央党史研究室著：《中国共产党历史（1921—1949）》，中共党史出版社，2002 年，第 179 页。
③ 中央档案馆编：《中共中央文件选集》第 1 册，第 444 页。

民政府，而使武力主义得以横行于中国"。吴佩孚也曾表示："余不得不立即宣言中国关税之自主。"广州国民政府指责吴佩孚所谓的"自主"，是"秘密借款密谋解决五卅，其意义是与我们民众利益处在相反的地位的"。所以，"关税会议是军阀和帝国主义互相勾结，更严重的剥削中国工人农民商人的勾当！是保障不平等条约的会议。所以我们中国革命民众，应该而且必要出死力反对关税会议"；所以，"我们主张关税完全自主——税则完全由自己规定，撤销帝国主义者海关人员，款项完全由中国支配"。① 国民党一直将北京政府以二五加税代替关税自主为反对北京政府的理由之一。但南京国民政府成立后，为解决财政问题，在关税自主问题上采取了逐步实行的办法。

　　由于关税问题不仅与政府的财政收入密切相关，也与工商业者的利益密不可分。商人团体由参加废约反帝的斗争，进而争取经济利益与政治自由的一体化。早在 1922 年 9 月 4 日，全国商会联合会会长张维镛等发起成立关税研究筹备处，成员由全国商会联合会评议员、各省商会驻京代表及部分政府官员组成，主要任务是讨论修改税则问题，以供政府在召开关税特别会议时参考。此后，商界团体对收回关税主权一直倍加关注。1924 年 2 月，英美两商会要求中国修改商标法，并且要求列国共管，上海总商会对此无理要求极端愤慨，致电北京商标局，希望"将外商要求各节严加驳斥，以重主权"。对此，陈独秀称"是中国商界反对外人干涉内政之第二声"，他提出，总商会应"由反对外人干涉中国内政，进一步而主张废除各种侵略中国主权的条约"。② 1925 年 3 月 7 日，中华工商研究会开会"力争关税自主，反对协定"。③ 在 4 月 20 日至 6 月 1 日举行的全国商会联合会第五次全国代表大会上，各商会又提出和讨论了不少关于收回国家主权的议案。其中主要的议案有《请修改中美续议通商条约案》《提议收回中东路案》《请求政府修改不平等条约案》。这些议案要求政府修改和取消一切不平等条约，如"二十一条"、中美商约，以及列强共享的租借地、使馆界、国际地域、势力范围、

---

①　《反对关会重开》，上海《民国日报》1926 年 7 月 30 日。

②　独秀：《商界反对外人干涉中国内政第二声》，《向导》第 56 期，1924 年 2 月 27 日。

③　《工商管理力争关税自主，反对协定》，上海《民国日报》1925 年 3 月 8 日。

领事裁判权、海关管理权、使馆驻兵、租界巡捕等有损中国主权的特权。各商会还准备组织专门委员会，研究自 1840 年以来中国被迫签订的所有不平等条约，以便向政府提出取消或修改的建议，敦促和协助政府收回国家应有的主权。

1925 年 10 月 26 日，关税特别会议在北京举行，会议一开幕，全国商会联合会就明确提出以关税完全自主为最终目的，宣布：无论任何国家，对于关税特别会议有不利于我国者，我全国国民有最后严重对待之方。1926 年 3 月 2 日，广州总商会请将关税主权收回，声明与革命政府合作，请各地商人协力主持。① 3 月 7 日，中华工商研究会会员开会，公推沈卓吾为主席，讨论北京关税会议，"一致要求关税自主，反对协定"，并决定将反对关税协定作为中国工商救国之举。② 6 月 5 日，总商会提出"反对关税仅加二五"。6 月 23 日，中华工商研究会电国务院与关税委员会，力争关税自主："报载关税当局有承认二五为止消息，是耶否耶，当此政易其局，乱象纷如之际，须知犹是内政，若关税不能自主，则于我国家建设前途所关至巨，且华会精神安在"，"无论中国现局至何等地步，所有关税自主，总当始终协力维持，未可稍予迁就，致误工商救国大计"。③ 9 月 13 日北京京商联会代表王文典等六人至外交部见蔡廷干，要求"废止各国满期条约，宣布十八年起关税自主，参加货价委员会"。④ 9 月 26 日，全国商联会复二十一公团函，要求废约，力争关税自主。⑤ 10 月 10 日，全国商联会开会，致电万国商联会，请求援助废除不平等条约，并致出席国际联盟之朱兆莘，鼓励其力争关税自主。⑥ 关税特别会议一闭幕，全国商会联合会就紧接着发布了"主张关税届期实行自主宣言"，敦促政府根据已定方案到期径自宣布关税实行自主。这些关税自主主张，推动了废除不平等条约运动进一步发展。

---

① 《广州总商会请将关税主权收回》，广州《民国日报》1926 年 3 月 3 日。
② 《工商管理力争关税自主，反对协定》，上海《民国日报》1926 年 3 月 8 日。
③ 《力争关税自主声》，上海《民国日报》1926 年 6 月 24 日。
④ 《京商联会代表要求三事》，上海《民国日报》1926 年 9 月 14 日。
⑤ 《全国商联会对废约之表示》，上海《民国日报》1926 年 9 月 27 日。
⑥ 《全国商联会努力废约运动》，上海《民国日报》1926 年 10 月 14 日。

第四节　其他民族主义运动与废除不平等条约运动

国民革命时期，抵制洋货运动、倡导国货运动、收回教育权运动、非基督教运动等民族主义运动此起彼伏，与废除不平等条约运动相互激荡，在助推国民革命的同时，极大地动摇了不平等条约体系。

一、　抵制洋货运动与反帝废约斗争

在废除不平等条约运动中，抵制洋货是抵抗外力的重要手段之一。因为不平等条约导致中国关税不能自主，所以，排斥洋货成为抵制列强政治经济侵略的重要途径之一。国民在抵制列强势力的运动中，增加了更多理性分析，不仅工商界人士，而且一些知识分子也比较冷静地分析抵制洋货运动的意义，主张排斥洋货以保护中国自己的利益。他们认为抵制洋货是最有力的国民外交手段，所以极力提倡这种办法，"国民抗外的形式虽然也有种种，但是最有效力的还是经济绝交"。①

在抵制洋货运动中，最主要的目标是日本和英国。1905 年的抵制美货运动是近代中国抵制洋货运动的开端。1909 年，因日本强筑东北安奉铁路，中国人民掀起了抵制日货运动。1915 年，为反对日本提出"二十一条"的强暴要求，中国人民又一次掀起了抵制日货运动。1923 年以后的抵制英货等"经济绝交"运动推动了抵制洋货运动的发展，是废除不平等条约的重要内容之一。国民革命曾将主要目标对准英国，经济绝交和排货运动的主要对象也是英国，因为英国不仅是不平等条约和关税协定的罪魁祸首，而且"现在中国的财政权和金融权，一大半操于英人之手"。② 为抵制英国的经济侵略，有人明确提出对英国实行经济抵抗的手段应是排货、罢工、不收英日银行支票。③ 由于中国既无炮船以遏止他人的"炮船政策"，亦

---

① 端：《对日交涉与对日贸易》，《现代评论》第 8 卷第 190 期，1928 年 7 月 28 日。
② 唐有壬：《排货的意义与利益》，《现代评论》第 2 卷第 30 期，1925 年 7 月 4 日。
③ 刘光一：《经济抵抗的意义范围及手段》，《现代评论》第 2 卷第 34 期，1925 年 8 月 1 日。

无对外的宣传以纠正他人的宣传，而国内又有"不少为虎作伥的分子"，如果打算抵抗，"除了百折不回的维持我们的对英排货与罢工，究竟还有什么办法呢?"[1]

在中国共产党和国民政府的号召下，各地民众积极开展抵制英货、日货运动，要求取消一切不平等条约，以支持国民革命。"五卅"运动期间，陈独秀号召全国人民对不承认中国关税自主的国家要长期予以排货抵制，对在关税自主问题上不作为的政府予以反抗。他提出："全国的商会、工会、农会等一切人民团体，都应表示一致的态度：对于在这次关税会议不承认中国关税自主的国家，加以罢工排货的长期抵制，对于只图加税不争关税自主的中国政府，立即请他下野。"[2] 显然，陈独秀将关税自主问题、罢工排货问题与北京政府的统治地位和能力问题联系在一起。北京段祺瑞执政府最初利用激昂的民气，凭借群众之力为自己增加谈判的筹码，因此对抵制洋货采取支持态度。1925 年 6 月 10 日，段祺瑞对请愿抵制洋货的代表表示接受全部要求，对英力争。政府对抵制洋货运动的支持，使洋货在中国的销量大大降低，也使国货得到了发展的机会。1926 年初，群众因对沪案解决结果不满，在共产党的领导下，再次掀起大规模的抵制洋货运动。

1926 年 9 月底，广东国民政府决定自 10 月 1 日停止对英罢工，采取新的经济抵制方式。广东农工商学各界代表于 9 月 29 日召开对英经济绝交委员会会议，议决支持抵制洋货运动以达到废除不平等条约等目的，表示"因团结及增加革命军实力起见，旧式封锁将以新排货运动起而代之，此项举动应推广至全国，直至五卅及六月廿三案得一满意之解决，及不平等条约得以取销时为止，新举动不可一日或停"。[3] 北伐战争开始后，革命势力所到之地掀起了抵制英货的浪潮。1926 年 10 月，广州商界议决实行对英经济绝交，断绝中英买卖关系，禁用英国纸币，违者由各界予以卖国处

---

① 文:《英人对华手段》,《现代评论》第 4 卷第 104 期, 1926 年 12 月 4 日。
② 《我们对于关税问题的意见》, 1925 年 9 月 25 日,《陈独秀文章选编》下册, 第 100—101 页。
③ 《广州排货新议决案》,《大公报》1926 年 10 月 6 日。

分。① 1927 年 1 月，湖南全省总工会为反抗英炮舰政策，达到打倒帝国主义，昭雪"五卅"惨案、"六二三"惨案，取消一切不平等条约的目的，组织扩大对英经济绝交委员会，领导三十余万工友一致进行对英经济绝交，以谋促进国民革命的成功。② 1927 年 6 月，日本试图出兵山东，上海、南京、广州、汕头等处纷纷举行大规模的排斥日货运动。济南惨案发生后，又一次掀起抵制日货运动，"格外坚决的加紧抵制日货和拒绝经济往来"，"把这回日人暴露出来的久占山东的野心，重新宣传于全国人民，使一致起来，作排逐日兵的运动"，同时，国民应"继续严重监视外交当局的行动和积极研究对付日本的强顽外交"。③ 但南京国民政府对日提出了妥协的方针。5 月 29日，国民党中央党部召集各团体代表谈话，希望他们体谅中央意见，慎重对日，提出两项要求：由于张作霖派庄景珂等要求日本出兵十万，冀延长其生命，民众此时应集中视线，对付家贼，日货检查暂不举行；二是停止张贴反日标语等反日举动。

二、 提倡国货运动与反帝废约斗争

随着抵制洋货运动的发展，全国各地随之掀起了提倡国货的高潮。在国民爱国主义情感高涨的激流之中，国货运动为废除不平等条约斗争推波助澜。

国货运动是抵抗帝国主义经济侵略的重要手段，是废约反帝和实现关税自主的重要途径。国货运动的主要目的始终是废除不平等条约和发展本国工商业。1914 年，中华国货维持会公推伍廷芳等赴京请愿裁厘加税、修改商约、改革币制等。1918 年 11 月，中华国货维持会提议联合各公团，将历年所订各种不平等条约在欧战和平会议上重行修订，并召集各工商厂家举行提倡国货生产宣传大会，劝告各厂积极从事制造，增加国内产品。1919 年 1月，中华国货维持会召集各商帮、公团联席大会，讨论欧战和平及国货事业

---

① 《商界议决实行对英经济绝交》，广州《民国日报》1926 年 10 月 7 日。
② 《湖南组织扩大对英经济绝交会——领导三十余万工友一致进行》，广州《民国日报》1927 年 1 月 11 日。
③ 卧：《中日谈判停顿》，《现代评论》第 8 卷第 205 期，1928 年 11 月 11 日。

的发展，并研究通商条约问题，发起和平研究会。2 月，中华国货维持会推派杨小川等为代表出席国际和平研究会，对欧洲媾和会议提出意见书，并通函全国各商会一致协助。3 月中旬，上海总商会议董虞洽卿发起成立"劝用国货会"，通告各帮董事分别召集各同业，开会劝用国货。山东、福建、南京、苏州、杭州、湖南、河南、汉口、盛泽、温州、武进、天津等地的商会，相继发起了提倡国货运动。他们或组织国货维持会，或成立劝用国货会，或组建国货负贩团，或设立国货专销机构。与抵制洋货运动一样，提倡国货运动也以一日千里之势遍及全国。[①] 劝用国货会在各种报纸杂志刊登劝用国货通告，要求大家快快苏醒，齐心用国货。[②] 此后，各地各种提倡国货的团体组织在废约反帝的浪潮中，纷纷要求对帝国主义实行经济抵制的手段，鼓励国民用国货，要求政府维持国货、发展本国工商业。1923 年 5 月以后，上海、长沙等地发起提倡国货大会，纷纷要求反对"二十一条"、收回旅大、实行经济绝交，并提倡开国货大会，以切实提倡国货。1924 年 11 月 23 日，上海中华国货维持会、江浙丝绸厂联合会致电段祺瑞，希望政府废除不平等条约，维护国货。

国货运动的提倡者和支持者都认为，国货发展的障碍一是由于关税不自由，二是由于交通不便利，而"关税不自由之原因，在不平等条约，欲关税之自由，须自修改不平等条约始"。[③] 1926 年 5 月，中华国货维持会致电外交、农商两部及关税会议，请取消中日互惠协定税则，并召集各公团举行会议。6 月，为争取关税自主，中华国货维持会致电北京关税特别委员会和外交、财政、农商等部及各军界领袖。7 月 16 日，中华国货维持会等二十一个团体自行宣布关税自主。8 月 16 日，国货维持会开评议会，王介安提议中日条约期满，应请政府速筹废旧订新，以废弃不平等条约，收回司法权。[④]

实业家根据自己兴办实业的切身体会，认识到国货的生产和销售难以发

---

① 虞和平：《商会与中国早期现代化》，上海人民出版社，1993 年，第 49 页。

② ［美］保罗·S·芮恩施著，李抱宏等译：《一个美国外交官使华记》，第 283 页。

③ 《上海国货商场开幕情形》，上海《民国日报》1925 年 7 月 20 日。

④ 《国货维持会评议会》，上海《民国日报》1926 年 8 月 17 日。

达的原因，在于不平等条约的危害。1926 年 9 月 14 日，中华国货维持会在宁波旅沪同乡会开第三次国货救亡演讲大会，公推陈良玉任主席，指出因不平等条约之害，"我国工商各业遂被其无形束缚"。外来商品的冲击、关税不自由、航权丧失成为我国工商业发展的障碍，为消除工商业发展的障碍，"热心志士于十年前组织国货维持会，竭力宣传，提倡国货"。当国货稍有振兴气象之时，"我辈职责所在，务宜毅力坚持，非国货不用"，谨记在心，辗转劝告，则国富民强指日可待。① 中华国货维持会召集全体会员举行临时大会，代表中华全国工商界同胞发表废除《辛丑条约》及不平等条约的宣言。9 月 26 日，全国商联会表示支持废约，支持上海中华国货维持会二十一公团联席会议，主持关税自主等主张。② 11 月，中华国货维持会等二十一个团体公电北京商联会，报告议决的收回关税自主案、废除不平等条约案，请求采取有力措施，一致行动。

提倡国货者大力鼓励国民抵制洋货、用国货、爱国货，采取种种提倡国货的政治经济方法和手段。提倡国货的方式之一为报刊广告及宣传会等。在国货运动的推动下，各种国货纷纷在报纸杂志中以"国货"为宣传亮点，以增强广告效应。如"国货——美术照相卡纸盛行了"，③ "请注意天空飞机与彩龙赠烟传单——爱吸国货香烟者请勿失交臂"，"顶上国货，白金龙香烟：交际之花，不吸香烟最可敬，如吸香烟请用国货"④ 等。自 1912 年至 1931 年，中华国货维持会共刊印各种国货宣传品 283 万余份，平均每年达 14 万份。⑤

提倡国货的方式之二为演讲宣传。中华国货维持会从 1912 年至 1919 年的 17 个月之内，举办国货宣讲会就达 59 次之多。国货宣讲会通过每年举办的国货救亡大会，大规模地宣传国货。1926 年 6 月 5 日，中华国货维持会王介安、徐春容"以提倡之道，首重宣传"，又一次发起国货演讲，一方面唤

---

① 《国货救亡演讲大会纪》，上海《民国日报》1926 年 9 月 16 日。
② 《全国商联会对废约之表示》，上海《民国日报》1926 年 9 月 27 日。
③ 《国货——美术照相卡纸盛行了!》，上海《民国日报》1926 年 5、6 月。
④ 上海《民国日报》1926 年 12 月 21 日（广告）。
⑤ 蒋伟国：《近代中国国货团体初探》，《民国档案》1995 年第 1 期。

醒国人爱用国货，以塞漏卮；一方面唤起工界改良制造，"期以出品适合近时需用，农界改良种植，得以改善原料，资本家与制造家相与为辅，则国货发展之目的可达"。[①]

提倡国货的方式之三为建设国货商场，开设国货陈列馆。由于"国人提倡国货日渐踊跃"，为加强对国货的宣传，1925 年 7 月 5 日，上海市民提倡国货大会在第一商场开幕，上海总商会、广肇公所等八十余团体共两千余人到会，虞洽卿、霍守华、林钧、李立三等在会上发表演说，激发人们爱国货、用国货的心理。上海对日市民外交大会总务主任陈翊庭等，联络本埠各国货厂家，于 1926 年 6 月组织国货旅行团，前往南京、无锡等地陈列展览，以事提倡。

在废约运动中，以爱国主义为主要出发点的国货运动，是中国人民反帝爱国斗争的一个组成部分，对近代中国经济、社会、政治的作用是多重的，特别是对近代中国的社会经济有较大影响。国货运动是以民族资产阶级为主体发动的，有众多社会进步阶级、阶层参与的爱国运动，它宣传购用国货产品，推动国货产销，抵制洋货大量进口，以发展中国民族经济。有人指出，国货运动的成败，除鼓吹提倡外，其关键实在于政治问题和生产问题，"而政治问题中之最重要者，厥为对外废除不平等条约，励行关税保护"。[②] 基于这一认识，"于是民族资产阶级的一些代表人物积极地投身于争取废除不平等条约和实行关税自主的斗争运动，投入了对军阀政府的批判"。[③]

抵货运动和国货运动对废除不平等条约运动起了重要的推动作用，打击了帝国主义在华的商业经济利益，维护了国家的权益，也在一定程度上推动了中国工商业实体经济的发展。但是，由于不平等条约没有废除，国货与洋货的竞争差异性极大，国货难以乐观地发展。又由于国内阶级关系的复杂性，特别是商界人士的功利性，抵货运动和国货运动往往受到很大的制约，其作用也因此有一定的局限性。同样，因为抵货运动难以达到理想的效果，

---

① 《国货维持会今晚宣讲》，上海《民国日报》1926 年 6 月 5 日。

② 《国货运动成败之关键》，《中华国货维持会二十周年纪念刊》，1932 年 1 月 31 日。

③ 潘君祥主编：《近代中国国货运动研究》，上海社会科学院出版社，1998 年，第 58 页。

无形中制约了国货运动的发展。加以国家实力软弱、技术落后、政局动荡等因素的制约，尽管政府和广大商民都热衷于国货运动，但工商实体经济的发展并不显著。

总体上说，废约运动是抵货运动和国货运动发展的推动力，两者推动了废约运动的发展，是近代中国人民废约反帝爱国运动的重要组成部分。

三、　收回教育权运动与反帝废约斗争

由于不平等条约导致中国部分教育权的丧失，广大民众特别是知识分子阶层，在废约运动中展开了维护教育权的斗争。非基督教运动和收回教育权运动，是维护教育权最重要的方式和手段。1922 年，世界学生基督教同盟在北京开会，反基督教大同盟也同时产生，并做激进的反基督教宣传，从1924 年开始，发展为以反教会教育、收回外国教会学校为主旨的收回教育权运动。

废约反帝的政治诉求是收回教育权的重要目的。"收回教育权"在 20 世纪 20 年代成了知识界的一种口号，发表的关于这一问题的文字极多，提出的理由与办法也很详备。如蔡元培从"教育的""宗教的"角度进行探讨，胡适等提出"科学的理由""宗教的理由"，周太玄提出"社会的理由"，李璜提出"伦理的理由"，余家菊提出"文化的理由"，还有散见各报纸杂志的"效率的理由"等。除了国人对教育功能获得了新的认识这一因素之外，影响最大的则是"国权的理由"与"政治的理由"。

"政治的理由"主要是反对不平等条约，因为"帝国主义文化侵略的唯一方法是布宗教，开学校：宗教一方面是帝国主义昏迷殖民地民众之一种催眠术，另一方面又是帝国主义侵掠殖民地之探险队、先锋军"。①所以收回教育权就得反对基督教，反对不平等条约。当时收回教育权运动盛行一时，不仅有理论上的提倡，而且有许多实际的活动，对此，民国教育家舒新城分析："此问题可以中国国民的自觉心解答之，而促起国民自觉的原因有二：

---

① 舒新城：《收回教育权运动》，中华书局，1927 年，第 66—70 页。

一为政治背景，一为思想背景。"① 事实上，在特定的时代背景下，归根结底，还是政治的因素，特别是民族主义导致收回教育权运动的发生。

废除不平等条约斗争，如巴黎和会与华盛顿会议上中国废约愿望的落空、收回旅大运动、"五卅"运动等，都为收回教育权运动的进行推波助澜。舒新城指出，收回教育权运动发生的重要原因，是中国民众对巴黎和会和华盛顿会议期望大，失望也大。"国人至此始知大同的黄金世界，在现在还只能在梦里实现，而谋自立实为现今自救的要图。由此自觉，遂牵涉到教会教育与殖民教育：因为这种教育都有损国权而妨碍我们底独立。这是收回教育权运动发生之第一因。"②

据《民国十一年度学潮表》统计，1922 年所发生的规模较大的学潮共有87 起，其中大学和中等专科学校发生 11 起，中学发生 66 起，小学 10 起。③这些学潮中有相当一部分与企图改变中国对外关系现状的斗争有所关联。对此，胡适曾有过明确的论述，他指出，今日的传教事业第一个新的难关"是新起的民族主义的反动"，他们的理由就是 80 年来列强欺压中国人历史，他们的证据就是外国人在中国取得的种种特权和租界。这些不公道一日不除，这些不平等的情形一日不去，那么这些反动的喊声一日不能消灭。④ 1922 年3 月，蔡元培在《新教育杂志》第 4 卷第 3 期发表《教育独立议》一文，极力主张教育脱政党与宗教而独立。⑤ 1922 年 7 月，中华教育改进社在济南开年会，胡适、丁文江、陶孟和提议"凡初等教育（包括幼稚园），概不得有宗教的教育（包括理论与仪式）"。⑥ 1923 年，余家菊、李璜两人将其散见于《中华教育界》及《少年中国》的论国家主义教育的论文，分别集为《国家主义的教育》和《教会教育问题》，明白地指出基督教教育的危险。⑦ 此后，收回教会教育运动更趋发展，形成一种强有力的舆论。

---

① 舒新城：《收回教育权运动》，第 51 页。
② 舒新城：《收回教育权运动》，第 51 页。
③ 《民国十一年度学潮表》，《教育杂志》第 15 卷第 1 期，1923 年 1 月。
④ 胡适：《今日教会教育的难关》，欧阳哲生编：《胡适文集》（4），北京大学出版社，1998 年，第 634—640 页。
⑤ 舒新城：《收回教育权运动》，第 53—54 页。
⑥ 舒新城：《收回教育权运动》，第 55 页。
⑦ 舒新城：《收回教育权运动》，第 56 页。

1924 年 4 月 22 日，广州的几家报纸同时登载了广州圣三一中学学生发表的宣言，陈述了圣三一学生受"奴化"教育的事实，提出了三项主张：在校内争回集会结社自由；反对"奴化"教育，争回教育权；反抗帝国主义的侵略。① 圣三一学生以"运动"的方式提出了收回教育权的主张，"使酝酿已久的抵制教会教育的思想转化成实际政治行动，因而很快获得广泛的同情与支持"。中国共产主义青年团的机关刊物《中国青年》、中国共产党的机关刊物《向导》、国民党的报刊《民国日报》以及广东省学生联合会都对圣三一学生表示支持。② 这一运动发起之后，全国的知识界闻声响应。6 月 18 日，广州学生会收回教育权运动委员会发表宣言，揭露帝国主义"最高明最狠毒的方式，不在乎政治上以亡人国家，而在乎用无形的文化侵略之手段，以达其有形的经济侵略之目的"，号召联合起来一致力争，"收回一切外人在华所办学校之教育权"。这一运动还波及到长沙、上海、福州、徐州、南京、苏州、宁波、汉口等地。

收回教育权的主要动机是解除外来文化束缚。一些知识分子认识到，教会教育是不平等条约的衍生品，是基督教试图同化中国的手段，是"文化侵略的阴谋"，是"借教育为传教的一种手段"，"他们要给中国人自办的教育外，别立一个教会教育的系统。最后的目的，便是要在中国立一个基督教不拔之基，使中国成为一个基督教化之国。"③ 既然教会教育是帝国主义对中国的文化束缚手段，是帝国主义传播侵略文化的策略，就应该收回教育权。1925 年初，湖南教会学生联合发表宣言，提出"制止文化侵略"，"反对教会学校立案，维持教育主权"的要求。同时，还提出两个收回教育权的办法：一是发行不定期刊物，"把我们所受的痛苦，学校的黑幕，一条条的登出来，使以后的青年不至再堕落到教会学校里去"；二是联合教会学校未退学的同学，极力劝他们退学，并且要帮助他们转学。④ 1925 年 1 月 13 日，湖南学

① 《广州圣三一学生宣言》，《中国青年》第 2 集第 32 期。
② 参见杨天宏：《基督教与民国知识分子：1922—1927 年中国非基督教运动研究》，人民出版社，2005 年，第 209 页。
③ TSO：《教会教育盛行的原因》，《前锋》第 2 期，1923 年 12 月。
④ 《湘教会学生联合宣言》，《大公报》1925 年 1 月 18 日。

生会致电北京临时政府教育厅，请明令取消教会学校，指责教会学校以办学、传教等方式，实行帝国主义文化侵略，"为教育前途，国家存亡计，望明令取缔一切教会学校"。极力维护国家教育权的人士提出，我们"要一方面收回教育权，一方面除却帝国主义的束缚，惟有实行抵制他，使帝国主义不能传播其侵略政策"。①

为收回教育权，知识界纷纷以群众运动的方式向政府提出收回教育权的要求，向教会学校的学生做宣传工作。1925 年 9 月 16 日，广东学生界为反抗帝国主义者的文化侵略，成立收回教育权同志会，举行示威大运动，督促政府收回教育权。② 9 月 25 日，广东学界为收回教育权成立收回教育权执行委员会，通告外国在广州设立的中法医校等学生："自帝国主义者施行文化侵略政策，企图消灭我国青年的国民性，在我国境内遍设其黑暗腐败的奴隶学校，犹复不受我国政府之管辖和指挥，观诸各地教会学校叠起风潮，可证明矣。"③ 1926 年 12 月中旬，长沙雅礼中学风潮再次掀起湖南学生反对教会学校的运动，全省各界表示积极援助。④ 1925 年 12 月，周恩来召集南强学校、淑德女校、童子部小学、福音堂民校、贝理书院等各校代表，商议收回教育权的办法。此后校中每星期开演讲会，讲演三民主义及其他新文化运动，不仅要把学校变成一个中国学校，并且要变成一个革命的学校。周恩来提出："无论何校，均须向教育局登记方作为正式学校。"⑤ 会议又宣布要组织收回教育权运动委员会，委员会由学生联合会、教育会、教职工联合会、外交后援委员会、政治部各派一人组成，以处理收回教育权一切事宜。1927 年 3 月初，各界召开反文化侵略扩大工作会议，并通过《反文化侵略扩大工作决议案》，其中议定"积极的做新文化运动，建设革命文化，既为反攻文化侵略的重要工作，然此项工作首要宣传，故总同盟今后须出版新文化运动丛书，以广宣传"。⑥ 各地相继召开拥护收回教育权运动会议，声明支持收回

---

① 张伟雄：《警告教会学校的学生》，广州《民国日报》1925 年 8 月 6 日。
② 《收回教育权运动近讯》，广州《民国日报》1925 年 9 月 17 日。
③ 《学界收回教育权之进行》，广州《民国日报》1925 年 9 月 26 日。
④ 《湘学生反对教会学校运动》，《大公报》1926 年 12 月 16 日。
⑤ 《周恩来收回汕头教育权》，广州《民国日报》1925 年 12 月 5 日。
⑥ 《反文化侵略扩大工作决议案》，广州《民国日报》1927 年 3 月 9 日。

教育权。

在民族主义的激发下，教会学校风潮不仅在广州、长沙等南方城市频频发生，在长江以北的开封、徐州等城市教会学校的学潮亦时有所闻。除上述学校之外，汉口博学书院、重庆广益中学、开封汴济中学、福州协和中学、南京明德女校、湘潭益智中学等数十所教会学校都掀起了罢课、退学、反对"奴化教育"的斗争浪潮。

四、 非基督教运动与反帝废约斗争

因为外人在华所办学校基本上都由教会创办，因此，收回教育权运动与非基督教运动密切相关。1922 年世界学生基督教同盟在北京开会，国内具有新思想者起而组织非基督教同盟运动，这场运动是中国知识界人士对西方宗教文化的批判运动，"对中国近代政治思想、宗教信仰、教育科技都产生了重要的影响"，[①] 与收回教育权运动更是密切相关。

在非基督教运动中，国人反对基督教，为的是反对基督教做帝国主义侵略中国的工具。主张从反宗教的角度收回教育权的代表人物是蔡元培，早在 1917 年，他就在北京神州学会讲演《以美育代宗教》倡言取消宗教教育。1924 年后的收回教育权运动是第一阶段非基督教运动的继续，"'收回教育权'的呼声，首由广州学生喊将出来，不期而应者几遍全国"。[②]"由反基督教进而为反基督教教育，更进则为实行收回教育权运动"。[③] 这次运动的参与者在抨击基督教时，纷纷集矢于教会学校，明确提出了"收回教育权"的主张。

1925 年 1 月 1 日，非基督教同盟杭州支部致电长沙雅礼大学罢课退学同学表示声援，指出帝国主义利用中国的落后，任意在中国广设学校，强迫传教，禁止爱国，种种压迫已达极点。希望各同志奋起反抗，为民族争自由，为青年求解放，奋斗到底。一些非基督教人士还前往教会学校从事反教演讲，试图用民族主义感召教会学校中尚未"觉悟"的学生，使之反戈一击，

---

① 杨天宏：《基督教与民国知识分子：1922—1927 年中国非基督教运动研究》，第 1—2 页。
② 独秀：《收回教育权》，《向导》第 75 期，1924 年 7 月 23 日。
③ 舒新城：《收回教育权运动》，第 53 页。

加入反基督教运动的行列。例如，在圣诞节期间，福州教会学校的学生听到了如下演讲："有幸的是，收回教育权运动已经开展，非基督教人士组织了一个委员会专施其事。这就直接赋予我们清除邪恶的使命，为完成这一使命，我们不能有丝毫懈怠。然而我们的教会学校的学友却没有树立起拯救中国的目标。"①

反基督教筹备会、中华基督教协进会、中华基督教教育会、广东反基督教总同盟、全国反基督教总同盟、上海非基督教大同盟等等团体在参与收回教育权运动的同时，积极参与非基督教运动，反之亦然。1925 年 12 月 4 日，反基督教筹备会致书各团体："我们要努力国家民族之自由平等，要先起来反帝国主义的走狗基督教。"② 中华基督教协进会、中华基督教教育会都提出反帝国主义侵略的宣言。"五卅"运动以后，非基督教人士主张将反基督教与革命运动结合进行并明确提出"扩充我们的组织，在各地组织反基督演讲队，联络教会学生离开教会学校，请政府收回教育权"。③ 在教会学校里，学生与教职员充分表达了他们的民族主义情感。"五卅"惨案消息传开，教会学校师生义愤填膺，群情激动，各级各类教会学校再度兴起学潮，不绝如缕。据不完全统计，"五卅"之后半年，发生在教会学校的学潮达四十余起，学校的教学秩序已难以维持。④

1925 年 12 月 16 日，广东反基督教总同盟在广东大学召开成立大会，有各界一百多个团体到会，学界代表来自广州学联会、香港学联会、新学生社、广大学生会及国民大学、一中、执信、工专、光华、法专、宏英、市职、南武、教忠、南中、如是等数十校；军界代表来自铁甲队、海军局、国民革命第一军、第二军第二师、第三军政治部、军官学校及特别党部等；实业界则有油业总工会、胜发、沙模、电话、沙面、土木、印务、洋务、船坞及纠察队等数十工会；社团则有革命青年联合会、妇女协会，琼崖、雷州、

---

① 《非基督教》第 4 期，1925 年 12 月，第 56—58 页。
② 《反基督教筹备会致各团体书》，广州《民国日报》1925 年 12 月 5 日。
③ 张兴：《反基督教与革命运动》，广州《民国日报》1925 年 12 月 14 日。
④ 参见杨翠华：《非宗教教育与收回教育权运动》，张玉法编：《中国现代史论集》第 6 辑，台北联经出版公司，1981 年，第 255—257 页。

南雄等地数十学会及前驱报社等。大会议决："请愿国民政府收回教育权，以反抗帝国主义文化侵略，并维国权及责问教育厅，何以不执行取缔教会学校办法；请愿政府命各校尽量收容教会学校退学生；这次反基督教做帝国主义的外国教会分离，并能实际参加一切反帝国主义运动，共同动作。"① 1926年1月7日，全国反基督教总同盟发布告全国同胞书，作出四点声明：第一，反对一切帝国主义，在教会学校作反帝国主义的宣传；第二，赞助收回教育权运动，使中国的教育脱离帝国主义的关系；第三，帮助上海、香港、广州各地的工人罢工、学生罢课，以完成反抗帝国主义的运动；第四，积极帮助国民政府肃清一切反革命派、努力统一广东及出师北伐的政策。②

在革命形势高涨的情形下，反基督教与收回教育权成为废约运动的重要内容。全国反基督教总同盟发表宣言书表示："中国的教会及教会学校应积极的起来参加反帝国主义的运动，只有如此，才能使中国的革命民众相信我们与帝国主义的教会不同，不是帝国主义的走狗，我们也相信要有思想及信仰的自由，但中国的人民应有一共同的思想、信仰及行动，即是反帝国主义。"③ 1926年7月，广州培正学校发生学校与高中学生的冲突，社会各界纷纷表示援助该校学生。26日，黄埔军校政治部派员慰问，并发表反对文化侵略的宣言。宣言首先揭露帝国主义的教会学校是文化侵略工具："帝国主义侵略中国，是与侵略一般殖民地没有区别的，他不仅用巨炮、战舰、快枪向我们攻击，不仅用资本的力量吸收我们的血汗，不仅在政治上残暴地压迫我们，剥夺我们的一切自由，并且用文化来麻醉我们的脑筋，希图我们变做驯服的奴隶。帝国主义施行文化侵略的工具，最利害的算是教会学校，培正学校是教会学校之一，当然不能例外。"宣言还指出中国革命青年及民众因反抗侵略与帝国主义宣战而遭受摧残的事实，青年同志应奋起反对教会教育："青年同志们，认清楚，一切教会学校，不论是外国教徒办的，或是中国籍的教徒办的，都是帝国主义施行文化侵略的工具，都是我们青年的陷

---

① 《反教总同盟成立大会详情》，广州《民国日报》1925年12月18日。
② 《反基督教总同盟告全国同胞》，广州《民国日报》1926年1月8日。
③ 《反基督教总同盟告全国同胞》，广州《民国日报》1926年1月8日。

阱，即都是我们革命青年应努力铲除的对象。"① 因此，广州革命青年的责任特别重大，若要得着解放，必先肃清思想上的一切障碍。

在爱国主义情感的推动下，收回教育权运动与非基督教运动相互促进，推动了反帝斗争和废除不平等条约运动的发展。正如《向导》1925 年的一篇文章所言："国民会议促成会要求完全收回教育权，推翻教会学校之奴隶式的教育，这的确很明显表示出反基督教运动与反帝国主义运动已经混合了。"②

第五节　列强对中国修约、废约诉求的应对

中国政府废约愿望日益强烈，国民民族主义情感日趋激烈，不断推动政府制定和执行修、废不平等条约和条款的政策。列强各国因各自在华利益既有相同之处，又有不同之处，因此对中国修约、废约外交的政策既有联合，又有差异。中国政府和民众的废约要求在一定程度上影响了列强特别是英美对华政策，另一方面，列强对华政策的调整，又在某种程度上影响了中国废约运动和中外条约体系的变动。

一、　以英国为代表的应对

从各国对华政策来看，日本是反对中国修订和废除不平等条约最甚的国家。日本对华政策一直是最强硬的，始终以维护在华利益最大化为其制定对华政策的根本。这在各相关章节中都有述及，不再重复。法国对华政策也以维护在华利益为根本，但有追随美国之意。

民国时期，美国对华政策依据"利益均沾"的基本原则，寻求美国在华利益最大化。在承认南京临时政府、北京政府、国民政府问题上，在处理对华不平等条约和列强在华各种利益问题上，美国会根据国际形势的变化和其

---

① 《黄埔军校反对文化侵略》，上海《民国日报》1926 年 7 月 26 日。
② 魏琴：《帝国主义与反基督教运动》，《向导》第 98 期，1925 年 1 月 7 日。

他列强对华政策的变化，适度调整和制定对华政策。

美国在中国参战、巴黎和会、华盛顿会议等关键节点，在某些方面支持中国的修约、废约主张，以维护各国在华利益均沾原则。美国这一政策，在客观上有利于中国维护主权和进一步提出修约、废约要求。但因各国援引最惠国待遇，又相互攀援，使中国的修约、废约外交进行艰难。

北京政府外交部向华盛顿会议列强提出修约照会后，美国指示驻华公使向各国驻华公使表示同情中国修改和修正现行条约，并表示当中国有保护外人权益的能力时，可调查领事裁判权问题。

中国宣布废止中西条约后，美国驻华公使马慕瑞报告华盛顿，六国公使会议建议得各国政府批准后，面对本国条约被废时，将回复以"中国无权废约，应由海牙决定"。① 由于美国与中国条约到期还有六年，无法过早确定应取方针及对华公文格式，因此，美国国务院于 1928 年 1 月 3 日训示马慕瑞，不同意其建议。1928 年 1 月 18 日，六国公使再次开会讨论，美国公使重申美国的态度。总的看，美国在中国修约、废约历程中，起了相对积极的作用。美国也是第一个承认中国关税自主的国家。

英国根据中国国内形势及其利益所在，对华政策有所调整，但其根本目的是维护在华条约特权利益。而且英国的对华政策，在列强中具有很强的代表性。第一次世界大战期间，日本以英日同盟为借口对德宣战，出兵山东攻占青岛，乘势向中国提出"二十一条"要求，进一步扩张其在南满东蒙之优越地位，并将山东纳入势力范围，此后又不断侵犯中国主权和利益。第一次世界大战结束后，英国驻华公使朱尔典指出，英国不应继续联日瓜分中国，而应联合美国对华实行让步政策，遵从中国民意，逐步放弃在华条约特权，交还威海卫租借地，放弃领事裁判权等。② 但英国政府实际上并没有确立新的对华政策，仍在巴黎和会中支持日本的立场。英首相劳合·乔治在巴黎和会上威胁中国说，不能视条约为一堆废纸，认为可以随意处置条约，这对中

---

① The Minister in China to Secretary of State, Dec. 31, 1927, FRUS, 1928, vol. 2, p. 398.
② Jordan to Macleay, Dec. 4, 1918, FO371/3191［F203506/175334/10］. Hirata Koji, *A British Diplomat in China*, MA thesis, Bristol University, 2005, Ch. 4 (iii), pp. 94-101.

国是毫无帮助的。[①] 英国的态度充分暴露出其反对中国废除不平等条约的态度和立场。正是由于英美等列强的阻挠，作为战胜国的中国竟然连战败国德国在山东的条约权利都未能收回。

在五四运动的冲击下，1920 年，英国外交部开始采纳朱尔典部分提议，在某些问题上与美国合作，在华盛顿会议上给中国一些空洞的承诺。

根据 1898 年 7 月 1 日的中英《订租威海卫专条》，威海卫借地租期为 25 年，至 1923 年 7 月即将期满。正是因为威海卫租借地即将期满，所以应该在华盛顿会议上表示愿意归还威海卫，但拒绝归还九龙。1922 年 2 月 3 日，英国外交大臣在华盛顿会议上发表声明，允诺将威海卫租借地交还中国。[②] 英国代表白尔福就英国拟将威海卫交还中国事，致函中国驻英代表施肇基，提出交还条件：“如将来订立办法准英国兵船仍旧于夏季使用威海卫，不加限制，不征船钞；又海军军需物品之装卸存储不加限制，亦不征税，并保留上述事项所需要之产业；此外关于海军训练之各节，暨关于保护外人财产权之事，以及规定适宜条件，俾外人利益于市政事宜得有相当之参与权，均愿讨论及之。又本国政府或希望中国政府表示意愿允准建筑铁路之便利，以联络威海卫与后面地方。凡此诸端，以及其他相类事项，如确定该港法律上地位之类，自皆不可不以双方同意解决之。解决此事之最便利方法，可效中日解决胶州事项之前例，设一中英委员会，就地研究此问题，并向两国政府建议办法。”[③]

1922 年 9 月，中英委员会正式成立。中方代表为梁如浩，英方代表为外交部官员翟比南。10 月 2 日，双方代表在威海卫举行首次会议。因中方坚决反对英方以刘公岛为英海军避暑地的要求，英国代表须向伦敦请训，至 11 月初，会议宣告停顿。3 月 16 日，中英在北京恢复谈判。6 月 3 日，达成一协定草案，主要内容是：英国交回威海卫租借地，该地应另外划作一行政区，由中央政府指派中国官员管辖，并仍作为国际贸易与居留之地，外国纳

---

① 程道德等编：《中华民国外交史资料选编（1919—1931）》，第 64 页。
② 中国社会科学院近代史研究所译：《顾维钧回忆录》第 1 分册，第 349 页。
③ 《英国代表白尔福关于英国拟将威海卫交还中国事致中国驻英代表施肇基函》，1922 年 2 月 3 日，中国第二历史档案馆编：《中华民国史档案资料汇编》第 3 辑《外交》，第 913 页。

税人得选出代表助理中国人治理；中国免费租给英国刘公岛上的某项指定产业，用作英国海军避暑地，租期为十年，在两国政府都同意终止租期前，英国有续租权。[①] 因协定草案仍允许刘公岛辟为英国海军避暑地，北京政府对此非常不满。顾维钧指出："要实现彻底归还威海卫，位于威海卫对面控制着这一海湾的刘公岛就应同时归还中国，并由中国海军设防，如按照草案中此条的规定那样将此岛租给英国，则此项租借十分可能成为永久性的。因租约的终止需经英国政府同意。"他还指出："如果这样做了，就会开创一个先例，在与法国谈判广州湾问题及与日本谈判旅顺和大连的问题时，他们都会仿效此法。"因此，他主张将相关条文改为"只有双方政府均同意时方能续租"，即十年期满后，中国有权终止租借。[②] 但英方坚持原方案。谈判改由北京外交总长顾维钧与英国驻华公使麻克类直接进行。由于双方分歧巨大，难以达成一致意见。延至 1924 年下半年，双方议定：租期满时，如双方政府不能就该岛的续租达成协议，即付诸仲裁，也就是双方同意将该问题留待十年之后进行讨论。由于英国的拖延，直至 1930 年才使归还威海卫租借地问题得以解决。

1925—1928 年间，中国民族主义高涨，南北两政府都呼吁国际上的承认与支持，又都以收回国权、修订和废除不平等条约为号召。除日本始终坚持以武力维护在华利益，其他列强对华政策都有所调整，中外关系错综复杂，对中国修约、废约都产生了重要影响。英国是最早用武力强迫中国签订不平等条约的国家，在华拥有广泛的利益。自孙中山实行联俄政策之后，国共两党谴责大英帝国为在华帝国主义列强之魁首，特别反对其控制关税。1925 年"五卅"惨案之后，反帝废约运动的矛头进一步指向英国，其在华利益受严重威胁。为缓和中国民族主义情绪，削减苏联对华影响，英国适度地调整对华政策，呼吁列强正视中国修约之正当性，并同时与北京政府和南方革命政府交涉。

英国方面有人指出，鉴于苏联放弃在华不平等条约而受到的欢迎，列强

---

① ［美］波赖著，曹明道译：《最近中国外交关系》，第 202 页。
② 中国社会科学院近代史研究所译：《顾维钧回忆录》第 1 分册，第 351—352 页。

应正视中国修订不平等条约的愿望和现状，以防止中国投入苏联的怀抱。英国外交部助理次长卫士理指出：此时有必要检讨在华情况，厘清我们在关税会议中的政策。我们在华地位原奠基于武力，到欧战前靠威望维持。战后，俄国自愿放弃、德奥被迫放弃领事裁判权，土耳其在《洛桑条约》中摆脱之，都对中国发生影响，中国人渐知没有武力的威望是纸老虎。中国人知道他们可以让列强手忙脚乱，这是目前真正危险之处。国民运动兴起，其目标为完全财政自主，完全摆脱领事裁判权，可以总称之修约（Treaty Revision）问题。但新任驻华公使麻克类是保守派，坚持以中国改良未达一定程度为借口，维护在华条约特权。他指出："我们可以不理会或压制这些要求的时代已经过去了，我们要体认到中国人决心摆脱外国桎梏，我们不能永远维持条约特权，它们迟早要被放弃，除非我们准备用武力（这是不可能的）。撤退是必要的，如何有秩序地撤退避免溃败，是我们真正的问题。执行撤退的目标一致，但方法不同，一派主张立即抓住全盘重整中国的问题，在关税会议中提出大规模重整政策，开启一个新时代；另一派主张渐进。"他主张后者，并认为："我们应以坚定同情与面对现状相结合。"① 英国政府内部开始重新审视中国"废除不平等条约"的呼声。英国远东司司长蒙西认为，英国政府以武力威胁中国签订的中外条约体系是"不平等"的，最惠国条款也是单方面的。英国驻华公使麻克类认为国民党将统一中国，而国民党内温和派居多，建议英国坚持与列强共同维护条约特权。但英国政府和外交部没有采纳麻克类的意见。英国外交部普雷特指出："条约已过时，必须大幅度修正，中国做了很多努力，但感受到列强不肯修约，南方遂直接攻击条约。英国必须接受中国部分合理要求，调整条约利益，不要让国民运动落入激进派及苏联之手。主张废除条约之国民运动，不限于南方。列强在关税会议之态度，使全中国怨恨，让苏联掌控国民运动，作为摧毁英国在华地位之武器。"他举出具体的事例说明英国改变对华政策的重要性，"五卅以来我们学到两件事：一是若英国在华地位受攻击或损害，其他列强为进一步削弱我们的地位窃取我们的贸易，会屈从于任何对条约权利的破坏。二是没有一个列强会准

① FO Minute, VW, Aug. 10, 1925, FO371/10922 [F3860/2/10].

备使用武力。我的结论是列强不可能组成共同阵线保护条约权益"。① 为表示
"英国对中国人民合理激情的自由与同情态度"，1926 年 11 月 30 日，英国内
阁中国委员会批准对华政策宣言及致各国驻北京外交代表的文件。

北伐开始后，英国、苏俄、日本等都同时与中国南北政府交涉。英国驻
华公使蓝普森于 1926 年 12 月 9 日拜访国民政府外交部部长陈友仁，要求国
民政府承认现行条约，停止反英运动。陈友仁提出以平等互惠新约取代旧
约。1926 年 12 月 18 日，欧玛利向列强使节发表《英国变更对华政策建议
案》，以迎合北京政府重开关税会议的要求。蓝普森到达北京后，24 日与华
盛顿会议列强代表会面，要求以华盛顿会议精神为考量，考虑无条件让中国
征收附加税，美、荷、意、西使被授权立即同意，日本公使坚决反对，其他
代表则尚未收到训令。但英国发表《变更对华政策建议案》后，都自认是中
国唯一的合法中央政府的北京、武汉两政府皆表示反对。② 北京政府及张作霖
认为英国忽视北京政府，因此对英国备忘录也不满。1926 年 12 月 24 日，北
京政府电驻日公使汪荣宝云："此间英代使在使团会议私议，提议以无条件
容我增抽二五附加税，南北一律办理；并赞成修改约章，酌量容纳我国关税
自主、收回法权之志愿。阳示好意，阴实欲维持海关制度，默认南方，殊足
破坏统一，显背民众意向。"③ 张作霖希望英国支持北方对付南方，并表示尊
重条约，但也要修约，而且主张收回天津英租界。1927 年 1 月初，顾维钧询
问蓝普森对中国南北政府的态度，蓝普森回答说，当北方建立稳固政府时，
英国将与之谈判修约。1927 年 1 月 12 日，北京政府改组，新任司法总长罗
文干访问蓝普森，强调南北政府对条约的差别，南方是废弃，而北方是谈判
修约，英国应与北方谈判，否则北方也会采取较激烈的措施。为防止武汉国
民政府片面废约，损害英国在长江流域的利益，蓝普森在 1927 年初多次建
议英国政府尽快研究与武汉国民政府修约。英国政府主张同时与中国南北政
府开展外交交涉，研究法权委员会报告书及修约事宜，考察英人在华特权哪

---

① Pratt's minute，Nov. 25，1926，FO371/11661［F5045/10/10］.
② Lampson to FO，Dec. 27，1926，FO371/11664［F5764/10/10］.
③ 史爱初辑：《汪荣宝函电》，《近代史资料》第 4 号，1963 年，第 112—113 页。

些要保留，哪些可放弃。

1927 年 2 月 21 日下午，蓝普森探询顾维钧对修约建议之响应，顾维钧声明：中国希望将中英条约通盘修改，不必旁生枝节仅提七条；目下国人对修约最重视关税自主、取消领事裁判权及收回内河航行权。蓝普森答称，关税自主问题，去年 12 月备忘录中已有宣言，修约一事现在时机未至，英国只能用单方宣言抛弃权利。中国如坚欲修约，他无权讨论，修约前提是有统一政府，否则北方所订条约，南方不予承认，事实上殊多困难。顾维钧称，现在暂将英国七条提案逐条约略讨论，然不能因此而称中国政府抛弃其他各种主张。双方最后同意组成两个委员会，讨论法权与租界问题。1 月 27 日，为交换汉、浔案的解决及对上海租界的保证，欧玛利向武汉国民政府提出在《变更对华政策建议案》基础上拟具的《修约建议》。① 3 月初，英方派定三名委员与中国谈天津英租界问题，另派在烟台的康斯定（C. F. Garstin）为英方法权问题委员，但要等法官回复各问题之后，才能继续。

1927 年 3 月 28 日、3 月 30 日，1927 年 4 月 4 日、4 月 9 日，中国委员郑天锡、金问泗与英国委员康斯定在北京开会讨论法权问题。第四次会议对英国提案第一条、第二条、第三条、第五条达成谈判结果，并讨论外国律师及观审权等问题。但此后双方没有就法权问题进一步谈判。

对中英在北京的谈判，武汉国民政府外交部表示反对。于是英国声明北京谈判为非正式修约，只是对英国片面放弃权利的建议订出细节。

自英国于 1927 年 1 月 28 日提出《修约建议》，至 3 月底，英国天津租界归还北京政府问题，一直没有进展。主要是因为天津英租界英籍居民反对、南方国民政府反对、顾维钧对修改条约的立场与英国不同。天津英租界 282 名英籍居民始终反对将租界归还中国，英国天津总领事詹姆生（James Jamieson）曾建议用武力夺回汉口租界，吓阻北方任何暴力行动。但是英国政府决心执行其对华新政策，以保护英国在华的广大利益。

安国军派定三人与英国磋商接收天津英租界事宜，在蓝普森的要求下，

---

① 《英国提案》，1927 年 1 月 28 日，台北"中研院"近代史研究所档案馆藏北洋政府外交部档案，馆藏号：03—34—011—05—001。

安国军致函外交部派人参加。1927 年 4 月 4 日，安国军委员抵达天津，第二天开始谈判。但顾维钧拒绝发给安国军委员任命状，僵持几天后才达成妥协。最后由安国军委员三人及外交部、直隶省委员四人组成中方代表团，与三名英方委员展开谈判。自 1927 年 4 月 11 日至 22 日，共进行了九次谈判，最后草签《共同建议案》（即《紫竹林市政管理章程》草案 43 条）。依此草案，中国表面上收回英租界，由中央委派市政局长，取代英国总领事。英国对此草案结果非常满意，认为其基本利益得到的保障远比预期的高，显示了英国执行对华新自由政策的决心，又避免了被批评对华示弱。

张作霖希望双方尽快达成正式协定。但由于英国内部对黄冕契意见不一致，谈判一直拖延未开。1927 年底，英国内部就黄冕契问题达成一致意见，决定将地主权利无偿转让给现租户。但蓝普森建议英国政府不要主动向中方提出回归谈判。他的理由是：北京政府政治上不稳固；"天津英国社会反对"；北京政府对收回租界不再热衷，因为许多达官贵人宁愿留着租界，作为政治上的避难所；反英热潮已消退，英国不再需要对中国情绪让步；汉口先例十分糟糕。蓝普森并建议，改采天津英国社会提出的新方案，以修改市政章程取代归还谈判。[1] 这个新方案的缘起是在谈判延宕时，华籍董事提议修改部分市政章程，去除对华人的不平等。[2] 这个提议原来被认为不值得考虑而遭驳回，但是工部局董事长杨嘉立（P. C. Young）认为应依此建议修改市政章程，当作归还协定外的另一选项，并期望以此抵制归还协定。1927 年底，新市政章程修成，并得到蓝普森的支持。1928 年 4 月 11 日通过的天津英租界市政章程修正案，由英国公使及伦敦外交部批准。

二、　列强的联合应对

总体而言，联合抗议和抵制中国修约、废约，是列强的惯用手段，也是中国修约外交最大的障碍。北京政府提出修约照会后，1925 年 9 月 4 日，参加华盛顿会议的列强回复北京政府修约照会，称愿意考虑中国政府修正现有

---

[1] Lampson to FO, Jan. 28, 1928, FO371/13207 [F437/124/10].
[2] 《天津英租界华董问题——英工部局董事长杨嘉立谈》，《国闻周报》第 5 卷第 15 期，1928 年 4 月 22 日。

条约之提议，但又提出，要视中国政局情形且能履行其义务之程度而定，而且只同意先召开拖延数年之关税、法权会议。事实上，列强对中国的关税自主和废除领事裁判权要求根本上是阻止的，因而采取各种拖延和敷衍政策，致使两个会议都没有达到预期目的。这就表明列强实质上是阻止中国废止不平等条约和收回条约特权的。

随着中国废约运动的高涨和北京政府修约愿望的强烈，英美法等国政府老调重弹，一方面表示对于中国政府修改现有条约的提议愿加以考虑，但同时又提出主观条件。英国对中国的修约要求提出："视中国当局表证愿意且能履行其义务（即对于现时保障条约特别规定之各外人权利而实行保证）之程度为标准。此本国政府所以必欲此项证明（即中国愿意且能使外人生命财产安全又能弹压乱事，暨禁止酿成恶感或发生妨碍中外邦交之排外举动）。"[1]英国还表示这一要求是极力迎合中国政府之愿望。列强对中国最迫切废除的几个不平等条款进一步说明，以保留条约特权。对修改税则案，列强虽然承认中国与各国的协定关税是阻碍中国经济发展的重要原因，但仍强词夺理，声明当初强迫中国接受协定关税是情势所需。各国还辩称，自 1922 年以来，"凡中国政府各次改良财政计划，苟能认为可以保证，不至发生昔时国际上龃龉，而约定税则堪以废弃者，各国政府无不特加注意"。[2]显然，列强始终以中国财政改革程度为借口，阻碍中国实行关税自主。如果不能实现关税自主，中国财政收入拮据，难以实行财政改革，废除厘金也是难上加难。

对中国废除领事裁判权的要求，列强也提出视中国司法改良程度而定。英法美等国指出，中国曾允诺司法改良，各国也表示一旦时机合适，即放弃领事裁判权，但列强认为中国虽然进行了司法、行政等各项改革，却"不能仅以设立法厅编订法律遂为应有尽有，益非有巩固政府肯能维持法庭及执行其审判，则法庭即不能尽职与发展"，"不幸数年以来，中国政府未能充分施

---

① 《英美法等国政府关于修改不平等条约问题致北京政府的复照》，1925 年 9 月 4 日，程道德等编：《中华民国外交史资料选编（1919—1931）》，第 233 页。

② 《英美法等国政府关于修改不平等条约问题致北京政府的复照》，1925 年 9 月 4 日，程道德等编：《中华民国外交史资料选编（1919—1931）》，第 234 页。

行其职权，以致已设之法厅及司法官吏不易循环办理"。① 列强提出，根据华盛顿会议议决案，要派法权调查委员会来华考察，"庶几可冀该会调查成绩，或可为有约各国之一指南，以便对于领事裁判权或逐渐或以他法之放弃，应否当时进行及如何设法进行之问题，得所决定"。②此后即有各国调查中国司法行政现状之行。

1926 年 2 月 2 日，北京政府国务会议通过"到期修约"方针。这一方针通过法律手段，利用中外旧约中通商条款十年修订之规定，扩大解释为根本改订全约及附属文件、续约等，并强调十年期满原约失效。随后，北京政府外交部提出对六个月修订期满而新约未成者、原约已废新约未成者，中国保留宣布对旧约态度之权利，适用《临时办法》等策略，以免旧约一再延长。对中国的"到期修约"方针，各国更是相互比附，制衡抵制中国。正是由于各国否认中国有片面废约之权，北京政府乃对拒绝谈判之比、西两国，断然宣布旧约期满失效。

中国宣布废止中比条约后，列强因考虑中国南北政府政治倾向问题和激烈废约手段问题，相互之间意见不一致。

1926 年 11 月 15 日，美国国务卿指示驻北京公使马慕瑞，批准不集体抗议中国废止中比条约。12 月 18 日，英国驻北京代表向华会列强驻北京使节宣布英国《变更对华政策建议案》，提出列强应正视中国修约要求，向中国表达愿意修约的善意。③ 王正廷后来评论英国这一政策时说，在中比相持之时，"英国突然发表对华新建议案，颇于比国以甚大之冲动。盖比国在海牙诉讼，深仰英、法为之张目，英既表示同情于中国，比国顿失一种精神上之后援……中比形势，遂骤然变更"。④ 随之，比利时方面改变政策。比利时外交大臣于 12 月 22 日、25 日、27 日，分别在国会、议院以及报界提出，比利时无意保护不平等条约，原则上可承认华盛顿会议附加税及法权报告的实

---

① 《英美法等国政府关于修改不平等条约问题致北京政府的复照》，1925 年 9 月 4 日，程道德等编：《中华民国外交史资料选编（1919—1931）》，第 234 页。
② 《英美法等国政府关于修改不平等条约问题致北京政府的复照》，1925 年 9 月 4 日，程道德等编：《中华民国外交史资料选编（1919—1931）》，第 235 页。
③ 《英国变更对华政策建议案》，《东方杂志》第 24 卷第 3 号，1927 年 2 月 10 日。
④ 王正廷：《中国近代外交史概要》，外交研究社，1928 年，第 125 页。

行。1927 年 1 月初，比利时驻华公使会晤北京政府摄政内阁总理兼外交总长顾维钧，愿意根据北京的原则展开商议。但比利时仍通告中国，已派出代表出庭，并表示对会审公堂处置不满。1927 年 1 月 8 日，北京驻荷公使王广圻致电外交部，常设国际法庭庭长决定依比利时诉讼状所请，指明《临时处分》之法庭命令，基本上民事暂由中国法庭管辖，刑事仍维持领事裁判权旧状。①

实际上，英国虽然声明变更对华政策，但对中国宣布废止中比条约是极其矛盾和不满的。英国对中比新约草案的反应，反映了英国对中外修约的矛盾态度。1927 年 4 月 4 日，英国驻华公使蓝普森向英国政府汇报中比新约草案，他认为：中比条约被废之后，比利时处境困难。中国拒绝提交海牙国际法庭，也不接受法庭之《临时处分》，因为用武力完全不可能，比利时只有争取过渡期最好条件，以延缓提出海牙国际法庭换取北京政府颁布《临时办法》，让在华比人可享受关税上最惠国待遇，然后谈判新约。由此可见，英国认为，比利时之所以接受中国的谈判条件，是因为其国力或武力不够强大。但凡有一点武力征服的可能，比利时是不会也不应该向中国屈服的。如果换作是英国与中国修订旧约，商议新约，英国断然不会以中国意见为主，否则将以武力相迫。英国外交部司员托乐认为："此约代表中国对平等条约的更进一步，可与《中奥商约》作比较。""整体而言，此草约包含奥约所有义务，但在保障与权利上更不能满意。"② 显然，英国对中比新约谈判是不满意的，认为比利时没有得到更多在华权益。无疑，他们担心的是中比新约会成为中国修约的突破口，从而动摇中外不平等条约体系。

1927 年 12 月 9 日，北京外交团开会讨论。会后英国公使蓝普森向英国政府报告，外交团在中比条约被废时没有行动，致使原则丧失，但领衔荷兰公使欧登科在更广泛的基础上建议，让华盛顿会议条约国考虑要求中国执行其条约义务，保障外国在华权益。③蓝普森建议英国与其他国家共同对付中

---

① 《收驻和王公使 8 日电》，1927 年 1 月 9 日，台北"中研院"近代史研究所档案馆藏北洋政府外交部档案，馆藏号：03—23—075—01—001。

② Lampson to FO, May 24, & Toller's minute, May 31, 1927, FO371/12426 [F4912/37/10].

③ Lampson to FO, Dec. 9, 1927, FO371/12411 [F9174/2/10].

国，反对北京政府片面废约。

废除中西条约的交涉，也反映了列强的对华政策和对中国废约的态度。中西条约即将期满之际，北京政府外交部多次催促西班牙公使商议新约，但西班牙公使见中外各修约会议处于停顿状态，也以请示政府为由加以拖延。1927 年 11 月 3 日，北京政府提出过渡办法。11 月 9 日，外交部条约研究会第四十次常会决定：坚持到期修约原则，送备忘录交西使表明态度，若坚不接受，则去文一面收回临时办法，一面声明旧约失效。[①] 11 月 10 日，中西条约期满，西班牙公使向北京政府外交部长表示，各国条约期满时都展期，唯独对于西班牙提出临时办法，这是对西班牙的歧视，双方应一方面组织修约委员会，一面将旧约展期。王荫泰答复，因西班牙修约代表迟不到京，旧约期满不得不订临时办法。11 月 12 日，北京政府阁议议决：中西条约期满失效，并发布废约指令、宣言，照会西班牙驻华公使。

北京政府宣布废止中西条约后，1927 年 11 月 24 日南京国民政府也宣布废除中西条约。1928 年 1 月 24 日，北京政府外交部条约研究会开第四十四次常会，讨论西班牙提出允许最惠国待遇即可继续谈判修约的问题。顾维钧、吴晋等人都表示反对。会议最后议决，中西订约一事暂缓。1928 年，又有中丹、中葡、中意等条约到期，北京政府外交部分别与之交涉。北京政府曾准备废止中葡条约，但因政权已濒临崩溃，并未真的宣布废止中葡条约。

中国宣布废止中西条约后，各国为防止中国单方面宣布废除条约，驻华使节不断地聚集，研商对策。面临条约到期的意大利公使，首先建议列强联合向中国政府抗议，尽可能支持西班牙，以免将来中国采取类似废约行动。1927 年 12 月 30 日，英、日、法、美、意五列强与领衔荷使开会，讨论向北京政府联合抗议事，并设法拖延修约谈判。

---

① 《条约研究会第四十次常会会议录》，台北"中研院"近代史研究所档案馆藏北洋政府外交部档案，馆藏缩影号：05000—143，第 1532—1579 页。

第九章 国际公约与条约关系的进一步拓展[①]

晚清中国已缔结 15 项国际公约。中华民国成立后，中国国际法和国际公约意识不断增强，国际、国内形势发生了重大变化，这不仅为中国解除不平等条约的束缚创造了一定条件，同时亦为中国更积极主动地缔结国际公约、发展平等条约关系提供了良机。民国北京政府时期，新批准了 28 项国际公约，中外平等条约关系的数量出现大幅增长。这一时期，政治、军事领域的国际公约依然是中国与国际公约关系发展的重点。但是，相对于晚清时期，其范围已由原来的政治、经济、军事、交通等领域，进一步拓展到禁烟、劳工、邮政、电信、铁路运输等其他领域。这也意味着，中国与国际规则接轨和多边国际合作程度的进一步加深；而且，这一平等条约关系的拓展也推动了国内修改和废除不平等条约运动的发展。

---

① 本章主要由尹新华撰写。

第一节　中国积极参加国际公约

在中国参与国际公约的进程中，民国北京政府时期是承前启后的重要阶段。民国肇兴、废约运动蓬勃发展、第一次世界大战爆发及战后国际秩序的调整，都给中国参与国际公约提供了重要的国内和国际环境。新成立的民国政府希望得到国际社会承认，平等融入国际社会是新政府的首要外交目标，积极参与国际事务及相关公约便是实现外交目标的重要途径。早在 1912 年 1 月，临时大总统孙中山在对外宣言书中就强调，国家当前"最高最大之任务"是"列入公法所认国家团体之内，不徒享有种种之利益与特权，亦且与各国交相提挈，勉进世界文明于无穷"。① 1913 年 10 月，袁世凯在就任北京政府正式总统的就职演说中提倡"世界主义"，提出："既守本国自定之法律，尤须知万国共同之法律。"② 在这一外交方针下，民国北京政府时期中国参加国际公约的进程加快，参与国际公约的数量也出现大幅增长。

民国建立之初，中国便开始了加大参加国际公约、拓展平等条约关系的步伐。1912 年，中国参与制定并签署《海牙国际禁烟公约》，1914 年予以正式批准。1913 年初，中国开始讨论补签第二次海牙保和会上的战争法公约问题，并在 1916 年 12 月完成五项战争法公约的批准手续。这五项公约分别是：《陆战法规及惯例条约》《关于战争开始时敌国商船地位公约》《关于商船改装为军舰公约》《关于铺设自动触发水雷公约》《关于海战中限制行使捕获权公约》。在这期间，中国还加入了邮政方面的系列国际公约，在 1914 年 2 月和 5 月先后照会瑞士政府加入《万国邮政公约》和《万国邮政包裹协定》。

第一次世界大战结束后，中国参加国际公约的数量和范围进一步拓展。其中，事后加入的公约有十项，分别为《万国邮政交换保险信函及箱匣协定》《万国邮政汇兑协定》《国际无线电报公约》《万国电报公约》《禁止火柴

---

① 程道德等编：《中华民国外交史资料选编（1911—1919）》，第 4—5 页。
② 程道德等编：《中华民国外交史资料选编（1911—1919）》，第 5 页。

业使用白（黄）磷公约》《斯壁嵫浦条约》《1904 年禁止贩卖白奴公约》
《1910 年禁止贩卖白奴公约》《国际交换公牍科学文艺出版品公约》《国际快
捷交换官报与议院纪录及文牍公约》等。另外十项都是国际社会新制订或修
订的，中国参与其中，积极建言进而影响到部分规则的制定，主要有《国际
联盟盟约》《国际劳工组织章程》《国际法庭规约》《国际铁路运输公约》《国
际邮政代收款项协约》《禁止淫刊公约》《化简税关则例国际公约》《监察军
械子弹及其他军用品国际贸易公约》《废除奴隶制及奴隶贩卖之国际公约》
《禁止贩卖妇孺公约》等。1920 年 12 月 16 日后，中国先后加入的国际法庭
规约是：《国际裁判常设法庭规约议定书》《国际裁判常设法庭规约》《修正
国际裁判常设法庭规约议定书七款附国际裁判常设法庭规约修正文》《美国
加入国际裁判常设法庭规约议定书》。

就这一时期中国与国际公约关系拓展的主要领域来看，政治及军事方面的
国际公约依然是中国发展平等条约关系的重点。这方面的国际公约有《国际联
盟盟约》《国际法庭规约》《斯壁嵫浦条约》《陆战法规及惯例条约》《关于战争
开始时敌国商船地位公约》《关于商船改装为军舰公约》《关于铺设自动触发水
雷公约》《关于海战中限制行使捕获权公约》《监察军械子弹及其他军用品国际
贸易公约》等。这些国际公约的产生代表了战后国际社会在国际条约的制定
上，要求限制战争、消弭冲突和维护和平这一主流发展趋向，也在中国与国际
公约的关系发展中占有主导地位，说明中国尤其注重国际社会的公平正义。

根据《国际联盟盟约》，国际社会建立起了第一个主要由主权国家构成
的常设性国际政治组织；从国际合作及国际管理的机制来看，该组织又践行
对多种国际共同问题和相关专门合作机构尽力统筹管理的原则，从而表现出
了一个综合性国际组织的特征。《国际联盟盟约》第二十三条至第二十五条
在国际合作及国际管理上进行了集中规范。其中第二十三条丁款规定国联监
督军械军火贸易，丙款规定会员国除按照现行及将来订立之国际公约所规定
外，"关于贩卖妇女、儿童，贩卖鸦片及危害药品等各种协定之实行，概以
监督之权授给联盟"。① 第二十四条规定："凡经公约规定而成立之有关国际

_____

① 世界知识出版社编：《国际条约集（1917—1923）》，第 275 页。

事务之机关，如经缔约各方之认可，均应置于联盟管理之下。此后创设各项国际事务机构及管理国际利益事件之各项委员会统归联盟管理。"① 而劳工部分第一编确立国际劳工组织的章程时，也提到该组织常设机构国际劳工局应"设立于国际联盟所在地，而为其全部组织之一部分"。② 可以说，19 世纪中后期以来，伴随国际关系的发展，国际社会既已通过互订国际公约，成立了比较稳定的由国际行政联盟负责的技术性国际合作机构，办理电信、邮政、版权、税则出版等。一战后出台的《国际联盟盟约》则围绕消弭冲突和维护和平这一主旨，让既有的国际合作转而提升进入到了一个统筹管理和发展的新层面。中国通过缔结这一公约，为本国参与其他公约以及推进各类相关事业打开了一个新世界的大门，也为中国寻求废除不平等条约和走向世界舞台提供了机会。

第二节　政治、军事领域国际公约与中国

民国北京政府时期，政治及军事方面的国际公约仍在中国参加的国际公约中占有主导地位。一战爆发后，中国很快被卷入战争，并补签了五项海牙和会上制定的有关战争规则方面的公约，中国与战争法公约的关系进一步发展。一战之后，各国通过制定《国际联盟盟约》和《国际常设法院规约》，试图建立起消弭冲突、和解纷争和维持世界和平的条约秩序。中国参与这方面公约的议定，积极发表自己的意见，努力维护和平和安全，积极捍卫国家主权及平等，在融入 20 世纪上半叶世界政治秩序变迁进程的同时，也推动了中外条约关系的大发展。

一、　参与议定并缔结《国际联盟盟约》

参与议定并缔结《国际联盟盟约》是这一时期中国发展政治类平等条约

---

① 世界知识出版社编：《国际条约集（1917—1923）》，第 275 页。
② 世界知识出版社编：《国际条约集（1917—1923）》，第 249 页。

关系的重中之重。

一战时期，国际社会既已开始筹划构建一个功能强大的国际组织以消弭冲突和维护和平。在一战接近尾声之际，有关建立国际联盟的计划基本上已经明朗。1919 年 1 月 25 日，巴黎和会第二次全体大会上，在威尔逊的坚持下，大会决定成立国联盟约起草委员会专门讨论盟约的订定问题，并议决在战后和约中列入《国际联盟盟约》。

《国际联盟盟约》共 26 条，从国联组织机构，各项条约与盟约的关系，国联在解决争端和维持和平、委任统治、规范国际合作及国际管理方面的职能等方面对战后国际秩序进行了基本的勾画，在战后国际法或国际公约的发展历史上占有十分重要的地位。同时，《国际联盟盟约》也反映了美国总统威尔逊的"新秩序"思想。正如威尔逊所言："和平的关键，在于和平的保证，而不在和平的项目。假如没有经常的国际协调以为维系，这些项目均毫无价值可言。'旧秩序'所着重的和平项目，无非是岛屿、领土、油田、煤矿、赔偿、惩罚。所定程序，也就以这些项目占先。'新秩序'却另外有所侧重。共同防御的方法，不是少数国家的同盟，而是一切国家的合作，以保证国际的正义与和平。"[1]

中国对国际联盟的组建充满期待，故十分重视国联盟约的议定问题。1919 年 1 月 25 日，在巴黎和会中国代表团第二次全体大会上，与会代表商讨和会五个专门委员会成员的名额分派问题时，陆征祥提出要争取中国代表参与其中的国联盟约起草委员会。最终，中国在 1 月 27 日获得该委员会的代表资格。1 月 28 日代表团第四次会议决定由驻美公使顾维钧和秘书周纬负责国际联盟事宜，由顾维钧代表中国参加国际联盟盟约起草委员会。[2] 顾维钧在战后中国外交中占有十分重要的位置，他在盟约的形成中也发挥了一定的作用。

1919 年 1 月 21 日中国代表团第一次会议在讨论中国参加和会外交的方

---

[1] 详见贝克（Ray Stannard Baker）在其所著《威尔逊与世界和平》（*Woodrow Wilson and World Settlement*）所论，参见黄正铭：《巴黎和会简史》，台北商务印书馆，1970 年，第 54—55 页。

[2] 《参与欧洲和会全权委员处第一次至七十五次会议录》，1919 年 1 月 28 日，台北"中研院"近代史研究所档案馆藏北洋政府外交部档案，馆藏号：03—37—012—01—001。

针时，代表团指出与己无关的欧洲问题随大流，尽可能不表态；同时对于那些关于中国及远东、西伯利亚等跟中国有特殊利害关系的问题"应特别注意，随时直接、间接探听"，"关于公共利益问题，五国外之各国态度如何，应随时由我国各驻使分向其驻在国人民暗中接洽"。① 国际联盟关涉战后国际秩序规划，应属于有公共利害关系的国际共同问题之列，理应是代表团关注的重点。另外，中国代表团向外交部报告和会情形时也表露出了他们在国联盟约议定上的基本态度及策略，大致有以下几个方面：一是十分重视其所涉及的国际共同问题，指出"国际联合股研究问题，世界各国均受影响，在我利益所关，尤宜注意"；二是"抱定宗旨与威总统一致主张，藉收互相赞助之效"；三是"以速成则所得已多为主旨，故非与我国直接有关系者，亦不愿发生困难之争辩"。②

就盟约的议定而言，中国方面的主要工作是积极参与起草委员会有关盟约草案的讨论。其间，顾维钧发表了一些原则性声明，亦有积极主张建言之处，背后更有十分复杂的考虑，在一定程度上也对国联规则的形成发挥了建设性作用，这些构成了这一时期中国积极参与国际公约的重要方面。就讨论内容来看，中国代表重点关注的是行政院之组织原则、殖民地托管问题、美国代表提出的"门罗主义"、日本代表提出的"种族平等"提案等问题。时任中国代表团顾问的颜惠庆认为顾维钧代表中国"成功地将一些基本原则如保障集体安全，主持国际公正，促进世界安全，推行民主政治等列入盟约之中"，因此中国对起草盟约的"贡献巨大"。③

1919 年 2 月 3 日，国际联盟盟约起草委员会召开起草盟约的第一次会议。2 月 3 日至 4 月 15 日，国际联盟盟约起草委员会为完成盟约草案，共会议十五次，大致可以分为两个阶段。第一阶段从 2 月 3 日会议开始到 2 月 13 日草案二读通过，会议共计十次；第二阶段从 3 月 23 日开始委员会

---

① 《参与欧洲和会全权委员处第一次至七十五次会议录》，1919 年 1 月 21 日，中国代表团第一次会议录，台北"中研院"近代史研究所档案馆藏北洋政府外交部档案，馆藏号：03—37—012—01—001。

② 《外交部收议和全权大使办事处函：函告和会各种情形》，1919 年 5 月 12 日，台北"中研院"近代史研究所档案馆藏北洋政府外交部档案，馆藏号：03—33—150—02—016。

③ 吴建雍、李宝臣、叶凤美译：《颜惠庆自传——一位民国元老的历史记忆》，商务印书馆，2003 年，第 137—138 页。

就各国之意见及修正提案对草案再次进行审查讨论，并在 4 月 15 日完成草案的修订。

在国联权力中心行政院之组织上，顾维钧坚持民主化的组织原则，并努力为小国争取席位。2 月 4 日，国际联盟委员会第二次会议讨论行政院之组织原则，有人主张大国委员五人或小国委员四人，亦有人主张只有大国委员。顾维钧积极发言，赞成前一主张，要求突破大国完全垄断，并在会上说明了三点理由："（一）以一国而论则大国力量自非小国所可及，若合五十一小国而论，其情又自不同；（二）创设国际联合会当求有精神上之团结，若只有大国而无小国，则已显分界限；（三）大国有不能一致之时，如无小国在内，则行政部即无从裁决。"顾维钧的发言得到了与会代表的赞成。① 2 月 13 日，联合会第九次会议通过行政院由五大国和其他四小国代表组织的原则。

另外，对于托管德、土两国属地的范围，顾维钧也在会上提问并使其予以明确。2 月 8 日第六次会议上，讨论第十七条处置德、土两国属地办法时，顾维钧特提出："德国殖民地委托他国代治一层，照殖民地二字意义，当然不能包含国际地域权，敢询各代表此项解释如何？"威尔逊表示"当然不能包含在内"，英国代表则是直指顾维钧背后属意的中国利益，云："贵使之意，是否指胶州问题而言？"顾维钧答道："此乃一种。"英国代表随即表示："租借地与殖民地性质完全不同，所以殖民地之名词并无包含租借地之意。"这样，通过提问，中国最终让委员会将殖民地与租借地做了比较清楚地区分。②

再者，美国有关"门罗主义"的提案也是让中国代表颇为担心和尤为重视的问题。"门罗主义"的范围原本只限于美洲，中国代表担心日本乘机假意利用，"加入彼所谓亚洲门罗主义，以霸远东"，因此"只能请其单提美洲

① 《参与欧洲和会全权委员处第一次至七十五次会议录》，1919 年 2 月 5 日，中国代表团第十次会议录，台北"中研院"近代史研究所档案馆藏北洋政府外交部档案，馆藏号：03—37—012—01—001。
② 《外交部收议和全权大使办事处函：函告和会各种情形》，1919 年 5 月 12 日，台北"中研院"近代史研究所档案馆藏北洋政府外交部档案，馆藏号：03—33—150—02—016。

孟罗主义，不用概括字样。否则只能临时声明决难承认"。① 4 月 10 日的联盟委员会会议上，美国正式提出在有关保全联盟国领土和政治独立的第十条中增加一款，即"国际契约，如公断条约或区域协商，类似孟罗主义者，皆属维持和平，不得视为与本盟约内任何规定有所抵触"。对于美国的门罗主义提案，顾维钧一再努力对其措词进行修改，以免其范围扩及美洲之外，但最终只是改了个别词，稍稍限制了其范围。②

　　另外值得关注的还有中国对日本提出的"种族平等"提案的态度。2 月 13 日第十次会议上，日本提出在国联盟约草案二十一条关于宗教平等的规定后面加上"种族平等"的内容，即："各国民平等是国际联盟的一项基本原则，因此缔约国要一致同意：尽快对在联盟成员国的一切外国人，不管在任何问题上都给予平等公正的待遇；不管种族或国籍如何，在法律上或事实上都不设任何差别的规定。"③ 日本提案之初衷，首先是因为日本侨民或日裔移民在英美世界遭受歧视和排斥的现实问题需要解决，同时更是要藉此追求与西方大国真正同等地位。针对日本的提案，中国代表顾维钧在会上发言，其中谓："对于日本全权所提出之修正案，中国政府与人民均极所关心，诸君亦可料及。本席对于日本代表提议修正案之精神自表同情，惟未奉政府训示以前，请以本席对于此问题发言之权留待日后。"④ 4 月 11 日国际联盟盟约起草委员会第十五次会议暨最后一次会议上，日本代表牧野伸显提出了修正案，将"种族平等"改为"邦国平等"，并提议在盟约前言插入修正案⑤。最后盟约起草委员会对日本之修正案进行表决，赞成者有中国、日本、法国、

---

　　① 《议和全权大使办事处致外交部函：和会事》，1919 年 6 月 12 日，台北"中研院"近代史研究所档案馆藏北洋政府外交部档案，馆藏号：03—37—003—02—023。

　　② 详见唐启华：《北京政府与国际联盟（1919—1928）》，台北东大图书公司，1998 年，第 33—34 页。

　　③ 《人种差别撤废·国际连盟》，日本外务省资料，网址：https：//www.jacar.archives.go.jp/aj/meta/result? DB＿ID＝G0000101EXTERNAL&DEF＿XSL＝default&ON＿LYD＝on&IS＿INTERNAL＝false&IS＿STYLE＝default&IS＿TUNMBNAIL＝&IS＿NUMBER＝20&IS＿SORT＿FLD＝sort.seq%2Csort.refc&IS＿SORT＿KND＝asc&DIS＿SORT＿FLD＝sort.seq&IS＿LGC＿T1＝AND&IS＿TAG＿T1＝InD&IS＿KEY＿T1＝人種差別撤廢&IS＿KIND＝summary&IS＿START＝1&IS＿LGC＿S17＝AND&IS＿TAG＿S17＝prnt.eadid&IS＿CHK＿OR＿S17＝F2006092113592178901&IS＿HIERARCHY＿RSCH＝1。

　　④ 《参与欧洲和会全权委员处第一次至七十五次会议录》，1919 年 2 月 15 日，中国代表团第十八次会议，台北"中研院"近代史研究所档案馆藏北洋政府外交部档案，馆藏号：03—37—012—01—001。

　　⑤ "Racial Equality Is Excluded from League Covenant," *The China Press*，Apr. 15，1919。

意大利、希腊、塞尔维亚、葡萄牙、捷克斯洛伐克八国"共计十一人多数"，但英国、美国、巴西、波兰和罗马尼亚五国没有投票支持。[①] 此次会议上，顾维钧投票赞成的同时，也发言明确表示赞同修正案"所指原则"入约，他指出："日本提案所指原则，难免牵及各种问题，而此项问题似非朝夕能求圆满解决；但以原则论，本代表深愿以之列入盟约内，望诸代表不致有十分困难之处。"[②] 当时，中日关系正因为山东问题而处于交恶状态，在此情形下，中国方面坚持赞成提案基本原则，尤可见其要求国家平等和公道待遇国民，并捍卫国际正义的基本立场。[③]

总之，对于《国际联盟盟约》所构建的国际新秩序，中国从一开始便有极高之期许。只是，从盟约的议定开始，其本质主要是为了维护以英法为代表的战胜国的既得利益和它们所建立的国际新秩序，这一秩序存在很多问题，是残缺不全的。[④] 由上述中国参与盟约议定的历史来看，中国外交的重点仍是要努力抵制外国的扩张侵略，并尽力争取国际平等地位，而且要达成上述目标并不容易。

1919 年 4 月 28 日，威尔逊将二十六条盟约草案提交大会获得通过，并把盟约置于《凡尔赛和约》《圣日耳曼条约》等战后和约的第一部分。中国通过参战获得入会资格，参与了盟约的议定进程，于 1919 年 9 月 10 日签订了《圣日耳曼条约》（对奥和约）。1920 年 1 月 20 日，《凡尔赛和约》正式生效，国际联盟宣告成立。由于中国在对奥和约上签了字，中国成为国际联盟创始国，也参加了《国际联盟盟约》。

缔结《国际常设法院规约》，也是中国在政治上拓展平等条约关系的重要方面。

1920 年 2 月，国联行政院开始筹划组织各国专家代表讨论有关国际法院

---

① American Delegates, *What Really Happened at Paris: The Story of the Peace Conference, 1918-1919*, New York: Charles Scribner's Sons, 1921, p. 415.《外交部收议和全权大使办事处函：和会事》，1919 年 7 月 19 日，台北"中研院"近代史研究所档案馆藏北洋政府外交部档案，馆藏号：03—37—003—02—038。

② 《外交部收议和全权大使办事处函：和会事》，1919 年 7 月 19 日，台北"中研院"近代史研究所档案馆藏北洋政府外交部档案，馆藏号：03—37—003—02—038。

③ 吴建雍、李宝臣、叶凤美译：《颜惠庆自传——一位民国元老的历史记忆》，第 138 页。

④ 详见徐蓝：《国际联盟与第一次世界大战后的国际秩序》，《中国社会科学》2015 年第 7 期。

建立的计划。11 月 24 日，国联第一届大会开始讨论国际常设法院组织草案。12 月 13 日，国联第一届大会一致通过了《国际常设法院规约》。

《国际常设法院规约》一共 64 条，它规定国际常设法院独立存在于海牙国际仲裁法院之外，管辖国联会员国和非会员国提交的案件。法官由各国推举，并由国联行政院任命。每年定期开庭审案，法官全部出庭。该公约确立了国际社会期待已久的国际司法制度，其有关"法官的选举、法庭的管辖、适用法律的原则、审判的程序，被现在的国际法院——沿用"。[①] 而在管辖权限上，该公约试图有所突破，但最终还是没有实现完全的强制管辖权。具体可见公约第三十六条第二款规定："国际联盟各会员国及盟约附件所述各国，得在签订或批准本规约所附着的议定书时或在以后声明就具有下列性质的一切或任何种类法律争端，对于接受同样义务的任何其他会员国或国家，承认法院的管辖为当然而具有强制性，不必另行特别协定：（甲）条约的解释；（乙）国际法的任何问题；（丙）任何事实的存在，如经确定，即属违反国际义务者；（丁）因违反国际义务而应予赔偿的性质或范围。上述声明得无条件为之，或以数个或特定的会员国或国家间彼此拘束为条件，或以一定的期间为条件。"[②] 也就是说，强制裁判仅限于愿受强制裁判之国，缔约的国家如对此作出声明，则关于如上争议，即接受了强制裁判之制度。

1920 年 12 月 16 日，四十六国代表签字接受该公约时，中国代表顾维钧和唐在复也一并予以签署。但是，直到 1921 年 9 月 29 日，中国政府才正式批准该约。对于强制裁判，外交部认为："我国素来崇尚法理，在原则上当然予以承认，并拟于声明时仿照和兰等国办法，附加相互主义及五年为期两项条件以资保障"，因此，中国政府在批准时一并对第三十六条第二款做了如上声明。[③]

对于国际法庭有条件的强制管辖，当时多数国家并未声明同意。中国在这里虽然提出理由是"素来崇尚法理"，但事实却不尽然。中国的表态一方

---

① 杨泽伟：《宏观国际法史》，武汉大学出版社，2001 年，第 213 页。

② 《国际常设法院规约》，世界知识出版社编：《国际条约集（1917—1923）》，第 540 页。

③ 《外交部呈大总统：呈请批准国际法庭规约议定书》，1921 年 9 月 23 日，台北"中研院"近代史研究所档案馆藏北洋政府外交部档案，馆藏号：03—23—116—01—012。

面是要借此宣扬中国的文明开化，提升本国在国际社会的形象和地位；另一方面更是要依恃国际常设法庭以维护国家利权。早在 1907 年的海牙和会上，中国外交代表陆征祥就已明确主张海牙仲裁法院应有强制管辖权，并且对有关治外法权被排除在强制仲裁之外的提议表示了强烈抗议。由此可见晚清与民国在这方面的传承。在某些情况下，强制仲裁或裁判，确实能保护弱国反对强国。只是，无论是海牙国际仲裁，抑或是国际常设法院裁判，都牵涉到十分复杂的国际法问题，更牵涉到各国之间盘根错节的既得利益，中国政府要在这里有所作为谈何容易？1926 年开始的中比修约交涉中，中国试图以单方面宣布终止中比条约作为"到期修约"方针的试金石，但是很快便遭遇了比利时诉诸国际常设法院裁决的抗击，中国很快因此陷入困境。①

二、 军事领域国际公约关系的发展

参与军事方面的国际公约是近代中国发展平等条约关系的重要内容。民国时期中国与军事领域国际公约关系发展的一个重点，是中国补签了一批第二次海牙和平会议上中国没有参加的战争法公约，中国与战时国际公约的关系有了新的发展。另外，一战结束后，中国在武器贸易的国际监察以及作战武器的限制上也建立起多边条约关系。

晚清中国通过参与两次海牙保和会和其他一些国际会议，签署了十余项有关战争法的国际公约，同时尚余六项战争规则方面的公约没有参加，这也成了留待民国政府解决的问题。这六项公约分别是：《陆战法规及惯例条约》《关于战争开始时敌国商船地位公约》《关于商船改充战舰公约》《关于铺设机器自动触发水雷公约》《关于海战中限制行使捕获权条约》以及《设立万国捕获物审判院条约》。一战爆发前，民国北京政府的一项重要工作便是议决是否补签这六项战争法公约。

有关补签战争法公约及取消保留条款的研究和决策主要依托第三次海牙保和会准备会进行。该会于 1912 年 12 月由总统下令特设，并由外交、陆

---

① 唐启华在论述中比修约交涉时，详细分析了国际法庭裁判问题出现和发展的过程，详见唐启华：《被"废除不平等条约"遮蔽的北洋修约史（1912—1928）》，第 374—382 页。

军、海军和司法各部派员，时任外交总长陆征祥担任会长。该会的目标是就预拟于 1914 年召开的第三次海牙保和会各项问题事先进行研究和决议，由会长转呈总统交由国务院办理。[①] 其中一项重要工作内容是讨论和决定上述战争法公约的补签及保留条款的取消问题。这项工作从 1913 年 1 月 31 日第五次会议正式开始，讨论至 1913 年 3 月 27 日，已经完成了取消部分保留条款的研究。[②] 5 月 17 日国务院致函外交部等各相关部门，令其办理取消保留条款的外交手续及相关公约的施行问题。[③] 从 1913 年 5 月 8 日第十五次会议开始，准备会开始讨论第二次海牙保和会上中国尚未签押之六项公约，到 1914 年 6 月 8 日第四十四次会议结束，准备会已通过了补签除《设立万国捕获物审判院条约》之外的其他五项战争法公约的决议。其中，要求补签陆战、海战各约的呈文分别在 1913 年 6 月和 1915 年 2 月获得总统批准，交由外交部办理。4 月，外交部致函驻荷公使开始办理补签手续。后因加入文书及国内政局变动等因暂行缓办。1916 年 12 月 6 日，外交部递送了补押 1907 年第二次海牙保和会呈文，11 日奉总统指令批准。翌年 5 月 9 日，中国驻荷兰公使唐在复将签押约本照送荷兰外交部。至此，基本完成五项战争法公约的加入程序。[④]

显然，参与战争法的外交程序虽然最终完成于一战爆发之后，但其决策在一战前就已基本成形。因此，就决定补签之初衷而言，与一战的直接关联不大。事实上，有关战争法公约补签的讨论和决策是在筹备第三次保和会的范畴下推进的。在准备会有关要参与的战争法公约或部分公约条款的持论中，有两种旋律左右着中国的外交决策，而且颇能反映民初中国外交的一些基本趋向。一是强烈的秩序定位意识，尤其强调通过补签战争法公约以平等姿态融入国际社会。例如，准备会议决陆战应行签押呈稿时谓："中国对于

---

① 《保和会准备会第七次会议录》，1913 年 2 月 20 日，台北"中研院"近代史研究所档案馆藏北洋政府外交部档案，馆藏号：03—35—003—01—007。

② 《保和会准备会第十二次会议录》，1913 年 3 月 27 日，台北"中研院"近代史研究所档案馆藏北洋政府外交部档案，馆藏号：03—35—003—01—012。

③ 《函送保和会准备会会长说帖及呈批》，1913 年 5 月 17 日，台北"中研院"近代史研究所档案馆藏北洋政府外交部档案，馆藏号：03—35—002—02—007。

④ 唐启华对准备会各次会议议题有简要介绍，这里不赘。唐启华：《清末民初中国对"海牙保和会"之参与（1899—1917 年）》，台北《政治大学历史学报》第 23 期，2005 年 5 月，第 75—81 页。

已经画押之各国，既居同等地位，即应一体签押。"① 同样，补签其他四项有关海战法国际公约的呈文首先也强调了"各国既早经画押，我国位居同等，但求无甚妨害之处，应请一体画押"。② 二是立足战争法公约的文本内容和性质分析，肯定其立意甚善，并从公约对等的法律约束作用层面，强调通过补签公约来维护国家利权。民初北京政府在上述有关战争法公约及相关条款的研讨中，都会说明条约在解决某项国际共同事务中的作用，亦清晰地肯定陆战法等公约"所提倡者多系人道主义应有之事"，立意甚善，③ 从而明确肯定了上述战争法公约在规定国际间共同利益和价值方面的进步性。另外，在对战争法公约进行分析时，民初政府进步触及到战争法公约在国际法规范方面的作用和特征，并认识到缔约国之间对等的条约权利义务关系。例如，准备会在讨论陆战公约时便明确指出，"假使我国与他国争战而有违背约章情事，未必他国因我未经画押即可免求赔偿，且恐我国亦难专据未经画押之理由力求解免"。④ 该会在呈请补签关于敌国商船地位之公约时也指出："诸强画押者业已十九，我虽不加入此约，战时亦不能行动自由，任意处置致贻口实。"⑤

此外，民初北京政府还通过推广战争法公约和颁布惩治违约行为的刑律来提升履行公约的能力，也表现出了更主动承担国际义务的进取意识。陆军部在 1912 年 12 月公布《红十字条约解释》，对晚清时期已经加入的《日内瓦公约》逐条释义，要求"凡我军人均应熟读而恪守之"。⑥ 同年 4 月，司法部在大清新刑律的基础上颁行《中华民国暂行新刑律》。作为综合性刑法，

① 《保和会准备会会长陆征祥关于第二次保和会陆战法规等拟请签押致临时大总统袁世凯呈》，1913 年 6 月 27 日，中国第二历史档案馆编：《中华民国史档案资料汇编》第 3 辑《外交》，第 359 页。

② 《保和会准备会会长陆征祥为研究保和会关于海战各约拟请补押致大总统袁世凯呈》，1913 年 6 月 27 日，中国第二历史档案馆编：《中华民国史档案资料汇编》第 3 辑《外交》，第 363 页。

③ 《保和会准备会第十八次会议录（附呈稿一件）》，1913 年 6 月 5 日，台北"中研院"近代史研究所档案馆藏北洋政府外交部档案，馆藏号：03—35—003—01—001。

④ 《保和会准备会第十六次会议录（附吴君德章意见书一件）》，1913 年 5 月 15 日，台北"中研院"近代史研究所档案馆藏北洋政府外交部档案，馆藏号：03—35—003—01—016。

⑤ 《保和会准备会会长陆征祥为研究保和会关于海战各约请补押致大总统袁世凯呈》，1913 年 6 月 27 日，中国第二历史档案馆编：《中华民国史档案资料汇编》第 3 辑《外交》，第 364 页。

⑥ 池子华、崔龙健主编：《中国红十字运动史料选编》第 1 辑，合肥工业大学出版社，2014 年，第 76—84 页。

该刑律在妨害国交罪、内乱罪以及放火决水及妨害水利罪等专章中与战争法公约的某些规定或原则精神形成不同程度的接轨。[1] 之后，准备会也注意到战争法公约中有关违约惩治的内容仍有待在国内立法中进一步体现，表示要"尽国际上之义务"，并议决将《日内瓦公约》中有关禁止红十字记章滥用的专条"附入刑律之内，以昭郑重"，且要订立专门军律禁止战时抢掠和虐待伤病员。[2]

1914 年 7 月 28 日，一战爆发，中国与战争法公约的关系发展进入到全面实践阶段。

北京政府内部虽有参战之议，但仍很快宣告完全中立，并试图依据战时中立公约来处理相关的内政和外交问题。然而，伴随日本对德宣战并出兵胶州湾，中国其实从一开始就卷入了这场战争。面对国际强权的挑战，北京政府运用战争法公约的机制进一步发展，但其中暗藏的危机又预示了中国最终参战的可能趋向。

8 月 6 日，袁世凯颁发大总统令，宣布"对于此次欧洲各国战事，决意严守中立"，并颁布《局外中立条规》，明确要求国人及各级官吏遵行"国际公法"或"国际之条规"，"恪守中立义务"。[3] 该条规是这一时期与战争法公约相关且又最引人注目的国内单行法规，它在结尾处明确规定未尽事宜应遵照 1907 年海牙陆战、海战中立公约办理。[4] 作为临时制法，条规的颁布既是前述中国国际化诉求的继续发展，更体现了北京政府对一战时局的因应。一是它强调全面中立的法律地位，试图以完全中立之身不使欧洲战火殃及中国。上述大总统令宣告中立时，便强调其目的是"欲维持远东之平和与我国

① "司法行政部刑事司"编：《各国刑法汇编》上册，台北"司法通讯社"，1980 年，第 97—101、109—113 页。

② 《保和会准备会第九次会议录（附司法部意见书一件）》，1913 年 3 月 6 日，台北"中研院"近代史研究所档案馆藏北洋政府外交部档案，馆藏号：03—35—003—01—009；《保和会准备会第六次会议录》，1913 年 2 月 15 日，台北"中研院"近代史研究所档案馆藏北洋政府外交部档案，馆藏号：03—35—003—01—006。

③ 《大总统袁世凯关于严守中立令》，1914 年 8 月 6 日，中国第二历史档案馆编：《中华民国史档案资料汇编》第 3 辑《外交》，第 383 页。

④ 《局外中立条规》，1913 年 8 月 6 日，台北"中研院"近代史研究所档案馆藏北洋政府外交部档案，馆藏号：03—36—009—01—006。

人民所享受之安宁幸福"。① 而条规一开始就申明："各交战国在中国领土领海内不得有占据及交战行为，凡中国海陆各处均不得倚之为根据地，以攻敌人"，"各交战国之军队、军械及辎重品中，均不得由中国领土领海经过。"同时，考虑到列强在华之不平等条约特权及惯例，条规第十二条还规定外国在华留驻之兵队不得干涉此次变局。按照内务部当时所编《局外中立条规释例》一书之解释，上述兵队不仅包括了北京使馆卫队及北京到山海关各国所驻军队，还涵盖关外铁路沿线、租借地和通商口岸所派驻之各国驻军。② 二是在内容编排上突出规范和限制交战国的战争行为，声明中国作为中立国固有之权利及地位，表现出藉战争法公约重点防范外国侵犯的意图。该条规首先就提出了规范和限制交战国战争行为的问题。在总共二十四条内容当中，前十四条基本都与这个问题相关；而且，这份条规在限制交战国行为方面，除了明确限制内容以外，一般都写明交战国违反条规之后的制裁措施，并且还特别强调："各交战国有破坏中国之中立条规者，中国如以各种方法阻止时，不得视为启衅之举。"当时亦有舆论将战争法公约的履行与国家主权维护联系起来，表示："深望我当轴诸公实心履行此项条规，以保全我国之主权。"③

上述因应，表现出浓厚的藉战争法公约避免战祸和防范外国侵犯的防御性特征。不过，在强权当道的时代，是否可以完全依恃战争法公约达成上述目标呢？早在 1914 年 8 月 2 日德军入侵中立国卢森堡后，国内舆论就对此提出了疑问，指出"战时国际公法，固有中立之条，然享有此权者，亦视实力"，因此要以卢森堡为殷鉴。④ 北京政府亦清楚知道日本侵华意图之强烈及国际法之不可完全依恃。宣告中立前，政府内部曾有人提议通过交涉或直接参战的方式收回青岛，以避免日本等国在中国用兵；在多数军政要人不赞成主动卷入战争的情况下，北京政府虽决议中立，但仍试图在外交上通过

① 《大总统袁世凯关于严守中立令》，1914 年 8 月 6 日，中国第二历史档案馆编：《中华民国史档案资料汇编》第 3 辑《外交》，第 383 页。
② 王扬滨、胡存忠：《局外中立条规释例》，文益印书局，1914 年，第 54—56 页。
③ 彦深、冗妄：《局外中立》，《欧洲战事汇报》1914 年第 1 期。
④ 《中立与自立（下）》，《欧洲风云》1914 年第 1 期。

限制战区以避免战火殃及中国，遗憾的是这一努力最终化为泡影。[①] 在这种情况下，北京政府也只得将战时中立公约当作避免战祸和维护利权的主要法律武器。

当然，国际公约所规定的规则对所有缔约国而言是相应的权利和义务，北京政府因此亦深知履行公约义务的重要性。政府内部一些深谙国际法之士更是强调指出，"中国必须履行其中立的义务，才能按照国际法保障中立国的权利"。[②] 于是，宣告中立后，北京政府从战时中立公约及条规的推广、执行机构的设立、实施细则的制定等方面入手，出台了一系列推进执行战时中立公约的措施，进一步明确了对"国际规约尤其要审慎遵守"的态度。而在具体的中外关系实践中，则是按照公约，努力承担中立义务，具体涉及到中立期间的船舰航行和货物运输、在华兵队的行动、军舰卸去武装等内容。其中外国船舰航行和货物运输是交涉较多的方面。例如，在局外中立条规颁布后没几天，英国驻华公使朱尔典就照会外交部，指出停泊在汕头的德国商船所装货物有违中立条规，并要求中国查处；外交部在确认德船违规后即发电报给广东地方官员"照章办理"。[③]

然而，在强权横行的时代，中国其实并不能真正置身事外，想要保持完全中立的战时法律地位以维护国家利权是不现实的。首先，中国希望完全中立，但在国际社会根本得不到支持，就连美国也只是同意租界或通商口岸中立，至于租借地则要排除在外。其他国家的反应更是冷淡，北京外交使团甚至都不愿意考虑条约口岸的中立问题。[④] 8 月 19 日，顾维钧与朱尔典晤谈交战国在青岛行动问题时，强调要尊重中国的中立地位，后者则明确指出中国实力不足，不宜提及中立二字。[⑤] 之后，日本为首的交战国更是不顾国际公

---

① 详见王建朗：《北京政府参战问题再考察》，《近代史研究》2005 年第 4 期；侯中军：《一战爆发后中国的中立问题——以日本对德宣战前为主的考察》，《近代史研究》2015 年第 4 期。

② 中国社会科学院近代史研究所译：《顾维钧回忆录》第 1 分册，第 120 页。

③ 《严守中立事、德人侵犯中立事》，1914 年 8 月 11 日，台北"中研院"近代史研究所档案馆藏北洋政府外交部档案，馆藏号：03—36—009—01—027。

④ Memorandum by the Counselor for the Department of State (Lansing) on Course to be Pursued to Preserve the "Status Quo" in China, Aug. 7, 1914, FRUS. The Lansing Papers, 1914-1920, vol. 1, Washington: Government Printing Office, 1939, pp. 1-2.

⑤ 台北"中研院"近代史研究所编印：《中日关系史料·欧战与山东问题》上，1974 年，第 61 页。

法，肆意侵犯中国的中立地位和权利。8 月 23 日，日本借口英日同盟正式对德宣战，9 月 2 日便强行在山东龙口登陆，横截莱州半岛为交战区域，严重违背了战争法公约关于中立国领土不得侵犯的规定。顾维钧等国际法专家主张按照公约规定，执行中立条款，抵制日本侵略；但袁世凯采纳陆军部意见，认为中国在军事上没有准备，碍难实施中立条款，故提出"根据自己的实际情况制订自己的国际法"，决定单独划出行军作战区域作为因应。① 9 月 3 日，北京政府照会各国公使，声明"龙口莱州及接连胶州湾附近各地方，确实为各交战国军队必须行用至少之地点，本政府不负完全中立之责任"。② 之后日军又擅自越过上述界限，进占潍县车站。中国立即提出抗议，日本竟置之不理，进而又于 10 月上旬深入中立地带四百余里，占领济南车站。时论谓："我国因欧洲之战而宣告中立，因日本之攻青岛而至为局部之中立。"③ 可以说，中国在法律上由完全中立变为局部中立，而在事实上连局部中立都不得保证，这一局面形成的根本原因显然是日本为首的国际强权对中国主权的蔑视。

在这当中，北京政府不仅没有如条规所言以武力阻止，还允许交战国军队通过其中立领土作战，对强权抗争不力是不容否认的事实。当然，北京政府也清楚知道这样做有违战争法公约。在这种情况下，究竟怎样才能做到既维持公正履约的国家形象又有效维护国家利权？围绕这一目标，北京政府打出了看似矛盾其实颇为微妙的"违约"牌。

一方面，为维护国家形象和避免日后德国追责，在上述 9 月 3 日的照会中公开强调在中立问题上中国虽"竭力奉行"，但交战双方均有违约破坏中国中立的事实，即"德军队在胶州湾一带有行军战备各形状，日、英联合军在龙口及胶州湾莱州附近一带亦有军事行动等情"。④ 值得注意的是，早在日、英军队由胶州湾租借地外进攻德军之前，北京政府便已向英、日交涉，要求备文责问或声明交战国由中立地登岸违犯中立。这显然是为了维护中立

① 中国社会科学院近代史研究所译：《顾维钧回忆录》第 1 分册，第 120—121 页。
② 王芸生编著：《六十年来中国与日本》第 6 卷，第 49 页。
③ 吴贯因：《局外中立条规质疑》，《大中华》1915 年第 1 卷第 1 期。
④ 《外交部致各国公使照会》，《政府公报》第 839 号，1914 年 9 月 5 日。

国体面和应付德国之诘责，但是未得英、日同意。① 而这里的局部中立照会
强调了各方违犯之处，明显具有备文责问和声明之效，阐明了中国在上述地
区放弃中立义务的基本缘由和立场。

　　另一方面，为阻止日本在山东的推进和督促其归还胶州，对日本私下强
调中国可"主动违约"给以便利，同时拉动英国予以牵制。就在 8 月 15 日
日本对德通牒发布后，外交部致电驻日公使陆宗舆，强调日本宣称无意占领
土地，且有将胶州湾租借地全部交还中国之目的，要其专门感谢日本政府
"真诚友好之意"。② 而到后来划定行军作战区域时，外交部与日使日置益沟
通指出，"日德构兵，系为还我胶澳，我苟可暗中给以行军利便，无不为
力"。③ 由前述可知，中国违约主要还是迫于日、英的强压，这里强调"主动
违约"更是一种增加交涉筹码的策略。事实上，当时英国也不希望日本在山
东有太多推进，英国驻华使馆也曾敦促政府采取行动阻止日本占领山东铁
路。④ 北京政府因此也很重视英国对日本的牵制作用，并在战时中立公约相
关的交涉中，一度对英国表示出友好甚至"偏袒"的态度。对此，朱尔典在
其 9 月 26 日给政府的报告中颇为自豪地给予了肯定。⑤ 而在其 11 月 16 日的
报告中，他还指出北京政府之所以同时照会英、日两国，要求它们保护中国
在胶州财产并尊重中国在该地的权利，"目的是要在胶州的最终安排问题上
将英国与日本捆在一起"。⑥

　　不过，上述策略虽有其实施之无奈和必要，但它在事实上并未能有效缓
解前述困境，而且还进一步暴露了北京政府运用战争法公约机制的局限性。
在照会指明交战双方违约破坏中国中立后，德奥两国还是向北京政府提出抗

---

　　① 台北"中研院"近代史研究所编印：《中日关系史料·欧战与山东问题》上，第 62 页；王芸生编著：《六十年来中国与日本》第 6 卷，第 46—49 页。

　　② 王芸生编著：《六十年来中国与日本》第 6 卷，第 43—44 页。

　　③ 王芸生编著：《六十年来中国与日本》第 6 卷，第 45—46 页。

　　④ The Minister in China (Reinsch) to the Secretary of State (Telegram), Sep. 30, 1914, 1914 Supplement, the World War, FRUS, p. 182.

　　⑤ Foreign Affairs Commissioner Wang to Acting Consul-General Willis, Sep. 12, 1914, China, Aug. 1914-Oct. 1918, vol. 22, Series E, Part Ⅱ, British Documents on Foreign Affairs: Reports and Papers from the Foreign Office Confidential Print (hereafter BDFA), University Publications of America, 1994, pp. 7-8.

　　⑥ Sir. Jordan to Sir Edward Grey, Nov. 16, 1914, China, Aug. 1914-Oct. 1918, vol. 22, Series E, Part Ⅱ, BDFA, pp. 19-20.

议，指出中国宣布特别区域"系在日兵登岸之后"，且此举"但便于德国敌军之行动"，故战争结束后德国在青岛所蒙之损害要中国赔偿。[1] 而日本对于中国的提醒和"示好"更是置若罔闻，肆无忌惮地推进自己的侵华战略。英国对日本的做法虽有不满，但也是尽量采取顺从的态度，朱尔典甚至认为中国在山东权益的维护上"过于积极"并有点让人厌烦，同时他也指出在中国局势走向上起决定性影响的是日本，而且如果日本在山东积极推进侵略步伐，会进一步增加中国的怀疑和担心。[2]

可见，宣告中立之初，战争法公约乃是北京政府因应时局的重要工具。在限制战区等策略无法实施的情况下，北京政府指望通过积极履约来避免战祸和维护利权。但是以日本为首的强权挑战，使得其运用战争法公约的目标从一开始就陷入困境。之后北京政府无奈部分放弃中立义务，由完全中立转向局部中立，并打出"违约"牌予以补救，但未能有效缓解困境。这就为其之后放弃中立法律地位，进而转向参战埋下了伏笔。

1915 年初，日本加大推进侵略步伐，对华提出"二十一条"要求，使得北京政府通过战时中立公约来维护国家利权变得更加艰难。为提升国家地位和维护利权，国内要求通过参战而参与战后和会的呼声日渐高涨，而在与战争法公约的关系发展上，北京政府最终迈上参战之路。

1914 年 11 月青岛为日英联军占领。翌年 1 月 7 日，北京政府外交部考虑到该地战事已经结束，便正式照会日英两国公使，声明取消战区，并要求两国撤兵，"以符尊重中国中立之意"。[3] 但是，日本非但无意撤走，反而在 1 月 18 日直接向袁世凯递交旨在将中国变为其附庸国的"二十一条"要求。日本侵华战略的强力推进使得北京政府运用战时中立公约的机制深受重创，北京政府自认为"中国因此遭遇了有史以来最严重的危机"。[4] 在此背景下，参加战后和会以妥善解决山东问题和提高国际地位成为中国朝野的共识。北

① 王芸生编著：《六十年来中国与日本》第 6 卷，第 49—50 页。

② Sir J. Jordan to Sir Edward Grey, Nov. 16, 1914, China, Aug. 1914-Oct. 1918, vol. 22, Series E, Part II, BDFA, pp. 19-20.

③ 王芸生编著：《六十年来中国与日本》第 6 卷，第 62—63 页。

④ Minister Reinsch to the Secretary of State, Feb. 10, 1915, with the address of the President to Congress Dec. 7, 1915, FRUS, 1924, p. 85.

京政府外交部更是在日本提出"二十一条"的当天便确立了积极参与战后和会的政策，同时也逐步意识到中国必须加入协约国方面作战才能为日后参与和会提供保障。11 月，北京政府向英、法、俄三国正式交涉要求参战。但是日本十分担心战后和会召开时中国会以参战为由要求协约国让步，故坚决反对中国参战。12 月 6 日，日本政府为此正式照会英、法、俄等国。后者经过一番权衡，最终选择对日本让步。① 这样，中国在 1915 年间试图通过外交交涉转向参战的努力以失败告终。

不过，北京政府虽然在明面上没有宣告放弃中立的法律身份，但就这一时期中国与战争法公约的关系发展来看，无论是与公约接轨的内容，抑或是公约的履行实践，其实已经在朝参战迈进。

首先，就战争法公约的签署和国内法的制定而言，这一时期中国跳出战时中立规则的范畴，开始积极向调整交战国相互关系的战争规则发展。毫无疑问，这已经在为将来参战做准备了。如前所述，在一战爆发前保和会准备会已决议补签五项有关战争规则的公约，其中要求补签《陆战法规及惯例条约》的呈文也已获得总统批准，而补签另外四项海战各公约的呈文则是在1915 年 2 月获得总统批准。1915 年下半年，考虑到《陆战法规及惯例条约》事关重大，又由统帅办事处组织参谋部、海军部、陆军部和训练总监等召开特别会议，重点对有关违约由国家承担责任之条进行讨论，最终还是决定补签该约，并再次强调了"对敌则赖此加以限制"之意。② 后因国内政局变动，补签手续暂行缓办。1916 年 12 月外交部再次要求补签上述五约的呈文获总统批准。1917 年 5 月 10 日，荷兰外交部收到北京政府签署之约本。③ 至此，北京政府终于赶在宣战之前完成了五项战争规则方面公约的加入手续。同时，北京政府还在国内出台涉及战争规则公约的单行法规，以进一步明确权

---

① 详见［美］徐国琦著，马建标译：《中国与大战：寻求新的国家认同与国际化》，上海三联书店，2008 年，第 99—112 页。

② 《保和会陆战规例条约拟请签押》，1915 年 12 月 26 日，台北"中研院"近代史研究所档案馆藏北洋政府外交部档案，馆藏号：03—35—004—02—012；中国第二历史档案馆编：《中华民国史档案资料汇编》第 3 辑《外交》，第 362 页。

③ 《外交总长陆征祥呈大总统：第二次保和会条约文件编印成书请备案文》，《政府公报》第 740 号，1918 年1 月 17 日。

责。如 1915 年 3 月和翌年 4 月先后公布的《陆军刑事条例》《海军刑事条例》，对擅自开战、战时掠夺、虐待俘虏等犯罪的处罚作了专章规定；[①] 10 月，参照有关战场救护的《日内瓦公约》，公布《中国红十字会条例施行规则》，规定中国红十字会及分会享有《日内瓦公约》及其推行于海战之公约权利。[②] 就与战争法公约的关系发展而言，上述动作乃是对前一国际化进程的延续，但是这个时间点和内容耐人寻味。事实上，这也为中国以交战国身份履行各项国际义务和维护相应利权奠定了法律基础。

另外，在事关战争法公约的中外关系实践中，北京政府已离中立义务的坚守渐行渐远，这尤其表现在暗输军火与英国以及派遣华工赴欧这两件事情上。暗输军火一事源自 1915 年底，英使朱尔典以香港防守亟需军实为由，与税务处督办梁士诒接洽，请求中方助力。梁士诒本是积极主张中国参战的，听闻英国之请，便立即劝袁世凯答应此事，"以为对协约国必须帮助，为将来地"。袁亦以为然。于是从 1915 年 12 月至次年 1 月，北京政府以秘密的方式，向香港运去步枪 2.4 万余支，山炮快炮若干门。但梁士诒又觉得"运械助英，事亦渺小，知非建奇功，将来于国际上恐难保持地位"，于是着手策划招募华工前往协约国工作，以达间接参战，提高中国国际地位之目的。从 1915 年下半年开始，在梁士诒的积极运作下，英法等协约国相继派人来华，以私人公司名义招募华工数以十万计，输往欧洲以解人力不足之困。为免资口实，1917 年初外交部密函指示各督军和省长，有关华工的"一切议订合同手续"，"统由地方商会办理"，但实际上"仍由地方官默为主持"。[③] 上述行为与北京政府的参战政策有密切关系。朱尔典指出中国向协约国秘密运送军火就是为参战铺路；[④] 英使馆代理公使艾斯敦亦提到，北京政

---

① 中国第二历史档案馆编：《北洋政府档案》第 113 册，中国档案出版社，2010 年，第 40—72 页；中国第二历史档案馆编：《中华民国史档案资料汇编》第 3 辑《军事》（一）上，江苏古籍出版社，1991 年，第 1410—1422 页。

② 陈明光主编：《中国卫生法规史料选编（1912—1949.9）》，上海医科大学出版社，1996 年，第 770 页。

③ 陈三井等主编：《欧战华工史料》，台北"中研院"近代史研究所，1997 年，第 20 页。

④ Jordan Annual Report to FO, 1919, PRO, FO405. 转引自［美］徐国琦，马建标译：《中国与大战：寻求新的国家认同与国际化》，第 109—110 页。

府外交部长认为中国允许协约国在华征募劳工，因而有权参与战后和会。①
虽然北京政府强调它维持中立的立场并无变化，但暗中输军火与交战国确实
有违中立公约，而大量华工赴欧正如德国公使辛慈（Hintze）在抗议照会中
所言，"虽非直接协助，实系一间接供给战事"。② 事实上"以工代兵"也是
后来中国参战的主要形式。因此，无论是暗中输军火与英国，还是支持派遣
华工赴欧，都可以视为中国正式参战的前奏。不过，在正式宣战前，北京政
府依然要公开维持遵守中立公约的形象，故极力掩盖和辩解助战之实质。在
协约国在华招工一事上，面对德奥两国的屡次抗议，外交部竭力强调中国已
尽严守中立之义务。其反驳的理由，一是"华工出洋向所不禁"，二是协约
国政府已经声明华工"不得干涉战事"。③

　　1917 年 1 月，德国违背战争法公约，宣布无限制潜水艇战，这为北京政
府再次推进参战政策提供了契机。2 月 3 日美国宣布对德绝交，之后力劝中
国采取一致行动。北京政府会议数日，在 2 月 9 日发布照会，对德抗议并预
言绝交。之后，协约国，包括一向反对中国参战的日本，出于现实需要都极
力劝说中国对德绝交加入战团。3 月 14 日北京政府正式发布对德绝交照会，
并最终在 8 月 14 日对德奥两国正式宣战。尽管协约国的邀请是北京政府参
战的重要推动力，不过从这一时期中国与战争法国际公约关系发展的层面依
然能看出其参战的主动性及其对外政策的连贯性。

　　一是在参战原因上表达了平等融入国际社会和维护国家利权的一贯诉
求。早在讨论并决定对德抗议时，外交当局就表达了这方面的主旨，强调德
国的战略"违反公法，侵害我国权利，我为国家资格计，不能默尔"，而且
要利用机会"为外交开一新纪元，跻于国际平等之列"，此外可得到协约国
的同情，避免"孤立无助，将来和平会议听人处分"。④ 之后，北京政府打出

　　① Mr. Alston to Mr. Balfour, Feb. 4, 1917, China, Aug. 1914-Oct. 1918, vol. 22, Series E, Part Ⅱ, BDFA, p. 231.

　　② 《某某交战国招工希设法禁阻》，1916 年 7 月 15 日，台北"中研院"近代史研究所档案馆藏北洋政府外交部档案，馆藏号：03—31—001—02—010。

　　③ 《外人招工事》，1916 年 8 月 9 日，台北"中研院"近代史研究所档案馆藏北洋政府外交部档案，馆藏号：03—31—001—02—012。

　　④ 中国第二历史档案馆编：《中华民国史档案资料汇编》第 3 辑《政治》（二），江苏古籍出版社，1991 年，第 1168—1169 页。

参战牌，分别向各协约国要求利益保证，其中就涉及到提高关税、延付庚子赔款、暂停执行《辛丑条约》有关条款以及参与战后和会等方面。[①] 而按照战争法，宣战也意味着对其所攻击的国家解除"除有关战争行为的国际义务以外的所有国际法义务"。[②] 北京政府对德奥同时宣战，在很大程度上也是考虑到要收回两国在华特权。它在宣战时，正式宣告所有中国与德奥两国订立之条约及其他涉及中国与德奥两国关系的国际协议一律废止。[③] 通过宣战通告的方式废除与交战国所订条约，这在第一次世界大战中"尚属首次"，也"开启了改变不平等条约关系的先例"。[④]

二是继续维持遵守战争法公约的文明国家形象，并坚持以战争法公约为法律依据，促成宣战的合法化。在宣告参战时，北京政府对外强调了中国"尊重公法，保护人民生命财产"的基本宗旨和立场，表示"对于海牙保和会条约及其他国际协约一切关于战时文明行动之条款仍遵守不渝"。而在宣战程序上，也是按照《关于战争开始的公约》的规定，在对德奥发布宣战声明的同日，还将宣战声明照送各中立国公使。另外，在声明宣战理由时，着重谴责了德国违约侵权非人道的一面，指出其施行潜水艇计划"违背国际公法，危害中国人民生命财产"，"伤害人道"，而且在中国宣告抗议和绝交后仍无变更之希望，[⑤] 从而将中国的参战从一开始纳入到国际法所认同的正义战争的范畴。

第一次世界大战历时四年有余，战争的长期化和极端残酷性也推动国际社会去反思战祸，去思考采取措施进一步提升人类的人道和文明。一战结束后，《监察军械子弹及其他军用品国际贸易公约》因此应运而生，这也为中国政府拓展与军事方面国际公约的关系提供了机会。

早在 19 世纪末，国际社会就已经开始就军械及弹药的贸易问题展开合

---

① 详见王建朗：《北京政府参战问题再考察》，《近代史研究》2005 年第 4 期。

② ［德］奥本海著，［英］劳特帕特编，中国人民外交学会编译委员会译：《奥本海国际法》第 2 卷第 1 分册，法律出版社，1955 年，第 187 页。

③ 《宣告中国与德奥两国入于战争之状态由》，1917 年 8 月 14 日，台北"中研院"近代史研究所档案馆藏北洋政府外交部档案，馆藏号：03—36—015—01—024。

④ 李育民：《近代中外战争与条约关系（下）》，《社会科学研究》2016 年第 1 期，第 151 页。

⑤ 《对宣战请转告德政府由》，1917 年 8 月 14 日，台北"中研院"近代史研究所档案馆藏北洋政府外交部档案，馆藏号：03—36—015—01—022。

作监管。1890 年 7 月 2 日，各国在比利时布鲁塞尔曾议定一份关于规定军械或弹药之贸易及留止的决议书，但适用范围有限。因此，巴黎和会上，各国决定重新议定公约，将其适用范围进一步推广到到非洲、亚洲等广大地域。1919 年 9 月 10 日，各国在巴黎签订《关于监察军械及弹药贸易之专约》，详细规定了禁止军械及弹药输出的种类、地域，并进一步规定了各缔约国在这方面的监管责任及陆上、海上监察办法。同时各签字国代表还签订了一个议定书，明文规定签字国于条约签字之后和批准之前的义务，即"如在该专约发生效力以前，一缔约国采用办法反对该专约之条款者，视为反对各缔约国之旨趣及该专约之精神"。[①]

中国外交部、陆军部等部门对和会上有关军械监察和军备限制方面的讨论十分重视，认为军械监察专约"自应赞同"。[②] 并且，很快在《司法公报》上将该公约全文予以刊布。[③] 1920 年 6 月 18 日，中国政府在批准对奥和约时，批准了该约。但是，缔约各国对于批准则是观望不前的状态，后特允许各国加保留声明，这样可使该公约之批准较为容易办到，业经批准各国，除中国外，尚有暹罗和希腊两国没有保留。[④] 最后，正式批准该约的只有中国与巴西、智利等十国，而协约及主要参战国均未批准，之后虽然有相关国际活动，但该约未能全部批准生效。[⑤]

1925 年 5 月 4 日至 6 月 17 日，在国际联盟行政院召集下，四十五国与会代表对草案加以修改，并于 6 月 17 日重新议定了《监察军械子弹及其他军用品国际贸易公约》。与原约相比，新约对军械贸易限制范围有所放宽，更方便各国参加。[⑥] 1927 年 3 月 26 日中国对重新修改的公约皆予以批准。

中国还于 1925 年 6 月 17 日加入《关于夷福尼地域宣言》（将非洲北部

---

① 《关于监察军械及弹药贸易之专约》，薛典曾、郭子雄编：《中国参加之国际公约汇编》，商务印书馆，1937 年，第 170—179 页。

② 《陆军部咨外交部：关于圣日耳曼宫军械公约自应赞同请查照办理》，1921 年 7 月 6 日，台北"中研院"近代史研究所档案馆藏北洋政府外交部档案，馆藏号：03—23—113—01—016。

③ 《司法公报》1919 年第 120 期，第 225—245 页。

④ 《国际联合会全权代表办事处秘书致外交部函：函复已将我国赞成军械公约各情酌复秘书长》，1921 年 7 月 6 日，台北"中研院"近代史研究所档案馆藏北洋政府外交部档案，馆藏号：03—23—113—01—017。

⑤ 《监察军械子弹及其他军用品国际贸易公约》，薛典曾、郭子雄编：《中国参加之国际公约汇编》，第 903 页。

⑥ 《国际联合会全权代表办事处致外交部函：行政院通过监理国际军械贸易公约议决案请察阅》，1926 年 2 月 12 日，台北"中研院"近代史研究所档案馆藏北洋政府外交部档案，馆藏号：03—23—114—01—018。

相关地方列为特别区，在监察军械子弹及其他军用品贸易区之外）、《关于禁用毒气或类似毒品及细菌方法作战议定书》、《签字议定书》、《监察国际军械子弹及各项军用品贸易会议蒇事文件》。《关于禁用毒气或类似毒品及细菌方法作战议定书》宗旨为禁止化学战、生物战，以保护人类健康和维持国际人道主义。中国当时曾派国际联盟代表处秘书长周纬出席会议。会议期间，周纬代表中国迭次向会议提出意见，并编制会议详情报告，连同各项公约附件等件函送到外交部。外交部函请陆军、海军两部审核，均认为"上项报告对于会议情形颇为详尽，吾国所希望各项亦获有相当结果"。[①] 外交部遂提出国务会议议决。1926 年 9 月 20 日国际联盟理事会中国代表朱兆莘补签上述各文件，1927 年 3 月 26 日北京政府予以正式批准。[②]

总之，民国北京政府时期中国通过参与议定并缔结《国际联盟盟约》、系列战争法公约等政治、军事相关之国际公约，进一步进入到战后的国际秩序之中，并对国际秩序的构建发挥不同程度的作用。不过，一个不容否认的事实是：国际社会虽本着维护和平的宗旨，对国际政治秩序和战争规则加强了规范，但在相关国际法体系下，强权政治和战争依然能合法存在，战争武器之制造更是日新月异，在这种情况下，积贫积弱的中国想借助国际公约来捍卫民族国家权益是不太现实的。

第三节　与其他国际公约关系的进一步发展

除了政治、军事领域的国际公约外，这一时期中国与国际公约的关系发展，还进一步拓展到禁烟、劳工、邮政、电信、铁路运输、文化等其他广泛的领域。中国与国际规则接轨和国际合作的程度由此进一步加深。

---

① 《海军部致外交部函：国际监察军火贸易会议公约应否与各国一致即行签字请酌核办理》，1925 年 10 月 31 日，馆藏号：03—23—114—01—014；《陆军部致外交部函：国际监查军火贸易各项应否即予签字查酌办理》，1925 年 12 月 20 日，台北"中研院"近代史研究所档案馆藏北洋政府外交部档案，馆藏号：03—23—114—01—016。

② 《外交部致朱代表函：批准监察国际军械贸易公约事》，1927 年 3 月 26 日，台北"中研院"近代史研究所档案馆藏北洋政府外交部档案，馆藏号：03—23—114—03—001。

一、 参加《海牙国际禁烟公约》

晚清以来，特别是英国通过鸦片战争强迫中国签订《南京条约》后，中国深受鸦片之害，禁烟一直为中国政府所关注。1909 年万国禁烟会肇始，各国渐渐形成合作禁烟的局面。至民国初期，国际社会制定了有约束力的《海牙国际禁烟公约》，中国积极参与了国际禁烟会议及制定国际禁烟禁毒公约的活动，并缔结了民国建立后的第一个国际公约，这为国内禁烟运动创造了有利的外部条件。

为了将鸦片、吗啡、高根及其化合质料之毒品逐渐禁绝，在美国提议下，中、美、德、法等 12 个国家又于 1912 年初在海牙召开了禁烟大会。中国派遣驻德公使梁诚出席。这次会议完全以鸦片为讨论的主题。1912 年 1 月23 日，各国签署了《海牙国际禁烟公约》。该公约共六章二十五条，对于生熟鸦片、药用鸦片、吗啡、高根及海洛因等毒品的生产、运输及食用都做出了严格规范。其中第五章中有五条内容是专门针对中国禁烟问题的，规定各国不能任意向中国贩运鸦片，并保证在中国属地内配合当局禁烟，同时也明确规定了中国应当承担的义务。[①] 有论者认为，这些条款有利于中国禁烟运动，为中国彻底禁烟提供了法律依据。[②]

然而，各国在签署该公约后，并未立即批准，因此公约尚未生效。在1913 年荷兰政府发起第二次万国禁烟大会，督促各国尽快批准和实施禁烟公约。在 1913 年第二次大会上，中国代表颜惠庆还以中国名义，发言敦请各国一致批准公约。该发言首先指出各国已经同意在先，称："中国之关怀烟禁较各国尤为深切，君等之所知也。第一次会议时，中国建议案均经大会采取，旋以编入一千九百十二年约中，是各国之赞助中国了无疑义"；接着介绍中国已按照公约例行禁烟："惟列强去毒之心即如此之刚毅果决，自签字以来，中国以最激烈之手段严厉进行，以期私种私吸二者永远禁绝。彼夫袁总统之命令、国会之法案、各省之公告，靡不恪遵，年前公约之用意与其正

---

① 《禁烟公约》，1912 年 3 月，台北"中研院"近代史研究所档案馆藏北洋政府外交部档案，馆藏号：03—23—118—02—001。

② 苏智良、刘效红：《全球禁毒的开端：1909 年上海万国禁烟会》，上海三联书店，2009 年，第 220 页。

文一致进行，虽国家收入因而减少，民间利益因而剥削，亦在所不顾也"；最后表示希望各国"慎毋使前此公约招一纸虚文之诮，务宜使环球诸国悉知兹禁烟公约者为具有效力之契约，为文明各国意思之正式表示"。之后，会上一些国家纷纷表示赞成批准，但英国、法国、葡萄牙等国都不同程度地反对。[①] 1914 年 2 月 9 日，中国正式批准了这项公约，并声明即日施行。[②] 但是之后却未见他国批准。1914 年 6 月，荷兰政府又召集各国开第三次海牙禁烟会议，并督促各国尽快签署和批准公约。但是，世界各主要国家对于公约批准之事一再推迟，更无诚心实施公约内容。直到 1915 年 2 月 11 日，美国和荷兰批准加入，公约才得以生效。[③]

1912 年 1 月 23 日，中国加入《万国禁烟公约》（即《海牙国际禁烟公约》），为中国此后禁止鸦片贸易及解决中英贸易冲突提供了依据。

1912 年 4 月初，浙江省扣留印药，英国使馆致外交部节略指出各省限制运药是阻拦贸易、违背约章。[④] 4 月 15 日，外交部复英使朱尔典节略，指出，如果使地方官吏毫无稽查烟土之权，就不能执行禁烟之法令。虽然印药运入内地有海关凭单，但海关凭单系专为无须再完税捐之凭据，禁烟公所之执照系为稽查烟土贩卖，"其义各有所主，岂得视为违背约章？"况禁烟条件第七条末节所指整顿稽查者，即为此类办法。希望英国大使不要有英国政府赞成禁烟之名誉。[⑤] 12 月 21 日，英使馆致函中国外交部，指安徽省扣留七箱印药并焚烧，有违中英约章，要求中国赔偿。[⑥] 1913 年 1 月 10 日外交部致英使朱尔典节略，2 月 13 日，外交部致英使朱尔典照会，表示赞同各省禁

① 《外交部节译第二次万国禁烟会议记录》，1937 年 7 月 1 日—7 月 23 日，中国第二历史档案馆编：《中华民国史档案资料汇编》第 3 辑《外交》，第 372—374 页。

② 于恩德：《中国禁烟法令变迁史》，中华书局，1934 年，第 150 页。

③ 《国际禁烟公约》，《公约资料表》，1864 年 8 月—1920 年 12 月，台北"中研院"近代史研究所档案馆藏国民政府外交部档案，馆藏号：11—10—01—01—014。

④ 《英使馆致外交部节略》，1912 年 4 月 10 日，中国第二历史档案馆编：《中华民国史档案资料汇编》第 3 辑《外交》，第 45—46 页。

⑤ 《外交部复英使朱尔典节略》，1912 年 4 月 15 日，中国第二历史档案馆编：《中华民国史档案资料汇编》第 3 辑《外交》，第 46 页。

⑥ 《英使馆致外交部节略》，1912 年 12 月 12 日，中国第二历史档案馆编：《中华民国史档案资料汇编》第 3 辑《外交》，第 50—51 页。

运印药。① 11 月 19 日，外交部致函英代办艾斯敦，声明中国各省禁运印药，根据禁烟公约，是合法合理的，"法令与条约当然并有效力，况政府已经颁布各法令，与条件相辅而行，并无抵触"。② 9 月 13 日，英使馆再次致外交部节略，指责中国有些省禁印烟运入但却自种土烟，要求中国禁种土烟，否则不同意停运印烟入中国。③

1913 年 11 月 19 日，汉口租界巡捕搜获李文彬等私藏烟土五十余斤，解经公堂会审，除对于烟犯判决罚金外，对于烟土工部局律师要求充公焚毁，被告律师要求发还运沪，英领事以租界章程无明文规定为由，函请驻京公使调示。外交部指出，如果不严办此案，将来藏烟租界者必多，此事关系烟禁前途关系。根据《万国禁烟公约》第十八条规定，"有约国应切实限制租界内之零碎鸦片商业"。此次汉口英租界搜获之鸦片，既系零卖，自无准予发还之理，况汉沪同属租界，若准其由汉运沪，亦与该公约逐渐禁绝之意不符。④ 11 月 25 日，英使朱尔典以禁烟公约尚未施行为由，再次请中国发还印烟，⑤ 但遭中国拒绝。

1912 年 10 月至 11 月，俄国驻华公使亦致函外交部，以《海牙国际禁烟公约》尚未实行为由，请求准许俄商在杭州设行专卖印药。⑥ 11 月 5 日，外交部致俄使库朋斯齐节略指出中国禁烟完全符合禁烟公约办法："本部查该公约既经缔约各国署名，按照第二十三条办法，批准之期，距今不远，自应遵照办理。若谓该公约与俄商在通商口岸专卖印药无涉，本部又查该公约第十八条内载缔约各国与中国有条约者，应设立切实办法，与中国政府所设立

---

① 《外交部致英使朱尔典照会》，1913 年 2 月 13 日，中国第二历史档案馆编：《中华民国史档案资料汇编》第 3 辑《外交》，第 54 页。
② 《外交部致英代办艾斯敦函》，1913 年 11 月 19 日，中国第二历史档案馆编：《中华民国史档案资料汇编》第 3 辑《外交》，第 51 页。
③ 《英使馆致外交部节略》，1913 年 9 月 13 日，中国第二历史档案馆编：《中华民国史档案资料汇编》第 3 辑《外交》，第 58—59 页。
④ 《外交部致英代办艾斯敦函》，1913 年 11 月 19 日，中国第二历史档案馆编：《中华民国史档案资料汇编》第 3 辑《外交》，第 59 页。
⑤ 《英使朱尔典致外交部函》，1913 年 11 月 25 日，中国第二历史档案馆编：《中华民国史档案资料汇编》第 3 辑《外交》，第 59—60 页。
⑥ 《俄使馆致外交部函》，1912 年 10 月 31 日，中国第二历史档案馆编：《中华民国史档案资料汇编》第 3 辑《外交》，第 61 页。

办法同时进行，务令在中国之各国租借地、殖民地及租界内现在尚有之售卖生熟鸦片烟店逐渐减少等语，所有通商口岸办法，自应按照此条切实进行。推缘该公约之要旨，所谓逐渐减少者，系欲就原有者自少而无，若原无者断不能任其自无而有。"希望俄国大臣和俄商遵守公约，"实行赞助中国禁烟之进行"，勿在杭设行专卖印药。①

中国外交部还就查禁日人在金州等地私种贩运鸦片烟事与日本公使伊集院彦吉节略交涉。② 1915 年 11 月至 1918 年 11 月，中国外交部就禁烟事与驻英使馆反复交涉，最终禁止印药运入中国。中国依据《海牙国际禁烟公约》，禁运鸦片入华，对肃正中国社会各阶层人士吸食鸦片产生了重要作用，可以说是对中英鸦片战争后首订不平等条约《南京条约》的一次大冲击。

1920 年，国际禁烟委员会组织成立，中国成为其中的重要成员并参与相关活动。1924 年，北京政府派代表参加在日内瓦召开的国际禁烟特别会议，其中主要讨论了中国的禁烟问题。11 月 17 日，国际禁烟会议在日内瓦召开，民国北京政府亦派代表参加相关公约条款的讨论。大会首先讨论麻醉药品问题，中国代表施肇基提出《海牙国际禁烟公约》中第四章有关麻醉品建议案六条：（一）如缔约国现行法律应严加改良，俾便禁止鸦片、吗啡、高根、安洛因及其他麻醉剂之输出、输入、转运及通过，使除医学上、科学上之需用外，别无盈余；（二）享有治外法权之各国，应将中国药店法律适用于各该国侨华人民之间问题，详加考量，至迟须于 1925 年 4 月 1 日以前决定答复办理；（三）享有治外法权各国对于其人民之在华违反中国之禁种、禁卖、禁运鸦片及其他麻醉剂之法律者，按中国法律严办或从严颁定上述之法律，处违法者以罚金及监禁，并满期驱逐出境，不得再来中国；（四）享有治外法权之各国对于其人民私运鸦片或其他麻醉剂至中国境内者，按中国法律处以罚金及监禁，期满出境界，不得再返，中国方面对于中国人民私运中国鸦片或麻醉剂至缔约各国之属地者，亦严加取缔；（五）有船将上述物品私运

---

① 《外交部致俄使库朋斯齐节略》，1912 年 11 月 5 日，中国第二历史档案馆编：《中华民国史档案资料汇编》第 3 辑《外交》，第 61—62 页。

② 《外交部关于查禁日人在金州等地私种贩运鸦片烟事致日本公使伊集院彦吉节略》，1912 年 12 月 7 日，中国第二历史档案馆编：《中华民国史档案资料汇编》第 3 辑《外交》，第 62 页。

或私卖者，该船即照该物品之价重倍处罚；（六）享有治外法权之外国人民受上项之诉讼时，中国可派员陪审。[①]

上述议案因关系到英、日、美、法、葡等国在中国享有治外法权问题，遂开特别讨论会进行讨论，但因英国对惩罚船舶等条表示反对意见，中国代表修改此议案如下：（一）各国允立即考量中国药店法律能否适用于各该国侨华人民，并于中政府 1924 年 8 月 2 日照会联合会鸦片咨询委员会中所载中外药房注册规则，特别注意至迟 1926 年 1 月 1 日决定答复；（二）各国允作相当之举动，使中国可实行联合会所拟定进口凭单制度；（三）各国允训令各该侨华人民药房医院等，将鸦片及其他麻醉剂之输入卖出消用，其数目备表呈送中国政府，俾便确定上列各品在医学上、科学上之需要量；（四）各国允竭力将各该国之私贩及违法收藏、转运、出卖、施送或使用鸦片及其他麻醉剂法律重新修改，俾使一律，并于惩罚条律之宜一致，尤应注意；（五）各国法律中惩罚条律必须严厉，藉寒违犯者之心，无论如何第二次违法者，宜处以监禁，若在中国领土，则期满驱逐出境，不许再返；（六）凡与上项鸦片或其他麻醉剂有关之诉讼，各国允将会审公开。[②] 该修正案提交大会后，大会正值对美国提议案权限问题的争执，无暇讨论中国议案，故中国代表请在中国有治外法权之各国于会外讨论，各国均无表示。

第二次禁烟会议上，中国和美国还试图讨论处理熟鸦片问题，中国代表提出的禁烟要求遭到各国反对，会议中没有提及各国履行条约之事，只讨论禁烟条约中所附载私运之条文。我国代表施肇基声明反对。1925 年 1 月 19 日再次召开会议，讨论美国提议案，并涉及属地禁烟立法问题。针对美国提议案，英国外交大臣表示，政府欲尽力禁绝鸦片贸易，但不可不顾及实际上之困难等。对此，中国代表朱兆莘对此发表演说，"今鸦片之产生及销费，为中国法律所不容，此事之必须禁绝，国内舆论方如春草蓬发，大有一日千里之势，已非远日前之所可比，而此种决心，在知识阶级传播，情形鄙人于

---

① 《参与国际禁烟第二会议报告送请查照函》，1925 年 6 月 4 日收驻美施公使函，附《参与国际禁烟第二会议报告》，《外交公报》第 49 期，1925 年 7 月，通商，第 31 页。

② 《参与国际禁烟第二会议报告送请查照函》，1925 年 6 月 4 日收驻美施公使函，附《参与国际禁烟第二会议报告》，《外交公报》第 49 期，1925 年 7 月，通商，第 31—32 页。

第一会议已略述，一般今更有所发起之中华民国拒毒会代表顾子仁君来可佐证"，[1] 表明中国禁绝烟土的决心，并于 2 月 7 日退出会议。该大会于 1925 年 2 月订立《日内瓦禁烟公约》，中国也未签署。不过，之后中国仍参照公约内容，对私贩麻醉药品实施查禁。[2]

二、 缔结有关劳工的国际公约

1919 年的巴黎和会是中国参与有关国际劳工公约的一个重要起点。

这次会议上，通过议定战后和约，达成有关成立劳工组织的章程，并包括了劳工立法保护的一些基本原则。在这次会议上，成立了一个劳动委员会，专门负责起草有关《国际劳工组织章程》草案，最后该草案被编入战后《凡尔赛和约》《圣日耳曼条约》等国际条约的劳工部分（其中还规定了劳动保护的九条基本原则）。[3] 这些原则性规定成为推动之后组织活动开展和国际公约制定的纲领性文件。据此，1919 年，国际劳工组织作为由国联统筹的附属机构正式成立。1922 年第四届国际劳工大会通过修改《凡尔赛和约》及他项和约中关于劳工部分的条文修改案，其中主要修改之处是增加劳动事务局干事会席数，并明确了欧洲以外各国的席数。[4]

就法律关系的建立来看，中国政府在 1919 年 9 月 10 日签订，并于 1920 年 6 月 18 日批准《协商及参战各国与奥国间之和平条约》（《圣日耳曼条约》），接受了战后和约中《国际劳工组织章程》，即集会结社权、工资标准、限制工作时间及确保休息时间、同工同酬、废止童工、设立稽查制度。[5] 中国由此成为国际劳工组织的创始会员国。

---

① 《国外要闻·日内瓦禁烟会议中朱兆莘之演说》，《申报》1924 年 12 月 18 日。

② 熊茜萍：《民国北京政府参与国际禁烟公约研究》，湖南师范大学 2020 年硕士学位论文。

③ 九条基本原则包括：宣布劳动不应仅被视为货物或商品；一切事件与法律不相反者，工人及雇主均有集会之权；付给劳动工资应按照时代及地方情形确保其适合生活之程度；采用每日八小时、每星期四十八小时工作之制度；采用每星期至少二十四小时休息之制度，星期日应设法包含在内；废止童工，限制青年男女之劳动，使得其继续教育并确保体育上之发展；不分性别同工同酬之原则；关于劳动条件之标准，应确保合法居住其国内之劳动者受经济上公平之待遇；为确保适用保护劳动者之法律及章程起见，每国应设稽查制度，妇女得以参加。参见《凡尔赛条约》，1919 年 6 月 28 日，世界知识出版社编：《国际条约集（1917—1923）》，第 247—257 页。

④ 国际劳工局中国分局编印：《国际劳工组织与中国》，1948 年，第 29—30 页。

⑤ 《协商及参战各国与奥国间之和平条约》，1919 年 9 月 10 日，薛典曾、郭子雄编：《中国参加之国际公约汇编》，第 160—166 页。

　　就中国在巴黎和会上的相关表现来看，中国外交代表团对国际劳工事务应该是特别重视的，只是这种重视从一开始便带有对相关国际合作制度的防范心理。1919 年 1 月 21 日，中国代表团第一次会议讨论和会交涉基本方针，其中第二项就讨论到劳工事务，代表团决议指出，"关于订立国际保工法律，因中国情形不同，只可赞成其原则，竭力设法□□□，以期将来趋于一致。所有详细办法，应俟各国将议案提出后再□□□□我国赞成之办法"。[①] 这里对"只可赞成其原则"的强调，既反映了中国政府在劳动保护上与国际接轨的需要，同时也能大致看出其中的顾虑。因为改善劳动条件不可避免地会提高生产成本，这对工业水平相对落后的中国而言，是不太希望看到的。

　　1919 年各国在华盛顿召开的第一届国际劳工大会，通过了督促国际劳工组织之各会员国立即加入《禁止火柴业使用白（黄）磷公约》的建议案，为中国进一步参与劳工相关公约提供了新的动力。《禁止火柴业使用白（黄）磷公约》形成于 1906 年，内容涉及劳工工作的卫生条件，规定各缔约国有责任"禁止在各本国境内制造及输入并销售含有白（黄）磷之火柴"，并且要求各缔约国出台办法在国内实施该公约。1922 年 10 月 3 日，丹华火柴公司曾向内务部和农商工部呈请"为黄磷火柴妨碍卫生，请饬行全国酌定年限，逐渐改制无毒火柴"。1923 年 1 月 30 日内务部和农商部会同通告各省区，自 1925 年 1 月 1 日起为禁用黄磷制造火柴之实行期。1923 年 5 月 9 日，农商部致电中国驻瑞士代表，对外宣布此项禁令。

　　1923 年 10 月 3 日，驻瑞士公使兼国际保工会委员陆征祥致电外交部，提出依照华盛顿会议之建议案正式加入上述公约。经各部会商后，一致认为我国应赞同批准。外交部与农商部和内务部相商加入公约情形，认为之前已通告禁止日期，加入可行。11 月 21 日，外交部以此为基础，上呈总统请示加入，以期与各国一律，并请咨行内务部和农商部将白磷火柴输入及销售一律限禁，以符条约。1923 年 11 月 30 日得到大总统批准。12 月 15 日，外交部致电陆征祥通知瑞士政府，中国正式加入公约。[1]

之后，民国北京政府多次派代表参与国际劳工大会，参与相关公约和建议书的讨论。早在 1919 年华盛顿第一届国际劳工大会上，就成立了一个"特殊国家劳工委员会"，专门讨论工业落后国家适用八小时工作时间公约的相关问题。该委员会认为"中国的工业幼稚，关税又未自主"，因此承认中国暂时不能在劳工法上与国际完全接轨，并建议中国政府自己立法以保护工人。[2] 总体来看，除采纳加入 1906 年《禁用火柴业使用（白）黄磷公约》的建议和加强工厂检查之建议外，这一时期中国对大会议决的公约草案都没有批准。当时在国际劳工局担任秘书的陈宗城指出，其主要原因是"大会所议决的公约草案，都是根据工业稍为进步国家的情形而定的。我国工业在萌芽之时，不能适用"。[3]

因中国一直受制于不平等条约的约束，加入国际公约后的执行就牵涉到中国权益问题。1925 年第七届劳工大会询问书中，涉及关于劳工问题将来我国可与租界各国当局协商办理内容，北京政府强烈主张删去此节，强调："我国政府实有自由指挥各国在我国所设工厂之权，此权原为对奥和约所规定。"[4] 1926 年朱兆莘在劳工会上指出，由于列强在华特权，"中国工厂法不能施行于滥用治外法权之公共租界"，中国丧失关税自主权，导致国内实业备受摧残，这些是"中国一切社会纷扰与经济紊乱之唯一原因"，且因不平等条约"妨碍中国采用劳动公约"，中国不能适用新式劳工制度，他表示"不平等条约一旦废除，中国定可自己负责履行劳工公约之义务"。[5] 这一诉求，反映了中国加入国际公约，是希望废除不平等条约成为对接世界、谋求

---

[1] 《条约：拟请加入禁止火柴业使用白磷公约祈鉴核示遵呈》（1923 年 11 月 21 日致内务农商部）、《条约：禁止白磷制造火柴公约似可正式加入附送该约译文希核复以凭办理函》（1923 年 10 月 27 日致内务农商部），《外交公报》第 30 期，1923 年 12 月；《条约：禁止制造输入销售白磷火柴事如中国能同时实行则日本政府并无异议照会》，1925 年 3 月 13 日，《外交公报》第 47 期，1925 年 5 月；《我国禁止黄磷火柴经过情形》，《公安周刊》1929 年第 1 卷第 4 期。

[2] 陈宗城：《国际劳工组织与中国》，《东方杂志》第 25 卷第 19 号，1928 年 10 月 10 日。

[3] 陈宗城：《国际劳工组织与中国》，《东方杂志》第 25 卷第 19 号，1928 年 10 月 10 日。

[4] 《第七次国际劳工大会专门顾问唐进为赴会事项与中国劳工行政关系处最要补陈致农商部呈》，1925 年 11 月，中国第二历史档案馆编：《北洋政府档案》第 106 册，第 276—277 页。

[5] 《朱使之劳工会演说》，《申报》1926 年 6 月 4 日；《朱兆莘痛诋不平等条约：妨阻中国之采用劳动公约》，《申报》1927 年 6 月 9 日。

国家国际地位的重要一环。

三、 中国与国际邮政公约关系的发展

中国在晚清时期即已开始思考加入国际邮政公约的问题，民初中国政府为了维护邮政主权，方便国内外通邮业务，迈出正式加入国际邮政公约的步伐，具体涉及到邮联盟约、互换包裹、互换保险信函与箱匣及汇兑协定等方面。

1914 年 1 月 30 日，交通部致函外交部，要求按照罗马《万国邮政公约》之规定，照外交上之程序，向瑞士政府递送照会，声明加入该公约及万国邮政联盟；且拟具致瑞士政府照会，声明于 3 月 1 日正式加入该邮政公约，且公约于 9 月 1 日对中国生效，并承允照公约承担万国邮政联盟一等国会费，按照中国现行国币核定与法郎值价相等之具体邮费。① 外交部在交通部的基础上拟具致瑞士政府照会，于 2 月 5 日致函驻法胡惟德，要其将照会转送瑞士驻法公使，并"请其务于三月一号以前转达瑞士政府"。② 在这期间，交通部亦就加入邮政公约之事呈请大总统，并于 2 月 12 日获批交外交部查照办理。③ 2 月 18 日，又因交通部函称致瑞士照会尚有应行修改之处，外交部遂致电胡惟德，要其缓交照会。④ 之后，因担心经修改后补发的照会逾 3 月 1 日之期，2 月 19 日外交部再次致电胡惟德，"先以政府名义正式通知瑞士政府，声明于本年三月一日加入罗马邮会主要章程及细则，惟于此项条款及规定系于九月一日发生效力。请该政府将此通知邮会各国，正式照会随后补送"。⑤ 2 月 23 日，胡惟德按照上述意见致驻法京瑞士公使照会。⑥ 3 月 21

①《外交部收交通部函：拟具照会瑞士政府加入万国邮政会文二件希查照酌核办理见复由》，1914 年 1 月 31 日，台北"中研院"近代史研究所档案馆藏北洋政府外交部档案，馆藏号：03—02—080—01—001。

②《外交部致驻法胡公使函：中国加入万国邮政会照会二件希转送驻法瑞士公使转达瑞士政府由》，1914 年 2 月 4 日，台北"中研院"近代史研究所档案馆藏北洋政府外交部档案，馆藏号：03—02—080—01—003。

③《外交通总长周自齐呈大总统陈明中国邮政拟于本年加入万国邮会各等情请鉴核示遵文并批》，1914 年 2 月 12 日，《政府公报》第 641 号，1914 年 2 月 19 日。

④《外交部致驻法胡公使电：致瑞士照会希暂缓交由》，1914 年 2 月 18 日，台北"中研院"近代史研究所档案馆藏北洋政府外交部档案，馆藏号：03—02—080—01—008。

⑤《外交部致驻法胡公使电：中国加入邮会事请先通知瑞士政府照会随后补送由》，1914 年 2 月 19 日，台北"中研院"近代史研究所档案馆藏北洋政府外交部档案，馆藏号：03—02—080—01—010。

⑥《外交部收驻法胡公使函：遵将关于邮会事照会二件备文送交瑞政府并缴还前发照会二件由》，1914 年 4 月 18 日，台北"中研院"近代史研究所档案馆藏北洋政府外交部档案，馆藏号：03—02—080—02—007。

日，外交部收胡惟德来电告知已于当日收到瑞士驻法公使的复函，称："本国政府复文，中国本月一日加入邮政公会，于九月一日起实行，已通告在会各国。"① 这样，中国在 1914 年 3 月 1 日加入万国邮联，并从 9 月 1 日开始实行《万国邮政公约》。

1914 年 5 月 8 日，交通部呈请大总统要求加入《邮政包裹协定》。② 在该呈文中，交通部根据中国邮政包裹业务历年办理状况及将来利益，提出"包裹公约之加入自未便置为缓图"，拟请饬下外交部照会瑞士政府，"声明中国政府加入万国邮政包裹公约，并声明与前经加入之邮政主要章程均自本年九月一日起实行遵守并发生效力"。5 月 13 日该呈文获批交外交部查照办理。同日，交通部邮传局拟具加入包裹公约照会底稿，声明加入该项公约及所附详细规则，并于该年 9 月 1 日发生效力，并致函外交部酌核办理。③ 外交部按照交通部所拟照会底稿，拟具致瑞士政府照会，④ 并于 5 月 16 日致函驻法公使将照会转交瑞士政府。⑤ 6 月 15 日，驻法公使胡惟德回函外交部，称已于 5 月 30 日将入会声明照会函送瑞士驻法公使，并于 6 月 2 日收到其已经代为转寄照会之回函。⑥ 12 月 10 日，再由胡惟德照会瑞士驻法公使，并补充回复包裹公约所规定邮资折合华币的具体标准。⑦

1918 年底，邮政总局呈文交通部，要求加入《万国邮政交换保险信函及箱匣协定》。按照邮政总局的意见，"应由我国将承认加入之通知按照我国加

---

① 《驻法胡公使致外交部电：加入万国邮会由》，1914 年 3 月 21 日，台北"中研院"近代史研究所档案馆藏北洋政府外交部档案，馆藏号：03—02—080—02—001。

② 《外交部收交通部邮传局致本部通商司司长函：中国加入万国邮政包裹公约兹拟具致瑞士政府照会底稿希酌核办理由》，1914 年 5 月 14 日，台北"中研院"近代史研究所档案馆藏北洋政府外交部档案，馆藏号：03—02—080—02—012。

③ 《外交部收交通部邮传局致本部通商司司长函：中国加入万国邮政包裹公约兹拟具致瑞士政府照会底稿希酌核办理由》，1914 年 5 月 14 日，台北"中研院"近代史研究所档案馆藏北洋政府外交部档案，馆藏号：03—02—080—02—012。

④ 《外交部发交通部公函：中国加入万国邮政包裹公约一事即照拟稿缮具照会速知瑞士政府由》，1914 年 5 月 15 日，台北"中研院"近代史研究所档案馆藏北洋政府外交部档案，馆藏号：03—02—080—02—014。

⑤ 《外交部发驻法公使公函：中国加入万国邮会包裹公约希将照会一件转交驻法瑞士公使并见复由》，1914 年 5 月 16 日，台北"中研院"近代史研究所档案馆藏北洋政府外交部档案，馆藏号：03—02—080—02—015。

⑥ 《外交部收驻法公使胡惟德函：加入万国邮政包裹公约由》，1914 年 7 月 5 日，台北"中研院"近代史研究所档案馆藏北洋政府外交部档案，馆藏号：03—02—081—01—002。

⑦ 《外交部收驻法胡公使函：中国加入邮会包裹公约所规定邮资标准已转达驻法瑞使并抄送往来文件请查照由》，1915 年 2 月 10 日，台北"中研院"近代史研究所档案馆藏北洋政府外交部档案，馆藏号：03—02—081—02—005。

入邮会主要章程及包裹章程业经办过之通知经由外交部送致瑞士联邦政府，至于此项新举起办之日期自系全恃交通秩序之复元，应允不必明定。"交通部认为："我国加入万国邮会之交换保险信函箱只之通行协约实不容缓"，故于 11 月 29 日致函外交部查核办理。① 12 月 11 日，外交部致函瑞士政府，声明"中国政府正式加入此项章程及施行规则，至实行之期，须俟中国与入会各国交通秩序恢复后再行定夺"。② 之后，经瑞士政府询问，邮政总局拟定实行日期为 1920 年 1 月 1 日开始，并相应知照瑞士政府。③

1919 年 3 月 27 日，外交部收驻法胡公使电，称邮政公会询问中国何时加入和实行《邮政汇兑协定》。④ 4 月 18 日，外交部收到交通部回复咨文，称拟即举办加入事宜，其实行之期则是以一年为度，由公文达到瑞士政府之日起算。⑤ 4 月 21 日，外交部致电瑞士政府，"声明中国政府正式加入此项条约及施行规则，即以此电声明之日起算一年后为实行之期"。⑥ 也即声明 1920 年 4 月 21 日开始施行该公约。

民初中国加入上述邮政相关公约的一个重要的原因，是要加强邮政事务的国际联络和接轨，并推进中国相关事业的发展。邮政总局在 1914 年要求加入邮政联盟时指出："世界文明愈进，交通事务愈繁。即以邮政而论，浅言之，不过为传书寄信之资，谛审之，实系乎利国福民之计。是以东西各国不特建为要政，亦且衍为大同，邮递相需，邮会斯立，诚巨观也。中国以邮政之后进，步武成规，渗淡经营，力求上进，果于本年加入邮会，堪与先进

---

① 《外交部收交通部咨：保险信函箱只互寄法拟在国外施行请核办见复由》，1918 年 12 月 2 日，台北"中研院"近代史研究所档案馆藏北洋政府外交部档案，馆藏号：03—02—081—03—009。

② 《外交部致瑞士联邦政府函：中国政府愿加入万国邮政互寄保险信函箱只章程由》，1918 年 12 月 11 日，台北"中研院"近代史研究所档案馆藏北洋政府外交部档案，馆藏号：03—02—081—03—010。

③ 《外交部收交通部咨：交换保险信函协约自九年一月起实行由》，1919 年 8 月 12 日，台北"中研院"近代史研究所档案馆藏北洋政府外交部档案，馆藏号：03—02—081—03—026。

④ 《外交部收驻法胡公使电：王公使等会函询邮政汇兑何日实行事》，1919 年 3 月 27 日，台北"中研院"近代史研究所档案馆藏北洋政府外交部档案，馆藏号：03—02—081—03—013。

⑤ 《外交部收交通部咨：国际汇兑拟即举办请电告瑞士政府由》，1919 年 4 月 18 日，台北"中研院"近代史研究所档案馆藏北洋政府外交部档案，馆藏号：03—02—081—03—015。

⑥ 《外交部致驻瑞士汪公使转瑞士政府电：中国政府加入万国邮政汇兑公约由》，1919 年 4 月 21 日，台北"中研院"近代史研究所档案馆藏北洋政府外交部档案，馆藏号：03—02—081—03—016。

各国坛站相携，收效之速，洵为创办之时意料所不及。"① 同年初，交通部在提出加入《万国邮政公约》时，在致大总统的呈文中首先明确肯定了该公约应国际联属发展趋势而生的进步性，即"世界大同，文明竞进，书信之交通愈便，则联属之关系亦繁，因之万国联邮之会议以起规章美备，程序完密，所以促国际之联络，谋邮政之统一，意至善也"。②

另外，中国这时要求加入，也是为了巩固和恢复与邮政相关的国家主权利益。中国政府在筹议加入之初的各种文件中，明确表达了要求摆脱在华客邮羁绊、恢复邮政主权的基本立场。例如，邮政总局在提出中国邮政已达到加入邮政公会条件时指出，外国在华客局"影响我局营业为患极巨"，于是"我局设法与之联络磋商互寄章程，即于交换之中用权限制之益，一面复藉联邮事务练习各局人员，庶经验富于平时预为加入邮会之地步"，"今则筹设完备加入联邮，虽后此布置尚多，而我局魄力既宏，足以驾凌客局，俟本年九月一日以后实行脱离客局羁绊，径与各国运输机关直接交际，仍无虑客局侵我利权也"。③ 而交通部在 1914 年初致大总统呈文中提到了主张运输之权的问题，指出"他若邮船行驶则运输之权直达外洋，寄递自由，则普及之效无烦假手"。④ 另外，在要求加入《万国邮政包裹协定》时，交通部在 1914年致大总统的呈文中提到在华客邮侵权之处，即"邮费收纳，各国客局在中国内地价目不一，颇有侵夺之虑"，并提出"加入后统按公约办理，庶无畸轻畸重之虞"，也即通过加入公约统一邮权和解决包裹邮费收纳不一的问题。⑤ 1918 年底邮政总局要求加入《保险信函箱只互寄章程》时，提到加入的第二层目的是"可免在华设有客局之邮会各国对于维持客局或有借口

① 《邮政公牍撮要：加入联邮照会》，姜亚沙责编：《中国近代邮政史料》，全国图书馆文献缩微复制中心，2005 年，第 283 页。
② 《交通总长周自齐呈大总统陈明中国邮政拟于本年加入万国邮会各等情请鉴核示遵文并批》，1914 年 2 月12 日，《政府公报》第 641 号，1914 年 2 月 19 日。
③ 《邮政公牍撮要：加入联邮照会》，姜亚沙责编：《中国近代邮政史料》，第 287—289 页。
④ 《交通总长周自齐呈大总统陈明中国邮政拟于本年加入万国邮会各等情请鉴核示遵文并批》，1914 年 2 月12 日，《政府公报》第 641 号，1914 年 2 月 19 日。
⑤ 《交通总长朱启钤呈大总统请饬下外交部照会瑞士政府转达万国邮会通告各国声明中国政府另入万国邮政包裹公约文并批》，1914 年 5 月 13 日，《政府公报》第 726 号，1914 年 5 月 15 日。

抗议之地"。①

中国政府声明自 1914 年 3 月 1 日加入万国邮联，并从 9 月 1 日开始实施《万国邮政公约》后，中国与邮政公约及邮政联盟的关系发展进入到了一个新阶段。在这当中，参与邮联大会及相关公约的修订，可以说是掀开了中国邮政事业和外交发展历史上的重要一页。

1920 年 10 月 1 日，第七届邮联大会在西班牙马德里召开，重点对《万国邮政公约》及相关协定进行修订。在这次会议上，中国代表就邮政公约的修订积极提交 9 项提案。其中就《万国邮政公约》的修订提出五项，除第一项提议"已付随后会议"和第三项提议"已交付审查会但尚未经该会讨论"外，其余均经大会通过。具体如下：（一）第四条标题中"转运费"三字改为"转运"二字；（二）第四条第二节中添加"封固总包及封口邮件于转运中，无论如何藉词，不得由转寄国开拆"等字句；（三）第七条第三节中投递国关于代物主收价各件之责成；（四）第八条第一节挂号件之责成中添加"惟挂号邮件内容空处装有本章程第十六条第三节禁寄之物，而遗失者概不负责"等字句；（五）第十六条禁寄之物中添加"鸦片、吗啡、高根以及相类之物质"等字样。另就《国际保险信函及箱匣协定》的修订，中国有四项提案，除第一项"已付审查会办理"外，其余三项皆经大会通过。具体如下：（一）第二条第二节投递国邮政于投递后之责成。提议加入"除系本协约第九条第一节第三段所列事项外"等字样；（二）第九条第一节禁令捏报价值。提议加添"保险信函所装之件括有以下第二节各款内列禁寄之物时该项处置亦适用之"等字句；（三）第九条第二节关于禁令。中国提议加添"鸦片、吗啡、高根以及相类之物质，惟此类性质之物凡为医疗目的装入保险箱只邮寄并经各该国允准如此办理，即不在禁止之列"等字句；（四）第十二条第一节关于责成之事。提议加入"遇有本协约第九条第一节所载事情者"等字样。②

---

① 《外交部收交通部咨：保险信函箱只互寄法拟在国外施行请核办见复由》，1918 年 12 月 2 日，台北"中研院"近代史研究所档案馆藏北洋政府外交部档案，馆藏号：03—02—081—03—009。

② 交通铁道部交通史编纂委员会编印：《交通史·邮政编》，1930 年，第 918—920 页。

由上可知，中国大部分提案是完善国际邮政业务的一般意见，但在这当中，中国两次提到了在禁寄之物中添加"鸦片、吗啡、高根以及相类之物质"等字样，说明这一时期中国对禁烟问题的格外重视。中国代表刘符诚在会后向交通部报告会议详细情形时指出："至关于我国之提议，凡为部中所核准及由符诚临时提出者，除一二无关紧要之案并入他案外，余皆一一如愿通过。"而在各国提案中，有三事于我国直接关系较为重要，因此特意详细陈明：（一）删改罗马第六届会议议定之《万国邮政公约》施行细则第四十四条各款。该条内各款"有将各国在他国所设邮局一体列入邮会范围之内"之语，此次经法国提议，大会议决将该条关于客局各款一律删除；（二）增收包裹费问题。包裹协约第五条我国要求增收额外资费 75 生丁，附件第三条增收过境包裹费 1 法郎 25 生丁，皆经大会议决通过。刘符诚认为："此项增费虽属无多，然于我国收入似亦不无裨补。"（三）鸦片问题。刘符诚认为："此为吾国朝野上下痛心疾首所亟欲取缔之事，此次会议时由符诚提出，得各代表之赞成，故于各约中皆定有禁止收寄鸦片、吗啡、高根毒质品之专条。"①

此次会议从 10 月 1 日开议，至 11 月底止，共议两个月，通过议定之约共有七种，其中《万国邮政公约》改为《国际邮政公约》。一并讨论和修订的还有其他六项相关协约，分别是《国际邮政互换包裹协定》《国际保险信函及箱匣协定》《国际邮政汇兑协定》《国际邮政代收款项协定》《国际邮政代订报纸协定》和《国际邮政拨款协定》。据刘符诚报告所言，此次会议"研究最费时间，而辩论最激烈"之事有三，"第一当推币制问题，次为资例问题及转运问题"。币制问题最后议决采用金本位，即国际账目统以金法郎计算；资例问题大多数国家赞成加价，最后统一采用从前国际信函 25 生丁之从前资例为最底额，而最高额不得加增超过 50 生丁金法郎之数；转运费也改照金法郎计算，以变相的方式满足一些国家要求转运费加价的要求。②

1920 年 11 月 30 日，中国代表与其他国家代表在马德里共同签署《国际

---

① 交通铁道部交通史编纂委员会编印：《交通史·邮政编》，第 918—920 页。

② 《交通总长叶恭绰呈大总统文》，交通铁道部交通史编纂委员会编印：《交通史·邮政编》，第 1114—1115 页。

邮政公约》和上述前四项协约。按照规定，上述五项邮约于 1922 年 1 月 1 日施行。按照当时中国立法通例，应先提交国会取得同意，然后再由大总统缔结条约。但是，1921 年 10 月 9 日外交部和交通部呈文大总统，提出当时"国会尚未召集，开会需时，而该约亟待批准，未便久稽，拟请先行批准，俟国会开会时再行提请追认"，10 月 12 日大总统遂即批准上述五项邮约。[①]由此足可见中国政府当时对参加各项邮政公约之重视和迫切程度。在这当中，《国际邮政代收款项协约》是属于中国新参加的与邮政相关的协约。刘符诚上述报告中分析了中国此次在参加公约问题上的考虑，即："中国所签各约除上列四种早已正式加入，此次自应继续照签外，并将代收款项协约一项一并签字，缘此约性质与汇兑事业相近，如汇兑办理妥协，即可实行代收款项，又此约虽经签字并未拘定施行期限，殊有伸缩之余地。此次一并签字，亦以示中国邮政极力扩充营业之意。其余二约非关重要，似应留待将来，故未照签。"[②]

第七届邮联大会之后，中国还陆续参与了第八至十二届邮联大会，并参与相关公约的修订、签署和批准。

1924 年 6 月至 8 月第八届邮联大会在瑞士首都斯德哥尔摩召开期间，邮联各国及与会代表在 8 月 16 日迎来了邮联 50 周年纪念庆典。中国驻瑞典公使戴陈霖代表中国参与庆典活动，瑞典代表团将瑞典发行邮票装潢成册寄赠中国大总统，戴陈霖亦代表中国回赠中国邮票装潢成册者二份，进一步密切了与国际邮联的交往。[③]此次会议上，各国修订之公约种类及数量依如第七次大会，但上次会议得到签署和批准的《国际邮政代收款项协约》在这次会议上却与另两项公约被排出在签署批准之外。与会代表与国内往来文件亦未提到具体原因。戴陈霖在给交通部的汇报中也只是提到按前次声明而操作之类的话，即："准本会秘书处函询我国对于此次公约及各项协定均否签字。

　　① 《国际邮政公约》(1920，马德里)，商务印书馆编译所编纂：《国际条约大全》，商务印书馆，1925 年，第 176 页。

　　② 《交通总长叶恭绰呈大总统文》，交通铁道部交通史编纂委员会编印：《交通史·邮政编》，第 1113 页。

　　③ 《外交部收驻瑞典公使戴陈霖函·函询庆祝邮联五十周年纪念情形由》，1924 年 10 月 10 日，台北"中研院"近代史研究所档案馆藏北洋政府外交部档案，馆藏号：03—02—081—05—019。

当经复称除代收款项、代定报章、邮政拨账等项外，所有邮政公约及邮政汇兑、互换包裹、保险信件三项协定我国均预备签字等语"，考察各约，"较之前次马德里旧约剧增详备，我国仍按前次声明，仅签订邮政公约及邮政汇兑、互换包裹、保险信件三项协约并其所附之续章、施行细则等，余均未签。"[1] 邮政总局亦认为，"其余关于邮局转帐之协定、关于清算欠费之协定、关于订报及按期刊行物之协定未经我国代表签署，均无批准之必要"。[2]

1927 年 10 月，第三次国际无线电报会议在华盛顿召开。北京政府任命京奉铁路局局长王景春为总代表，吴梯青和张宣、李郁为代表，常小川和夏炎为随员，出席会议。此次会议是中国加入《国际无线电报公约》后，中国电政人员第一次以会员国身份参加国际无线电信会议。会议分为公约、业务、起草、技术、价目、固定、移动、秘语、国际、符号、公会事务审查十股。[3] 最终议定《国际无线电报公约》二十三条和业务规则七十多条。中国代表重点参与议案讨论。对于公约第十八款公断问题，英国代表主张取消此款。中国代表认为："取消公断，将来遇有争执之事，强国不受约束，弱小诸国难得公道。"[4] 中国代表极力维持强迫公断，获得诸多国家的支持。11月 25 日，国际无线电报会议闭幕，各国代表签署《国际无线电报公约》，公约正文共二十三条，附属公约章程两件。

四、 加入其他国际公约

民国建立后，加强了与无线电公会的联系，并在无线电报领域建立起相对平等的国际公约关系。

1912 年，第二届国际无线电大会在伦敦召开，通过了新版《国际无线电报公约》。此时，民国虽已成立，但未派员参与。此次伦敦会议约定以后每隔五年开一次大会，并已决定下次会议将于 1917 年在美国华盛顿召开。后

---

① 《交通总长吴毓麟呈大总统文》，交通铁道部交通史编纂委员会编印：《交通史·邮政编》，第 1303—1305 页。
② 《外交部收交通部咨：万国邮政会议所定各种文件分别批准事》，1925 年 8 月 18 日，台北"中研院"近代史研究所档案馆藏北洋政府外交部档案，馆藏号：03—02—082—02—007。
③ 郭用章：《中国参与国际电信公约研究（1912—1937）》，湖南师范大学 2019 年硕士学位论文。
④ 朱汇森：《电信史料》，台北"国史馆"，1990 年，第 375—376 页。

来因为战争的缘故而被迫推迟。1920 年初，民国政府接到美国驻华公使通知，将于本年 11 月开会。交通部随即着手筹划，并派定周万鹏等人为代表，准备参会。但在 9 月时，美、英、日、法、意五国代表却又先期召开了所谓预备会议，而把其他国家排斥在外。中国闻讯后只得临时中止派员前往。1921 年在巴黎召开的无线电通信专门委员会也只限于五强国参加，而拟定的大会则一再改期。①

尽管新一届国际无线电大会没有如期召开，但中国并未停止加入该公会的进程。1920 年 2 月，交通部准备依照无线电报公约第十六条的规定申请加入国际无线电公会。不过当时中国在入会问题上，还有两个疑虑。一是中国是作为一个整体全部加入，还是分成几个部分分别加入。另外一个问题涉及应缴纳何等会费。虽然公约规定自愿选择会费等级，但当时世界各大国都认缴头等经费。后经研究，认为会费等级是"国体攸关"之事，乃决定认缴头等会费。这些问题解决后，由外交部将中国愿加入无线电报公会之意照会英国，由英国函达无线电公会。1920 年 12 月 1 日，无线电报公会通告各国中国正式入会之事，并宣布中国加入日期为 1920 年 9 月 1 日，会费缴纳则从1921 年 1 月 1 日起。②

与此同时，由于外国在华私设电台，侵害中国电信主权的现象普遍存在，中国在加入公约及公会后，在外交上采取了一系列积极捍卫国家主权的行动。在华盛顿会议上，中国代表施肇基强调了中国对其境内无线电台的管辖权，最终通过的在华无线电台草案规定外国在华所存留之无限电台须遵照《国际无线电报公约》之规定或其修正条款，并为中国所认可。③ 可见，此时中国外交代表在防范国际公约侵害国家主权上已有了明显的自觉意识。

这一时期，中国还缔结了《铁路运输公约》。基于近代中国铁路发展的特殊环境，外债和"准条约"多带有不平等的性质，属于中外条约关系中的不平等部分，而这也构成了近代中国铁路事务国际化发展的最初基础。而涉及到铁路运输的国际公约则体现了国际社会在铁路运输事务上的国际合作，

---

① 交通铁道部交通史编纂委员会编印：《交通史·电政编》第 3 集，1936 年，第 517—518 页。
② 交通铁道部交通史编纂委员会编印：《交通史·电政编》第 3 集，第 519—520 页。
③ 交通铁道部交通史编纂委员会编印：《交通史·电政编》第 3 集，第 654—555 页。

属于相对平等的条约范畴。① 中国加入国际交通方面公约，对中国维护权益和促进中国交通事业发展产生了重要影响。铁路的修筑和管理，是中国交通近代化发展的重要环节，清末铁路"私有化""国有化"以及借外债修路等问题，引发了社会变动，也是辛亥革命爆发的一个重要导火线。民国以后，收回铁路修筑权和管理权，特别是中东路交涉，是中外交涉中重要的一环。随着中国加入各种国际交通公约，中国交通近代化加速进行。

1923 年 11 月 25 日，在瑞士日内瓦召开第二届国际交通大会，会议重点是议定铁路运输方面的公约。中国政府派出代表与会，其中交通部派出的王曾思充当法律专员，陈清文任运输专员，王咸为秘书，外交部派出驻法公使陈箓就近入会。② 早在巴黎和会和第一届国际交通大会上，各国已讨论过铁路运输公约的拟定问题，并且在此次大会召开前，交通委员会已经就公约和规章拟定了草案递交各国政府。因此，会前中国社会相关机构已就公约和规章草案进行了充分的讨论。外交部认为"当时中国旧约并未废除或修订，不平等条约下的领事裁判权、租借地、关税不自由、内地通航各问题，均与新约自由、平等、相互三主义相抵触"，因此新旧约同时施行，将会困难重重。③ 交通部认为，运输公约及规章草案与借道自由规章及华盛顿会议所议决之优待运价案密切相关，而且各条内容牵涉到行政权、国内法及经济等方面的复杂问题，考虑到中国铁路发展之情形特殊，故应慎重考虑。交通部进而拟定中国与会提案，包括征求外人控制下的各铁路同意、保留各国及路局间订立特别契约和价章之权、关于汇兑一节保留修改或变更所定办法之权、两铁路间之海运或河运一层再加确切之解释等方面。④

1923 年 12 月 9 日，各国议定《国际铁路运输公约》及《国际铁路运输规章》。中国代表陈箓建议将全部条文及会议报告详加研究，再行决定。因此，中国政府决定暂缓签字，并由交通部组织各相关部门继续讨论公约及规

---

① 林舒展：《民国北京政府参与铁路运输相关国际公约研究》，湖南师范大学 2020 年硕士学位论文。

② 《第二次交通大会派驻法公使陈充任代表由》，1923 年 11 月，台北"中研院"近代史研究所档案馆藏北洋政府外交部档案，馆藏号：03—05—080—02—015。

③ 《国际交通大会事》，1923 年 10 月 4 日，台北"中研院"近代史研究所档案馆藏北洋政府外交部档案，馆藏号：03—05—080—02—009。

④ 《交通部召集运输公约会议》，《申报》1923 年 9 月 10 日。

章，各路局大多主张签署公约，而津浦路局担忧日本会借公约进一步扩大对中国的侵略，主张对目前无条件施行的各项条款予以声明保留。[①] 1925 年 1 月 21 日，北京政府以补签加入方式批准公约，同时声明对"规章第十四、第十五、第十六及第十七各条所规定路局与客商之关系，以及三十七条所规定特约问题"加以保留。[②]

这一时期，中国加入的文化方面国际公约有：1923 年 9 月 12 日，加入《禁止淫刊公约》《禁止淫刊会议葳事文件》（1925 年 9 月 10 日批准）；1925 年 12 月 12 日，加入《国际交换公牍科学文艺出版品公约》《国际快捷交换官报与议院纪录及文牍公约》。1920 年 2 月 9 日，美、英、日、丹、挪威、意等九国在巴黎签订《斯壁嵫浦条约》，北冰洋斯壁嵫浦附近一带荒岛由挪威管理，但各签约国有权在荒岛从事工商矿业等经营活动。1925 年 7 月 1 日，中国经法国邀请加入《斯壁嵫浦条约》。

总之，通过缔结上述国际公约，并参与相关国际活动，民国北京政府在社会经济、邮电、交通等广泛的领域建立其多边合作的条约关系，在一定程度上为中国收回和维护相关主权提供了重要的国际法依据。中国政府相关人员的努力，也推动了民国时期国内制度与国际规则的接轨，更加规范了相关事务的近代化运营。当然，在这当中依然能看到外国在华不平等条约的存在，严重影响了中国实施公约的效果，也成为中国批准一些公约的主要障碍。可以说，中国与国际公约既因外国在华不平等条约的存在变得比较复杂和困难，同时也推动相关人员去思考不平等条约的问题，进而试图借助国际力量修正或废除之，因此中国参与这些国际公约也构成了抵制外国侵略、维护国家主权的重要一环。

[①]　交通铁道部交通史编纂委员会编印：《交通史·电政编》第 3 集，第 514、562—565 页。

[②]　薛典曾、郭子雄：《中国参加之国际公约汇编》，商务印书馆，1937 年，第 696 页。

第十章 "准条约" 关系的扩展与新趋向①

晚清以来，随着洋务运动的发展，中国开始兴起电信、铁路、开矿等近代工业，因近代官商工业与各国签订合同、章程，形成"准条约"。因与各国在华利益密切相关，因此"准条约"成为处理中外关系中的重要问题，并与修订和废除不平等条约产生一定的关系。民国时期的"准条约"主要有以下几种：一是国家借款和地方政府借款合同，二是与民国政府的铁路借款合同，三是电信类合同，四是矿务类合同，此外还有订购武器、军需等方面的合同。这些"准条约"是条约关系的重要补充形式。其一，对列强攫取在华特权而言，"准条约"补充了正式条约的不足。例如，关于在华兴办电信事业，中外条约没有规定，并非正式的条约权利；其二，"准条约"的内容主要在经济范畴方面，尤以路、矿和电信为主，反映了自由资本主义转向垄断资本主义之后，列强对华经济侵略政策的变化；其三，"准条约"涉内事项由国内法进行规范、调整，其涉外内容亦属国际私法范畴，与公法不同。这一特征，一方面说明其在条约关系中居于次要地位，另一方面又使得这些

① 本章主要由侯中军撰写。

"准条约"的修订和废止较正式条约容易些。晚清至民国初期的"准条约",数量庞大,主要涉及经济事项,同时,又与不平等条约、条款有千丝万缕的联系。但第一次世界大战后,随着中国平等条约观念和国家主权观念的增强,"准条约"的发展总体上开始减弱,而"准条约"的变化,也在一定程度上助推了不平等条约体系的动摇。

第一节 民国初年的扩展与变化

武昌起义爆发后,为避免列强干涉,湖北军政府和中华民国南京临时政府都宣布对外政策,承认中外旧约。民国初期,袁世凯以大总统宣言的形式宣布继承所有前清政府的"准条约",使得"准条约"的发展并未因清政府的垮台而发生根本性的转变。至第一次世界爆发前,由于中华民国政府需要借助外资发展相关生产、购买军火等,特别是需要资金缓解财政压力、支持政府各项运转,因此所订立的"准条约"种类和数量都有新的发展,而各种借款合同、契约的签订,使得中国内政外交态势更为复杂。

一、军事类"准条约"概况

由于民国政府宣布继承前清政府的条约关系,民国初期"准条约"由此得到发展,其中军事类"准条约"发展最快。

根据《中外旧约章汇编》所载约章统计,1912 年订立了 15 个"准条约",1913 年订立"准条约"22 个。虽然民国政府在 1912 年 1 月 1 日正式宣告成立,但 1912 年 2 月 5 日,清政府陆军部、度支部仍与日本大仓洋行订立《兵器代金支付延期契约》。依据原立契约,清政府尚拖欠日本大仓洋行购买军火的 1821760 元日币,因无力偿还,决定延期一年支付。[①] 1912 年 2 月 12 日,清政府退出历史舞台,中华民国政府在尚未获得列强承认的前提下,主动继承了清政府的"准条约"。该延期契约很快到期,但此时清政府

---

① 王铁崖编:《中外旧约章汇编》第 2 册,第 797 页。

陆军部与度支部已经不复存在，中华民国陆军总长代表罗开榜、财政总长代表陈威与大仓洋行订立该项再次延期的"准条约"，将上次延期金额的半数910880 日元再次延期三个月。不同于上次延期，此次延期追加了条件，首先是泰平组合获得了优先制造兵器的特权，"倘民国不自造，托别国制造，其制造费与别国相同时，可托泰平组合制造"。① 三个月的时间到期后，民国政府未能偿还款项，因此再次订立延期契约。1913 年 3 月 18 日，财政部、陆军部与泰平组合订立《兵器代金支付第三次延期契约》，将归还日期延期至当年 5 月 31 日。如果善后大借款成立，当按原合同归还全部借款。② 然而，此次延期并非最后一次，1913 年 7 月 10 日，双方再次订立《兵器代金支付第四次延期契约》，"自五月起每月平均拨还五万元，其余转至本年十一月底为止，计延期六个月再行付清"。③

军事借款类"准条约"是民国初年"准条约"的一大类别。除上述一再延期的契约外，还有与奥地利订立的订购军舰合同。1913 年 4 月 10 日，海军部与北京瑞记洋行订立《一百二十万英镑订购军舰合同》，民国政府向瑞记洋行借款 120 万英镑，用于订购 6 艘水雷驱逐舰。④ 同日，海军部再次向瑞记洋行借款 200 万镑，订购 12 艘水雷驱逐舰，并于 1916 年之前全部交付中国海军使用。⑤

1913 年 10 月 14 日，中华民国国务总理兼财政总长熊希龄与比利时人汉斯·赫尔费德订立《军事债票借款合同》。通过该"准条约"，民国政府向赫尔费德借款 50 万英镑，用于订购军事装备及机器。民国政府以发行军需债票的形式作为还清贷款的担保。⑥

军事类"准条约"的出现是民国初年"准条约"发展的一大特点，该类"准条约"的集中出现与混乱的时局有直接的关系。

① 王铁崖编：《中外旧约章汇编》第 2 册，第 856 页。
② 王铁崖编：《中外旧约章汇编》第 2 册，第 863 页。
③ 王铁崖编：《中外旧约章汇编》第 2 册，第 902 页。
④ 王铁崖编：《中外旧约章汇编》第 2 册，第 863 页。
⑤ 王铁崖编：《中外旧约章汇编》第 2 册，第 865 页。
⑥ 王铁崖编：《中外旧约章汇编》第 2 册，第 944 页。

二、 财政类"准条约"的发展

由于民国初年财政困顿，需要大量地偿还外债、行政支出、发展实业等，导致财政借款类"准条约"得到发展。

辛亥革命爆发后，财政窘迫，为维持政府各项行政费用，新成立的中华民国政府被迫向各外国银行举借外债，这些外债大多是以"准条约"的形式出现。为了全盘掌控外债情形，民国政府曾下令所有外债必须经中央政府允准，而不论该外债是否属于"准条约"的范围。此时，民国政府尚未获得各国承认，由于各国有意将承认问题与中国外债挂钩，民国政府出于谨慎考虑，于1912年3月向各国公使发出特别照会："现在中华民国已经南北统一，凡各处官商民人等，如与外国商民订立关系民国主权及地方公产之契约等项，若未经中央政府允准，本部概不承认，特此声明。"[①] 由于北京政府实际控制力有限，为了防止各省绕过中央，北京政府又于12月再次照会驻华各使，强调外债必须经过财政总长签押："现中国政府拟嗣后无论何项借款及一切关于财政交涉，统由财政总长一手经理签押；如未经财政总长签押者，中国政府概不承认。"[②] 财政部为防范地方债务，曾多次通过外交部致函相关国家，强调外债必须经过中央批准的规定。1912年12月，财政部致电南宁陆荣廷，要求暂缓借债："借款事，前奉大总统令，合同非经本部长签字，不能有效。"[③] 中央政府包揽外债，主要是为了统一全国财政、加强中央政府权威，抑制地方势力。虽然有中央的命令，但各省在财政压力下，曾有意举借地方债务。1913年6月，汉口民主党致电国务院，称湖南地方政府急于向日本旭公司借款一千万元，并已经签订了草约。6月20日，财政部为此函达外交部指出："此次民主党所称，湘省向日本旭公司擅借外债一千万元一节，未据该省报告，虽事之确否，尚难臆断，然事关大局，亟应详切调

① 《财政部为与外商订立契约必经中央政府允准致各使照会稿》，1912年3月28日，财政科学研究所、中国第二历史档案馆编：《民国外债档案史料》第一卷，档案出版社，1989年，第63页。

② 《财政部为借款及财政交涉统由财政总长签押事致各使照会稿》，1912年12月2日，财政科学研究所、中国第二历史档案馆编：《民国外债档案史料》第一卷，第71—72页。

③ 《财政部为桂省借债暂从缓致南宁陆荣廷电》，1912年12月20日，财政科学研究所、中国第二历史档案馆编：《民国外债档案史料》第一卷，第72页。

查，以明真相。"①

清政府曾于 1911 年 4 月 15 日与英、法、德、美四国银行团订立币制借款合同，在先期得到很少的一部分。辛亥革命爆发后，各国以中立故，暂停借款交涉。美国政府在暂停借款态度上最为坚决。当四国银行团于 1911 年 11 月 17 日表示愿意借款给袁世凯政府时，美国国务卿表示除列强已有整个计划援助中国应付到期之外债及一般行政费用外，美国政府不赞成此时借款给中国。随后，各国又商定了借款给北京政府的原则，但遭致南方政府的反对。在南北议和成立前，北京政府的借款交涉成效甚微。清帝退位后，四国政府始同意各自银行借款给统一临时政府，于是四国银行团开始与北京政府进行借款交涉，在交涉大借款的同时，北京政府希望银行团先行垫付部分款项，以解急需。银行团与北京政府之间谈判并不单纯，虽然资金系银行出具，但真正在背后起决定作用的是四国政府。这也决定了此类贷款的"准条约"性质。

在袁世凯当选临时大总统后的 1912 年 3 月 9 日，中华民国政府与四国银行代表订立《货币借款垫付函约》，由四国银行暂时垫付民国临时政府 110 万两海关银，并约定："如条件与其他同样有利，银行团等有决定承担大规模改革借款与否之权，此项借款已经提出即将发行，并将尽先用于偿还上述金镑库券。"② 袁世凯署名于该函约之后。在此之前，四国银行团已经于 2 月 28 日垫付了 200 万两。

垫付款项合约所规定的四国银行团的垄断借款权，很快遭遇到挑战。1912 年 3 月 14 日，中华民国政府代表陆宗舆与比利时华比银行订立《一千九百十二年中国政府五厘息金镑借款合同》，向比利时财团借款 100 万镑，合同载明："中国中央政府对此项借款有直接偿还义务。"③ 此次比利时财团借款适逢袁世凯承诺给四国银行团垄断权之后，立即引起四国的不满。英、法、德、美四国政府遂向中国政府提出抗议，指斥中国政府不遵守诺言，并

---

① 《财政部为湘省借日债事致外交部信》，1913 年 6 月 20 日，财政科学研究所、中国第二历史档案馆编：《民国外债档案史料》第一卷，第 74 页。

② 王铁崖编：《中外旧约章汇编》第 2 册，第 805 页。

③ 王铁崖编：《中外旧约章汇编》第 2 册，第 806 页。

威胁要停止银行团与中国政府的借款交涉。民国政府面对四国的压力，不得已表示"遵守袁世凯三月九日之承诺，取消与比国财团之借款合同"。

此时，四国银行团面临是否允许日俄两国加入的问题。早在 1911 年《币制实业借款》合同订立后，日俄两国就以合同干涉了两国在东三省的利益为由，提出反对，展开与四国银行团的交涉。因辛亥革命的爆发，交涉随之终止。南北议和后，四国银行团启动对华借款交涉。垫款议定后，四国银行获得各自政府同意，于 1912 年 3 月 31 日邀请日、俄银行参加对华借款，两国政府应允参加借款，并指派银行代表参与银行团协商对华贷款办法。日俄两国驻华公使于 5 月 6 日起参加四国驻北京使馆会议，商讨对华借款问题。

民国政府由于受到银行团的压力，被迫取消已经订立的克利司浦借款。1912 年 7 月 12 日，财政总长熊希龄与英国万国财政社代表沙尔订立《克利司浦借款原合同》，向英国银行借款 1000 万镑。合同载明，其担保"以政府举办之盐课羡余作为尽先之抵押"。[①] 8 月 30 日，中国驻英公使刘玉麟与克利司浦公司正式订立《五厘金镑借款合同》，规定借款为"用以备还从前借款并整顿政务以及兴办实业之用"。[②] 中国政府取消克利司浦借款的另一个原因，在于该借款难以及时筹措到位，"此项借款既为本国政府所反对，故应募者寥寥"。民国政府嗣后表示将再借款 1000 万镑，意在使该公司知难而退。该公司果然因无力承当，谢绝了此次借款。中国政府藉此宣布合同失效，另觅借款。1912 年 12 月 23 日，财政总长周自齐与克利司浦公司代表巴纳斯订立《取消 1912 年五厘金镑借款合同》，废除了原合同。[③]

1912 年 11 月 11 日，民国政府内阁总理、外交总长及财政总长联合致函六国银行团，表示中国政府愿与六国银行团交涉借款，不另借他款。1913 年 2 月，经往复协商，借款合同大致确定，后又因雇佣洋员问题发生波折。中国原本拟雇佣三名洋人，一名丹麦人为盐务稽核总所总办，一名德国人为外债室稽核，一名意大利人为审计处顾问。该计划为俄、法反对。俄国公使要

---

① 王铁崖编：《中外旧约章汇编》第 2 册，第 823 页。
② 王铁崖编：《中外旧约章汇编》第 2 册，第 828 页。
③ 合同原文见王铁崖编：《中外旧约章汇编》第 2 册，第 855 页。

求至少雇佣一名俄国人；法国主张中国应雇佣六名外人，参加银行团的国家各一人。经协商，六国于 2 月 4 日议定，中国雇佣四人，其中"管理外债之人应选为德籍，盐务总稽核应为英籍，审计二人，一应为法籍、一应为俄籍"。德国政府坚持由德国人任盐务总稽核，不得已，增加一名盐务副稽核。如此一来，中国政府须雇佣五名外人。当六国政府将此结果通知中国政府后，被中国拒绝。

美国政府最初积极赞同借款，目的在于防止中国因借款不当而陷入破产，但未曾料到自四国银行团改组为六国银行团后，野心之国家竟利用银行团之组织，胁迫中国，以达其政治上之目的。1913 年 2 月，美国因自身政治与经济状况不佳，便考虑美国财团退出借款的可能。在六国银行团为贷款条件讨价还价之时，美国政府表达了对干涉中国内政的不满，威尔逊总统于 3 月 18 日向外界表达了美国政府的意见，认为六国银行团的借款条件，不利于中国行政独立，近乎干涉中国财政与政治，美国不能赞同。3 月 19 日，美国财团退出善后借款交涉。

美国财团的退出，使得六国银行团变为五国银行团。因美国退出的影响，五国对借款条件表示让步，愿与中国政府速订善后借款合同；另一方面，中国国内需款孔亟，多省都督催要饷款，袁世凯亦愿大借款早日成立。1913 年 4 月 26 日，中国政府代表国务总理赵秉钧、外交总长陆征祥、财政总长周学熙，与五国银行代表订立合同，名为《中国政府一千九百十三年善后五厘金币借款》，一般称之为《善后借款合同》。合同借款总数为 2500 万金镑，借款期限为 47 年，自第十一年起开始还本。[①] 善后借款合同规定中国政府在北京设立盐务总署，"盐务署内设立稽核总所，由中国总办一员、洋会办一员主管所有发给引票、汇编各项收入之报告及表册各事，均由该总、会办专任监理"。[②] 设立洋会办，显然是对中国盐务税收的干涉，侵犯了中国内政。

《善后借款合同》成立后，民国政府并未停止再次寻求财政类借款的行

---

① 合同具体内容见王铁崖编：《中外旧约章汇编》第 2 册，第 867—874 页。
② 王铁崖编：《中外旧约章汇编》第 2 册，第 869 页。

动。1913 年 10 月 9 日，国务总理兼财政总长熊希龄代表民国政府与中法实业银行订立《中国政府一千九百十四年实业五厘金币借款》，一般称之为《实业五厘金币借款合同》，向法国银行借款 15000 万金法郎。第四款规定，借款目的在于"专为兴办国家实业与建造公共工程之用"；第六款规定还款日期，"本借款合同，由售票日起，以五十年为期。第十六年三月一号为还本始期"。① 善后借款由于其用途限制，并未完全缓解民国政府的财政困难。熊希龄在致黎元洪及各省通电中强调"至善后借款拨交之时，制限用途，尤为严酷。既无通融之余地，复无灌注之巨金"，"无如综其附件所开能由中央开支者，仅此限至九月之行政费五千五百二十余万元，现已如数领讫。所余之备偿外人革命损失暨整顿盐务，约各两千万元，裁遣军队费约一千余万元，均系不能挪拨之款"，在此种情形下，"以后中央政费及军警饷项，悉属茫然无着"。②

财政是民初政府急于解决的问题之一，"查中国财政自共和成立以来，诚如资问书所称：困难倍于曩昔，然尤以筹还内外债款为最棘手"，"旧债既难照付，新债又复繁生；而且所生新债，无不息重期短，指日满限"。③ 梁士诒在告国人书中疾呼："民国存亡，以财政为最大关键，稍有常识者所知。"④ 地方政府同样面临紧迫的财政压力，为了缓解压力，请求中央代为偿还，甚至绕开中央直接向他国借款。财政部为此专门致电各省，核实有无自借外债情况，并要求"嗣后无论京外各处、何项借款，非由财政总长签字不能有效"。⑤ 事实上，银行团的款项迟迟未能兑现。民国政府一方面试图禁止地方政府随意举债，一方面尝试向国际银行团之外的公司借款，这其中即有著名的英国克利司浦公司借款合同。由于北京政府实际控制力有限，地方纷借外

---

① 王铁崖编：《中外旧约章汇编》第 2 册，第 930—931 页。

② 《财政部关于财政困难及维持办法致黎元洪及各省通电》，财政科学研究所、中国第二历史档案馆编：《民国外债档案史料》第一卷，第 9—10 页。

③ 《财政部关于筹付外债情形答众议员质问稿》，1913 年 8 月，财政科学研究所、中国第二历史档案馆编：《民国外债档案史料》第一卷，第 76 页。

④ 《梁士诒关于拯救目前财政告国人书》，1913 年 5 月 16 日，财政科学研究所、中国第二历史档案馆编：《民国外债档案史料》第一卷，第 5 页。

⑤ 《财政部为查询有无未经允准自借外债致各省电》，1913 年 7 月 17 日，财政科学研究所、中国第二历史档案馆编：《民国外债档案史料》第一卷，第 76 页。

债的情形并未能杜绝。1913 年 6 月 25 日，法国公使康悌亲自到外交部，声称"前者各国借款与中央政府，实为防乱起见。今借款已成，乱机亦断，而中央财政不见清理，各省税捐并未解京。数月以往，中央实有不能不再借款之势"，"倘现在任各省自借，与将来中央政府之信用实有大不利。如安徽、湖南已向日本人借入巨款，闻直隶都督有向比国银行借二百万元之说，以矿产作抵，东三省亦有借债之事"。[①] 虽然有法国公使的质问，在紧迫的财政压力下，北京政府不得不放宽对地方政府自借款项的限制。国务院于 1913 年底致电各省，"至于各省现议借款，苟能有成，均请作为草约签字，饬令该代表到京，改由财政部换定正式合同，以示统一，而免各国外交团之借口"，并强调此为万不得已之办法。[②]

民国初年的财政类"准条约"沿承了清末财政借款的某些特点，《善后借款合同》实际上是一个跨越清政府和民国政府的借款。该合同起始于清政府的《币制实业借款》，但最终用途是清还已到期的外债及行政经费，于近代实业建设贡献甚微。由于英、法、德、俄等国试图把持民国政府的外债借款，因此反对清政府向银行团之外的银行借款，民国政府因此被迫废除了几个已经签订的借款类"准条约"。克利司浦借款合同及比利时财团借款合同的废除，从另一个层面揭示了此一时期"准条约"特权废除的复杂性。

三、 铁路类"准条约"的发展

随着铁路国有化的加强，铁路类"准条约"也得到发展。

铁路是民初外债问题的主要组成部分之一。袁世凯任中华民国临时大总统后，宣布"统一路政"，继续前清铁路国有的政策。比较晚清政府而言，袁世凯在铁路国有方面取得了成功，"从 1912 年 8 月到 1915 年 1 月两年多的时间里，把各省在此之前十年间为保卫路权而艰苦创设的铁路公司，除了江西的南浔铁路因有日债关系和广东的粤汉路段因远在岭南为它的势力所不

---

① 《外交部关于法使为各省不应举借外债事致财政总长公函》，1913 年 6 月 28 日，财政科学研究所、中国第二历史档案馆编：《民国外债档案史料》第一卷，第 75 页。

② 《国务院关于地方自议借债事致各省电》，1913 年 12 月 13 日，财政科学研究所、中国第二历史档案馆编：《民国外债档案史料》第一卷，第 79—80 页。

及外，全部解散"。① 在努力收归现有商办铁路的同时，民初政府极力阻止民间修路，并最终宣布取缔铁路民办。② 民国初年的铁路类"准条约"正是在此种背景下出现的。

民国建立后，在铁路统一国有化的同时，明令全国：所有铁路借债务必报请中央政府批准。财政部在照会各国公使函稿中指出：晚清时期，各省官员如因公需要，借用洋款，都须先行奏明，并照会各国驻京大臣立案，而"近闻各省商办铁路，颇有借用外款，并未禀请中央政府允准，径向外国商民私自订借情事，自应申明旧章，以防流弊"，"嗣后，凡各省铁路，虽系商办者，如借用外款，非经中央政府核准，不能有效。各国商人，亦应于订借之先，禀请本国驻京大臣，询明确系已经政府允准，方可借给，以期妥慎"。③ 该照会的出台，一方面是为了统一铁路，另一方面是为了防止因外债而产生纠纷。

1912 年 8 月 28 日，交通总长朱启钤与英国华中铁路有限公司订立《华中铁路有限公司临时垫款凭函》，向华中公司借款 30 万镑。借款合同为款项用途作了专门规定，"支付南段所欠未付各债以及预备必须之车辆，并宁浦间轮渡等项"和"继续南段之工程"。④ 本次借款明确规定，"此项临时垫款，应存放汇丰银行"，支取时"须由南段总局洋总收支签字，再由总办或总办之代表允准签字"。对于收支进项的管理更加严格。在借款未还清之前"所有南段行车进款，应视同工程之款，或为付给借款利息之用"，"此项进款均应存放于汇丰银行，并由洋总收支将行车各进款，每十天报告总办，转知总工程司知之"。⑤

比利时在民初铁路建设中获得了陇海铁路的建造权。1912 年 9 月 1 日，比利时与民国政府订立《比京电车铁路公司合同条件简章》，由民国政府赎回汴洛路，并"展造由汴洛铁路东至扬子江北之水口，西至甘肃之兰州府"

---

① 宓汝成：《帝国主义与中国铁路（1847—1949）》，经济管理出版社，2007 年，第 173 页。
② 宓汝成：《帝国主义与中国铁路（1847—1949）》，第 174—175 页。
③ 《财政部为商办铁路借用外款必经中央政府核准致各使照会稿》，1912 年 7 月 25 日，财政科学研究所、中国第二历史档案馆编：《民国外债档案史料》第一卷，第 65 页。
④ 王铁崖编：《中外旧约章汇编》第 2 册，第 826 页。
⑤ 王铁崖编：《中外旧约章汇编》第 2 册，第 826 页。

段铁路。合同给与比利时电车铁路公司以优先建造延长路线的特权。[①] 9 月 24 日，中比订立《陇秦豫海铁路借款合同》，中国给予比利时公司西起兰州东至海边的东西干线建造权。合同规定，此项借款为"法金二万五千万佛朗克"，其用途一为建造"东西干路"，一为"提前还汴洛一千九百零三年十一月十二号合同所订借款，计法金四千一百万佛朗克"。对于借款的使用，相比于华中铁路公司而言相对宽松，"此项售票之款，照本合同所定应付、应扣之款外，其余之款以及回息悉数听候中国督办提用"。[②] 12 月 12 日，双方又订立《修正陇秦豫海铁路借款合同专条》，将计价货币改为英镑。

1913 年 3 月 3 日，民国政府交通部与汇丰银行、汇理银行、德华银行、美国资本家代表订立《关于粤汉川汉铁路开工提款等四项办法来往函》，催促四国银行团迅速拨款，以完成铁路国有后的建筑计划。这些铁路是保路运动的成果之一，但最终皆收归国有，"四川商办铁路已商定收归国家办理，湖南商办粤汉铁路业经黄督办在湘接收"。为尽快动工，去函强调："湖北粤汉路线业已测绘将竣，且在武昌起点处布置动工，其应用德国总工程司及美国总工程司，业已聘定。"[③] 四国银行团在复函中表示："兹声明该路工程进行时应需款项若干，业已预备，由借款内拨汇中国，以便测勘或建筑之用。"[④] 在陆续开建湖广四路的同时，民国政府亦筹备其他重要铁路干线。英国宝林公司与中国铁路总公司订立的《筹办建筑广州重庆铁路及将来接展至兰州铁路简明合同》，是民初比较特别的一个铁路类"准条约"。这是自清政府覆灭后，中国铁路总公司再次出现并订立铁路类"准条约"。该简明合同开头部分载明，铁路总公司系奉大总统令成立，并已得到大总统批准办理此项借款合同。总公司并不是一个政府部门，之所以将该合同定位为"准条约"，是鉴于其合同开头的关于政府授权的说明。合同第一款亦明确说明："建筑人或其承续人允许代中华民国政府募集英金镑借款，每年五厘利息"，

---

① 王铁崖编：《中外旧约章汇编》第 2 册，第 832—833 页。
② 王铁崖编：《中外旧约章汇编》第 2 册，第 836—841 页。
③ 王铁崖编：《中外旧约章汇编》第 2 册，第 859 页。
④ 王铁崖编：《中外旧约章汇编》第 2 册，第 862 页。

民国政府担负借款责任。① 在民初的铁路类"准条约"中,大多系交通部、财政部等政府部门出面订立,铁路总公司订立的"准条约"不多见,该合同即为其一。

1913 年 7 月 22 日,交通、财政两部与法、比公司订立《同成铁路借款合同》,"中国政府允准公司承办发售五厘利息英金借款一千万镑",借款专为"建造、敷设同成干路"。② 合同许以法比公司,中国将把商办同浦路并入将要修建之路内。9 月 18 日,民国政府又与公司订立《同成铁路垫款条件》及《关于修正同成铁路借款合同中国政府致法比公司函》,与原合同一起,构成同成铁路相关的"准条约"。

沪宁路于此时亦有新的业务变动。据 1903 年《沪宁铁路借款合同》第七条,购地债票经督办核准,在总价不过十五万镑情形下,可予以出售:"各地购完后,查明共用过款项若干,则另续出小票,连此款上文所言之英金十五万镑,合计不逾英金二十五万镑。"③ 交通总长周自齐于 10 月 30 日与中英公司订立《沪宁铁路出售购地债票凭函》,允准中英公司准备总额虚数十五万镑购地债票,式样、数目由伦敦中国公使与公司会商确定。1899 年的中英《浦信铁路草合同》被新的《浦信铁路借款合同》代替,原合同予以废止。合同第一款载明:"中国政府准公司承办发售五厘利息金镑借款,数目系英金三百万镑。此借款日期即售票之日,订定名为:中华民国五厘利息浦信铁路借款。"④

相比于清末十年,民国初年有关铁路问题的"准条约"数量大大减少。民国政府与公司或银行接触,而非其背后的政府。经验证明,列强以政府名义出面与中国订立的铁路类"准条约",大多涉及侵夺中国路权的内容。民初此类"准条约"数量的减少,当为一种进步。一战爆发之前,民初的铁路类"准条约"大多因承清末的铁路合同,铁路建设并未因民国政府的成立而发生根本性转变。清末的铁路国有政策,亦于此时期得到彻底贯彻。此时,

---

① 王铁崖编:《中外旧约章汇编》第 2 册,第 897 页。
② 王铁崖编:《中外旧约章汇编》第 2 册,第 904 页。
③ 王铁崖编:《中外旧约章汇编》第 2 册,第 171 页。
④ 王铁崖编:《中外旧约章汇编》第 2 册,第 950 页。

已经很少见到由铁路公司直接出面签订的"准条约"，交通部、财政部大多担负起交涉的重任，外交部并未牵涉进铁路类"准条约"之内。

1913 年 10 月 5 日，中国政府与日本政府以照会的形式确立《铁路借款预约办法大纲》，日本获得五段铁路的建造权，"由四平街起经郑家屯至洮南府"，"由开原起至海龙城"，"由长春之吉长铁路车站起，贯越南满铁路至洮南府"，"中国政府允将来如修造由洮南府至承德府城及由海龙府起至吉林省城之两铁路时，倘须借用外债，尽先向日本资本家商议"。① 因此，该大纲又名"满蒙五路秘密换文"。另外一个铁路类"准条约"是 1913 年 12 月 31 日中德之间的《高密韩庄及济南顺德铁道照会》："中国政府应承认，经过山东筑一铁路，为中国官路。此路线由高密为起点，兴筑过沂州府及峄县，到韩庄，接连津浦铁路"，"自济南府往京汉铁路方向。以济南府定为此铁路之起点，至此铁路末点将择顺德府、新乡县间之一处。"照会要求铁路修建须委托德国公司，用德国资本及德国材料，并用德国总工程司监修。②

由于民国政府对铁路国有化的成功改造，使得有关铁路的借款和建造合同更容易具有"准条约"的性质。此时很多铁路类"准条约"并不属于建造类，而是为了维持既有铁路的运转或完工。垫款凭函是此类"准条约"的主要形式。但是仍有例外，建造铁路的合同仍有出现。就实质内容而言，铁路类"准条约"在民国初期的发展并无特别之处。日本对中国东北的积极经营，已经于此时开始起步，日本开始通过借款、筑路特许等方式营造在东北的铁路网。在此一时期的"准条约"中，铁路类是与近代化最为贴近的"准条约"类别，然而由于日本企业投资中国东北铁路的目的并非仅在于经济利益，而是对东北地区主权的觊觎，因此其积极意义无疑是存在极大疑问的。

四、 矿务类"准条约"的发展

民国政府成立后，工商部接管了前清商部的矿政，签订了一些矿务类"准条约"。

---

① 王铁崖编：《中外旧约章汇编》第 2 册，第 929 页。
② 王铁崖编：《中外旧约章汇编》第 2 册，第 981 页。

　　鉴于私借私押情形严重，为了统一矿务，工商部特致函政府"华商所办之矿，无论用何名目押借洋款，非经部批准，不能发生效力"，而借洋款又牵涉中外全局，民国政府特于 1912 年 8 月 3 日致各国驻华公使，强调办矿借洋款，必须经中央政府批准："嗣后，各处矿商如有借用洋款，须经中央政府允准，方为有效。其出借之外国商人，亦必先行禀请本国公使询明中国政府，果系批准有案，方可借给，以期妥慎。"① 此条规定并非针对矿务本身，而是外债。

　　民国初年，矿务类"准条约"的发展主要是因美孚公司来华贸易。美孚石油公司是美国老牌石油工业托拉斯，早在 19 世纪 70 年代，就将煤油运销到中国，该公司长期垄断美国对华石油产品贸易，这种状况一直持续到民国初年。② 美孚公司试图在中国寻找油矿，开采原油，但限于清政府在矿务政策上的严格限制，一直未能寻找到合适机会。1911 年海军大臣载洵访美，美孚公司提出借给清政府 5000 万元贷款，以此垄断中国石油市场，但遭到拒绝，清政府希望中美合办煤油开采，而非由美国垄断。民国成立后，袁世凯政府财政窘迫，急需资金，遂由熊希龄向美国提出，如果美孚公司能提供 1500 万美元贷款，中国可将陕西石油开采权给与该公司。在此种背景下，中国政府开始了与美孚石油公司的谈判。③

　　1914 年 2 月 10 日签订的《美孚推广事业合同》，是中国政府与美孚公司订立的矿务类"准条约"。由中华民国政府农商总长张謇、国务总理熊希龄、财政总长周自齐、交通总长朱启钤与美国纽约士丹达油公司代表艾文澜订立，合同规格之高极为罕见。④ 此合同的签订，开启了近代中国石油开采业的序幕，为甲午战后兴起的矿务类"准条约"增加了新的内容。中国政府是合同的直接责任人，合同对中国政府在勘探期间及以后的权利义务进行了详细规定。美孚公司在探查油矿期间，中国政府担任派遣护导、翻译及保卫用

---

① 《财政部为矿商借用洋款必经中央政府允准致各使照会稿》，1912 年 8 月 3 日，财政科学研究所、中国第二历史档案馆编：《民国外债档案史料》第一卷，第 66 页。
② 美孚公司在华状况请参见吴翎君：《美孚石油公司在中国（1870—1933）》，台北稻乡出版社，2001 年。
③ 吴翎君：《美国大企业与近代中国的国际化》，台北联经出版公司，2012 年，第 113—115 页。
④ 王铁崖编：《中外旧约章汇编》第 2 册，第 1006 页。

的军队；组织中美合资公司开发油矿，中国政府派代表与美孚公司商定公司名称及章程；中国政府同意将延安府及直隶省相关油矿交与中美合资公司开采，并同意在六十年内不将上述地区让与其他外国人开采石油及其副产品。①合同签订后引起国内舆论的批评和质疑，怀疑政府出卖国家利权，美孚公司方面亦心存疑虑。美孚公司通过合同所获得的优惠特许虽然很大，但在面临合同所涉及的外交纠纷时，一度打算退却。"除政治借款的因素外，日本强烈抗议中国政府给予美国这项特许开采协定，美孚公司意识到，中国政府似乎正设法拉抬美孚做为抵挡日本要求的一颗棋子，一度犹豫是否有必要卷入这样的外交风波"，"即便与中国合办油田的开采可能获利更多，但也可能因日本的态度，反而对远东市场的整体利益投下新的变数，这使得美孚公司犹豫不决"。②在驻华公使芮恩施的协调下，美孚公司才最终签下合同。合同第八条规定，"如中国政府欲在美国办理债项，美孚公司应允暗中帮助"，表明中国政府欲借此进行政治贷款的目的。③然而，在以后的交涉过程中，北京政府徒劳无获。美孚签订合同后即开始着手勘探，但进展缓慢。在此期间，日本则不断抗议中美合同有违中日之间已有的条约规定，向北京政府提起交涉。日本驻华公使山座圆次郎要求中国将承德、建昌的油矿开采权授予日本。《日本时报》批评美国政府出面支持美孚公司垄断在华石油开采权，在对华门户开放政策上自相矛盾。④

石油类"准条约"的出现丰富了矿务类"准条约"的内容，虽然美国美孚公司在最初的几年并未发现理想的油矿，在日本的干扰下，中美合作亦并非如合同中所载那样顺利，但其引发的石油开采业成为中国近代化的一部分。

五、 民政类"准条约"的签订

民国初年的"准条约"发展，还体现在民政类"准条约"的出现。

---

① 王铁崖编：《中外旧约章汇编》第 2 册，第 1006—1007 页。
② 吴翎君：《美国大企业与近代中国的国际化》，第 114—115 页。
③ 王铁崖编：《中外旧约章汇编》第 2 册，第 1007 页。
④ 吴翎君：《美国大企业与近代中国的国际化》，第 126—129 页。

　　该类别的"准条约"是自电信类"准条约"诞生以来，历经财政、铁路、矿务、军事等种类后出现的一个全新类别。1914 年 1 月 30 日，美国红十字会与中华民国政府订立《导淮借款草议》，由美国红十字会代为筹款，办理导淮工程。借款草议第二条："故中华民国政府承认，允许美国红十字会，或其代表，或其承续人，自本草议签字之日起一年之时期，以便筹集导淮借款"，借款数目为"美金二千万元"。[①] 学界在涉及此借款时，一般将其视为水利借款。疏理淮河毕竟不同于路、矿等实业型项目，其所具有的公益性质是显而易见的，因此而进行的借款也具有相应的性质。

　　芮恩施出任美国驻华公使后，支持美国参与导淮工程建设，并与北京政府进行了多方交涉，北京政府最终选择了向美国贷款导淮，并由美国红十字会负责遴选公司参与建设。1914 年 1 月 30 日，《导淮借款草议》订立。协议订立后，时任红十字会国际赈灾委员会的国务院顾问穆尔，要求美国政府给予此次工程及借款以外交上的支持。威尔逊明确表示保证给予美国承包商帮助和外交上的支持，并希望用各种方式援助红十字会为保全中国而进行的值得赞赏的工程。[②] 虽然美国红十字会于草约签字后曾派人到中国，并预先拨付了五万元的垫款，但双方一直未能签订正式合同。

　　总之，民国以后的"准条约"在类别上有了新的内容。在军事类"准条约"进一步发展的基础上，出现了民政类别，铁路和借款类"准条约"仍然存在。由于民国政府继承前清政府的条约关系，在与各国交涉承认问题时，与不平等条约既有关联又有区别的"准条约"继承与修订，也成为其后对外交涉的重要内容。

第二节　一战期间的演进及其新趋向

　　一战期间，随着美国对德绝交与宣战，民国政府亦抛弃了形式上的中

---

① 王铁崖编：《中外旧约章汇编》第 2 册，第 1003 页。

② 秦珊：《美国威尔逊政府对华政策研究》，中国社会科学出版社，2005 年，第 165 页。

立，步美国之后尘，对德宣战，正式加入协约国集团。中国政府在参战问题上，首要考虑的是乘此机会收回部分失去的权益，但在当时的情况下，又因各种借款问题、劳工问题、电信问题，与各国相关法人机构或个人签订了"准条约"。该类"准条约"的发生，因签订方之一国政府故意避免政府出面，或双方政府避免政府出面。前一种情况，较典型的事例发生于中日之间为参战而举借的银行贷款；后一种状况，则以华工赴欧为标志。

一、 参战前的"准条约"状况

参战背景下的"准条约"借款，主要与日本有关，这也符合当时中国的政治与外交形势。除日本外，尚有其他国家的"准条约"合同出现。从时间段上而言，与日本有关的"准条约"主要发生在 1917—1918 年，而在一战爆发后的 1914 年至中国对德绝交的 1916 年间，日本并未成为"准条约"的主角。

1914 年 7 月 25 日，交通总长梁敦彦、财政总长周自齐代表中华民国政府与英国宝林公司订立《沙兴铁路借款合同》。宝林公司承允代中国政府募集 1000 万镑资金，修建"沙市对面之一地点至贵州省内之兴义府铁路，并接联常德至长沙府枝路"，发行"一千九百十四年中国国家铁路五厘金镑借款"。① 中华民国政府担保借款本息的偿还，并以铁路为抵押。同日双方订立《沙兴铁路借款附合同》，取消 1913 年 12 月 18 日的草合同。同年 9 月 19 日，交通部向上海汇丰银行借款 800 万两白银，收回沪杭甬浙江段铁路。事实上，由于民国政府的财政困难，其推行的铁路国有政策势必遭遇资金短缺，为了归还前期所借铁路贷款，交通部只有再次举债清还贷款利息，以为维持。1915 年 12 月 4 日，交通总长梁敦彦与中英公司订立《中英公司二百十万两短期借款凭函》，借款归还津浦、宁湘、浦信等铁路垫款的利息，借款以京奉路余利担保。此次借款本利"交通部代表中国政府完全担任按期归还"。②

---

① 王铁崖编：《中外旧约章汇编》第 2 册，第 1043 页。
② 王铁崖编：《中外旧约章汇编》第 2 册，第 1127 页。

1916 年 2 月 19 日，民国政府与比利时公司订立《关于陇海铁路发行第一次七厘国库券来往函》，允许比利时公司以中国政府名义发行 1000 万法郎国库券，年息七厘。

此时中国政府的铁路借款仍体现为多国参与的特征，除英、日、比利时外，尚有俄国的贷款。1916 年 3 月 27 日，民国政府与俄国俄亚银行订立《滨黑铁路借款合同》，借款 5000 万卢布，延长东清铁路，并购回齐齐哈尔至东清铁路支线。

由于威尔逊总统认为善后借款之条件有干涉中国内政之嫌疑，故令美国财团退出了六国银行团，退出善后大借款的美国，在 1916 年同民国政府签订了数笔贷款合同。

顾维钧出任驻美公使后，代表民国政府向美国利益坚顺公司借款 500 万美元，缓解政府财政急用。此项借款于 1916 年 4 月 7 日成立，年息六厘，由美国利益坚顺公司在美国发售 500 万美元的国库券。[①] 这是美国推出善后大借款后，首次向中国提供的大笔财政借款。同月 19 日，美国财团广益公司再次向中国提供 300 万美元借款，用以改良山东境内南运河。此次改良运河借款"应由政府签字，呈明中国大总统批准，方生效力"。[②] 山东改良南运河的同时，江苏则通过"准条约"借款办理疏导淮河工程，由美国广益公司提供 300 万美元，名称为"一九一六年导淮改良运河七厘金币借款"，合同由"中华民国政府直接担任之债务，并担任将本借款及利息按期归还"。江苏借款，以运河征收税款作保。[③] 5 月 17 日，美国裕中公司承造中国政府所允许的 1500 英里铁路，筹办铁路经费"自签订合同之日起，每年一百万元，至前项规定铁路造成为度"，但总数不得超过 1000 万元。[④] 9 月 29 日，双方订立增订合同，将原 1500 英里修改为 1100 英里。11 月 16 日，顾维钧代表民国政府与美国芝加哥大陆商业托辣斯银行订立《大陆商业托辣斯银行美金五百万元借款合同》，借款 500 万美元，借款以中国政府国库券为证，定名

---

① 王铁崖编：《中外旧约章汇编》第 2 册，第 1173 页。
② 王铁崖编：《中外旧约章汇编》第 2 册，第 1183 页。
③ 王铁崖编：《中外旧约章汇编》第 2 册，第 1189 页。
④ 王铁崖编：《中外旧约章汇编》第 2 册，第 1195 页。

为"一千九百十六年中华民国担保三年六厘金币借款国库券"。合同还意向规定了续借 2500 万美元的后续合同。①

1916 年 12 月 15 日，德华银行因津浦路垫款问题与民国政府交通部订立《德华银行津浦铁路北段垫款凭函》，交通部按新的偿还计划分期摊还所借款项及利息。此凭函就实际意义而言，无非是延期还贷，相比美、英等的投资修路合同，影响不大。

此时的铁路类借款内仍然有日本正金银行的身影，即 1915 年 12 月 17 日的《四郑铁路借款合同》。民国政府向正金银行借款 500 万日元，利息五厘。合同签押后六个月内，开工建造。这是西原龟三借款之前正金银行提供的最大一笔实业借款。在日本政府的筹划下，1917 年后，正金银行负责政治性质的贷款，而实业贷款则由兴业、台湾、朝鲜等银行实施。但由于 1915 年四郑铁路借款由正金银行承担，所以当 1918 年再次就四郑铁路借款时，仍由正金银行出面。

合办福中公司或许是中国参战前最大的一笔矿山投资合同，外交部特派河南交涉员许沅及河南巡按使特派代表等参与了合同的签订。合同虽然有中国公司的参与，但只是一个名义上的合作者，政府仍然担负合同的中国责任方。合同第二章第二条要求获得所属地区的 50 年的煤矿开采权，只有政府才可能给予这种权利。

1914 年 8 月，交通部邮传司与大北公司、大东公司订立《淞沪宝地缆合同》，允许两公司发展吴淞、宝山海线与上海已有电局间建立陆线联络，邮传司使用公司的二心子电缆，并完全归中国政府支配。此时一战尚未波及英国与德国在远东的关系，此合同仍然允许德国使用地缆："惟德国政府欲在此项地缆内需用二心，以为连接吴淞、青岛水线之用，所有德国与公司关于此项需用心子契约应由邮传司核准认可。"②

1914 年 9 月 17 日的《汉口修建借款合同》是一个特别的借款，名义上是为了修建汉口市的基础城市设施。内务总长朱启钤、财政总长周自齐代表

---

① 王铁崖编：《中外旧约章汇编》第 2 册，第 1236—1237 页。
② 王铁崖编：《中外旧约章汇编》第 2 册，第 1069 页。

民国政府向萨穆尔公司借款 1000 万英镑，由后者发行债券。包括建造桥梁，建筑船坞，兴办电车，疏通下水道等都在合同的条款内有规定。借款抵押以借款基金所购置产业及创办企业的收入为主。[①]

二、 参战后的"准条约"发展情况

中国参战后，因华工问题和财政问题，签订了相关条约。

（一）签订有关华工的合同

一战进行当中，法国政府深感自身劳动力的缺乏，为支持长久战争，有意引进国外工人。在欧洲诸国招募的同时，亦希望开辟新的工人来源地。经法国驻华公使康悌的介绍，法国政府将目光转向中国，希望招募中国工人至法国战场服务。华工只是法国工人来源的一个重要组成部分，并非唯一来源。法国确定招募华工的政策后，即由驻华公使康悌与梁士诒接洽。

1915 年 1 月 17 日，法国派出军部代表陶履德上校来华，[②] 改称农学技师，代表法国与中国商洽订定招工合同事宜。梁士诒与陶履德会商后，派出李兼善、王世祺二人为中国定约代表，与法国接洽订立合同事。为体现中国欧战中立形象，梁士诒与交通部次长叶恭绰商议，由交通银行组织惠民公司，交通银行经理梁汝成兼任公司经理，与法国方面接洽。

中法双方代表经两个月谈判，至 1915 年 5 月初，已经大体议定条款。1919 年 5 月 4 日，惠民公司将合约全文呈报外交部，请求核准。在禀文中，惠民公司称，"彼此磋商两月，订定合同二十八条，举凡工人在工作期内应享法律上之自由，与应得之权利，及夫作工期满后回国个人之生计，无不为之预先筹划"。为了避免德国方面的抗议，以及不违背中国此时的中立性质，禀文特别指出，虽然现正处于欧战"招工之事，恐滋民间猜疑"，但是中立国人民自由前往交战国经商作工，"实不能谓为违犯中立"，"即按照中立条规，亦不相被"。为突出合同不违背中国中立的事实，第一条内容载明"此次招得之工人，一经公司交付与彼之后，决不干预现下各交战国之何项战

---

① 王铁崖编：《中外旧约章汇编》第 2 册，第 1073 页。
② 陈三井考证后指出，陶履德在法国档案中的记载是中校军衔。见陈三井：《华工与欧战》，岳麓书社，2013 年，第 15 页注释 46。

事，职务仅系为在法国或摩洛哥及亚劳智理各工厂及农务之用"，法国驻北京公使担保此项。①

1916 年 5 月 14 日，双方代表正式订立招工合同。自此，惠民公司开始在华招募工人。与法人招工相关之公司，非唯惠民公司一家，前后有 12 家公司从事此项业务。但在所有招工公司中，惟有惠民公司一家"具有官督商办性质"，其余皆为"商人牟利性质，甚少抱有服务观念者"。②

华工出国赴欧不是正式的"准条约"形式，这是民国政府刻意避免的结果。商务招工的外衣下，难掩其所担负的国家任务。

（二）与日本的借款合同

在近代中国的约章中，以"参战借款"为名的借款合同只有一个，即 1918 年 9 月 28 日中日《参战借款合同》。合同由中国驻日公使章宗祥与日本朝鲜银行总裁美浓部俊吉订立。但在此之前，中国曾与日本签订有为数众多的借款，虽与参战没有直接关系，但因其发生于一战的大背景之下，因此均可作为参战背景下的借款。在总计达 2 亿日元的借款中，西原龟三所经手者，占相当重要的比例，因此谈及此时期的日本对华借款时，一般统称西原借款。

西原借款的主要倡导者是寺内正毅和胜田主计，前者时为内阁首相，而后者为大藏大臣。寺内正毅原任朝鲜总督，在朝鲜任内，他结识了日本商人西原龟三。"西原龟三有一套殖民统治术，给寺内上过许多条陈，深得赏识，二人成为知己。"西原借款的另一个主谋——胜田主计，亦是西原龟三推荐给寺内，担任朝鲜银行总裁。三人因此有密切的合作关系，人称"朝鲜三人帮"。③ 在设计对华投资方式时，政府不便出面，又"因恐敌党反对，且避国际视听，遂以朝鲜、台湾、兴业三银行为主体，组织一特殊银团，以非正式之方式，对华进行秘密借款"，这种借款方式显然避开了国家间直接出面的借款，因而具有了"准条约"的方式。④ 日本所采取的方式，其考虑初衷是

---

① 《收惠民公司禀》，1916 年 5 月 4 日，陈三井等主编：《欧战华工史料》，第 184 页。
② 陈三井：《华工与欧战》，第 29 页。
③ 中国社会科学院近代史研究所：《日本侵华七十年史》，中国社会科学出版社，1992 年，第 170 页。
④ 王芸生编著：《六十年来中国与日本》第 7 卷，第 111—112 页。

希望避开与国际银行团之间的关系，所以不再由参与国际银行团对华贷款的正金银行出面，而选择了其他三家银行。

事实上，不仅日本方面有意避开国家形式的贷款，中国方面亦有此意。章宗祥曾自述对西原借款的个人态度。作为具体的借款接洽人，章宗祥希望避免由其经手，理由在于"从前中国经手借款者，大都有收受回扣之嫌；为自好计，不欲因此贻人口实"。西原龟三进而提议，既然两国政府间借款易生误会，"不如使两国实业家彼此通融之善"，"假如中国之某银行，需款若干，日政府可令日本银行团承借"。这种政府背后支持，而由银行出面的借款合同，性质特殊。如果严格以"准条约"的标准要求，此类合同不具备"准条约"的形式。但是，中日两国所力图避免的国家出面的形式，并未为后人所认可，这一矛盾在 20 世纪 30 年代讨论外债时就出现了。所谓西原借款"指日本银行家们在第一次世界大战后期和战后向北京政府提供的一组借款。没有多久这些债款就停止交付，并在中国与日本双方都成为一项政治性的争论"，这里仍然强调西原借款的出借方是日本银行家，而承受方系中国国家。[①]

本质上，在中国正式参战之前的多数日本借款，是日本政府希望通过大量投资，使中国殖民地化的一种手段。西原借款的基本设想就是从经济上变中国为日本的附庸，在其设计的借款基本构想中，包括：退还庚子赔款，发展日本所必需的棉花、羊毛等原料；贷款给中国，成立国营铁厂，向日本提供生铁和矿砂；合组"中国铁路公债资本团"，垄断中国铁路投资；改革币制，中国发行与日本一样的货币，使中国成为日本货币的流通圈。[②] 按照西原本人的说法，就是希望"帝国各种工业所需原料均可仰给于中国，其制成品亦可以中国为市场。融合日化经济为一体，显然是我帝国确立自给自足之策"。[③]

从借债本身而言，西原借款"大体上犹不失为差强人意者。即以西原借款开端之交通银行借款而言，利息低，无回扣，无切实抵押，诚借债条件之

---

① ［美］阿瑟·恩·杨格著，陈泽宪、陈霞飞译：《中国财政经济状况（1927—1937）》，中国社会科学出版社，1981 年，第 133 页。

② ［日］多波野善大：《西原借款的基本设想》，《国外中国近代史研究》第 1 辑，第 132 页。

③ ［日］西原龟三：《日华亲善及其事业》，《近代史资料》1981 年第 2 期，第 211 页。

优者矣。其后各种借款，亦大率类此"。但此类借款"未尝用于利国福民之途"。① 因此，在清理此项借款时，被批评"进款借款中有些是供铁路和交通使用的，大笔款项还是作了行政费用、军事开支和偿还债款之用了"。②

交通银行五百万日元借款是西原借款的第一笔借款。1917 年 1 月 20 日，交通银行与日本银团代表兴业银行、台湾银行及朝鲜银行订立借款合同，"此项借款日本金五百万元"，"全部实数借款，并无折扣及佣费"。③ 时任交通银行总理曹汝霖、协理任凤苞为中方代表，日本银团代表是兴业银行总裁志立铁次郎。交通银行 500 万元借款成立不久，中日之间又成立了中华汇业银行，一般认为，该银行是经理西原借款的主要机构。1917 年 8 月 10 日，中日两国股东代表订立合同。该银行形式上是一个企业法人，"以中日两国人合办为股份有限公司"。华商股东代表陆宗舆签字于合同之上。④

交通银行第二次借款时数额增加至 2000 万元，双方于 1917 年 9 月 28 日订立借款合同。第二次借款合同仍然以双方银行出面，且中国方面未获形式上的国家正式授权。章宗祥述及第二次借款时，曾提及合同订立过程之波折。"此项借款由西原先生在北京接洽，林使报告本野，谓有政治性质，外务省遂有异议"，日本政府仍然刻意避免给贷款以政治性质，因担心"各国疑日本为单独行动，日政府颇难置辩"。章宗祥致电曹汝霖，将日本外相本野一郎之担心告之，要求曹切实证明"此项借款确系为整理交通银行之用"。曹汝霖回复章宗祥"此次交通借款，弟以银行总理资格商借，纯系整理银行之用，绝无政治关系"，并特别指出，政府借款自有银行商办，与交通银行决无关系。但是日本外务省仍然主张先行调查交通银行，待调查清楚后，再承借。虽然西原龟三不赞成调查交行，但调查仍然进行了，只不过，其调查状况并非账目，"不过视察交行现在营业状况，如出入盈亏总额，各省分行总数及已未兑现情形"。⑤

① 王芸生编著：《六十年来中国与日本》第 7 卷，第 110 页。
② ［美］阿瑟·恩·杨格著，陈泽宪、陈霞飞译：《中国财政经济状况（1927—1937）》，第 133 页。
③ 王铁崖编：《中外旧约章汇编》第 2 册，第 1246 页。
④ 合同全文见王芸生编著：《六十年来中国与日本》第 7 卷，第 124 页。
⑤ 章宗祥：《东京之三年》，《近代史资料》1979 年第 1 期，第 22 页。

交通银行首笔借款合同与中华汇业银行签订合同，就合同双方订立身份而言，大体一致。借贷双方皆刻意避免国家出面，而是假企业之手进行。虽然这两个合同属于参战借款大背景之下的文件，但其"准条约"特质并不明显。将其纳入到本章节之内，主要是从另一个侧面来说明参战借款"准条约"的复杂性。

日本曾刻意组织兴业等三家银行负责对华贷款，而将正金银行排除在外，目的在于避免国际干涉。正金银行是日本参与国际银行团对华贷款的代表银行，专门负责政治性质的贷款，尤其是善后大借款。由于欧战爆发，五国银行团已不复为一个整体，当日本提议第二次善后借款1亿元时，各国意见难以达成一致。正在进行对华贷款的日本政府以此为借口，单独提出善后借款垫款项目，由日本单独出资1000万元借与中国政府。1917年8月28日，中国政府代表财政总长梁启超与日本正金银行订立《日币一千万元垫款合同》，该合同相比交通银行第一次借款，中国政府是合同的直接责任人。合同开头载明："中华民国政府现愿借款一千万元，作为拟与四国银行团商借善后借款之垫款，议由日本银行团承办"，表明此次借款的原委及其政治性质。至于此次借款的提用方法，"财政总长提用本国库券进款，所有一切手续、条件均照中华民国二年签订善后借款合同第十四条所开办法办理"。为强调中国国家的直接责任，合同特别在第八款规定，"财政总长代表中国政府应于照本合同第一款在日本发行本国库券之日暂发中国政府日币一千万元国库大券一张，交存在北京之银行作证据"。[①] 1918年1月6日，财政总长王克敏代表中国政府与日本正金银行代表武内金平签订《日币一千万元第二次垫款合同》。7月5日，双方订立善后借款第三次垫款合同，再次向正金银行借款1000万日元。

在一战时期日本的对华贷款中，以投资中国铁路为名义的贷款亦占相当比例。1917年10月12日，中日订立《吉长铁路借款合同》。中华民国财政总长梁启超、交通总长曹汝霖代表中国政府与日本南满洲铁路公司代表理事龙居赖三订立。因订立者之一中国方面所具有的政府身份，因此该合同

---

① 王铁崖编：《中外旧约章汇编》第2册，第1280页。

具有典型的"准条约"性质。同日，中日两国代表还订立了《吉长铁路借款细目合同》。

依据 1915 年中日"民四条约"之《关于南满洲及东部内蒙古之条约》第七条，中国政府允诺"以向来中国与各外国资本家所订之铁路借款合同规定事项为标准，速行从根本上改订吉长铁路借款合同"，并附加一定的条件，即"关于铁路借款事项，将较现在各铁路借款合同为有利之条件给与外国资本家时，依日本国之希望再行改订前合同"。① 《吉长铁路借款合同》及《吉长铁路借款细目合同》正是因上述条款而来，就性质而言，属于因国家间正式条约所规定的条款而产生。合同特别关注了对将来相关铁路修建权的垄断，"政府如将来必须建造联络本铁路之支线或延长线，应由政府以中国款项自行修造，如须用外国资本，除契约别有规定外，先尽与公司商办，其支线或延长线路里数长短，由政府自行订定"。②

1918 年 2 月 12 日，交通总长兼财政总长曹汝霖代民国政府与日本正金银行订立《四郑铁路短期借款》，向日本借款日币 260 万元。6 月 18 日，曹汝霖与日本兴业银行代表真川孝彦订立《吉会铁路垫款》，向日本借款 1000 万日元，建设经过延吉南境及图们江以至会宁的铁路。9 月 28 日，中华民国驻日公使章宗祥代表政府向日本兴业银行借款 2000 万元，订立《满蒙四铁路借款预备合同》。同日，章宗祥与兴业银行订立《济顺高徐二铁路借款预备合同》，借款 2000 万日元。

（三）无线电借款合同

一战时期电信类借款的发展，以无线电为主，借款途径亦未限于某一国别或公司。随着日本对华经济控制的加强，日资的引进当为一大特点。

1918 年 2 月 21 日，中华民国海军部代政府与日本三井洋行订立《无线电台借款正合同》，借款 536267 镑，建设大功率无线电台。"承办人得中国政府许可，建设一大无线电台，其发报电力及收报机械，可直接与日本欧美通报"，其代价是中国政府将电台三十年管理权付与承办人。合同提出了公司

---

① 王铁崖编：《中外旧约章汇编》第 2 册，第 1101 页。
② 王芸生编著：《六十年来中国与日本》第 7 卷，第 139 页。

的报效责任问题,"电台在承办人管理期内,中国政府应得有该台全年营业收入百分之十报效金,系照阳历全年计算,准定年终缴纳,设该台全年营业收入不敷开支时,则中国政府仍应得有该台全年营业百分之十之报效金"。①

中日之间的有线电报借款"准条约"亦于同年 4 月订立。有线电报借款的不同之处在于,出借方为中华汇业银行,此机构虽然在日本方面的实际控制之下,但其组织机构实属于一个跨国银行。由于陆宗舆为汇业银行总经理,因此合同由交通兼财政总长曹汝霖与陆订立。银行日本理事柿内常次郎亦同署名于合同之后。汇业银行成立的目的在于方便日本银团向中国提供贷款,其作为中间机构的身份此次得以充分体现。合同附件一是中华民国政府致汇业银行的承认书,中国政府承认"股份公司中华汇业银行对于日本银行团代表股份公司日本兴业银行,提供中华民国七年四月三十日中华民国政府与股份公司中华汇业银行订定之中华民国政府改良及扩充有线电报借款合同为担保"。②

1918 年 10 月 25 日,交通部与中日实业有限公司订立《扩充电话借款合同》,向日方借款 1000 万元。合同提及系为交通部续借"民国五年短期电话借款并改革电话事业需用资金"。③ 但在此之前的约章汇编中并未见到该短期电话借款合同。

英国马可尼无线电报公司亦于此时获得中国政府的无线电借款项目。1918 年 8 月 27 日,中华民国政府陆军部与英国马可尼公司订立《马可尼无线电话借款合同》,向英国马可尼公司借款英金 60 万镑,"政府即以此项英金六十万镑之一部分,照下开价目向公司订购马可尼最新式行军无线电话机二百架"。④ 除获得向中国提供无线电话机之外,马可尼公司还获得了喀什噶尔到西安的无线电台建设权。1918 年 10 月 9 日,交通部代表中华民国政府与马可尼公司订立《马可尼无线电话垫款合同》,向公司借款 20 万镑,用于建设无线电台及购买相应机器。

---

① 王芸生编著:《六十年来中国与日本》第 7 卷,第 147 页。
② 王铁崖编:《中外旧约章汇编》第 2 册,第 1361 页。
③ 王铁崖编:《中外旧约章汇编》第 2 册,第 1438 页。
④ 王铁崖编:《中外旧约章汇编》第 2 册,第 1400 页。

（四）其他合同与协议

民国成立以来，很少有涉及矿务事项的借款合同，并未能延承清末以来的矿务借款趋势。在前面分析矿务政策的演变时，曾提及个中原因，政府有意使矿务开采成为中国内政，不涉外交。应该说，此类借款合同的减少，体现了中国将矿务主权收归国有的成效。1918 年 8 月的吉黑两省金矿及森林借款是民国初期少有的一个矿务类"准条约"借款。是年 8 月 2 日，农商总长田文烈、财政总长曹汝霖代表民国政府与中华汇业银行订立《吉黑两省及森林借款合同》，向日本借款 3000 万日元，但须抵押物为下列两项：一是吉黑两省之金矿及国有森林；二是前项金矿及国有森林所生之政府收入。[1]

1917 年 8 月 28 日，民国政府与日本正金银行取得第一次 1000 万元借款后，以财政部证券的形式发行债券，定于 1918 年 9 月 1 日偿还借款。至 1918 年 8 月，民国政府归还无望，而最后期限很快届满。不得已，民国政府与正金银行订立《财政部证券改订借款契约》，将原有债券收回，而发行新的财政部证券。新证券名称为"中国政府民国七年（即日本大正七年）乙号财政部证券"。该新证券须"自发行之日起满一个年间偿还之"。[2]

一战期间中国政府与日本签订的"准条约"类借款，种类几乎涉及所有已知的"准条约"门类，除参战借款与善后垫款外，其余大体系实业类借款。交通银行借款因其缺乏明确的发展实业计划，因此其用途久为人诟病。铁路借款系大宗，中国以丧失路权和相关主权的代价，订立了这些铁路类"准条约"。

日军侵占胶济铁路后，胁迫中国签订了军事协议。日本自侵占潍县车站后，即向中国强行提出占据胶济铁路全线，其理由，一是胶济铁路为德国所掌控，为青岛德军提供援助；二是占领潍县为进攻青岛所必需。中国方面在指责日方违反最初达成的限制行军区域协议的同时，强调胶济铁路系中、德合办之产业，不能视为德产而予以侵占。这里所牵涉的国际法问题是指胶济铁路所属及其性质，关键在于如何理解 1900 年的《胶澳铁路章程》。1900 年

---

[1] 王铁崖编：《中外旧约章汇编》第 2 册，第 1396 页。
[2] 王铁崖编：《中外旧约章汇编》第 2 册，第 1391 页。

3月21日，依据曹州教案条约规定，袁世凯、荫昌代表清政府与德国订立《胶济铁路章程》，开设胶济铁路公司。依据《胶济铁路章程》第十六款，胶济铁路保护权属于中国，不准派用外国军队。但日本政府无视《胶济铁路章程》的各条款规定，以其所片面理解之事实，为己方侵占铁路的目的服务。

第三节 一战后的发展和弱化

中国参加第一次世界大战的重要目的是争取在战后和会上修订和废除不平等条约。第一次世界大战结束后，中国上下的国家主权意识更强，无论是与哪国签订哪类性质的条约，都更为谨慎。中国与各国交涉，主要是侧重订立平等新约和修废不平等条约。"准条约"在华盛顿会议前后虽然一度得以发展，但随着中国主权意识的增强，随后即不断弱化。

一、 巴黎和会与"准条约"

1918年底，欧战结束。1919年巴黎和会召开，中国作为战胜国之一，由陆征祥为代表团团长，出席该次战后和会。为筹备出席巴黎和会，中国各界曾预先做了多方探讨，为在会议中应提出何种对策提出了一些方案。这些提案，大多涉及到了中国既有的"准条约"。

参议院议员黄锡铨等提出了四项方案，其中之一是要求将《辛丑和约》未经交付之赔款全部取消。该提案并未区分协约国中享有权益的国家，其一体取消的建议很难有实际意义。其提案之二是请政府预筹处置德奥两国在华财产。该提案建议应参照协约国处置敌国财产办法，处理奥德两国在华财产。提案将两国在华财产分为动产和不动产两大类别，此案专议动产，仅限于包括赔款和借款两种，并列出了中国应交付德奥两国的各种赔款和借款，共分为五类：中国应交德奥之赔款2款；中国应付德国与他国共同契约之借款3款；中国应付德奥单独契约之借款11款；德国应赔没收中国之款；奥国应赔未交军舰军械之款4款。其提案之三是要求解除战争期间对日贷款的抵押，撤销一切抵押之债券，因此等抵押共计 32 项，"或关地方主权，或关政治利权，有清款即能回复者，有永远不能回复者"，希望藉此表示解除亲善之障碍，巩固比邻长久之交情。① 对德奥两国既有借款合同的取消，意味着对借款类"准条约"的废除。

一般国人所设想之中国应在和平会议所提条件，主要是取消外国在华的各种特权，既有条约权利，亦有"准条约"权利。卢春芳在上外交部函件中提出："凡一切条约或合同规定，以在中国之势力范围有特权或特别权利许予任何外国者，皆取消之"，"中国全国之铁路，凡关涉外人利益者，均须中国赎回自理。"② 会前，外交委员会所拟定的议案中包含有广泛的修约要求。巴黎和会召开时，在中国境内驻扎有外国军警，其驻扎地点既有租借地和租界，也有除租借地和租界以外的其他地区，中国政府对这些外国军警一直极为顾虑。就驻华军警的来源而言，有一类系由"准条约"合同所规定，典型的如东省铁路公司所附带的护路军警。依据 1896 年中国与华俄道胜银行所订合同，中国政府应设法保护东清路及其职员，俄国政府即据此特许东清铁路公司在铁路及其附属地界内维持法律秩序，并责成该公司派出巡警人员。东清铁路公司还为此制定专门的巡警章程。东省铁路公司依据俄国政府特许及巡警章程，常设护路队。东清铁路修建期间，俄国政府还派出军队到满洲，借口是保护铁路。义和团运动时，俄国又借口增派军队，占据了牛庄、奉天及东清铁路沿线据点。1902 年 4 月 8 日，中国与俄国订立合同，俄国承允将于约定时间内将军队撤退，然而一直未予兑现。

日本所派驻之南满铁路护路军队其最终来源亦是上项合同。日俄战争后，俄国将旅顺至奉天铁路移交日本，虽然两国均要求对方将军队完全撤出满洲，但都保留了在铁路沿线的驻军权。两国约定，每公里路线内所派护路军队不超过十五人，在此基数内，两国军官可协商所用最少人数。究其根源，铁路沿线的驻军仍系依据已有的合同。中国政府虽然于 1905 年 12 月同意日俄两国所协

---

① 《收国务院来咨》，1918 年 12 月 18 日，台北"中研院"近代史研究所编印：《巴黎和会与山东问题》，2000 年，第 10—12 页。

② 《收卢春芳函》，1919 年 1 月 17 日，台北"中研院"近代史研究所编印：《巴黎和会与山东问题》，第 26 页。

议之事项，即将南满地区所有租借权利、铁路特权及矿产权利移交日本，但并未特许军队护路事项。俄国十月革命后，东清铁路及哈尔滨、长春铁路沿线之俄国军队已经撤去，而日本并未撤去在南满和东安两路的卫队。

中国代表在巴黎和会提出废除 1915 年中日协定说帖。说帖第三条"裁撤外国邮局及有线、无线电报机关"，与"准条约"存在直接的关系。说帖还指出，外国在华邮局并非条约许可，"自一八六零以后，中国通商各口渐次增设外国邮局，然非条约所准，亦未经特别许可，仅为中国政府所容忍而已"。至于有线、无线电报，"中国境内不应设立外国有线、无线电报机关。凡此业已设立之机关，亟应由中国政府给价收回"。①

中国在巴黎和会上的合理要求并未得到满足。1921 年 11 月，相关各国在美国召开了华盛顿会议，答应中国于会后召开关税及法权会议。在巴黎和会上中国曾要求的收回各国自办邮局及限制在华有无电线的要求，此次会议亦有所起色。各国承认撤销在中国境内之外国邮局，并对在华之无线电台加以限制。

二、 华盛顿会议与"准条约"

巴黎和会上，中国所提各种希望条件未能实现，在接下来的华盛顿会议上，中国代表团在原有提议的基础上再次提出，这些要求与中国现有的"准条约"存在密切关系。国民外交联合会在其所提议的中国参加华盛顿会议提案中，列出了应提出的紧要案件，其中之一是"各国未经中国同意，不得关于中国有所协定，凡类似此项性质之协定（及条约或契约），中国概不承认"。该提案的意义在于，中国政府将不承认地方政府或军阀势力与国外所订立之契约合同，尤其是借款合同。国民外交协会在紧要案件中还列出了铁路议题，建议收回各国在中国境内单独经营之铁路，其中特别提及南满铁路。除上述两项提议外，国民外交协会还提议要将日本在山东境内占据之土地、铁路、矿山及一切财产，无条件交还中国。②

---

① 《附录　中国代表提出废除 1915 年中日协定说帖》，中国社会科学院近代史研究所《近代史资料》编辑室主编：《秘笈录存》，第 161—162 页。

② 《国民外交联合会对于华盛顿会议中国提案之意见》，1921 年 11 月 7 日，中国第二历史档案馆编：《中华民国史档案资料汇编》第 3 辑《外交》，第 456—457 页。

1922 年 2 月 6 日，九国会议通过了《九国间关于中国事件应适用各原则及政策之条约》，声明缔约各国应"切实设立并维持各国在中国全境之商务、实业机会均等之原则"。对于缔约各国人民订立任何协定，其目的应仅在于"指定区域内设立势力范围，或设有互相独享之机会者，均不得予以赞助"。关于铁路问题，中国政府特别约定，中国铁路不施行或许可任何待遇不公之区别，除中国自身外，他国所获得的铁路管理权亦应担负同样的义务。①

华盛顿会议通过了若干围绕中国问题的议决案，这些议决案与业已存在的"准条约"存在密切关系。在通过的《关于中国及有关中国之现有成约议决案》中，第一条要求相关国家将与中国所订或与他国所订关涉中国的种种条约、盟约、换文及其他各项国际协约，仍属有效者，应等概行提交大会总秘书厅存案，以便参与该协定各国周知。而且，以后再订类似上述性质之条约或国际协约，应由相关国家政府于订约后 60 日内，通告签署决议案各国。第二条专指契约，要求参与议决案各国，应将与中国订立种种契约向外公开：中国以外各国，应从速将本国人民与中国政府或所属之任何行政机关或地方官所订之一切契约，其中有关于建筑铁路、采矿、林业、航业、河工、港工、开垦、电气、交通或其他公共工作、公共事务或售卖军械、军火之任何让与权、特许权、选择权或优先权，或者其中有意中国政府或所属机关之国家税收或官产作抵押者，应力求完备，开列清单送交会议总秘书厅。以后如再订立类似契约，应由有关国家政府于接到订约报告后 60 日内，通告签署议决案各国。②

在现有成约议决案通过之前，华盛顿会议已经先期通过了铁路、电台等决议，此类涉及实业问题的决议，均与"准条约"存在关联。1922 年 2 月 1 日，会议通过《关于统一中国铁路议决案并附中国声明书》。声明书记录各国对中国将来统一铁路的希望：中国铁路之发展应与存在之合法权利相符合，并使之成为由中国政府统一管理之铁路制度，必要时，可以外国经济及

---

① 《九国间关于中国事件应适用各原则及政策之条约》，1922 年 2 月 6 日，中国第二历史档案馆编：《中华民国史档案资料汇编》第 3 辑《外交》，第 460—462 页。

② 《关于中国及有关中国之现有成约议决案》，1922 年 2 月 1 日，中国第二历史档案馆编：《中华民国史档案资料汇编》第 3 辑《外交》，第 470—471 页。

专门技术辅助之。中国参加华盛顿会议代表团对此希望表示接受，"中国之意本欲从速得有如此结果，并欲按照能合于中国经济、工业、商务所需要之总计划"。①

关于在华无线电台的决议亦于同日获得通过。决议第一条规定了在华无线电台的运营范围：无论电台是依据《辛丑条约》建立的，还是无条约依据但事实上存在于外国使馆内的电台，只准收发官电，不得收发私人电报、商电等，新闻事项电文亦包括在内。如果其他电信渠道受阻，经正式向中国交通部知照，并提供相应的证据，该无线电台可以暂时收发上项电报。决议第二条规定：外国政府或个人在中国境内设立的有条约根据的电台，其收发电的范围应以条约的规定为限；若是中国政府允准办理的电台，则其收发范围应以中国政府的规定条件为限。所有未得中国政府允准而私设的电台，不论是外国政府设立还是外国个人设立，待交通部能接收电台用以公益时，将全部由交通部予以接管，同时按照电台的价值予以一定的补偿。决议特别就租借地及南满铁路、上海租界区内的电台作出特别规定，不论电台发生任何问题，均视为中国政府与有关系政府间的事件。即使电台系依据"准条约"设立，在具体处理与电台有关的事项时，中国政府将直接与该电台所有人的国家进行交涉。中国代表亦在会上发表声明：中国政府不承认亦不让与任何外国或其人民在使馆界、居留地、租界、租借地、铁路地界或其他同样地界内，未经中国政府明白许可而有安设或办理无线电台之权。②

中东路相关的合同系中国订立的典型"准条约"，1922年2月4日，华盛顿会议与会各国通过了一项关于中东铁路的议决案，要求中国政府担任对中东路债券所有人及债券人承担履行义务的监管责任。此种义务，"各国认为自建筑铁路合同及中国照该合同之行动而发生者，各国并认一种代管性质之义务系从中国政府施行其权力于该铁路之执掌及行政而发生者"。③

---

① 《关于统一中国铁路议决案并附中国声明书》，1922年2月1日，中国第二历史档案馆编：《中华民国史档案资料汇编》第3辑《外交》，第469—470页。

② 《关于在中国无线电台议决案并附声明书》，中国第二历史档案馆编：《中华民国史档案资料汇编》第3辑《外交》，第471—472页。

③ 《各国连同中国在内赞同关于中东铁路之议决案》，中国第二历史档案馆编：《中华民国史档案资料汇编》第3辑《外交》，第474页。

华盛顿会议后，民国北京政府与相关各国开始进行修约交涉。首先是与日本签订《山东悬案细目协定》，收回胶澳租借地，并将一战以来因日本侵占山东而发生的问题予以解决。中日双方协定，日本须于 1922 年 12 月 10 日正午将胶州租借地移交中国，一切行政权移交完毕后，"凡行政上一切权力及责任，均归中国政府"，但是又特别规定"但照各种约章成案应属日本领事馆者，不在此限"。因此，这种行政移交，并不影响中日之间既有的"准条约"文件，所影响的是 12 月 10 日以后在山东境内将要签署的"准条约"。关于邮电项目，日本将青岛与佐世保间的海底电信的一半无偿交与中国；独占期满后，依照华盛顿会议决议，中国将取消所有外国公司电信特许权，不再许与任何政府或公司及个人包办独占权；中国在接受青岛及济南的无线电台后，将设立相应的电局拍发一般公众电报。关于开矿事宜，由中日两国资本团选出创立委员，办理开设公司事宜。所设立公司须由中国政府颁发特许状，日本应在公司成立时，将淄川、坊子及金岭镇各矿山及附属财产移交该公司。①

12 月 5 日，中日双方订立《山东悬案铁路细目协定》。依据华盛顿会议所议决事项，成立铁路联合委员会，中方委员由督办鲁案善后事宜王正廷、交通次长劳之常、交通部参事陆梦熊、交通部技监颜德庆组成；日方委员由特命全权公使小幡酉吉、青岛守备军民政长官秋山雅之介、铁道技师大村卓一组成。日本政府在 1923 年 1 月 1 日正午前，将胶济铁路及其支线并一切附属财产移交中国。中国政府"允偿还日本政府铁路财产价值金 4000 万元"，以国库券的形式付与日本政府，该项国库券票面总额为 4000 万日元，称为胶济铁路国库券。中德之间胶济铁路合同至此完结。②

三、"凡尔赛—华盛顿体系"建立前后新订立的"准条约"

在巴黎和会召开的 1919 年，中国签订"准条约"的趋势并未停止，而

---

① 《外交部存"山东悬案细目协定"》，1922 年 11 月—12 月，中国第二历史档案馆编：《中华民国史档案资料汇编》第 3 辑《外交》，第 179—185 页。

② 《山东悬案铁路细目协定》，1922 年 12 月 5 日，中国第二历史档案馆编：《中华民国史档案资料汇编》第 3 辑《外交》，第 195—197 页。

是继续在铁路、电信及财政类上有所进展。铁路"准条约"中的第一个，是1919年3月民国交通部与英国福公司关于购买火车的借款，与此前的建筑铁路类相比，其影响已经很小。与此类同的还有1919年5月3日的《关于陇海铁路发行第二次七厘国库券来往函》，属于垫款性质的来往函件。这一年主要的铁路类"准条约"是与日本满铁订立的《四洮铁路借款合同》。中国政府准许满铁发行4500万日元的五厘利息债券，建设四郑至郑家屯干线，由郑家屯起至白音太来为止之支线。债票本利，"政府确保全还。若本铁路进项，及或本债票进款不敷付还本利之数，由政府设法以别项款项补足，按期十四日前交付会社"。① 在附件中，以来往函的形式将原正金银行的权利转给满铁，通过原合同第二十三条，横滨正金银行将业务转与满铁接办。②

无线电业务在中国此时已经有相当发展，大多为各国在华私自设立。中国原本希望在巴黎和会上取消各国在华私自设立的无线电报机关，但未能实现。中国在巴黎和会上的提议，说明对无线电等国家主权的维护意识已经很强。在巴黎和会前，各国已经开始在华争夺无线电报的建设权。此时中国并无统一的机关主持无线电建设，列强在华争夺无线电权，分别向相关军政当局寻求合作。1918年2月，海军部与日本三井洋行订立无线电台合同，允许三井洋行建立无线电台及收发机械，以便与日本、欧美通报。8月，中华民国政府陆军部与英国马可尼公司订立《马可尼无线电话借款合同》。海军部与日本订立无线电合同，陆军部则与英国订立合同，日、英双方责难中国政府有违条约。海军部与日本的电信合同引起英国的不满。英国公使朱尔典得知三井合约附件许以日本以电信垄断权后，向海军部提出抗议。中国政府则辩称，马可尼公司合约为国内无线电建设，三井洋行合同则为对国外联络用，双方利益各不相犯。③ 海军部表示马可尼公司合同1919年订立的无线电合同属于中国政府与马可尼公司订立，该合同只是具体的器材购买协议，与主权无关。

① 王铁崖编：《中外旧约章汇编》第3册，第3页。
② 王铁崖编：《中外旧约章汇编》第3册，第11页。
③ 《政府与英国马可尼公司合办无线电信事准陆军部函复各节照复查照由》，1921年1月8日，国家图书馆藏：《民国孤本外交档案》第22册，全国图书馆文献缩微复制中心，2003年，第8397页。

在航空事业方面，民国政府向英国菲克斯公司订购 100 架维梅式商用飞机，以发行 1803200 镑债券为作抵，发行国库券的名称为"中华民国八厘十年英镑国库券"。① 在 1920 年，民国政府曾第二次向菲克斯公司借款，购置飞机相关器材。这些购买具体飞机的协议，具有"准条约"的特性，主要因其是通过发行债券募集资金，双方的权利与义务，并非一次性终结。

美国于 1919 年向中国提供了两笔数值达 1100 万美元的贷款，用途为非实业建设。美国于 10 月份向中国提供了 550 万美元的借款，并通过 1919 年 10 月 11 日的《大陆商业托辣斯银行借款合同》予以确立。出借方为美国芝加哥大陆商业托辣斯银行。合同规定"此项 550 万元借款及国库券系中国政府直接担任之债务，应照条款所规定，按期将本借款及利息全部如数清还"，"中国政府概应履践，以昭信义"。② 同日中国政府又与银行订立《大陆商业托辣斯银行借款附合同》，就原合同的抵押品问题另行规定，将原定的烟酒公卖费改为河南、安徽、福建、陕西四省之货物税为直接抵押。③ 11 月，民国政府再次向美国太平洋拓业公司借款 550 万美元，用于补发军费及清还到期债务，合同载明"此项五百五十万元借款及国库券系中国政府直接担任之债务"。④

1919 年因巴黎和会而导致的五四运动是影响中国近代的重大事件，对以后中国政治的走向产生了深远影响，但其在"准条约"的发展趋势上未看到明显的影响。华盛顿会议后，列强在华势力与其本身实力相对应，美、日成为主要的竞争角色。

1920 年 2 月 10 日，交通部与日本东亚株式会社订立《扩充及改良有线电报工程费垫款合同》，以年利九厘的利息向日本借款 1500 万元，扩充、改良现有之电报线路。垫款期限"由交款之日起满十三年为止，最初三年内只付利息不偿本，自第四年起本利匀分十年摊还"。附件中约定，除聘用日本

---

① 王铁崖编：《中外旧约章汇编》第 3 册，第 21 页。
② 王铁崖编：《中外旧约章汇编》第 3 册，第 26 页。
③ 王铁崖编：《中外旧约章汇编》第 3 册，第 31 页。
④ 王铁崖编：《中外旧约章汇编》第 3 册，第 40 页。

顾问外，再聘用日方推荐之技师一人。① 该合同拉开了 20 世纪 20 年代的"准条约"订立的序幕。

签订铁路类"准条约"一直是晚清至民国时期的重要对外交涉事项。1919 年 3 月 3 日，中国交通部与英国福公司订立《道清铁路第二次借款来往函》，英国福公司提供借款为道清铁路增加车辆。福公司所提的条件中有免税、优先使用车辆等规定，这条件是作为借款的附加条件提出的，在本质上没有干涉中国的内政。但另外一条规定则属于对中国行政的干涉，"道清铁路应将现有道清车辆开往京汉及其他国有各路之限制一律解除，并不得订定有碍于公司运煤及供给车辆之新章"。②

铁路类"准条约"是日本在 20 世纪 20 年代对华订立的"准条约"的主要部分。1920 年 3 月 9 日，满铁与民国政府订立《四洮铁路日金一千万元短期借款凭函》，对于原协议改变办法，暂不发行公债，而采取借款办法处理。500 万日元用于归还 1919 年的垫款，另外 500 万元用于铁路。期限为大正十年五月三十一日为止，"期限既满后，如尚不能发行贵国政府公债，本借款应为借换办法，另订合同，但其期限、利率及折扣应依当时情形另行协定之"。③ 1921 年 5 月 13 日，双方订立《四洮铁路日金一千二百五十万元短期借款凭函》，抵偿 1920 年合同所订款项。

借债还债成为部分铁路的维持办法，因此相关借款"准条约"每隔一定时期就要重新签订，虽无新的铁路修建，但借款的数目逐年增加。1922 年 5 月 31 日，短期借款再次到期，双方订立《四洮铁路日金一千三百七十万元短期借款凭函》，借款数额增至 1370 万元。④ 1923 年 5 月 31 日订立《四洮铁路日金一千八百二十万元短期借款凭函》，1924 年 5 月 31 日订立《四洮铁路日金二千八百四十万元短期借款凭函》，1925 年 5 月 31 日订立《四洮铁路日金三千二百万元短期借款凭函》。

满铁在经营四洮铁路的同时，还与交通部签订有多个借款类"准条约"。

---

① 王铁崖编：《中外旧约章汇编》第 3 册，第 54—56 页。
② 王铁崖编：《中外旧约章汇编》第 2 册，第 1481 页。
③ 王铁崖编：《中外旧约章汇编》第 3 册，第 60 页。
④ 王铁崖编：《中外旧约章汇编》第 3 册，第 234 页。

其中吉敦铁路合同属于数额和影响较大的"准条约"。1925 年满铁与中国交通部订立《吉敦铁路承造合同》，由满铁建造吉林至敦化铁路，"合同之承造工程及设备金额，作为日金一千八百万元，设用途有增减时，得由双方商订"。局长由民国交通部委派，由局长在满铁内部选日人一名为总工程司，日人一名为总会计。① 1927 年 5 月 30 日，该路增加工程费 600 万日元，并订立《吉敦铁路承造合同增加工程费日金六百万元凭函》。

1920 年 2 月 26 日，交通部与美国裕中公司订立《株钦裕中公司美金十五万元续垫款函约》，借款 15 万美元，年利七厘，用以测量株钦铁路。② 4 月 7 日订立《办理运河初步测量续借美金十万元合同》，驻美代办容揆代表政府向美国广益公司借款 10 万美元，年利 8 厘，九九折扣。③ 这种小规模的借款合同，对 20 世纪 20 年代的"准条约"影响不大，不构成主流。

此时中国无线电台的建设仍以"准条约"形式的出现，在此阶段美国公司成为主要力量。1921 年 1 月 8 日，中国政府与美国合众电信公司订立《无线电台协定》。民国政府拟于上海或附近建造无线电台。资金筹集通过发行美金债券施行，由交通部向公司发行 2308750 美元债券，年利八厘，半年付息一次。相比于第一批"准条约"有关有线电报的合同，此合同将电台的管理权委诸中美双方，"各电台全部之管理与各项事务等，中、美各派一督办及总工程师一人任之。业务之管理须向中国交通部及北京美使馆呈报"。要求总工程师必须美籍，由公司任命。④ 有研究指出，该合同涉及美国企业对中国市场的投资及中美双方政府的关系，对美国而言，关系到美国门户开放政策的在华落实情形。正如大东、大北公司具有极强的政府支持一样，美国合众电信公司亦非一般的电信企业。欧战时期，美国合众电信公司电讯器材为海军部征用，其与政府关系可见一斑。⑤ "1915 年 4 月美国国务卿兰辛已要求驻华公使芮恩施探询与中国建立无线电报网络的可能，芮恩施随即秘密

① 王铁崖编：《中外旧约章汇编》第 3 册，第 574 页。
② 王铁崖编：《中外旧约章汇编》第 3 册，第 58 页。
③ 王铁崖编：《中外旧约章汇编》第 3 册，第 62 页。
④ 王铁崖编：《中外旧约章汇编》第 3 册，第 148 页。
⑤ 吴翎君：《民初中美合办无线电合同之交涉》，金光耀、王建朗主编：《北洋时期的中国外交》，复旦大学出版社，2006 年，第 461 页。

拜访邮传司司长周万鹏、交通部长梁士诒",由此可见,美国在华设立无线电的交涉早已开始。[①] 由于马可尼公司在美国合众公司之前已经先期订立了电信合同,即 1918 年 8 月的《马可尼无线电话借款合同》,该合同中有排他性的条款,因此美国、日本等随后提出了抗议。美国援引 1844 年中美《望厦条约》第十五款的内容,认为马可尼合同有限制贸易自由之意,对马可尼合同提出反对。[②] 其后,美国又数次致函外交部,反对马可尼公司的垄断。1920 年 11 月,合众电信公司任命商务代表莫尔思与中国电报局商谈,为签订中美电信合同先期准备。时任驻华公使柯兰(Crane)要求美国政府支持电信公司"即便美国强有力的理由要求缔结无线电合同,但若无美国政府充分支持,并反对英国和日本,此一合同将无法发挥效力"。[③] 中美电信合同签订后,英、日等国向中国表示了不满,因其牵涉到了两国在此之前订立的电信合同。

1921 年 9 月 19 日,中美双方订立《无线电台修正协定》,就债券抵押、发行等问题重新协议。"双方同意,中国政府发行之债券票面价值定为美金六百五十万元","利息年定八厘,每半年付息一次"。[④] 1923 年 2 月,双方又订立《无线电台附加协定》,明确要求"中国政府应允许合众电信公司驻华机关得不受交通部之支配、主持安设电线,俾于全期间内有直接管理电台之便利"。[⑤]

在美日两国的激烈竞争下,英国福公司于 1920 年 12 月仍取得了清孟支路的借款合同,准予其修建自清化镇至河南省内黄河北岸之孟县支路,所经地方均在河南省内。总里程并不算长,大约 65 公里。合同并未确定借款的具体金额,只是指出应需 35 万镑,最后的数字要等测量完毕后才能清楚。"设使用款必须超过估计之数,其超过之数仍由福公司按本合同所定条款筹

① 吴翎君:《民初中美合办无线电合同之交涉》,金光耀、王建朗主编:《北洋时期的中国外交》,第 464 页。
② 吴翎君:《民初中美合办无线电合同之交涉》,金光耀、王建朗主编:《北洋时期的中国外交》,第 466 页。
③ The Minister in China to the Acting Secretary of State, Dec. 8, 1920, FRUS, 1921, vol. 1, p. 405. 转引自吴翎君:《民初中美合办无线电合同之交涉》,金光耀、王建朗主编:《北洋时期的中国外交》,第 468 页。
④ 王铁崖编:《中外旧约章汇编》第 3 册,第 186—187 页。
⑤ 王铁崖编:《中外旧约章汇编》第 3 册,第 373 页。

备，反而言之，倘借款用有剩余，则借款额亦即如数照减"。① 1921 年 4 月 22 日，交通总长张志潭与中英公司订立《京奉唐榆双轨借款中英公司函约》，将京奉路唐山至山海关段改为双轨路线，为此，中英公司借给交通部英金 50 万镑，天津通用银元 200 万元。年息八厘，每半年付一次。②

1920 年 5 月 1 日，民国政府与比、荷订立《陇海比荷借款合同》，照 1912 年《陇秦豫海铁路借款合同》所订原议，修造铁路。铁路限于海口工程及由海口至陕州之一段铁路，或至陕州附近三门上游临河地方，作为西路暂时终点。黄河以西之路，不在本合同范围之内。借款分别向比利时和荷兰筹集，以发行公债的方式进行。其中比利时担负"发售票面一万五千万佛朗之债票"，"至少以半数备供西路由观音堂至黄河工程及在此工程期内还借款利息之用"。荷兰担负"三期发售票面五千万荷币之债票，至少以半数供应海口工程及由徐至海路工之用"。③ 1922 年 6 月 20 日，因陇海路息票到期及清偿所订材料价款，比利时公司垫借 2500 万佛朗，为期六个月，年利 1 分。双方订立《陇秦豫海铁路垫款凭函》，并允许公司发行第三批国库券 5000 万佛朗。④ 然至 1924 年，双方认识到陇海铁路建设困难仍大，意欲修改 1912 年所定原合同，于是以附件的形式对原合同予以修订。"今因确知履行 1912 年合同所订借款条件之困难，并知所有短期借款不敷完成筑路及设备行车之用，一方面亟愿接续展筑陕州以西之路工，不欲稍有间断，用特再与比国公司商定一九一二借款合同之附件如左"，允许公司分两期发行中国政府债券，一是用于在欧洲购买材料的 7500 万佛朗，一是用于建筑工程的 1000 万华币。⑤ 1924 年 11 月 27 日，再次订立《陇秦豫海铁路借款合同续订附件之附加条款》，将归还方式改为"自第六年起按照票面逐年还本十分之一"。⑥ 1925 年 2 月 18 日，双方订立《陇海铁路一九二五年八厘借款债票议定书》，其起因是，1925 年 2 月 7 日大总统命令公布 1925 年八厘借款，于是外交部

---

① 王铁崖编：《中外旧约章汇编》第 3 册，第 139 页。
② 王铁崖编：《中外旧约章汇编》第 3 册，第 163 页。
③ 王铁崖编：《中外旧约章汇编》第 3 册，第 70 页。
④ 王铁崖编：《中外旧约章汇编》第 3 册，第 241 页。
⑤ 王铁崖编：《中外旧约章汇编》第 3 册，第 458 页。
⑥ 王铁崖编：《中外旧约章汇编》第 3 册，第 472 页。

正式通知驻北京法、比使馆,由比公司承受发行债票。"该借款用途,系抵换一九一九年七厘债票,因一九一九年七厘债票至一九二五年一月一日已过期也"。[①] 同日,又以《陇海铁路换回一九一九年七厘债票通知书》加以具体规定。陇海铁路在 20 世纪 20 年代的铁路类"准条约"中占有相当比重。

四、 修约运动对"准条约"的影响及对旧俄条约权益的清理

中国通过对德奥宣战,已经废除了与德奥两国的既有条约,其中所涉及的"准条约"亦在废除之列。凡尔赛—华盛顿体系确立后,因国际关系的变动,中国的"准条约"亦随之发生了相关变动,既有一批新订立的"准条约",也有一些"准条约"被废除或得到修订。

十月革命后,沙皇政府被推翻,苏俄政府建立。新成立的苏俄政府在 1919 年 7 月 25 日发布第一次对华宣言,成为其对华政策的纲领性文件。加拉罕在致陆征祥的函件中表示:今日特致书于中国人民,望其明了广义政府曾宣明放弃从前俄皇政府向中国夺取之一切侵略品,如满洲及他种地方是也;广义政府愿将中国东部铁路及租让之一切矿产、森林、金产及他种产业,由沙皇政府与克伦斯基政府及霍尔瓦特、谢米诺夫、高尔恰克等贼徒与从前俄军官、商人及资本家等侵占得来者,一概无条件归还中国。[②] 该宣言声明将所有的中俄之间"准条约"的特权部分予以放弃。外交部在分析苏俄对华宣言后指出,该宣言只有放弃中东路及一切特权产业部分具有实际意义,其他各项或者难以付诸实施,或者为协约各国反对。[③] 这次声明,已经将所谓的"在华利益"列为必须坚持得到的部分,实际上就包含了与"准条约"相关的路矿等合同,主要是指中东铁路。[④]

通过 1924 年 5 月 31 日的中俄《解决悬案大纲协定》第九条,中东路问

① 王铁崖编:《中外旧约章汇编》第 3 册,第 482 页。

② 《加拉罕致陆征祥》,1919 年 7 月 25 日,王建朗主编:《中华民国时期外交文献汇编(1911—1949)》第 3 卷上,第 3—5 页。

③ 《外交部致顾维钧》,1920 年 4 月 7 日,王建朗主编:《中华民国时期外交文献汇编(1911—1949)》第 3 卷上,第 8 页。

④ 《王正廷与加拉罕谈话节略》,1923 年 9 月 3 日—11 月 30 日,王建朗主编:《中华民国时期外交文献汇编(1911—1949)》第 3 卷上,第 117 页。

题获得解决。中苏两国声明中东路系商业性质，除该路自身运营事务外，所有关于中国家及地方主权之事项均归中国政府办理。该规定将附属于中东路的护路权、警察权、税收权等一并予以废除。苏联政府允诺中国政府以中国资本赎回中东路及该路所有财产，并允诺当路收回后将该路一切股票、债票移归中国。[①] 但是该协定确立了中苏共管中东路的体制，为以后的摩擦埋下了隐患。

从一战爆发及至整个20世纪20年代，"准条约"改变了民初所呈现出的乱象，与形势的发展相结合，具有了新的特征。一战爆发后，日本将其侵吞中国的野心逐步实施，在强迫中国签订中日"民四条约"后，以银行借款的形式向北京政府提供了大批资金，其中著名的当属西原龟三借款。如果从"准条约"缔结的国别来看，日本成为战时最重要的"准条约"缔结国。日本对华的"准条约"以贷款为主，承受方主要是北京政府内的段系政治力量，亦即皖系军阀，正因如此，学者在研究此项借款时，多不持积极评价，认为主要资金被用来军阀内战。如果这些借款主要并未用于实业建设，则其对近代化的意义有限。美国的作用虽然在战后凸显，但仍存在与日本的竞争问题。日美两国在远东的争夺，亦可通过"准条约"这一线索有所呈现。

战争期间另一个需要提及的就是华工问题。协约国因战争之故，亟需征召中国劳工入境，为战争后勤服务。为了避免德、奥等国的干涉，华工赴欧虽为政府出面，但在纸面文件上避免了条约的形式，而是以公司招募的名义进行，这种公司不具有国家的背景，似乎亦避免了"准条约"的形式。

又如，关税自主也对"准条约"产生影响。关税特别会议委员会所拟定的《关税自主办法大纲》共九条内容，其中有关规定对现有的"准条约"将产生相应影响："现行条约中有涉及内国税者，如出产、销场、出厂等税条文，应即声明废除，嗣后内国税法，概由中国政府自行订定。""出口税应酌量出口货物之种类、品质及产销情形，照现行税率，分别增减，或全免，概

---

① 《中俄解决悬案大纲协定》，1924年5月31日，王建朗主编：《中华民国时期外交文献汇编（1911—1949）》第3卷上，第140—145页。

由中国政府自定税则。"① 甲午战后,在签订的矿务类"准条约"中,有相当多的涉及出口纳税的事项,如该大纲得以施行,这些本属内国性质的税则必将随之改变。

虽然二十世纪二十年代的国内外形势与"准条约"产生时的二十世纪七八十年代有着千丝万缕的联系,"准条约"产生的土壤依然还在,但内容和影响已经不可同日而语了。这些"准条约"在为中国带来某些近代工业技术的同时,也给中国人的内心带来了屈辱的阴影。除少数直接从事路、矿等近代事业的人之外,绝大部分国人视其为丧失利权,从未停止过要求国家废止国外企业特权的要求,因而"准条约"也被视为列强在华条约特权的一部分,许多"准条约"及条款也在人民要求废除不平等条约的范畴中。

---

① 《关税自主办法大纲》,1925 年 10 月 24 日,王建朗主编:《中华民国时期外交文献汇编(1911—1949)》第 3 卷中,第 539 页。

第十一章　相关外交体制的完善和条约关系的理论探讨

中华民国政府成立后，即开始改革完善外交制度，外交体制不断得以完善，从而为民国外交和修废不平等条约提供了较好的制度环境。随着国际法理念的发展，民国时期中国条约观念和国际法观念也不断发展，并运用于修废不平等条约理论和实践中，对民国时期不平等条约的动摇和转折产生了重要影响。

第一节　相关外交体制的完善

前清外交部门为外务部，中华民国成立后，改为外交部，"二者宗旨各殊，性质亦异，沿而不相沿也，袭而不相袭也。实专制制与共和制之代嬗也，法定制与随意制之递变也，实责任制与无责任制之相为转移也，进而求成立之准"。外交部成立后，定法度、立程式，申训诫、明统系，"内外大小官吏有责，更历多难，甫能粗举纲要"。① 外交体制的完善，包括外交制度和体制的改革、政府临时外交议事机构的设置和运转、外交家职业化及其斡旋能力等，都推动了北京政府的修约、废约外交。

一、 外交体制的改革为修订不平等条约奠定了制度基础

北京政府时期，依据《临时约法》《中华民国宪法》等规定，外交权属大总统、国务院及外交总长，受国会监督。南京临时政府存在时间虽短，但已初步形成了新的外交体制。

外交机构的改革为修订、废除不平等条约提供了最基本的制度环境。中华民国南京临时政府参议会通过了《中华民国临时约法》，北京政府最初的外交体制即根据《临时约法》确定。《临时约法》强调国会在外交上的权力，规定临时大总统在行使宣战、媾和、缔约、制定官制官规及任免官吏之权时须得国会同意。国会可议决总统咨送的法案，参与外交决策。国会两院的常任委员会中分别设有处理外交问题的机构，参议院设有外交股，审查委员十一人；众议院设有外交委员会，外交委员二十三人。《临时约法》规定，实际的外交决策由国务院作出。《修正中华民国临时政府组织大纲》规定，南京临时政府时期的外交权由临时大总统执掌，但受参议院制约。总统府设秘书处，下设有外文组，有秘书三人，协助总统处理外交事务。1912 年 2 月，改外务部大臣为外务部首领，外务部副大臣为外务部副首领。3 月，改外务部为外交部，设外交总长、次长、参事、秘书长、各司司长等。3 月 24 日，陆征祥任北京政府首任外交总长，外交总长直接受总统领导，为国务院国务员之一。

陆征祥在外交组织机构的改革、完善中发挥了重要作用。陆征祥按照西方国家模式拟订新的外交部组织法。1912 年 10 月 8 日，《外交部官制》正式颁布。主要内容是：设总长一名，另设次长一人，协助总长主持部务。日常事务处一厅四司负责，即总务厅，下设机要、文书、统计、会计、庶务五

---

① 《外交部主事吴成章等编〈外交部沿革纪略〉（民国部分）》，1913 年 8 月 15 日，中国第二历史档案馆编：《中华民国史档案资料汇编》第 3 辑《外交》，第 1 页。

科；外政司，下设国界、词讼、条约、禁令四科；通商司，下设商约、保惠、实业、榷算、商务五科；交际司，下设国书、礼仪、接待、勋章四科；庶政司，下设教务、护照、出纳、法律四科，另设参事室，负责处理条约和有关外交部的法令、规章的实施等法律问题以及其他事务。还有电报处附设于机要科，收掌处、图书库、印刷所、阅报室附设于文书科，档案房附设于统计科，绘图处附设于国界科，监印专员由收掌处值日员兼任，大总统礼官由礼仪科人员兼任。① 随着对外工作的需要，此后对1912年外交部设置的内部机构及分工不断做相应的调整。

民国初期，对驻外机构进行了改革。1912年11月，定驻外使领各馆暂行组织章程，及外交官、领事官之暂行任用章程组织之法。使馆略分四级四等，领馆分四级三等，各权其地之广狭、事之繁简、责任之轻重大小而定。使馆暂无大使，以公使为第二级，秘书官为第三级，随员为第四级。秘书之中又有等差，偕随员等共隶于公使。公使根据使馆人员多寡等情况而设等次。驻在英、法、德、俄、美、日者为一等，次则驻奥、和、比者为一等，又次则驻意、日、墨、秘者为一等，又次则驻葡分馆亦为一等。凡四等领馆之官，第一级为总领事，第二级领事，第三级副领事，第四级随习领事。支配之法，设总领事者共12处，新加坡、澳洲、加拿大、海参崴、墨西哥、古巴、金山、小吕宋、巴拿马、横滨、朝鲜、爪哇等为第一等。设领事者14处，槟榔屿、纽丝纶、仰光、温哥佛、纽约、檀香山、神户、长崎、仁川、釜山、新义州、萨摩岛、泗水、把东等为第二等。对外交人员的任用也有严格规定，任用之法有简任和委任，但不能推荐任用。"公使皆为简任，使馆馆员、领馆馆员虽应荐任，然权宜派署仍皆为委任。"简任或委任，必须是具有特定资格之人，且符合相关条件，否则不可以简任，亦不可以委任。② 外交部特别强调，所订章程是暂时性的，因此，驻外机构后来还经过不断改革完善。

---

① 《外交部主事吴成章等编〈外交部沿革纪略〉（民国部分）》，1913年8月15日，中国第二历史档案馆编：《中华民国史档案资料汇编》第3辑《外交》，第18页。
② 《外交部主事吴成章等编〈外交部沿革纪略〉（民国部分）》，1913年8月15日，中国第二历史档案馆编：《中华民国史档案资料汇编》第3辑《外交》，第18—19页。

民国初期开始，改驻外使领馆为专业机构，使领馆人员一律由职业外交官充任，严格管理驻外使领馆：其一，要求所有使领馆馆员、领事、副领事必须经过北京政府外交部委任，而不再由驻外公使自行携带、任命；其二，使领馆的经费开支必须编造预算，报部批准，其中必须说明人员数目、级别、薪资及使馆各项开支所需津贴，预算按年度编造，经费则按月汇拨；其三，建立驻外使馆的定期汇报制度等，使外交部与各驻外使馆间的关系建立在比较科学的现代化的基础上。[①] 第四，在地方涉外机构方面，改晚清交涉司为特派交涉员和交涉员，作为外交部的直属机关，与地方政府合作而不相统属，从而改变了晚清交涉使既为督抚属官，又受外交部指挥监督的状况，使外交事权更加集中于中央。北京政府在各省设特派交涉员，在各重要商埠设交涉员[②]。

改革后的外交行政体制成为民国时期的外交体制模式，为修订、废除不平等条约提供了专业外交人才，奠定了外交组织基础。1924 年底第二次直奉战争后，曹锟下野，旧国会解散，各方对中央政府如何重组意见分歧，共和体制濒于崩解，致使北京政府末期既无总统也无国会，国家元首先是由段祺瑞任"临时执政"（1924 年 12 月至 1926 年 4 月），继以"摄政内阁"延续法统，最后由张作霖组织军政府自任"大元帅"（1927 年 6 月至 1928 年 6 月）。此期间内阁更迭频繁，外交总长一职，先后由唐绍仪、沈瑞麟、王正廷、颜惠庆、胡惟德、颜惠庆、蔡廷干、顾维钧、王荫泰、罗文干等人担任。尽管此间北京政府政局动荡，内阁更迭频仍，"到期修约"外交政策遭到各国强硬抗争，但北京政府外交部始终坚持执行修约、废约外交方针，并不断收获成效。这一方面固然是因为全国民心所向，另一方面则是外交家们的职业能力和坚毅发挥了重要作用，同时，当时独特的外交决策机制也起了重要的作用。[③]

---

　①　中国社会科学院近代史研究所译：《顾维钧回忆录》第 1 分册，第 101—103 页。

　②　陈体强：《中国外交行政》，商务印书馆，1943 年，第 50—52 页。

　③　唐启华：《北京政府末期"修约外交"决策机制刍议（1925—1928）》，中国社会科学院近代史研究所编：《中华民国史研究三十年（1972—2002）》上卷，社会科学文献出版社，2008 年，第 17—47 页。

二、 设立临时外交议事机构

民国北京政府时期，为解决重要的外交问题，在外围组织架构上，设立一些临时外交议事机构和组织商议外交事宜。这些外交组织以职业外交家为主要负责人，集中各相关领域的专家，在不同阶段商讨修订、废除不平等条约中的各种问题。这是北京政府修约、废约外交中比较有效和可行的外交体制。

北京政府成立的与修订、废除不平等条约相关的主要组织情况如下表：[①]

组织名称	成立时间	主要成员	主要工作内容
临时国际政务评议会（1917年8月6日改设为战时国际事务委员会）	1917年3月13日	段祺瑞、伍廷芳、王士珍、陆征祥、熊希龄、孙宝琦、汪兆铭、汪大燮、曹汝霖等16人	处置国内德侨，商议对协约国应提出的条款，筹议华工招募，物资供给，关税改正，巴黎经济同盟条文以及议和大会中的各项问题
外交委员会	1918年12月18日	汪大燮、林长民、熊希龄、张国淦、周自齐、沈瑞麟、靳云鹏、王宠惠、陆宗舆、陈籙、孙宝琦等	为总统和政府提供有关巴黎和会的政策、方针、措施等咨询及建议，并处理某些外交事务
法权讨论委员会	1920年11月6日	王宠惠、张一鹏等外交部与司法部16人	筹备废除外国在华领事裁判权事宜
太平洋会议筹备处	1921年8月18日	颜惠庆等外交部成员	负责有关中国参加太平洋会议的各项筹备工作
太平洋会议善后委员会	1922年4月24日	外交部主要成员	研究太平洋会议有关中国各项条款如何施行的问题
关税临时研究会	1922年9月9日	财政部和农商部有关人员	召集各省商会代表，按照华盛顿会议有关中国关税条款详细研究，以便为召开关税临时会议做准备

---

① 本表根据石源华编《中华民国外交史辞典》（上海古籍出版社，1996年）一书整理而成。

（续表）

组织名称	成立时间	主要成员	主要工作内容
中俄会议办事处（1925年4月被督办中俄会议公署取代）	1924年6月20日	刘镜人等外交部人员	负责中苏《解决悬案大纲协定》签订后各项细节问题的对苏谈判
外交委员会	1925年7月1日	政客、社会贤达及外交、法律、经济方面的专家	商讨"五卅"惨案及修改不平等条约两案
关税特别会议委员会（1926年关税会议无形停顿后终止活动）	1925年9月8日	外交、财政、农商、交通四部总长及税务处督办、全国烟酒事务署督办等	研究关税会议相关问题，修改不平等条约、税则自主等（沈瑞麟、颜惠庆、王正廷、施肇基、黄郛、蔡廷干六人为全权代表，出席关税特别会议）
条约研究会	1926年11月9日	顾维钧、颜惠庆、罗文干、刁作谦、戴陈霖、王荫泰、刘崇杰、王继曾	研究不平等条约及其废除方案
关税自主委员会	1928年2月6日	潘复、夏仁虎、王荫泰、颜惠庆、顾维钧、李思浩、沈瑞麟、梁士诒、阎泽溥为委员，钱泰、严鹤龄、袁永康、金焕章为专门委员（人员有变动）	会商关税自主与增收税率问题

　　从上表可知，北京政府成立的组织，有的由总统府或内阁成立，有的由相关部门组织成立。这些组织的成员都是政客、社会贤达及外交、法律、经济方面的专家，负责人主要由相关部门的部长或相关部门有资望的大员担任。在北京政府成立的各种外交组织中，条约研究会、外交委员会等在修约、废约交涉中的地位和作用都非常突出。

（一）条约研究会

　　为及时研究修约交涉的各种问题，北京政府先后两次成立了条约研究会。1912年8月20日，外交部设立附属机关条约研究会，专为研究现行条约和筹议改订新约之用。会中有会长、会员等职，12月6日，改会长为主任。主任及会员均以外交部部令派充。[①]由于政局变动，条约研究会的工作一度停顿。1926 年 10 月，再次筹设，由顾维钧担任条约研究会会长。在某种意义上，条约研究会是其时主持"到期修约"的决策机制。顾维钧担任条约研究会会长。顾维钧组阁后，在不断通电请辞职的同时，勉力主持"到期修约"工作，邀集各方面专业人才处理"到期修约"问题。1926 年 11 月 3 日，外交部公布条约研究会章程，规定研究会的宗旨为研究现行条约及筹备改订新约，以与各国达成平等条约。11 月 9 日，条约研究会开成立会，正式成立。此后，有关修废约交涉事宜，都在该会讨论决策。会长顾维钧强调："修改不平等条约不但人民希望，政府亦同此宗旨，中比条约宣布废止后，各约修改办法与手续亟待研究，必须集思广益，故有本会之设。"[②] 副会长为财政整理会会长颜惠庆、修订法律馆总裁王宠惠；会员为司法总长罗文干、待命公使戴陈霖、待命公使王继曾、外交次长王荫泰、待命公使刁作谦、待命公使刘崇杰、条约司司长钱泰。但颜惠庆未就职。[③] 研究会聘请张嘉森、张东荪、庾恩锡、严鹤龄、应时等为顾问，郑天锡、唐在章等为专门委员，陈世第、杨光泩等为咨议。11 月 15 日，增派胡世铎、刁敏谦充事务副主任。1927 年 1 月 15 日，以金问泗为事务副主任。[④]

条约研究会成立后，每周开会一次，自 1926 年 11 月 18 日开第一次常会，到 1928 年 5 月 3 日开第四十八次常会，前后存在一年半。这期间，条约研究会的主要任务是研究"到期修约"事宜。其时中比、中法、中日、中西、中墨陆续商议修改期满条约，法权会议、关税会议等都筹设进行，条约研究会每次会议都商讨外交问题，积极对外接洽，并开展实地调查等实际工作。条约研究会对中外修约事宜商议决策后，提交外交部执行。

（二）外交委员会

为商讨修订中外条约事宜，北京政府还设立了外交委员会。外交委员会

---

① 《外交部主事吴成章等编〈外交部沿革纪略〉（民国部分）》，1913 年 8 月 15 日，中国第二历史档案馆编：《中华民国史档案资料汇编》第 3 辑《外交》，第 9 页。

② 《条约研究会第一次开成立会会议录》，1926 年 11 月 9 日，台北"中研院"近代史研究所档案馆藏北洋政府外交部档案，馆藏缩影号：05000—143，第 281—282 页。

③ 上海市档案馆译：《颜惠庆日记》第 2 卷，第 382 页。

④ 《提出阁议——追加预算事》，1927 年 3 月 10 日，《前外交部条约研究会人员任用》，台北"中研院"近代史研究所档案馆藏北洋政府外交部档案，馆藏缩影号：05000—142，第 2364—2366、2477—2521 页。

在修订中外条约、废除不平等条约交涉中发挥了重要作用。北京政府时期，除了国会中的外交委员会外，政府还先后三次设立过外交委员会。

第一次成立外交委员会是 1918 年 12 月 18 日，北京政府为准备巴黎和会的召开，由总统徐世昌下令成立，汪大燮任委员长，林长民任事务主任，熊希龄、张国淦、周自齐、沈瑞麟、靳云鹏、王宠惠、陆宗舆、陈箓、孙宝琦等为委员，叶景莘、梁敬錞等为事务员。外交委员会的主要使命是为总统和政府提供有关巴黎和会的政策、方针、措施等咨询及建议，并处理某些外交事务。

第二次成立外交委员会是在 1923 年初，委员长为黄郛，但这个委员会并未开过会，存在时期亦很短。①

第三次成立外交委员会是在"五卅"惨案之后。段祺瑞临时执政任内，共设立七个临时机构，即临时参政院、国政商榷会、国民代表会议筹备处、国宪起草委员会、财政善后委员会、军事善后委员会及外交委员会。1925 年"五卅"惨案及浔、汉、粤诸案相继发生，全国人民一致强烈要求对外强硬交涉，并修改一切不平等条约，以彻底铲除中外冲突之根源。6 月 16 日，国务会议讨论沪案，外交总长沈瑞麟拟请特为此案组织一外交委员会。17 日，沈瑞麟宴请孙宝琦、颜惠庆、汪大燮、王正廷等外交名流，商讨成立外交委员会。② 6 月 24 日，北京政府照会华盛顿会议列强，要求将中外条约重行修正。次日特别阁议，公布《外交委员会条例》。6 月 27 日，以王继曾为事务长，会址设于铁狮子胡同执政府内。7 月 1 日，外交委员会正式成立。外交委员会委员长为孙宝琦，委员有汪大燮、熊希龄、梁启超、梁士诒、颜惠庆、王正廷、林长民、李盛铎、江庸、汪荣宝、曹汝霖、姚震、黄郛、胡惟德、顾维钧、许世英、屈映光、陈宧等十八人。委员会成立时，梁启超、熊希龄即辞职，黄郛、王正廷拒绝参加，顾维钧因住上海不能出席。9 月 21 日，添派陈汉第、王大澄、林步随为委员。此处成立的外交委员会的主要任务是商讨解决"五卅"惨案及修改不平等条约两事。对修改条约事宜，外交

---

① 叶景莘：《巴黎和会期间我国拒签和约运动的见闻》，《文史资料选辑》第 2 辑，文史资料出版社，1982 年，第 144 页。

② 上海市档案馆译：《颜惠庆日记》第 2 卷，第 241 页。

委员会经常开会商议。1925 年 7 月 4 日，阁议沪案交涉方针，决定先议直接问题，对修约问题则从国际上着手，由孙宝琦召集外交委员会在执政府开议。7 月 6 日，外交委员会开会。7 月 8 日，沪案委员会蔡廷干报告在沪与六国委员会交涉情形，沈瑞麟报告与外交团交涉情形，决议坚持沪案与修约两会同时交涉，沪案与不平等条约各款应预立方案，并定出最低限度之要求。12 日，外交委员会开会，决定以后对外保持秘密，汉、粤案由地方自办。13 日，开会讨论是否对英国采取措施，多数人持否定意见，但未做出决定。①

外交委员会密集开会讨论外交问题。1925 年 7 月 14 日，外交委员会讨论法权委员会提交的问题。17 日，开会讨论向国外派遣宣传员事宜。23 日，开会讨论孙宝琦草拟之宣言书，决定一面依华盛顿会议召集关税会议，一面要求修改不平等条约。25 日，开会讨论广州政府要求废除不平等条约并谴责段祺瑞的电文，汪大燮对宣言作修改。30 日，外交委员会为汉口事件召开会议，由邓汉祥报告交涉情形，并研究中国口岸外国炮舰问题。8 月 5 日，外交委员会讨论会审公堂问题，决议会审公堂应恢复到 1910 年时的情况。②

外交委员会还频繁讨论关税特别会议事项。同时，关税特别会议也加紧进行。1925 年 8 月 5 日，北京政府决定从速召集关会，外交部成立关税会议筹备处。11 日，关税会议筹备处开会，一方面讨论召集关税会议致各国请柬的内容，另一方面清理有关案件，送交外交委员会讨论。13 日，外交委员会开会讨论关税会议请柬事宜，会议对关税问题有两派意见，一种是主张急进，为避免列强延宕，径行自订税率，饬海关奉行，如洋员不允，则更换之；一种是主张渐进，兼顾条约，按华盛顿会议关税协定，由二五推进至自主之境，以免引起纠纷。会议最后决定仍召开关税会议，但会中要求关税自主，内容不限于 2.5% 附加税。③

孙宝琦被任命为驻苏联大使后，汪大燮接任外交委员会委员长。汪大燮接掌后，积极进行修约，他表示："修改不平等条约，为我国百年来之创举，

---

① 上海市档案馆译：《颜惠庆日记》第 2 卷，第 248 页。
② 上海市档案馆译：《颜惠庆日记》第 2 卷，第 249—255 页。
③ 上海市档案馆译：《颜惠庆日记》第 2 卷，第 257 页。

要争回已失之权利，必须步伐整齐，一致对外。"① 汪大燮还提出具体的修约主张："第一须与广州政府对外合作；第二关税特别会议，须由二五附加税入手，但绝不能以此为满足，必须在会中力争渐进，以至于完全自主；第三收回领事裁判权，虽须俟各国调查司法之后，但应以收回上海会审公廨为起点。"② 中国向各国提交修订不平等条约照会后，沈瑞麟根据外交委员会决议，指出八国复照拒绝修改不平等条约，欺人太甚，决定起草二次照会驳复。外交委员会开会讨论驳复使团牒文内容，将字句增删妥善后，即咨外交部执行。沈瑞麟报告关税会议进行情形，讨论应在会中提出之主张，并议决沪案应催开会议以谋解决。会议还讨论关税会议方针，拟定关税自主后维持外人商务之计划。外交委员会还多次开会讨论黄郛提出的有关会审公廨的备忘录。③

1925 年 10 月以后，因关税特别会议筹备与召开，外交重心转移，外交委员会因委员多人同时担任关税会议代表，无暇与会，活动基本上停顿。11 月至 12 月间，每周例会常因委员出席者少而流会。④ 到 12 月 31 日许世英新阁成立，王正廷任外交部长，外交委员会才又一度活跃。王正廷也运用外交委员会为重要决策机制，1926 年 1 月间频频开会讨论修改"不平等条约"事宜。1 月 24 日，外交委员会确立"到期修约"方针。27 日，外交委员会讨论《中法越南边界通商章程》的修订问题，决定送出要求修约的照会。⑤ 2 月 2 日阁议确立"到期修约"方针。4 日外交委员会开会，王正廷报告已将修约照会送交法国使馆。2 月中旬许世英请辞，3 月初段祺瑞命贾德耀组阁。贾德耀邀颜惠庆任外交总长，颜惠庆以关税会议忙碌为由，坚辞不任。当时北方内战，国民军封锁大沽，12 日与列强军舰发生冲突。16 日，外交团致牒外交部，称若无满意答复，《辛丑条约》各国海军将对大沽炮台施必要行动，除去航路障碍。17 日，开会讨论使团照会，再三研究后，会议决定以和

①　上海市档案馆译：《颜惠庆日记》第 2 卷，第 259 页。
②　上海市档案馆译：《颜惠庆日记》第 2 卷，第 259—269 页。
③　上海市档案馆译：《颜惠庆日记》第 2 卷，第 259—269 页。
④　上海市档案馆译：《颜惠庆日记》第 2 卷，第 271—289 页。
⑤　上海市档案馆译：《颜惠庆日记》第 2 卷，第 303 页。

平为宗旨，不扩大事端。18日，外交部依外交委员会主张，答复使团一笼统公函，列强视为满意，威吓之举不复实行。① 24日，胡惟德接任外交总长，表示将尊重民意，始终力争主权。胡惟德以外交总长兼代阁揆并摄行临时执政职权，以维持法统与外交的延续性。16日，致送修约照会给比利时使馆，胡惟德表示："如不于次日通告失效，则该法继续有效，倘无外交总长，势必贻误大事，故本人因无人接替，不便放手。"② 5月13日，颜惠庆组阁，任命施肇基为外交总长，施未到任，颜惠庆自兼。31日，接见比利时公使，谈及条约满期后之临时办法。6月22日，颜惠庆去职，由海军总长杜锡珪兼代国务总理，7月以蔡廷干为外交总长。7月29日阁议外交委员会由外交部接收。

（三）交涉关税问题的组织

因为关税问题与国家财政密切相关，因此，北京政府先后四次设立组织研究和交涉关税问题，如成立或改组关税临时研究会、关税特别会议委员会、关税自主委员会等。

1922年9月9日，北京政府为筹备修改税则事宜，由财政部和农商部联合设置关税临时研究会，主要任务是召集各省商会代表，详细研究华盛顿会议有关中国的关税条款，为召开关税临时会议作准备。1925年9月8日，由临时执政段祺瑞下令设立关税特别会议委员会，设委员十二人，除由外交、财政、农商、交通四部总长与税务处督办、全国烟酒事务署督办兼充外，另由外交和财政方面有资望大员派充六人。后由段祺瑞从委员中选派沈瑞麟、颜惠庆、王正廷、施肇基、黄郛、蔡廷干六人为全权代表，出席关税特别会议。委员会确立以华盛顿会议方针为根本方针，兼顾修改不平等条约、税则自主等案。1926年关税会议无形停顿后终止活动。1927年1月18日，北京政府国务院摄行大总统特派汤尔和、罗文干为关税特别会议委员会委员。1927年2月初，决定改组为"关税自主委员会"，成员大致不变。1928年2月6日，北京国务总理潘复召集关税自主委员，正式会商关税自主与增收税率问题，以潘复、夏仁虎、王荫泰、颜惠庆、顾维钧、李思浩、沈瑞

① 上海市档案馆译：《颜惠庆日记》第2卷，第317页。
② 上海市档案馆译：《颜惠庆日记》第2卷，第325页。

麟、梁士诒、阎泽溥为委员，钱泰、严鹤龄、袁永康、金焕章为专门委员。[①] 2 月 8 日，梁士诒访日使芳泽谦吉，陈述中国方面现正组织关税自主委员会，将从次年 2 月起实行关税自主。2 月 29 日，北京军政府关税自主委员会于国务院开会，潘复、罗文干、吴晋、顾维钧、王克敏、梁士诒、王荫泰、沈瑞麟、莫德惠、颜惠庆等人出席，讨论未恢复关税自主以前应采取的过渡办法。[②]

　　1926 年 12 月 18 日，英国发表《变更对华政策建议案》，建议列强无条件同意中国征收华盛顿会议附加税。1927 年初，关税委员会接连开会讨论征收附加税及保管税款事宜。1928 年 1 月 12 日北京政府颁布附加税征收办法。但英籍海关总税务司安格联以日本尚未同意及武汉政权反对为由，不肯执行。1 月 27 日，关税委员会决定整饬海关行政纪纲，严命安格联遵令征收附加税。[③]

（四）其他组织

　　北京政府还设立了其他商议修约、废约的临时议事机构。为管理和合理利用各国退还的庚子赔款，北京政府与有关各国成立了相应的管理组织。如，1924 年 9 月 17 日，由北京政府外交总长顾维钧、教育总长黄郛呈请设立中华教育文化基金董事会，负责保管并分配使用美国退还的庚子赔款；1924 年 11 月 24 日，依据中苏《解决悬案大纲协定》有关规定，中苏庚款委员会在北京成立，并召开第一次会议，由蔡元培任委员长，徐谦、李石曾及苏联人伊法尔为委员，开始行使职责；1925 年 4 月 25 日，由北京临时执政府批准成立中法教育基金委员会，中国方面由外交、财政、教育三部及国立北京、东南、广东、中法四大学各派代表一人为委员，法国方面派代表一人为委员，根据中法双边协定负责管理中法教育事业基金并决定其用途；1925 年 10 月 1 日，北京政府外交总长和意大利驻华公使互换照会成立中意庚款

[①] 《关税与外交》，《国闻周报》第 5 卷第 5 期，1928 年 2 月 12 日。
[②] 参见唐启华：《北京政府末期"修约外交"决策机制刍议（1925—1928）》，中国社会科学院近代史研究所编：《中华民国史研究三十年（1972—2002）》上卷，第 36 页。
[③] 《关税特别会议委员会第一一八次会议实录》，台北"中研院"近代史研究所档案馆藏北洋政府外交部档案，馆藏号：03—25—036—01—003。

委员会，约定意国部分庚款余额在清偿华意银行垫款后，充作中意教育、慈善、公共实业及公益工程之用，并交由中意委员会支配使用，1928 年 11 月 19 日，由国民政府特派蔡元培、张静江、李石曾、王宠惠、蒋梦麟、魏道明正式组成该委员会。

为处理中俄有关谈判问题，北京政府先后成立两个组织负责进行谈判协商。1924 年 6 月 20 日，北京政府外交部临时设置中俄会议办事处，负责中苏《解决悬案大纲协定》签订后各项细节问题的对苏谈判，刘镜人任秘书长。设参议四至八人，秘书四人，顾问、咨议若干人。1925 年 4 月设置督办中俄会议公署取代该办事处。1926 年 9 月 6 日在北京成立中俄会议委员会，附设于北京政府外交部，负责与苏联谈判解决旧俄遗留问题和处理中苏间外交、通商和边界等事务。

由于北京政府成立的临时外交议事机构成员不仅仅是社会知名人士，也是国家事务的知情者和执行者，因此，具有较高的专业素养和政治素养，对于政府的修约、废约外交决策能起到咨询和顾问作用。如，1925 年 8 月 15 日，汪大燮曾声明外交委员会的性质和作用："本会虽属咨询机构，惟既集多数外交上有经验者于一室，则应确立外交方案，一方罗致西南方面之外交人物，先聘孔祥熙为委员，令其赶速南下，实际疏通，一面在会中设立编纂处，以编制确立外交方案，务合机宜，以为政府之助。此外努力筹措经费，一面催促政府速为筹拨，一面于会内裁减员司。"①

为表示一致对外，北京政府其时愿将南方国民政府纳入外交事务。如外交委员会、关税委员会，都表示愿意将南方纳入，但南方国民政府拒绝加入。外交组织和临时性的外交咨询机构，在北京政府外交和修订中外条约中发挥了重要的作用。北京政府常设立各种讨论会、研究会等临时组织，作为外交咨询机构。北京政府末期，正常体制崩解后，一些特设的组织承担了外交决策的重任。这些组织和机构，在政府对外交涉前后，经常开会讨论交涉内容和主题，分析双方目的、意见和策略，提出中国的应对之策。

---

① 九峰：《汪大燮与外交委员会》，《申报》1925 年 8 月 30 日。

三、 职业外交家对修订、 废除不平等条约的影响

　　民国时期外交体制的变革，为外交家相对职业化奠定了基础，很多外交官员都有留学经验，通晓法律，懂得国际法。维护国家权益，是民国时期上下一致的心声；废除不平等条约，是举国一致的呼声。北京政府在风雨飘摇中坚持修订不平等条约的外交政策，职业外交家们更是坚定不移地实施这一政策。

　　外交家们具有高质的外交素养和才能，为交涉修订和废除不平等条约奠定了基本条件。1912 年，陆征祥任民国第一任外交总长，按西方国家外交部的模式改组了外交部，制定了《外交部官制》，创建了较为完善的外交人才培养体系，废除了外交人才的保举制度，制订了外交官领事官任用暂行章程，把兼通一国以上外国语言规定为录用外交官的必要条件。这些规定使外交部成为专业性机构，并使外交部在北京政府内阁中位居各部之首，总理辞职，由外交总长兼代阁揆。外交人员成为职业外交家，驻外使馆和部内的事务都有了比较现代化的基础，这既避免了先前那种内政与外交事务不分的混乱局面，同时也提高了处理外事的能力。相对而言，外交部是当时北京政府各部门中最有效率的。由于时局的动荡，北京政府有着种种局限，整个中国亦有着难以克服的各种弱点。在这样一个时期，北京政府尚能在修、废不平等条约的交涉中有如此作为，主要得力于一批掌握了丰富国际法知识的外交家。陆征祥、颜惠庆、顾维钧、施肇基等外交家受过西方教育，熟悉国外的政治经济情形，而且超然于政争之外，因此，外交部"有着比大多数人所了解的更大的权力和独立性，更大的连续性，更好的人才，更明确的政策和民族感更强的动机"。[①] 要是中国政府的其他各部都能显示像外交人员所当显示的才能，十年中，中国便将成为世界大国之一了。[②] 正是在外交家们的努力下，写就了近代中国外交史的精彩篇章，也为动摇不平等条约体系提供了最有力的支撑。

---

　　① ［美］费正清编，杨品泉等译：《剑桥中华民国史（1912—1949）》上卷，中国社会科学出版社，1994 年，第 198 页。
　　② ［美］波赖著，曹明道译：《最近中国外交关系》，第 319 页。

外交家们具有强烈的民族责任感，为修约外交的执行提供了可能性。"在一个军事上、经济上都无力保护自己的国家里，部里的世界性外交家——像顾维钧和颜惠庆这样的人——为国家的利益顽强地推行收复权利的工作"。① 例如在巴黎和会上，尽管北京政府电令中国代表团在对德和约上签字，但顾维钧等人认为，对于解决山东问题，不予中国以公道，如中国以牺牲正义、公道、爱国为代价，则不如不签字。中国代表最终拒绝在对德和约上签字，使中国在收回德国原在山东权益、废除中日"民四条约"等方面有回旋余地。

北京政府的修约方针得以持续执行，甚至影响及于南京国民政府，与外交家们对收回国家权益的执着追求密不可分。王曾思在与嘎利德谈话时指出："查自民国建元，即由阁议议决，嗣后对于满清遗留之各不平等条约不得续延，亦不得再订相似之约。十余年来虽国内多变，然外交政策悉秉此意，未尝或渝。盖中国无论何党，无论何人，皆谓与其续延或缔结丧权辱国之约，不如无约之为愈也。"② 1925 年底以后，除中俄会议外，关税会议、法权会议也同时进行。虽然此时政局愈趋动荡，各地反奉战事蜂起，北京政府总统、总理及外交部长变动频仍，影响了修约效果，但总体来说，在外交家们的坚持和努力下，修约和废约方针政策一直得以执行。1928 年 2 月 25 日，北京军政府以罗文干主管外交，其主要外交方针仍是修约，他在答记者问时表示："修约交涉前此办理者，已有多起，待办理者亦有数起。曩以时会关系，多未完成，此后仍将本旧有方针，已满期者谈商新约，未届期者待其到来开议。纵以时局关系，不能实时竣事，但亦当本国民之希望，积极进行。"③ 这表达了中国外交家们废除不平等条约的决心，也体现了北京政府修约外交方针政策的延续性。

---

① ［美］费正清编，杨品泉等译：《剑桥中华民国史（1912—1949）》上卷，第 198 页。
② 《王曾思与嘎利德第二次谈话记录》，1927 年 8 月 24 日，中国第二历史档案馆编：《中华民国史档案资料汇编》第 3 辑《外交》，第 1011 页。
③ 《南北外交》，《国闻周报》第 5 卷第 8 期，1928 年 3 月 4 日。

第二节 国际法观念的发展与法理运用

近代以来，国际法的发展及国际法观念的发展，都对中外条约关系产生了重要影响。晚清时期国际法为列强侵略中国和强迫中国签订不平等条约提供了理论基础和借口。第一次世界大战后，国际法出现新的理论，中国积极接受新的国际法观念，并将其作为修订和废除不平等条约的重要法理依据，从而推动了中国的修约、废约实践。

可以说，国际法对中外条约关系的签订、修订、废止都是一柄双刃剑。自国际法传入中国开始，中国即逐步尝试从国际法角度对待中外条约关系，包括信守条约、继承条约、修订条约、废除条约等方面。

一、 依据国际法争取国际社会的承认和支持

自南京临时政府开始，新成立的中华民国即依据国际法争取国际社会承认中华民国政府，为其后开展外交工作和修订、废除不平等条约形成了公认的责任主体。

自湖北军政府开始，到南京临时政府，再到袁世凯北京政府，为得到列强的承认，都声明承认中外条约关系。条约研究会首先从政府主体条件的角度分析了政府承认问题的几个方面，包括承认之要素、承认之迟速、承认与不承认之利害、承认之手续、临时政府能否暨应否要求各国之承认。其中，承认要素问题有四个：一是人类社会之数足以生存；二是此社会能离别社会而独立；三是有自治之能力；四是国土充足。但对新成立的政府则不一样，"新政府承继旧时之政府，本具有以上各项之原则"。更重要的是，依据国际法，此政府"须得本国国民承认，对于国际上应行遵守之条约，亦皆遵行不背而后可"。而中华民国成立以来，"总统举定，内阁组成，行政官员各任职务，虽曰临时，而国基已固，况国会指日召集，政府对于前清所订之约章，屡次声明接续遵守，是对于承认之要素

已觉充足".① 而且中华民国政府早已公布外交宣言,表示遵守中外约章,因此完全具备为各国承认之要素。

各国承认中华民国的问题,因涉及到中外条约关系问题,自然而然就涉及国际法问题。1912年3月11日,外交部发出关于民国统一临时政府成立致各外交代表并万国保和会通电,作出以下声明:(一)承认中外国际条约;(二)自清帝退位后,出使各国大臣均改称外交代表;(三)外交部宣布中华民国统一临时政府已告成立,所有满清与各国缔结各项国际条约,均由中华民国政府担任实行上之效力;(四)凡已结未结及将来开议各项交涉案件,均由驻在国之临时外交代表继续接办。外交部电令各外交代表将此声明照会各驻在国政府,并由外交部直电荷兰万国保和会,"预为立案"。②另一方面,条约研究会认为,在中华民国屡次声明承认遵守中外条约的情况下,俄、日等国仍乘机提出无理的交换条件,而根据国际法,政府不必急于向各国提出承认问题。条约研究会指出:"承认之迟速,初不待乎要求,各国之迟迟未认吾新政体者,一则藉口于政府之未巩固,一则取协同进行主义,以为牵制,吾若要求,彼将要挟愈甚。日来日、俄提议满蒙特权,英国提议西藏特权诸事,吾已引为寒心,宁可再行自出要求,致铸错于九鼎,若谓吾国政府现时可搁置此题于脑后固属妄语,然不应正式要求承认之理由固甚显而易见也。"③ 条约研究会还提出先整理内政,再谋外交承认问题:"为今之计,政府宜竭力修明内政,消灭党争,速集国会,全国秩序力要求宁,并宜饬驻外代表先事绸缪,联络列邦,使感情融洽,以为承认之先河可耳。"④

二、 以国际法为修改、废除不平等条约的基本依据

清末以来,特别是民国以后,中国政府、各政党、外交家及知识分子在

---

① 《外交部条约研究会关于争取各国承认中华民国的报告》1913年,中国第二历史档案馆编:《中华民国史档案资料汇编》第3辑《外交》,第27—28页。

② 《外交部关于民国统一临时政府成立致各外交代表并万国保和会通电》,1912年3月11日,中国第二历史档案馆编:《中华民国史档案资料汇编》第3辑《外交》,第26页。

③ 《外交部条约研究会关于争取各国承认中华民国的报告》1913年,中国第二历史档案馆编:《中华民国史档案资料汇编》第3辑《外交》,第30页。

④ 《外交部条约研究会关于争取各国承认中华民国的报告》1913年,中国第二历史档案馆编:《中华民国史档案资料汇编》第3辑《外交》,第30页。

对待外交问题和中外条约关系时，开始利用国际法，并逐步融入国际法轨道。在争取废止不平等条约及相关条约特权时，更是注重运用国际法条文和法理，以理服人。

一是运用国际法的重要原则——国家平等和主权独立的相关思想理论，作为中国修订和废除不平等条约的基本依据。

无论是政府还是外交家们，都从维护国家主权和国际地位的角度，有理有据地提出修改、废除不平等条约的要求。在中日"二十一条"交涉中，北京政府即依据国际法相关法规，一方面要求废除中日间不平等条约，收回山东主权，一方面极力避免侵害国家主权独立的要求，坚决拒绝接受第五号要求。1915 年 3 月 7 日，外交部致电驻英使馆，说明中国政府对于此次交涉，除有关领土主权及与条约抵触有背机会均等主义各条外，余均极望和平商议，从速解决。① 同样，此后中国也以国际法为依据，要求废除"二十一条"。1917 年 11 月 9 日，外交部致驻华美国日本使馆照会，声明中国基于条约关系和国际法准则，不会受美日协定的约束和限制："中国政府对于各友邦，皆取公平平等之主义，故于各友邦基于条约所得之利益，无不一律遵重。即因领土接壤发生国家间特殊关系，亦专以中国条约所已规定者为限。并再声明，嗣后中国政府仍保持向来之主义，中国政府不因他国文书互认有所拘束。"② 1919 年 4 月 30 日，美、英、法三国在关于《凡尔赛和约》中山东条款的决议中，决定将原德国在山东所享有的一切权利转让给日本。1919 年 5 月 4 日，中国代表团向三国会议提交正式抗议书。抗议书指出，大会偏袒日本的要求以保全国际同盟，为何不令强固的日本放弃其侵犯中国领土和权益的要求，而反令软弱之中国牺牲其主权？③ 中国代表团向巴黎和会提交了要求废除中外不平等条约的各种说帖，其中有《要求废止 1915 年 5 月 25 日中日条约换文事之说帖》，说帖分三章详细说明中国所提要求的理由，在

① 《外交部致驻英使馆电》，1915 年 3 月 7 日，中国第二历史档案馆编：《中华民国史档案资料汇编》第 3 辑《外交》，第 568 页。

② 《〈益世报〉载禁阻美商收买益世报经过情形有关文件》，1919 年 5 月—12 月，中国第二历史档案馆编：《中华民国史档案资料汇编》第 3 辑《外交》，第 924 页。

③ 《中国代表团向三国会议提交的正式抗议书》，1919 年 5 月 4 日，程道德等编：《中华民国外交史资料选编（1919—1931）》，第 55 页。

结论部分总结道，条约违反国际法，即各协约国所主持之信条"公道正义"，而这一信条"为今日和会所视为金科玉律"；条约违反国家主权独立原则，破坏中国之领土完全与政治独立；条约为日本恐吓所签订，使中国不得不与之磋商，继以最后通牒逼中国不得不签字而订结。① 因此，根据国际法基本原理，特别是"二十一条"及中日换文是在日本的威胁和逼迫下签订的不平等约，有违国家主权原则等，必须予以废除。

中国在交涉废止中比条约的过程中，特别强调国家主权平等原则。1926年12月2日，朱兆莘致电外交部，报告他与国际联合会秘书长会晤的谈话详情，他在谈话中声明，中国根据国际法的主权平等原则废止中比条约。② 12月8日，针对美国各舆论对中国修改、废除不平等条约政策的误解，施肇基发表演说，声明中国此举是爱国自卫之举，是维护国家主权和权益之举，而非盲目排外之举。他指出："目下情势颇形严重，中国受制于外人管理，自然发生激烈之反对。华人今已决心废除不平等条约矣，此等运动实系爱国自卫，非拳匪可比。其目的在获得一种局面，俾中国能照其国家利益之自主以生存与发展而已。中国所求于世界各国者曰公道。"③ 12月12日，外交部致电驻欧美等公使，说明废止中比条约"关系綦大，为我国解除不平等条约束缚之初基"，④ 要求各驻欧美公使向各国说明中国废约的理由。12月17日，驻瑞士代办肖继荣致电外交部，指出中国可依据国际公法原则，对比利时上诉至海牙国际法庭不予应诉："比约不平等碍我生存，自身已违背公法原则，宣告作废乃独立国绝对主权之行使，不为约内条文所拘束。查国际公法及习惯，国家为自存计，且有宣战权，何况乎废约，废约理由既超然立于条文以外，约文解说，根本上不能成立。似应宣告诉案乏主体，不应诉。"⑤ 中国政府声明，废止中比条约是基于中国取得国际平等地位及维护国家主权

---

① 《附录 中国代表提出废除 1915 年中日协定说帖》，中国社会科学院近代史研究所《近代史资料》编辑室主编：《秘笈录存》，第 198 页。

② 中国第二历史档案馆编：《中华民国史档案资料汇编》第 3 辑《外交》，第 988—989 页。

③ 《驻美公使施肇基致外交部电》，1926 年 12 月 8 日，中国第二历史档案馆编：《中华民国史档案资料汇编》第 3 辑《外交》，第 990—991 页。

④ 中国第二历史档案馆编：《中华民国史档案资料汇编》第 3 辑《外交》，第 991 页。

⑤ 中国第二历史档案馆编：《中华民国史档案资料汇编》第 3 辑《外交》，第 992 页。

的愿望："溯自民国建国以来，中国政府即抱一种果决愿望，使中国在国际团体中得与其他各国处于平等地位，并使其得尽一部分能力，以求人类志愿之完成。此种主要原则为中国全国热望所在，是以时时奉为圭臬。顾中外各国间，设一日无平等及互相尊重领土主权之可言，则此种愿望之实现决难成就。"而不平等条约造成中外间的不平等，阻碍了中国的发展，"自近百年来，中国受压迫而订立不平等条约，于中外人民之间造成歧异不同之待遇，至今日实为对于各国种种不满及胶葛之原因。"因此，此项不平等之中外国际关系，实非理所应有，根据国际联盟的精神，应当确立相互平等的关系，"况当此国际联盟成立，罗卡诺会议精神诞生之时代，而仍有不以平等相互为基础之国际关系，似无何种正当理由"。①

北京政府还特别说明，为寻求国际平等地位，"屡次循外交之途径及在各国际会议中，设法将中国与各国所订条约内严重限制中国自由、行使正当权利之不平等条款，如关税税则及对外人裁判权等等重要事项，予以终止。"一方面，在巴黎和会、华盛顿会议及北京关税特别会议中，屡次提出修改不平等条约问题；另一方面，对于新约之缔结，除以平等相互主义及彼此尊重领土主权为原则者概不允订，依照此种新基础而订立之条约为数日增月进，如中奥、中波、中智、中芬、中德、中波及中国与苏俄条约；此外，依此政策，"对于现行各约大概得于满期时通告终止者现正努力设法改订，俾于各约期满时，所有一切不平等及陈旧之条款不使复见之于新约"。② 北京政府宣布废除中比条约后，即进一步强调中国片面宣布旧约期满失效的合理性和正当性。对中西《和好贸易条约》，北京政府、南京政府先后宣布废止。北京政府反复强调，废除不平等条约是朝野一致的共识，不会因政局异动而改变。

二是运用条约被迫签订则为不平等条约、必须予以废除的原理，提出修订和废除相关不平等条约。

"从现代国际法的观点说，凡是非法地对别国施加威胁，不论是以武力、

---

① 《外交部对于交涉终止中比条约之宣言》，1926 年 11 月 6 日，中国第二历史档案馆编：《中华民国史档案资料汇编》第 3 辑《外交》，第 962 页。

② 《外交部对于交涉终止中比条约之宣言》，1926 年 11 月 6 日，中国第二历史档案馆编：《中华民国史档案资料汇编》第 3 辑《外交》，第 962—963 页。

哀的美敦书或其他强制手段迫使接受的任何掠夺性的不平等的条约，应该一概认为是无效的。"① 根据国际法，以武力胁迫签订的条约为不平等条约，而两国间正常签订的条约将被认为合法。无论是在巴黎和会还是在华盛顿会议上，顾维钧等人都指出，中日条约是在日本的威胁下签订的，中国早已告知各国，并发表了声明，因此，是不符合国际法的，是不平等条约，是应该被废止的。中国代表团还指出，不仅中日"二十一条"系日本提出最后通牒后中国被迫签订的，1918 年 9 月的换文也只是该约的继续。而"和平时期的条约，如系以战争威胁迫签，则可视为无效，这是公认的国际法准则"。② 中国代表还举例说明："1878 年柏林会议，曾经联合列强修正俄土两国所订之条约，当时列强修正俄土条约之主要原因，则以该约全出于俄国之所指挥，其结果将不利于欧洲和平故也。"③ 俄土条约已经废除，而完全出于日本之操纵与强迫、威胁而签订的 1915 年之中日条约，不仅不利于远东和平，也不利于世界和平，此层与俄土条约相似，既然俄土条约可废，那么中日条约当然亦在废除之列。1922 年 2 月 3 日，王宠惠在华盛顿会议上指出，美国在 1915 年 5 月 13 日致中国及日本两国政府的照会中曾首先声明："不承认中日两国政府间所订足以侵害美国及其人民在中国之条约权利，及侵犯中国政治或领土完全，或关于中国之国际政策，即普通所谓开放门户政策之一切协定或谅解。"④ 而且华盛顿会议之目的在于"变更太平洋及远东之现在情形，以图增进各国间之久远亲善"。⑤ 如果不合理解决山东问题，不废止"二十一条"，则中国主权难以维护，美国等国无异于自欺欺人。顾维钧、王宠惠等人的说理，为中国解决山东问题和中日条约、换文打下了法理基础。

三是根据"情形变迁"则条约无效和到期修订的原则，提出解决不平等条约问题。

① 周鲠生：《国际法》下册，商务印书馆，1976 年，第 612 页。
② 中国社会科学院近代史研究所译：《顾维钧回忆录》第 1 分册，第 199 页。
③ 《要求废止 1915 年 5 月 25 日中日条约换文事之说帖》，程道德等编：《中华民国外交史资料选编（1919—1931）》，第 23 页。
④ 《华盛顿会议日中美三国代表声明书》，1922 年 2 月 2 日—4 日，程道德等编：《中华民国外交史资料选编（1919—1931）》，第 117 页。
⑤ 《华盛顿会议日中美三国代表声明书》，1922 年 2 月 2 日—4 日，程道德等编：《中华民国外交史资料选编（1919—1931）》，第 118 页。

已具有相当国际法知识的中国外交家在向各国陈述修约理由时，常依情形变迁原理，即《国联盟约》第十九条规定，大会可随时请联盟会员重行考虑已不适用之条约，以及国际情形已经变迁，或致危及世界之和平者。中国要求解决山东问题最重要的依据和理由是：日本迫签"二十一条"，而情形完全发生变迁。1919 年 1 月 28 日，顾维钧在法国外交部举行的"十人会"上提出山东问题时指出，战争的爆发已废止了中国与德国政府的成约。顾维钧强调，中日成约的法律效力是有疑问的：首先，"它们是在战争中出现的"；其次，"中国本身后来也参战了"；此外，"各国现已接受了新的原则作为和平的基础，与日本的成约和它们是有矛盾的"。^① 但威尔逊、乔治、克里蒙梭都表示，要遵守条约的神圣性，不能随便视之为一堆废纸。针对他们的说辞，顾维钧强调，即使 1915 年中日条约有效，而由于中国已向德国宣战，情形大不相同，"根据 Rebus Sic Stautibus 之法理言之，亦为今日所不能执行"，"且中国对德宣战之文，业已显然声明中德间一切约章，全数因宣战地位而消灭。约章既如是而消灭，则中国本为领土之主，德国在山东所享胶州租借地暨他项权利，于法律上已经早归中国矣"。^② 此后，中国代表在这一问题上继续声明，中日条约之签订，一为日本强迫，一为设想中国始终中立，不能参与最后之和平会议，而"中国既入战局，则该约所设想之情形，既已根本改变，故依据事变境迁之法理，此约已不复有效"。^③

在巴黎和会与华盛顿会议上，中国代表提出废弃外国在华特权时，也反复引用情形变迁原理。如中国要求撤退驻华外军，因为这一特权源于 1901 年约章，"彼时签于北方情形而有驻兵条件，今此等情形已不复存，中国之尊重外人生命财产已极昭著，而无可非议，虽在内乱时犹然也"。^④ 在要求列强归还租借地时，说帖中提示道，各国在华设立租借地，"乃为各国争谋权力利益彼此抵制之用"，而这种局面的造成，是由于"其时满清失败，中国

---

　① 王芸生编著：《六十年来中国与日本》第 7 卷，第 266 页。
　② 王芸生编著：《六十年来中国与日本》第 7 卷，第 266—267 页。
　③ 王芸生编著：《六十年来中国与日本》第 7 卷，第 267 页。
　④ 《附录　中国代表提出希望条件说帖》，中国社会科学院近代史研究所《近代史资料》编辑室主编：《秘笈录存》，第 158—159 页。

有分裂之虞",如今"二十年来,情形大变,德人势力既已划除,则扰乱远东和局之重要因素已不复存",① 各国理应将租借地归还中国。

北京政府在 1925 年 6 月 24 日的修约照会中强调,不平等条约不但历时已久,且商订于特种情况之下,中外间"因为陈旧条约所束缚,彼此均有不便不利之处"。② 故中国亟盼重行修正中外不平等条约,以合中国现状及国际公理平允之原则。1925 年第六次联盟大会中,中国代表朱兆莘亦屡次以此原理要求大会劝各国考虑修改中外不平等条约,"每次演讲,必博得多数联盟国代表的同情"。③ 当然,所谓的"同情"并非"同意"。

北京政府后期的国别谈判修约中,除条约期满一由外,也依"情形变迁"原理提出。如 1926 年 2 月 6 日,外交总长王正廷会晤法国公使玛德,说明中国政府提出修约之初意是因为中法商约历时已久,很多不合于现时情势及互惠原则之处,"中国政府及人民均感该约之不平等,故欲易以新约"。④ 同样,中日修约交涉中,北京政府也声明,中日《通商行船条约》之订立已经三十年之久,在此长时期内,两国政治、社会、商务状况已几经变迁,多有不再适宜之处。随着人类社会情形的不断变更,"绝无不加修改而可以永久适用之条约"。而且依照国际惯例,"凡各国国际协定,其中尤以通商行船条约为最,即使关于修改并无明文规定,亦往往按各事件之性质及情形,随时量加修改,俾得实行必要之整理,以期与缔约双方莫大之福利相合"。⑤ 1926 年 11 月 17 日,外交部致电驻比公使王景岐,说明中国政府宣布终止中比《通商条约》,实与《国联盟约》第十九条原则精神相符合,如比国欲向国际法庭申诉,中国将提出于国联大会,比利时不得不停止申诉。

外交部宣布废止中比《通商条约》后,引起列强各国不同的反应,日本等国质疑中国是否会采取同样的方式废止中日条约,继而准备进一步阻挠中

---

① 《附录　中国代表提出希望条件说帖》,中国社会科学院近代史研究所《近代史资料》编辑室主编:《秘笈录存》,第 173 页。

② 程道德等编:《中华民国外交史资料选编(1919—1931)》,第 230 页。

③ 曾友豪编:《中国外交史》,《民国丛书》第四编 29 册,上海书店据商务印书馆 1926 年版影印,1992 年,第 424 页。

④ 中国第二历史档案馆编:《中华民国史档案资料汇编》第 3 辑《外交》,第 499 页。

⑤ 《外交部关于修改中日通商行船条约致日本驻华使馆照会》,1926 年 4 月—9 月,《外交部致日本公使馆照会》(9 月),中国第二历史档案馆编:《中华民国史档案资料汇编》第 3 辑《外交》,第 652 页。

国的修约、废约外交政策。1926 年 11 月 6 日，外交部发布交涉终止中比《通商条约》之宣言，说明中国近百年来深受不平等条约之害，而今修订、废除不平等条约是维护国家主权的需要，根据巴黎和会、华盛顿会议、国际联盟和国际法精神，中国有权宣布废止中比《通商条约》。11 月 16 日，驻意大利公使朱兆莘致电外交部，说明中国完全有权宣布废止中比条约，并指出两条重要的理由：一是"按照万国公法，我本有权废止。凡关系国家主权及其存在之事项，断无任何国外机关公断之余地"；二是"国际联合会盟约第十九条，凡因国际情势变迁危及世界和平之条约应即修正。我国于第六届大会提案休约全体通过，比国亦在赞同之列，仍不照平均相互原则速为修正，而斤斤于解释旧约条文，实背盟约精神"。①

第三节　修改、废除不平等条约理论与策略的探讨

民国时期，废除不平等条约成为举国一致的要求，各阶级、各阶层纷纷提出修订或废除不平等条约的理论和主张，探讨修订、废除不平等条约的政策和策略。这些取消不平等条约的理论分析和策略探析，都蕴含了民族复兴的愿望，希望全国有统一负责、坚强有力的政府，以废除不平等条约、对外缔结平等新约、收回国家主权、实现国家独立自主、提升国际地位。在废除不平等条约的倡导和呼声下，民气督促政府，政府利用民气，民气与政府相为声援，加快了不平等条约关系的动摇与转折。

一、　中国共产党、国民党的废约理论与策略

坚决反对帝国主义、坚持废除不平等条约，是中国共产党的主要目标。五四运动爆发后，陈独秀、李大钊、毛泽东、周恩来、蔡和森、李达、杨鲍安、恽代英、瞿秋白、陈望道、邓中夏、赵世炎、张太雷、向警予等人，主张"走苏俄道路"，以革命手段废除一切不平等条约，维护国家主权。他们

---

① 中国第二历史档案馆编：《中华民国史档案资料汇编》第 3 辑《外交》，第 986—987 页。

从反对强权、争取公理的角度提出反对殖民主义和帝国主义的主张。中国共产党成立后，开始分析帝国主义对中国侵害的种种行径和表现，并提出反帝反封建的民主革命纲领。中共三大明确提出取消帝国主义与中国所订的一切不平等条约。陈独秀等人提出"反对强权"，阐扬反帝宗旨，促使国人更深入地认识了列强的强权本质，为反帝理论的产生起了先导作用。同时引向对其经济属性的认识，从表面深入到"强盗世界"的内在性质，反映了列宁的帝国主义理论在中国的传入。"外争主权"反映了推翻帝国主义统治、废弃不平等条约的根本诉求和基本内涵，反帝斗争的目标由此明确起来，"内惩国贼"走出了单纯对外斗争的迷雾，认识到反帝反封建的同一性。近代反帝理论是中国共产党为主导创立的，是新民主主义革命纲领的核心内容，其产生与马克思主义在中国的传播分不开，反映了中国革命的基本特点，为中华民族的复兴提供了强大的思想理论武器。[1] 中国共产党在其后的反帝斗争和废除不平等条约斗争中，利用反殖民主义理论及国际法原理，反复揭示领事裁判权制度、通商口岸和租界制度、协定关税制度、最惠国待遇制度、沿海和内河航行特权制度、宗教和教育特权制度、租借地和势力范围制度、驻军和使馆区制度、路矿及工业投资制度等对中国社会造成的深重灾难。中国共产党指出，帝国主义通过不平等条约侵害中国主权和利益，而封建军阀则以帝国主义为依靠，因此，要打到帝国主义必须废除不平等条约，也必须打倒封建军阀，广大民众应坚决彻底地反对帝国主义和不平等条约，反对封建军阀，支持国民革命。中国共产党总的任务和要求是坚决反对帝国主义、废除不平等条约，实现中华民族独立自主和伟大复兴，但在不同的阶段，反对帝国主义和废除不平等条约的策略有所不同。大革命时期，中国共产党反对帝国主义的主要目标是最早强迫中国签订不平等条约的英国、侵华步伐最快的日本。在反对不平等条约方面，对协定关税、最惠国待遇和领事裁判权等的批判和揭露最力。

中国国民党也逐步提出反对帝国主义和不平等条约的主张、纲领。由于中国国民党的反帝废约政纲是在共产国际和中国共产党的支持和帮助下制

---

① 李育民：《"五四"与近代反帝理论的产生——从排外到反帝的历史转折》，《人文杂志》2019 年第 7 期。

定，因此，在第一次国共合作期间，其修改、废除不平等条约的理论、策略与中国共产党的理论和策略基本一致。但国民党内部各派的废除不平等条约主张各异，且前后多有变化。孙中山决定接受苏俄和共产国际帮助后，国民党在一大确定了反对帝国主义和不平等条约的纲领，并以此号召民众支持国民革命和北伐战争。广州国民政府和武汉国民政府坚持废除不平等条约的方针，并收回了汉口、九江英国租界。但国民党右派反对"革命外交"，主张"温和外交"，向帝国主义妥协。南京国民政府成立后，制定了"改订新约"政策。

　　中国共产党、中国国民党等党派运用国际法中国家主权独立和领土完整的法理，开展反对帝国主义和废除不平等条约的斗争。中国共产党首先倡导、呼吁废除不平等条约，并利用国际法中国家主权独立原则不断推动着反帝废约斗争的发展，认为"民族自由运动之初步与关键，即是废除不平等条约"。[①] 中国共产党将废除不平等条约与国家独立和民族自由联系起来，为这一斗争提供了强劲的理论指导，全国形成了反对帝国主义和废除不平等条约的共识。在共产国际和中国共产党的帮助下，孙中山的民族主义思想发展到一个新的高度，将废止不平等条约、实现国家独立作为核心内涵。孙中山指出，正是由于这些不平等条约，"中国处于不平等的地位"。而外国用这些条约来"压迫中国，享种种特别权利"，"握我们中国的主权"。我们的领土大过美国、人民多过美国，但因帝国主义的侵略和不平等条约的存在，中国"还不能成一个独立国家"，还不能像美国一样成为"世界上顶富顶强的国家"。[②] 在中国共产党的推动下，国民党将废约反帝、争取民族解放和国家独立，纳入国共合作的革命纲领之中。中国国民党第一次全国代表大会宣言提出：为"使中国民族得自由独立于世界"，以"取消"侵害中国主权的一切不平等条约，重订双方平等、互尊主权之条约为首要任务。[③] 从此，作为国

---

　　① 《中国共产党为孙中山之死告中国民众》，1925 年 3 月 15 日，中央档案馆编：《中共中央文件选集》第 1 册，第 400 页。

　　② 《在神户各团体欢迎宴会的演说》，1924 年 11 月 28 日，《孙中山全集》第 11 卷，中华书局，1986 年，第 411—414 页。

　　③ 荣孟源主编：《中国国民党历次代表大会及中央全会资料》上册，第 15、20 页。

民革命的重要纲领，废除不平等条约与争取国家独立和民族解放融为一体、互为表里，中国历史由此出现了新的面貌，近代中外不平等条约关系开始走向实质性的转折。其后，"在中国被称为'民族主义'的一种力量，通过它的提倡者正在进行一场反对外国条约权利的殊死战斗，并已取得许多值得赞颂的重要胜利"。[①]

二、 知识分子的修约、废约理论

民国时期中国知识分子对修订和废除不平等条约问题的关注热情空前高涨，根据国际法理论有针对性地分析条约关系及修约、废约过程中的各种外交事件，提出了废除不平等条约的理论和主张。"中国的政治舞台出现了前所未有的政党与知识界精英、政党与青年学生、政党与民众运动密切结合的局面"。[②]

五四运动后，知识界几乎都反对不平等条约，只是对废除不平等条约的步骤和策略有不同的主张。知识分子在废除不平等条约斗争中纷纷提出自己的思想主张，表达了对政治的关注和参与愿望。陈独秀曾指出："主张不谈政治的只有三派人：一是学界，张东荪先生和胡适之先生可算是代表；一是商界，上海底总商会和最近的各马路商界联合会可算是代表；一是无政府党人。前两派主张不谈政治是一时的，不是永久的，是相对的，不是绝对的；因为他们所以不谈政治，是受了争权夺利的冒牌的政治底刺激，并不是从根本上反对政治。"[③] 由于其时政治与外交关系紧密，因此，关注政治不可避免地会关注以修订和废除不平等条约为主要内容的外交。

民国时期思想派别复杂，思想家群体众多，有新青年派、现代评论派、甲寅派、学衡派、新月派、独立评论派、新路派、村治派、中国农村派、战国策派、新观察派等。尽管思想界派别林立，但在废约运动高涨之期，却有

---

① Rodney Gilbert, *The Unequal Treaties: China and the Foreigner*, London: John Murray, 1929, p. 203.

② 杨天宏：《基督教与民国知识分子：1922—1927 年中国非基督教运动研究》，人民出版社，2005 年，第251 页。

③ 陈独秀：《谈政治》，《新青年》第 8 卷第 1 号，1920 年 9 月 1 日。

一个显著的共同点，即具有"以爱国主义为主流的民族主义"。①这一民族主义的基本要求是打倒帝国主义，打倒军阀。"自民国成立以来，吾国思想界之纷乱，可谓极矣。芸芸者无论已，即名流学者亦当入主出奴，莫衷一是，几令人无所适从。迨中山先生大唱打倒军阀，打倒帝国主义之说以后，全国政思，乃渐有集中之点"，"现今稍明时事者，莫不认识军阀与帝国主义者，确为吾国统一之最大障碍，打倒此辈确为吾国自求解放之唯一出路"。②他们认识到，只有打倒军阀与帝国主义，实现统一以后，国家内部当如何组织，人民生计当如何发展，学术文化当如何发扬等问题才可着手进行。当时不同的思想流派都富含民族主义思想，如那些主张西化的自由主义者。虽然他们在对"俄化""欧美化"上的取向不同，思想"经常处在动荡、变化和不平衡的状态中"，③ 但是"他们的思想中时代观念和民族观念是相互交叉渗透的"，④ 他们都具有强烈的民族主义意识。爱国主义的民族主义发展成为一种社会文化思潮，在政治上主要表现为救亡运动和收回权益斗争的高涨，而这些斗争又以反对帝国主义和废除不平等条约为核心内容。

在表达各自的废约主张及政见过程中，知识分子以著书立说作为废约反帝的主要途径。在知识界，为表达自己对废约运动和反帝爱国运动的态度，知识分子纷纷利用报刊杂志或出版专著做思想宣传的阵地。

当时的报刊杂志数不胜数，其中，直接关注废约运动和国民外交的，主要有《民心》和《国民外交杂志》等几种。1919 年 12 月 6 日，留美归国学生及国内部分资产阶级学者于上海创办《民心》杂志，其宗旨之一是"注意国民外交"。北京国民外交杂志社于 1922 年 6 月创刊的《国民外交杂志》，以"排斥旧式的官僚外交，提倡新式的国民外交"，"绍介东西各国之外交时事，以促国民外交知识之发展"，"尊重正义人道与国际法原则，以维持东亚之和平"为宗旨。此外，各类有关介绍和研究不平等条约、关注废除不平等的杂志有：北京外交月报社于 1932 年 7 月创刊的《外交月报》；北京政府外

①　郑大华：《民国思想史论》，社会科学文献出版社，2006 年，第 3 页。
②　梁明致：《中国政局之趋势——致现代评论记者》，《现代评论》第 3 卷第 71 期，1926 年 4 月 17 日。
③　李泽厚：《中国近代思想史论》，人民出版社，1979 年，第 421 页。
④　郑大华：《民国思想史论》，第 92 页。

交部于 1912 年创办的《外交文牍》，以专题形式编印对外交涉案材料；南京
外交评论社于 1932 年 6 月创刊的《外交评论》；北平外交月报社于 1934 年
创刊的《外交周报》；北京政府外交部于 1921 年 7 月创刊的《外交公报》；
南京国民政府外交部于 1928 年 5 月创刊的《外交部公报》，等等。影响最为
广泛的报刊有《民国日报》《向导》《大公报》《益世报》《盛京时报》《晨报》
《国闻周报》《东方杂志》等等。报刊杂志成为废约运动中各派竭力宣传各自
观点和立场的重要阵地。

　　废约运动日益高涨之后，知识分子积极关注废除不平等条约运动的情
况，其中很多人还要求政府采取攻势的外交政策废除不平等条约，反映了强
烈的民族主义情感。

　　北京政府宣布废止中比条约的行动得到知识阶层的高度赞扬和认可。但
随着北伐的胜利进军，部分国民开始对修约外交抱有极大的希望。在新的形
势下，就连北京政府宣布废除中比条约，也被看作是国民运动的压力所致。
时人称赞废除中比条约在中国外交史上开了对外强硬的先例："以向来对外
软弱的北京政府，这次居然敢于单独宣告比约失效，在中国外交上开一特
例，则中国舆论的压迫，国民运动的影响之大可想而知。"[①] 人们希望英美日
也能自动地放弃不平等条约。一些知识分子认为，陈友仁所执行的大政方针
并无"赤化"，国民革命的运动完全是为争取中国的独立和平等，其最终目
的是统一全国，提高生活程度，解放外人的支配，使国民有发展的余地，使
中国与各国立于平等的地位。希望各国理解武汉国民政府的外交方针，并相
信国民政府将成为中国的正式政府："要之，将来无论如何，各国应知道中
国的国民运动一定成功。且各国结果必须把他承认。因为这个运动，并不是
一种没有受过教育的莠民的排外运动，乃是智识阶级指导的运动。"[②]

　　现代评论派中有人主张采取激进的废约外交作为民族自决的政治途径。
对国民政府宣布关税自主等措施，有的人认为是攻势外交的体现："最近外
交当局自动宣布关税自主，是政府攻势外交的第一步，引起了我们对政府的

---

① 纯：《内乱外交的新局面》，《现代评论》第 4 卷第 101 期，1926 年 11 月 13 日。
② 云松：《英国出兵和上海问题》，《现代评论》第 5 卷第 119 期，1927 年 3 月 19 日。

极大的信任；最近上海租界内纳税华人抗拒非法加捐，也是国民攻势外交的
第一步，充分表示了国民奋斗的勇气、牺牲的精神，给了我们莫大的鼓励和
自信。"① 为实现革命的外交，国民政府应采取攻势的外交废除不平等条约，
实现民族自决，因为"现今国民革命进行中，在对外关系上，需要一种革命
的外交。没有革命的外交，不能应付这个非常的情势，国民政府虽定有至善
的对外方略，也无由执行。革命的外交，必须是具有革命精神而能适应国民
革命的环境与目的之外交。这不但和向来北京政府腐败官僚式的，或买办式
的外交根本不同，就对于近世一般传习的职业式的外交也要打破"。②

　　南京政府宣布开始"全国统一训政"后，部分知识分子仍然将废除不平
等条约作为谋求国家复兴的首要出路，认为解决外交问题重于内政的整饬：
"内政是急于整饬建设，但是第一要务，还是亟需于外交上求一条出路，能
在国际中求得一高等地位。因为外交不胜利，则外人轻视中国的心理，仍然
存在。"③ 而在外交问题中，首先要解决的是废除不平等条约："无论中国自
己如何努力，而一切不平等条约的废除，恐不易见诸实行；不平等条约不克
废除，则中国无论若何整饬内政，都是无由成功。一个带了镣铐的人，能整
饬什么事？非先打破镣铐，决不能放手为所欲为。"④ 在一部分知识分子看
来，废除不平等条约始终是国家的政治大事，是民族解放的必由之路。

　　知识分子中也有主张以"温和外交"手段修订不平等条约、收回国权
的。有人认为，南北政府军事正值紧张之际，如果采取激烈的手段废除不平
等条约，会"引起对外纠纷或战争"，这是不可取的。⑤ 他们表示理解国民政
府的"难处"："归宗一句话，立于局外人的地位作不负责任的批评是天下再
容易没有的事；到自己当了权，负责任办事的时候，就晓得一件事体里面的
难处了，唱高调是一事，做实事又是一事。"⑥ 1927 年 7 月，南京国民政府
布告 9 月 1 日裁撤厘金，同日宣布关税自主。对此，有的人加以抨击，认为

① 松子：《国民革命论（二）》，《现代评论》第 6 卷第 139 期，1927 年 8 月 6 日。
② 松子：《革命的外交》，《现代评论》第 6 卷第 140 期，1927 年 8 月 13 日。
③ 吴和：《向外交求出路》，《革命外交》第 4 期，1930 年 3 月 6 日。
④ 吴和：《向外交求出路》，《革命外交》第 4 期，1930 年 3 月 6 日。
⑤ 无文：《反革命与列宁》，《现代评论》第 5 卷第 129 期，1927 年 5 月 28 日。
⑥ 无文：《反革命与列宁》，《现代评论》第 5 卷第 129 期，1927 年 5 月 28 日。

违背了国民政府革命外交的宗旨，但支持者则评价："以近百年来病国殃民的厘金和辱国丧权的片面关税，竟能毅然决然地于短期间打破，谋得内地贸易的自由和国际贸易的平等，这实是中国国民运动史上、财政经济史上一件可以大书特书的大事，也是国民政府对于建设事业第一件壮举，值得赏读的。"① 对于中美关于宁案的交涉，《大公报》发表社评《宁案之中美协定》，认为是国民政府外交上的一大进步："中国外交上主要国之一员，对于整理过去一般不平等之旧条约，已开其端。自吾国言，诚乐观厥成，自美国言，则证明其对华政策之适宜，异日必收其应得之效果者。"②

知识分子对修约、废约的交涉策略也作了探讨，而且大部分主张在废约运动中采取"国别谈判"的外交方式。他们指出，解除不平等条约的方法主要有三种：单独宣布废除、与各国共同谈判、国别谈判。"今日国民人人心中有废除不平等条约的愿望，但是谁也没有把握能为这个问题求一简单的解决。最痛快的事当然是国民片面的对外宣告废除一切不平等条约，不过这又谈何容易，除非是国内或国外政治上有根本的大变化，这种痛快的事不会实现的。"由于列强的干涉和国家实力的不足，这一方法暂时难以实现。鉴于关税会议和法权会议的经验，"至于共同会议的方法"，也"必无结果"。于是"比较可行的，还是用国别谈判的方法"。如果中国能和某一国谈判成功，改订条约，彼此依平等原则另立新关系，则可以以新条约为基础渐次向其他国家谈判，最后也许可完全成功。"所以在一时废除一般不平等条约之快举不能实行之期中，最好是采用部分改约的方法。遇着某国有可以修改条约之口实或机会，便注全力从这一方面进行"。③ 所以，"凡热望废除不平等条约的人"，"应当督促外交当局努力的进行"修约工作。④ 在北京政府宣布废止中比条约前，就有人强烈要求单独废止中比条约。中比及中日两商约于 1926 年 10 月均届期满，中国本可以单独宣告废止相关不平等条约，但北京政府却没有实力采取这一手

① 唐有壬：《裁厘加税问题》，《现代评论》第 6 卷第 138 期，1927 年 7 月 30 日。
② 《宁案之中美协定》，《大公报》1928 年 4 月 3 日。
③ 松子：《中比商约改订运动》，《现代评论》第 4 卷第 90 期，1926 年 8 月 28 日。
④ 松：《修约运动》，《现代评论》第 4 卷第 97 期，1926 年 10 月 16 日。

段，因为"已经有了关税会议、法权会议的束缚"，[①] 受其影响，北京政府不敢直截了当地废除不平等条约。因此，国际法学家周鲠生等人都主张以国别交涉的手段收回国权。例如，收回租界和租借地是中国国民解放运动的一项根本事业，要根本打破外国在华的特权地位，纠正中外不平等关系，就要"趁此国民运动正猛烈的时候，废除不平等条约的声势浩大的时候"，要避免与各国共同谈判，要分别交涉，打破列强的协调政策，并依据"情势根本变迁之理由"，废止中国和列强所订的租借条约。[②]

同时，一些知识分子与部分外交家有相似的联美主张。1927 年 2 月，日美英三国的外交当局相继发表宣言，宣示对华新政策。但现代评论派中部分人认为，他们的条件与我国的要求是完全不一致的，因为"我们所要求的是完全的自主，他们所准备承认的是部分的自主，换句话说，我们对于不平等条约中之不平等条款，要求全体的与立时的解除；他们对于这些条款的解除，仍打算设定地域的或时间的限制"。[③] 在这种局面下，我国外交当局应该坚守一定的外交步骤与一定的外交目标。外交步骤应严守单独谈判之原则，拒绝一切团体谈判。外交目标应是最终废除不平等条约，收回一切国权。美国众议院于 1927 年 2 月 21 日通过与中国单独磋商修约的议决案，得到中国民众的好评，因为"摆脱外国的束缚，恢复国家的独立，这种思想在近几年已经深入一般国民心理意识之中，构成一种极大的社会力量。无论是关于中国的国内政治或国际政治，合乎这种国家思想的动作一定要成功，背乎这种国际思想的动作一定要失败"[④]。所以，美国如果真的能根据平等互惠的原则单独与中国修约，正合中国国民的心理。

一些知识分子还主张利用民气，发挥国民外交的作用。胡适指出："一个健全的政府可以利用民气作后盾，在外交上可以多得胜利，至少也可以少吃点亏。若没有一个能运用民气的政府，我们可以断定民众运动的牺牲的大

① 松：《修约运动》，《现代评论》第 4 卷第 97 期，1926 年 10 月 16 日。
② 周鲠生：《租借地问题》，《现代评论》第 5 卷第 111 期，1927 年 1 月 22 日。
③ 文：《修约问题》，《现代评论》第 5 卷第 113 期，1927 年 2 月 5 日。
④ 召：《美国众院通过单独对华修约案》，《现代评论》第 5 卷第 117 期，1927 年 3 月 5 日。

部分是白白地糟蹋了的。"① 国民运动是抵抗外力的重要方式，为免除列强的侵略，"国民要有自觉，要起一种大规模的国民解放运动"。为了民族和国家的解放，政府应当彻底的肃清内部，改组国民政治，根本的扫除内部勾引外患的势力，减去外国干涉的机会，"对于这种害恶之根本的扫除，最后还是要靠国民运动。空言排外是无用的"。②

三、 北京政府的修约、废约理论和策略

民国北京政府主要是依据国家平等、主权独立等国际法原理提出修约、废约要求，进行修约、废约交涉。民国时期，不仅社会各界和外交家们提出修订和废除不平等条约的相关理论，北京政府也提出并探索和践行修订、废除不平等条约的理论及策略。

当时的职业外交家顾维钧、陆征祥、施肇基、王景岐、朱兆莘、伍朝枢、王正廷等人，主要从国际法角度分析修订和废除不平等条约的理由，并提出相应的策略。北京政府的修约外交基调和主流是援引公法，以理折冲，"通过正常途径谈判"，而正常谈判的准则就是"国际公法"，即通用的国际法程序和规则。利用国际法的公理性和一般性作为修约和废约的依据，是北京政府修约外交的重要策略之一，也是这一时期重要外交特色，对动摇不平等条约体系产生了积极的作用。

在国内外多重因素的交互作用下，民国北京政府为"立国求存"，进行了一系列修订和废止不平等条约的外交活动。对外国"既甚少威名，又无实力"的北京政府，其修约外交具有很大的局限性，但总体上，它亦有自己的方略。"中国的目的是最终废除不平等条约，但并不采取单方面行动的政策。而拟通过正常途径进行谈判，以期有关各国乐于同中国合作，实现中国所欲达到废除不平等条约的目的"。③ 一战后，"修约一层系历任外长一种不移之

---

① 胡适：《爱国运动与求学》，《现代评论》第 2 卷第 39 期，1925 年 9 月 5 日。
② 周鲠生：《共管呢，解放呢?》，《现代评论》二周年增刊，1927 年 1 月。
③ 中国社会科学院近代史研究所译：《顾维钧回忆录》第 1 分册，第 137 页。

政策"。^① 这就表明了北京政府修约的总目标和任务是最终废除不平等条约。具体到北京政府的修约外交方式和途径，为达到"修约"之目的，在不同时期、不同场合，针对不同对象采取了不同的方式和策略。其手段主要是通过"正常途径进行谈判"，其基调是"以期有关各国乐于合作"，表现出明显的被动性。

在交涉修订和废除不平等条约的过程中，民国北京政府根据交涉内容和交涉对象的不同，采取与各国集体交涉及国别交涉等模式修订、废止不平等条约。

一是集体谈判，总体修约。随着国际政治经济形势的发展变化，北京政府对巴黎和会、华盛顿会议以及关税会议、法权会议的召开，寄予了很高的期望，因而在这些会议上提出了全面修约要求，希望藉此废更列强在华条约特权。

二是集体谈判，个案修废。利用国际性会议的召开，就某一不平等条约或某类条约的特权问题，提交于会议，以讨得公道，是北京政府修约外交的另一战略思想。这主要体现在山东问题的解决、关税特别会议和法权调查会议的修约、废约努力上。

三是国别交涉，相应修废。主要是订立平等新约以及修订到期条约。北京政府与各国单独磋商交涉修订和废除不平等条约，一是基于一些国际会议对中国提出修约要求的拒绝；二是与一些列强国家所签条约到期，应需修订；三是因一些不平等条约引发出重大事件，国内舆论要求废约的反响强烈；四是一些无约国要求同中国订约。同时，北京政府也意识到"以中国一个处于被压迫的弱国地位，与多个甚至十数个压迫中国的国家于一室谈判修改不平等条约，无异于虎口索食"，^② 而且不仅不能"以夷制夷"，反而导致"众夷制华"的局面，不如国别谈判来得主动，因而试图通过个别交涉达到修订、废止不平等条约的目的。对待要求订约的无约国，北京政府是坚决不

---

① 《外交总长蔡廷干会晤法国公使玛德纪要》，1926 年 8 月 17 日，中国第二历史档案馆编：《中华民国史档案资料汇编》第 3 辑《外交》，第 506 页。

② 石源华：《中华民国外交史》，第 258 页。

再给与片面特权。1919 年 12 月中玻《通好条约》、1926 年 10 月 29 日中芬《通好条约》都未给予对方领事裁判权。1921 年 5 月 20 日《中德协约》、1925 年 10 月 19 日中奥《通商条约》为完全平等新约。1921 年 5 月，外交部曾训令驻美、英、法等国公使与驻在国接洽，商议召开废除领事裁判权的直接谈判；与英国进行了关于西藏、片马、威海卫的交涉；与法国进行归还广州湾的交涉；与日本进行归还胶澳租借地的具体办法和索回旅大交涉；以及 1927 年 1 月 12 日，派遣代表至有关各国驻华公使馆，提出收回天津各国租界问题，并与英国展开了谈判等等。比较典型的是中俄交涉和修订届期条约。

为促成修约的成功，北京政府在采取上述三种修约方式的同时，还运用"以夷制夷"策略，以期达到修、废不平等条约的目的。

"以夷制夷"在我国历代王朝都是用来对付边境或境内少数民族的传统策略，延续到近代则是中国统治者为挽救时局，在列强争夺的缝隙中求取生存的应付之道。列强共同支配中国，以及它们在华互相争夺利益和实行互有差异的对华政策，使得"以夷制夷"这种外交策略成为可能。民国北京政府的整个修约外交，正是在敌强我弱、敌众我寡的背景下展开的，因此，非常注重利用有约各国之间的矛盾和冲突，联合一个国家对付另一个国家，施加压力，促其"修约"。民国北京政府确定联合的对象为不侵害和威胁中国领土主权的国家，并分清各国对华政策。由于后起的美国不仅其国力已称雄世界，而且在中国没有租借地及势力范围，并一度提倡公理外交，因此，民国时期被中国视为无野心者、非激进压迫者，而加以联合。

"以夷制夷"是近代以来中国传统的外交方针之一，也是民国政府维护国家权益的重要方式，其中，"联美"是民国时期以夷制夷方针的主线，也是修订不平等条约的重要策略之一。在北京政府外交部保存的"外交方针意见书"中，曾分析利弊，主"联美"，因为我国"闭关日久，民智未开"，当今第一要义应该是加强国民的文化教育素养，远离武装，"其至善之策，莫如将中国宣布永远中立"。但要达到宣布中立的目的也很难，因此要采取联盟政策。而鉴于"日、英、德、法，皆有弱点"，只有联美"较为便利"，因为"唯有美国可引为盟"，"美系新民，本国土地尚有未辟，可无侵略之患，且退还赔款，首认民国，处处露其殷勤态度，与之磋商，易收成效，故言联美"。① 联美外交方针，虽然于修约、废约外交没有起到实质性作用，却为中国提出修约、废约要求提供了国际舞台，并在某些方面得到美国的支持，从而引起国际社会的广泛关注。中国在巴黎和会、华盛顿会议上提出的说帖和希望条件、原则，都体现了中国政府和中国民众废除不平等条约的强烈愿望。

中国早在中日"二十一条"交涉期间，就开始积极筹划在将来的国际大会上以遵循国际法准则的方式提出废除"二十一条"。为争取国际社会的支持，中国希望在战后国际会议上提出废除中日"民四条约"的要求，并开始寻求美国的理解和帮助。这一请求得到美国驻华公使的支持，但他认为在和会上提出这一要求难以达到目的，可以在和会后于海牙国际和会之类的会议上提出。1915 年 6 月 9 日，外交总长陆征祥会晤美国公使芮恩施，就处理"二十一条"善后问题进行协商。芮恩施建议中国与美国保持密切联系，他主张中国处理中日交涉的善后办法是：第一步，应与英、美等国力求亲善，以得到他们的完全信任，这样，如遇事请其协助维持则较为容易。第二步该如何走呢？那就是在战后国际公会上设法巩固中国的国际地位。他提出的具体筹备办法是："交战国公会告竣后，必有如海牙和会之一种大会，讨论弭兵免战问题，世界各国均得与会。在此大会，可设法提议一种间接有益贵国之问题，如推广国际仲裁问题是也。"② 陆征祥长表示赞同芮恩施的建议，但还是有所担忧，他指出："本国近与和荷兰已订有广义之仲裁条约，所云远东公会，诚如贵公使所言，恐有流弊。交战国公会除划界及补偿问题外，或鉴于青岛问题，复议及将来限制战区问题，然亦不能说定。至第三次平和会对于中立国之权利义务问题，度必重行规定，此亦是有益本国之举。"③ 芮恩施所指"海牙和会之一种大会"，即巴黎和会之后召开的华盛顿会议。陆征

---

① 《外交部存"外交方针意见书"稿》，1921 年，中国第二历史档案馆编：《中华民国史档案资料汇编》第 3 辑《外交》，第 21 页。

② 台北"中研院"近代史研究所编印：《中日关系史料·二十一条交涉》上，第 397 页。

③ 台北"中研院"近代史研究所编印：《中日关系史料·二十一条交涉》上，第 397 页。

祥还指出，关于中日交涉事，不仅是中国最关心的，也关系到中美关系的进一步加强。中日关系，"不但有维持东亚和平之影响，且与日本要求条件第五号之将来，亦有密接关系"。① 外交部的这些行动，为中国后来争取废除中日"民四条约"和收回山东主权奠定了法理基础。顾维钧曾密电北京政府，联合美国。他分析："英之于西藏，俄之于蒙古，日之于山东，葡之于澳门，均属未了问题"，"而美对我无阴谋，待我以至诚，我正可赖美为助"，② 劝导北京政府采取联美方针。顾维钧随即又就参战一事主张，"我国不以德战则已，战必以助美为宜"，这样方可"与美各自处于第三交战团之地位"，不仅可以保持自由行动，还可以此抵制日本侵略，而追随操世界政策之美国，"于战后在国际上大有为"。③

即使在山东问题上遭受失败后，民国北京政府仍没放弃联美制日方略。一战结束后，北京政府立即实行联美方针，以图迫使日本放弃"二十一条"及中日军事协定等，公正解决山东问题。和会召开前，顾维钧被指派为代表，他首先想到的是要在美国多留些日子，以便争取美国的支持。④ 就当时的情况而言，这是较为实际的策略。因为英法与日本签有密约，不可能支持中国，而日美又有矛盾。因此在会前，中美两国参加和会的代表就中国所提方案多次磋商，而且"在会议期中，中国代表团与美国代表团始终保持密切合作"。⑤

1919 年 7 月 13 日，吴佩孚等人主张联络美国解决青岛问题，要求政府电饬驻美专使，"再接再厉，坚持到底，并汇集各种理由陈请列强为公道之主张，更联络美总统恳其为公道之援助，以期达目的"。⑥ 施肇基亦认为，如日本仍用威吓手段，中国自可依美国采取针对之方法，必能得美同情，而中国地位必更稳固。

① 台北"中研院"近代史研究所编印：《中日关系史料·二十一条交涉》上，第 398 页。
② 《顾维钧电》，1917 年 4 月 12 日，王建朗主编：《中华民国时期外交文献汇编》第 1 卷，第 1306—1307 页。
③ 章伯锋、李宗一主编：《北洋军阀（1912—1928）》第 3 卷，第 155—156 页。
④ 中国社会科学院近代史研究所译：《顾维钧回忆录》第 1 分册，第 165 页。
⑤ 张忠绂：《中华民国外交史》，《民国丛书》第一编 27 册，第 255 页。
⑥ 《吴佩孚等关于巴黎和约拒绝签字后主张联络美国解决青岛问题及以武力对付日本之通电》，1919 年 7 月 13 日。

　　经历巴黎和会后，中国人民对美国确实有过失望，但美国国内的舆论和哈定总统的对外举措，又激发了中国人联美修约的信心。北京政府进一步把联美确定为外交方针。在1921年"外交方针意见书"中，外交部分析认为，中国在外交上欲取得主动地位，改变前清所遗残局，不致为外力所牵制，必须采取"联盟"外交政策，而其关键是"联美"。①正因为如此，中国在华盛顿会上继续与美联络，并再次提出全面修约要求，"吾人于巴黎和会失望之余，对于此次会议，颇具极大希望，以为主盟此会者，为素讲公道之美利坚，而中美国交又极亲密，当必其为吾助力"。② 于是中国与会代表提出了各项重要问题于会议，有关代表还在美国进行了大量的宣传鼓动工作。尽管华盛顿会议上没有满足中国的要求，但在美国的推动下，日本等列强也被迫作出一些让步。联美政策一直延续到北京政府修约外交的后期。"五卅"惨案发生后，北京政府内部不少人仍寄希望于联美："上海结案及将来要求收回治外法权、关税自由等问题，势必请托美国从中斡旋。"③ 但由于美国最终以本身利益为转移，加之其他列强的阻挠，因此，"以夷制夷"、联美修约并没达到预期的效果。在中比修约交涉中，国际联盟秘书长曾诱导中国："比约应与列强各约同时办理。"中国驻意大利公使朱兆莘回答："列强共同行动之牵制中国备受痛苦，以关税会议言，列强一味延宕，坐视政潮起伏，以为口实，中国现不再上当。"④

　　修改、废除不平等条约理论探讨的涌现，为北京政府修约、废约提供了理论依据，从而敢于在世界舞台公开提出废除不平等条约的要求，并极力采取具体措施加以实施。通过不懈的努力，在政局复杂纷繁的情况下，仍尽可能地收回丧失的国家权益，同时不再给予他国条约特权，逐步改变中外条约关系，从而最大程度地维护了国家主权。

---

　　① 《外交部存"外交方针意见书"稿》，1921年，中国第二历史档案馆编：《中华民国史档案资料汇编》第3辑《外交》，第21页。

　　② 郝立舆：《领事裁判权问题》，商务印书馆，1930年，第83页。

　　③ 《施肇基致沈瑞麟电》，1925年6月16日，中国第二历史档案馆编：《中华民国史档案资料汇编》第3辑《外交》，第267页。

　　④ 《驻义公使朱兆莘致外交部电》，1926年12月2日，中国第二历史档案馆编：《中华民国史档案资料汇编》第3辑《外交》，第988—989页。

结 语

自中英《南京条约》签订以来，中国深受不平等条约之害。清末，政府已有修订不平等条约的意识。民国时期，全社会掀起反对帝国主义和要求废除不平等条约的浪潮。在艰难的环境中，无论是南北政府，还是主张修约或废约的团体、个人，都受国际法观念的影响，运用国际法原理提出修约、废约主张。修改和废除不平等条约，是民国时期重要而艰难的对外交涉，也是近代以来中国人民既饱含屈辱又得以在某些方面扬眉吐气的重要外交成果。

民国初期，历届政府为得到列强的支持和承认，采取继承前清一切中外条约关系的政策，并切实保护外人在华权益。但即便革命军政府、南京临时政府、袁世凯北京政府都宣布承认前清中外条约关系，仍遭到列强的刁难和提出各种苛刻条件，北京政府历经曲折才得列强的承认。另一方面，尽管民国初期历届政府都照会列强承认中外旧有条约体系，但并不代表中国政府没有维护国权的意识。历届政府都尽可能维护国家主权和权益，并尝试等待和寻找机会修订不平等条约和不平等条款，如争取关税自主和撤废领事裁判权等。

参加第一次世界大战，为中国提出废除不平等条约提供了契机。中国向列强提出的参战条件，主要是废止某些条约特权，如争取增加关税、缓付庚子赔款等。中国宣布废止中德、中奥条约，可以说是在黑暗中为废除不平等条约打开了一扇窗户。随着国际形势的变化、国际法的新发展，中国各界的国际法观念和条约关系理论不断发展，废除不平等条约的愿望日益强烈。在巴黎和会、华盛顿会议上全面提出修改和废除不平等条约，提出和交涉废止中日"民四条约"等，是中国在世界舞台发出废除不平等条约呐喊的最强音。自从，中国废除不平等条约的诉求引起世界各国的关注，中国在维护国家权益方面不断取得成效。此后，北京政府将修改不平等条约作为重要的外交任务。而修改不平等条约，是逐步达到废除不平等条约目的的主要政策和方式。

在北京政府谋求废除不平等条约的同时，在共产国际和苏联的指导下，国共实现第一次合作，中国共产党、广州国民政府、武汉国民政府，都制定了废除不平等条约的政策和方略，并积极号召和引导民众参加废约运动。国民政府收回汉口、九江英租界及其他有关交涉，都是执行废除不平等条约政策的实际体现。

在南北政府谋求废除不平等条约的同时，帝国主义制造的各种惨案激发了广大民众的民族主义情绪，掀起五四运动、"五卅"运动等一波又一波反帝爱国高潮，与抵制洋货运动、收回教育权运动等，既成为政府修约、废约的重要国民支撑力量，又在一定程度上刺激了条约列强国，促使英、美等国变更对华政策。但总的看，列强为各自利益在华既相互牵制又结成利益共同体，在中国提出修约和废约要求时，相互攀援，寻找各种理由拖延。这一态势严重阻碍了中国修改和废除不平等条约的进程。

民国时期，南北政府和外交家及个人都在修订、废除不平等条约方面竭力而为。但由于时局的动荡，严重影响了整个国家力量的整合。从北京政府本身来看，由于派系政争，政权更迭频繁，且不时处于无政府状态，外交家们难以发挥应有的作用。仅从1921年到1928年覆灭的短短八年时间，在北京政府担任过国务总理的就达二十四人，而外交家们也时常被卷入政治纷争，难以正常履行职责。如，关税会议最后中断，便是由于段祺瑞政权垮台，与会代表或离京、或离职，给列强提供了休会的借口；宣布废除中比条约以后，顾维钧一再请求辞职，其重要原因即政局混乱。因此，中国内部存在的各种问题，包括南北对峙和北京政府本身的动荡，一直是制约废约斗争的一个重要因素。但总体而言，从参加第一次世界大战，到参加巴黎和会、华盛顿会议，再到后来制定修约政策、向列强发出修约照会、废止相关到期条约，北京政府特别是一批外交家，在艰难的时局中，较好地把握了时机。五四运动后，无论是与无约国签订平等条约，还是与到期条约国谈判修订新约，北京政府都坚持以相互平等为原则，坚持不再给予他国单方面条约特权，极大地冲击了中外不平等条约关系。中国政府宣布废止中比条约、中西条约，收回一些条约权益，进一步动摇了不平等条约体系，也为其后实现关税自主、废除领事裁判权及其他条约特权奠定了基础。

主要参考文献

一、 条约集、资料丛刊、汇编、已刊及未刊档案等

北京政府外交部编印：《外交文牍·参战案》，1921

北京政府外交部编印：《外交文牍·修改税则案》，1921

北京政府外交部编印：《外交文牍·中日军事协定案》，1921

财政科学研究所、中国第二历史档案馆编：《民国外债档案史料》第 1 卷，档案出版社 1989

陈明光主编：《中国卫生法规史料选编（1912—1949.9）》，上海医科大学出版社 1996

陈三井等主编：《欧战华工史料》，台北"中研院"近代史研究所 1997

陈志奇辑编：《中华民国外交史料汇编》，台北渤海堂文化事业有限公司 1996

程道德等编：《中华民国外交史资料选编（1911—1919）》，北京大学出版社 1988

程道德等编：《中华民国外交史资料选编（1919—1931）》，北京大学出版社 1985

池子华、崔龙健主编：《中国红十字运动史料选编》第 1 辑，合肥工业大学出版社 2014

邓克愚：《帝国主义在上海侵夺我国司法权的史实》，上海市文史馆、上海市人民政府参事室文史资料工作委员会编：《上海地方史资料》二，上海社会科学院出版社 1983

复旦大学历史系中国近代史教研组编：《中国近代对外关系史资料选辑（1840—1949）》下卷第一分册，上海人民出版社 1977

高承元编：《广州武汉时期革命外交文献》，神州国光社 1930

国际劳工局中国分局编印：《国际劳工组织与中国》，1948

国民政府行政院秘书处编印：《国民政府行政文件集》，1929

季啸风、沈友益主编：《中华民国史史料外编：前日本末次研究所情报资料

（中文部分）》，广西师范大学出版社 1997

姜亚沙责编：《中国近代邮政史料》，全国图书馆文献缩微复制中心 2005

交通铁道部交通史编纂委员会编印：《交通史·邮政编》，1930

李希泌等编：《护国运动资料选编》上册，中华书局 1984

荣孟源主编：《中国国民党历次代表大会及中央全会资料》上册，光明日报
　　出版社 1985

商务印书馆编译所编纂：《国际条约大全》，商务印书馆 1925

上海市档案馆编：《五卅运动》第 1 辑，上海人民出版社 1991

史爱初辑：《汪荣宝函电》，《近代史资料》第 4 号，1963

世界知识出版社编：《国际条约集（1917—1923）》，世界知识出版社 1961

“司法行政部刑事司”编：《各国刑法汇编》上册，台北“司法通讯社”1980

孙瑞芹译：《德国外交文件有关中国交涉史料选译》第 3 卷，商务印书
　　馆 1960

孙曜编：《中华民国史料》之三，文明书局 1929

台北“中研院”近代史研究所编印：《中俄关系史料·出兵西伯利亚
　　（1917—1919）》，1962

台北“中研院”近代史研究所编印：《中俄关系史料·俄政变与一般交涉
　　（1917—1919）》，1960

台北“中研院”近代史研究所编印：《中俄关系史料·停止俄使领待
　　遇》，1981

台北“中研院”近代史研究所编印：《中俄关系史料·外蒙古（1917—
　　1919）》，1983

台北“中研院”近代史研究所编印：《中俄关系史料·一般交涉（1920）》，1968

台北“中研院”近代史研究所编印：《中俄关系史料·中东路与东北边防附
　　外蒙古（1920）》，1981

台北“中研院”近代史研究所编印：《中俄关系史料·中东铁路》，1981

台北“中研院”近代史研究所编印：《中俄关系史料·中俄通商》，1981

台北“中研院”近代史研究所编印：《中日关系史料·二十一条交涉》

上，1985

台北"中研院"近代史研究所编印：《中日关系史料·欧战与山东问题》
　　上，1974

台北"中研院"近代史研究所档案馆藏北洋政府外交部相关档案

外交学院编：《中国外交史资料选辑》第 1 辑，外交学院出版社 1958

王建朗主编：《中华民国时期外交文献汇编（1911—1949）》第 3 卷，中华
　　书局，2015

王铁崖编：《中外旧约章汇编》第 1、2、3 册，生活·读书·新知三联书店
　　1957、1958、1962

薛典曾、郭子雄编：《中国参加之国际公约汇编》，商务印书馆 1937

薛衔天、黄纪莲、李嘉谷、李玉贞等编：　《中苏国家关系史资料汇编
　　（1917—1924）》，中国社会科学出版社 1993

阎广耀、方生选译：《美国对华政策文件选编：从鸦片战争到第一次世界大
　　战（1842—1918）》，人民出版社 1990

张国淦编：《北洋军阀史料选辑》上册，中国社会科学院出版社 1981

张蓉初译：《红档杂志有关中国交涉史料选译》，生活·读书·新知三联书
　　店 1957

中共中央党史研究室第一研究部编：《共产国际、联共（布）与中国革命档
　　案资料丛书》，中央文献出版社 1997

中共中央书记处编：《六大以前》，人民出版社 1980

中国第二历史档案馆编：《北洋政府档案》，中国档案出版社 2010

中国第二历史档案馆编：《中国国民党中央执行委员会常务委员会会议录》
　　五，广西师范大学出版社 2000

中国第二历史档案馆编：《中华民国史档案资料汇编》第 2、3 辑，江苏人民
　　出版社 1991

《中国国民党宣言集》，台北中华印刷厂 1976

中国科学院历史研究所第三所近代史资料编辑组：《五四爱国运动资料》，科
　　学出版社 1959

中国社会科学院近代史研究所、中国第二历史档案馆史料编辑部编：《五四爱国运动档案资料》，中国社会科学出版社 1980

中国社会科学院近代史研究所《近代史资料》编辑室主编：《秘笈录存》，中国社会科学出版社 1984

中国社会科学院近代史研究所编：《五四运动文选》，生活·读书·新知三联书店 1959

中国社会科学院近代史研究所中华民国史研究室主编，邹念之编译：《日本外交文书选译·关于辛亥革命》，中国社会科学出版社 1980

中国社会科学院现代史研究室、中国革命博物馆党史研究室选编：《"一大"前后》（二），人民出版社 1980

中央档案馆编：《中共中央文件选集》第 1、2、3、4 册，中共中央党校出版社 1989

二、 人物文集、日记、回忆录、年谱、传记等

《包惠僧回忆录》，人民出版社 1983

《陈独秀文章选编》，生活·读书·新知三联书店 1984

《胡适日记》，《胡适全集》第 28 卷，安徽教育出版社 2003

《恽代英文集》，人民出版社 1984

《张太雷文集》，人民出版社 1981

《赵世炎选集》，四川人民出版社 1984

丁贤俊等编：《伍廷芳集》上册，中华书局 1993

逢先知主编：《毛泽东年谱》上卷，中央文献出版社 2002

凤冈及门弟子编：《梁燕孙先生年谱》，台北商务印书馆 1978

顾维钧著，中国社会科学院近代史研究所译：《顾维钧回忆录》第 1 分册，中华书局 1983

瞿秋白文集编辑部：《瞿秋白文集》第五卷，人民出版社 1995

任建树等编：《陈独秀著作选》，上海人民出版社 1993

沈云龙：《徐世昌评传》，台北传记文学出版社 1979

沈云龙编辑：《亦云回忆》，台北传记文学出版社 1980 年第 2 版

颜惠庆著，上海市档案馆译：《颜惠庆日记》第 1、2 卷，中国档案出版社 1996

颜惠庆著，吴建雍、李宝臣、叶凤美译：《颜惠庆自传——一位民国元老的历史记忆》，商务印书馆，2003

张品兴主编：《梁启超全集》第 5 册，北京出版社 1999

中共中央文献研究室、中共湖南省委《毛泽东早期文稿》编辑组编：《毛泽东早期文稿》，湖南出版社 1990

中国蔡元培研究会编：《蔡元培全集》，浙江教育出版社 1997

中国李大钊研究会编注：《李大钊全集》，人民出版社 2006

中国社会科学院近代史研究所中华民国史研究室、中山大学历史系孙中山研究室、广东省社会科学院历史研究室编：《孙中山全集》，中华书局 1981—1986

［日］古屋奎二：《"蒋总统"秘录》，台北"中央"日报社，1977 年译印

三、 研究专著、论集、论文等

敖光旭：《失衡的外交——国民党与中俄交涉（1922—1924）》，台北"中研院" 2007

曹亚伯：《武昌革命真史》，上海书店 1982

陈崇祖：《外蒙近世史》，商务印书馆 1922

陈三井著：《华工与欧战》，岳麓书社 2013

陈体强：《中国外交行政》，商务印书馆 1943

费成康：《中国租界史》，上海社会科学出版社 1991

傅孙铭等：《沙俄侵华史简编》，吉林人民出版社 1982

何汉文编著：《中俄外交史》，中华书局 1935

洪钧培编：《国民政府外交史》，华通书局 1930

侯中军：《企业、外交与近代化：近代中国的准条约》，中国社会科学出版社 2016

侯中军：《一战爆发后中国的中立问题——以日本对德宣战前为主的考察》，《近代史研究》2015 年第 4 期

华岗：《中国大革命史》，文史资料出版社 1982

黄正铭：《巴黎和会简史》，台北商务印书馆 1970

贾士毅：《关税与国权》，商务印书馆 1927

孔另境：《五卅外交史》，永祥印书馆 1946

李斌、陈光明：《北洋政府修约外交背景论析》，《益阳师专学报》2002 年第 2 期

李斌：《废约运动与民国政治（1919—1931）》，湖南人民出版社 2011

李迪俊主编：《最近一年之中国与世界》（一名时事年刊），大东书局 1932

李廉方：《辛亥武昌首义记》，湖北通志馆 1947

李新、陈铁健总主编，张静如卷主编：《中国新民主革命通史》第三卷《1926—1927 北伐战争》，上海人民出版社 2001

李新、李宗一主编：《中华民国史》第二编第二卷（1916—1920 年）上，中华书局 1987

李新：《国民革命的兴起》，上海人民出版社 1991

李育民：《“五四”与近代反帝理论的产生——从排外到反帝的历史转折》，《人文杂志》2019 年第 7 期

李育民：《“五四”与中国近代的废约反帝运动》，《中共党史研究》2009 年第 6 期

李育民：《废约运动与中国近代的民族主义》，《中国近代史上的民族主义——第二届中国近代思想史国际学术研讨会论文集》，2006 年 8 月

李育民：《近代中外关系与政治》，中华书局 2006

李育民：《中国废约史》，中华书局 2005

李毓澍：《外蒙古撤治问题》，台北“中研院”近代史研究所 1976

刘彦：《帝国主义压迫中国史》，上海太平洋书店 1928

刘彦：《中国近时外交史》，《民国丛书》第一编 27 册，上海书店 1989

刘彦：《最近三十年中国外交史》，沈云龙主编：《近代中国史料丛刊三编》

第 16 辑 154 册，台北文海出版社 1986

刘彦原著，李方晨增补：《中国外交史》，台湾三民书局 1962

罗家伦主编：《革命文献》第 18 辑，台北史料编纂委员会 1974

罗志田：《乱世潜流：民族主义与民国政治》，上海古籍出版社 2001

宓汝成：《帝国主义与中国铁路（1847—1949）》，经济管理出版社 2007

钱泰：《中国不平等条约之缘起及其废除之经过》，台北"国防研究院" 1959

钱义璋：《沙基痛史》，广东人民出版社 1995

钱亦石：《中国外交史》，《民国丛书》第四编 29 册，上海书店 1992

秦珊：《美国威尔逊政府对华政策研究》，中国社会科学出版社 2005

沙健孙主编：《中国共产党通史》第 1 卷，湖南教育出版社 1996

石源华：《中华民国外交史》，上海人民出版社 1994

台北"中研院"近代史研究所编印：《巴黎和会与山东问题》，2000

唐启华：《北京政府对旧俄条约权益的清理（1917—1922）》，《文史哲》
2009 年第 5 期

唐启华：《北京政府末期"修约外交"决策机构刍议（1925—1928）》，中国
社会科学院近代史研究所编：《中华民国史研究三十年（1972—2002）》
上卷，社会科学文献出版社 2008

唐启华：《北京政府与国际联盟（1919—1928）》，台北东大图书公司 1998

唐启华：《被"废除不平等条约"遮蔽的北洋修约史（1912—1928）》，社会
科学文献出版社 2010

唐启华：《清末民初中国对"海牙保和会"之参与（1899—1917 年）》，台北
《政治大学历史学报》第 23 期，2005 年 5 月

王纲领：《欧战时期的美国对华政策》，台湾学生书局 1988

王建朗、金光耀主编：《北洋时期的中国外交》，复旦大学出版社 2006

王建朗：《北京政府参战问题再考察》，《近代史研究》2005 年第 4 期

王芸生编著：《六十年来中国与日本》第 6、7 卷，生活·读书·新知三联书
店 1980、1981

王正廷：《中国近代外交史概要》，外交研究社 1928

吴东之主编:《中国外交史:中华民国时期(1911—1949)》,河南人民出版
　　社 1990

吴翎君:《美孚石油公司在中国(1870—1933)》,台北稻乡出版社 2001

吴翎君:《美国大企业与近代中国的国际化》,台北联经出版公司 2012

徐蓝:《国际联盟与第一次世界大战后的国际秩序》,《中国社会科学》2015
　　年第 7 期

薛衔天:《中东铁路护路军与东北边疆政局》,社会科学文献出版社 1993

杨泽伟:《宏观国际法史》,武汉大学出版社 2001

叶退庵述,俞诚之录:《太平洋会议与梁士诒》,沈云龙主编:《近代中国史
　　料丛刊续编》第 19 辑 189 册,台北文海出版社 1975

曾友豪编:《中国外交史》,《民国丛书》第四编 29 册,上海书店 1992

张玉法编:《中国现代史论集》第 6 辑,台北联经出版公司 1981

张忠绂:《中华民国外交史》,《民国丛书》第一编 27 册,上海书店 1989

章伯锋、李宗一主编:《北洋军阀(1912—1928)》,武汉出版社 1990

中共中央党史研究室第一研究部译:《联共(布)、共产国际与中国国民革命
　　运动(1920—1925)》,北京图书馆出版社 1997

中共中央党史研究室著:《中国共产党历史(1921—1949)》,中共党史出版
　　社 2002

《中国年鉴》,商务印书馆 1924

中国史学会编:《辛亥革命》(八),上海人民出版社 1957

周鲠生:《国际法》(上下册),商务印书馆 1976

周鲠生:《解放运动中之对外问题》,上海太平洋书店 1927

朱文原:《辛亥革命与列强态度》,台北正中书局 1981

[澳]乔·厄·莫里循著,[澳]骆惠敏编,刘桂梁等译:《清末民初政情内
　　幕——〈泰晤士报〉驻北京记者袁世凯政治顾问乔·厄·莫理循书信集》,
　　知识出版社 1986

[德]奥本海著,[英]劳特帕特编,中国人民外交学会编译委员会译:《奥
　　本海国际法》第 2 卷第 1 分册,法律出版社 1955

［德］奥本海著，［英］詹宁斯·瓦茨修订，王铁崖等译：《奥本海国际法》第 1 卷第 1 分册，中国大百科全书出版社 1995

［美］阿瑟·恩·杨格著，陈泽宪、陈霞飞译：《中国财政经济状况（1927—1937）》，中国社会科学出版社 1981

［美］波赖著，曹明道译：《最近中国外交关系》，正中书局 1935

［美］费正清编，杨品泉等译：《剑桥中华民国史（1912—1949）》上卷，中国社会科学出版社 1994

［美］费正清著，陶文钊编选，林海等译：《条约代替朝贡制度》，《费正清集》，天津人民出版社 1992

［美］费正清著，张理京译，马清槐校：《美国与中国》，商务印书馆 1987

［美］惠顿著，丁韪良译：《万国公法》，中国政法大学出版社 2003

［美］李约翰著，张瑞芹、陈泽宪译：《清帝逊位与列强》，中华书局 1982

［美］罗·S·芮恩施著，李抱宏等译：《一个美国外交官使华记》，商务印书馆 1982

［美］威罗贝著，王绍坊译：《外人在华特权和利益》，生活·读书·新知三联书店 1957

［美］徐国琦著，马建标译：《中国与大战：寻求新的国家认同与国际化》，上海三联书店，2008

［美］周策纵：《五四运动史》，岳麓书社 1999

［日］藤井升三著，陈明译：《二十一条交涉时期的孙中山和"中日盟约"》，《岭南文史》1986 年第 2 期

四、 报纸、杂志

《晨报》、《大公报》、《大中华》、《东方杂志》、《国闻周报》、《解放日报》、《临时政府公报》、《每周评论》、广州《民国日报》、上海《民国日报》、《民立报》、《欧洲风云》、《欧洲战事汇报》、《申报》、《时报》、《顺天时报》、《外交公报》、《现代评论》、《新青年》、《向导》、《政府公报》、《中央日报》

五、 外文资料

日本外务省编纂:《日本外交文书》昭和期 I 第 1 部第 1 卷，1990

British Documents on Foreign Affairs: Reports and Papers from the Foreign Office Confidential Print (BDFA), University Publications of America，1994

Dorothy Borg, *American Policy and the Chinese Revolution 1925-1928*, New York，1947

Foreign Office Files for China，1915-1928，Sources from the National Archives，UK

Hirata Koji, *A Britishi Diplomat in China*, MA thesis, Bristol University，2005

Papers Relating to the Foreign Relations of the United States (FRUS)，1915-1928，Washington D. C. : Government Printing Office，1924-1943

Richard W. Brant, ed. , *British and Foreign State Papers*, London, Published by His Majesty's Stationery Office，1913

Rodney Gilbert, *The Unequal Treaties: China and the Foreigner*, London: John Murray，1929

Thomas F. Millard, *The End of Extraterritoriality in China*, Shanghai: The A. B. C. Press，1931

Wesley R. Fishel, *The End of Extraterritoriality in China*, Berkeley & Los Angeles: University of California Press，1952

Zhang Yongjin, *China in the International System*, *1918-1920*, Macmillan Academic and Professional Ltd，1991